权威·前沿·原创

皮书系列为
"十二五""十三五""十四五"时期国家重点出版物出版专项规划项目

B

BLUE BOOK

智库成果出版与传播平台

并购蓝皮书

BLUE BOOK OF M&A

中国并购报告（2023）

ANNUAL REPORT OF M&A IN CHINA(2023)

组 织 编 写 / 全联并购公会

荣 誉 主 编 / 王　巍

编委会主任 / 尉立东　徐　林

主　　　编 / 李　康

副　主　编 / 刘红路　沈联合

社会科学文献出版社
SOCIAL SCIENCES ACADEMIC PRESS（CHINA）

图书在版编目（CIP）数据

中国并购报告.2023 / 李康主编；刘红路，沈联合
副主编.--北京：社会科学文献出版社，2023.10
（并购蓝皮书）
ISBN 978-7-5228-2349-2

Ⅰ.①中… Ⅱ.①李… ②刘… ③沈… Ⅲ.①企业合
并-研究报告-中国-2023 Ⅳ.①F279.21

中国国家版本馆 CIP 数据核字（2023）第 153138 号

并购蓝皮书
中国并购报告（2023）

主　　编 / 李　康
副 主 编 / 刘红路　沈联合

出 版 人 / 冀祥德
组稿编辑 / 恽　薇
责任编辑 / 高　雁
文稿编辑 / 张　爽　刘　燕　白　银
责任印制 / 王京美

出　　　版 / 社会科学文献出版社·经济与管理分社（010）59367226
　　　　　　地址：北京市北三环中路甲 29 号院华龙大厦　邮编：100029
　　　　　　网址：www.ssap.com.cn
发　　　行 / 社会科学文献出版社（010）59367028
印　　　装 / 三河市东方印刷有限公司

规　　　格 / 开本：787mm×1092mm　1/16
　　　　　　印张：30.25　字数：455 千字
版　　　次 / 2023 年 10 月第 1 版　2023 年 10 月第 1 次印刷
书　　　号 / ISBN 978-7-5228-2349-2
定　　　价 / 158.00 元

读者服务电话：4008918866

《中国并购报告（2023）》
编 委 会

主要编撰者简介

王　巍　金融博物馆理事长，全联并购公会创始会长。美国 Fordham University 博士（1992 年），长期担任中欧洲经济合作与发展组织（OECD）投资委员会专家、上海证券交易所公司治理专家，20 余家境内外上市公司独立董事。曾任中欧国际工商学院、长江商学院、上海高级金融学院和哥伦比亚大学等商学院客座教授。曾当选"中国最具影响力独立董事""中国最具影响力投资银行人物"，获得美国并购年会"并购终身成就奖"（2012 年）、"华尔街日报公益创新人物奖"（2013 年）、"IFFM 中国金融启蒙贡献奖"（2015 年）和"达沃斯区块链论坛创新奖"（2017 年）等。2013 年 5 月成功登顶世界最高峰珠穆朗玛峰。

李　康　博士，正高级经济师。现任湘财证券股份有限公司首席经济学家、副总裁兼研究所所长，中国证券业协会首席经济学家委员会主任委员。全联并购公会理事兼学术与培训委员会副主任、上海市金融工程研究会副理事长、中欧陆家嘴金融 50 人论坛核心成员、中国政法大学破产法与企业重组研究中心研究员等。2011 年起担任国家统计局中国经济景气监测中心百名经济学家信心调查专家，2020 年起受聘湖南省人大财政经济委员会财经工作咨询专家，2020 年起入选中国证券业协会课题研究 70 人专家库，连续 11 年担任《证券时报》"中国上市公司价值评选"专家评审委员。2001 年起担任证券业从业资格考试统编教材《证券投资分析》与 2018~2023 年版《金融市场基础知识》主编。出版《中国资本市场实务运作指引》《中国产业投资基金理论与实务》等论著、译著多部。主持的多项研究课题屡获相关领域最高奖项，在《经济研究》《统计研究》等国家级核心刊物及行业主流媒体上发表多篇研究成果。

特别鸣谢下列 3 家单位对《中国并购报告（2023）》研创与出版的大力支持！在此表示衷心的感谢！

1. 北京元隆雅图文化传播股份有限公司 »
2. 湖北楚民投控股有限公司 »
3. 普华永道 »

（注：排名不分先后）

摘　要

《并购蓝皮书：中国并购报告（2023）》是由全联并购公会研创，组织专业学术团队编撰出版的智库报告。本书总结了 2022 年国内外并购市场的规模与概况，回顾了与并购相关的法律法规及政策导向，阐述了十大重点行业的并购现状，归纳分析了上市公司、民营企业的并购以及并购基金的发展情况，并对人工智能、ESG、元宇宙等热点领域进行了深入探讨，对年度内一些具有市场影响力的并购案例进行了重点分析。本报告分为总报告、政策法规篇、行业篇、专题篇、热点篇、案例篇、附录 7 个部分。

2022 年受全球主要央行紧缩的货币政策和财政政策的影响，全球资金流动性收紧，经济衰退的不确定性和动荡的市场使并购市场趋于放缓，全球投资并购活动数量和规模较 2021 年出现下滑，全球并购数量超 5.4 万宗，交易总额超 3.3 万亿美元。总报告分析了 2022 年并购市场的宏观经济环境，并从国际并购市场的角度展开分析，美洲地区、EMEA 地区和亚太地区并购数量和规模均同比下降，但科技、金融服务、互联网、生物医药等行业并购活动较为活跃。2022 年中国并购市场整体成交金额达 20177.2 亿元，较 2021 年减少 53.1%；整体并购数量为 10069 宗，较 2021 年减少 27.2%。2022 年，中国并购市场的特点是大型企业可以通过资源整合进一步提高自身竞争力，从而更好地应对全球化竞争格局，中国并购市场可谓方兴未艾。

2022 年是不平凡的一年，中国经济发展面临需求收缩、供给冲击和预期转弱的三重压力，并购重组成为整合企业资产、优化资源配置的重要手段。A 股上市公司重大资产重组方面，2022 年共披露 137 单重大资产重组方案,其中,审核类重组 80 单、非审核类重组 57 单,共涉及交易金额 4004 亿元。主要呈现以下 3 个特点:一是并购标的回归实体,二是估值溢价回归理性水平,三是并购企业所处行业以制造业为主。从民营企业角度来看,2022 年民营企业并购在延续了以往特征的同时又呈现新的特征:产业并购成为潮流,并购交易数量有所下降,围绕产业链上下游的合并整合成为更多民营企业的选择;国家的产业政策对民营企业并购具有风向标作用,近年来绿色双碳并购热度不减;房地产业也将通过并购逐步走出困境;"专精特新"作为强链补链的重要抓手,将为并购市场注入新的势能。

政策法规篇主要针对 2021～2022 年我国相关部门草拟或颁布的,对并购重组产生直接或间接影响的法律、法规、规范性文件进行综述与解读,通过呈现有关规则的建立、完善或变更情况,乃至对这些新规则进行进一步分析与解读,为并购重组实务操作提供一定的规范与引导。行业篇通过对制造业、能源矿产业等行业的发展背景、现状与趋势,以及并购规模、特点等进行研究,辅以主要并购案例的逻辑框架解读,系统、全面地呈现了国内主要行业的最新并购状况。专题篇聚焦国内并购市场,对上市公司、民营企业的并购以及并购基金的发展情况进行了系统的归纳分析。热点篇特别增加了人工智能领域的发展现状与并购趋势分析,并重点分析了新形势下的跨境并购现状及趋势、ESG 投资框架下的并购行业发展,以及元宇宙领域并购重组的新情况。案例篇对本年度内一些具有市场影响力的并购案例进行了重点分析,如智广芯控股收购紫光集团、国星光电收购风华芯电等。本书的附录部分为读者展示了全联并购公会成立 20 年来的辉煌历程。

关键词: 并购市场　行业并购　并购重组

序一　诠释并购的历史，助威
并购的未来!（代序）

王　巍　全联并购公会创始会长

2023 年既是全联并购公会（原中国并购公会）成立 20 周年，也是《中国并购报告》出版第 23 年！

一个信念支撑着一群人，坚定不移地走了 20 多年，与一个伟大的变革时代相呼应，成就了一个金融业态，也成就了一大批创业者、企业家和投资人的激情与梦想。在中国现代化的进程中，在中国走向全球化的历史大潮中，并购交易只是其中翻涌的浪花，但正是这些翻涌的浪花促成了中国经济的每一块重要里程碑。真正理解今天中国并购市场的成就与格局，需要有历史景深的视角。

1978 年启动的全面体制改革和 2001 年中国加入 WTO，这两个重要节点从根本上改变了中国经济的运行机制和发展方向。在这场伟大的社会革命中，企业家的形成和现代企业的大量涌现是最为重要的动力，而现代金融与资本市场的构建成为最核心的基础。这一切都为中国的并购创业者提供了最深厚的成长土壤和广阔的施展空间。吸取百年以来西方的并购经验，练就中国的本土功夫，中国的并购产业与市场迅速创建起来，成为全球并购市场最富发展潜力的组成部分。

自 1992 年上海和深圳两家证券交易所运行以来，中国的资本市场从无到有、从弱到强，已经发生了翻天覆地的变化。资本市场的核心功能也发生了巨大的变化，迅速完成了将工厂单位改制为股份公司、募集社会资本和与国际市场对接的初期目标，实现了市场经济的微观基础再造，实现了国有资本和大众财富的迅速积累，也为中国顺利入关和融入全球经济价值链奠定了基础。

近几年全球经济格局的变化和疫情导致的商业环境变迁，推动了中国整体经济战略的调整，资本市场的功能也因此调整。我们注意到资本市场发生了一些重要的变化：国有企业和资本迅速主导资本市场的方向与结构，在追求商业利润的同时更加关注社会公平，更加侧重并巩固国内经济的内循环能力和国内产业价值链的完整与独立性。这些变化同样需要金融与并购的支持，这是新一代人面临的挑战，也是重要的机遇。我们相信，新一代并购专业人士将造就一段可圈可点的中国经济未来历史。

人类文明始于交易、分工和激励。商品交易造就了企业、消费市场和规模经济。企业交易成就了产业、资本市场和经济成长。翻检几十本《中国并购报告》，一系列独特的并购观念、一桩桩重要的并购事件和一批批具有中国乃至全球影响力的并购领袖，带给我们的是感动，是收获。我们由衷感谢并购领袖为中国经济成长做出的卓越贡献，他们的业绩已经成为标志历史进程的里程碑。同时，我利用撰写新版序言的机会，特别感谢曾参与这套丛书创作并担任过主编、副主编和执行主编的同人：

康荣平研究员，中国社会科学院世界经济与政治研究所（2001 年版）

张秋生教授，北京交通大学经济管理学院（2003 年版）

张金杰研究员，中国社会科学院世界经济与政治研究所（2003 年、2004 年、2006 年、2007 年、2008 年、2009 年版）

李斌董事，万盟投资管理公司（2004 年、2006 年版）

史建三律师，上海锦天城律师事务所（2005 年版）

王阳董事，万盟投资管理公司（2005 年版）

盛溢教授，美国纽约莱曼学院（2006 年、2020 年版）

张晓森常务理事，全联并购公会（2007 年、2008 年、2020 年版）

张云岭董事，万盟投资管理公司（2008 年版）

王一霖秘书，全球并购研究中心（2009 年版）

费国平律师，国浩律师事务所（2010 年版）

孙海波副主编，《资本交易》杂志（2010 年版）

王平主席，全联并购公会轮值主席（2013 年版）

刘红路顾问，全联并购公会（2013 年版）

马卫京秘书长，全联并购公会（2013 年版）

蔡咏副会长，全联并购公会（2020 年、2021 年、2022 年版）

于明礼副会长，全联并购公会（2020 年版）

李康博士，湘财证券首席经济学家（2021 年、2022 年、2023 年版）

此外，还有来自高等院校、研究机构和全联并购公会机构的近 200 人曾参与这套图书的写作，有了他（她）们的辛勤努力和记录，中国并购的历史才如此清晰和真实，可书可写。

继王巍、蔡咏之后，李康将担任《并购蓝皮书：中国并购报告（2023）》的主编，中国的并购正在走向大数据、大模型、智能和元宇宙的全新时代，我们期待年轻一代并购创业者有更大的空间和更伟大的成就，也期待李康团队一如既往地为中国并购市场的发展贡献力量。

2023 年 6 月 9 日

序二　并购20年：满怀热望　新程远阔

尉立东　全国工商联第十三届常委、全联并购公会会长

全联并购公会年度重大研究成果《并购蓝皮书：中国并购报告（2023）》终于付梓面世，可喜可贺。

我国并购市场起步于 2002 年，2014 年并购交易数量出现爆发式增长，交易规模大幅攀升，开启了并购的黄金时代。在大并购时代来临之前，全联并购公会就在王巍会长的带领下走在了行业发展的最前沿，于 2001 年 2 月正式出版第一本《中国并购报告》，王巍会长、康荣平研究员担任主编，著名经济学家茅于轼教授为之作序。这是中国第一部以"并购"为主题的图书，社会反响热烈，十几位作者成为中国并购业最早的参与者，也共同推动了全联并购公会的筹备成立。随后，《中国并购报告》编纂出版长达 20 余年，连续稳定地记录并购行业的重大事件和人物、政策及规则等的变化，深度解析中国并购市场和全球行业趋势，在金融行业具有权威性、影响力和专业价值。

"并购是引擎、是抓手、是动力机制"，2002 年，被王巍会长定义为中国并购元年。彼时的中国，刚刚加入世界贸易组织（WTO），并购行业开始大放异彩。在过去的 20 年里，企业家、创业者和金融业者都在捕捉商业机遇，并购就是最重要的抓手之一，无数并购交易奠定了中国成为经济大国的商业基础。超越横向纵向产业整合的独特视野，快速的创业、持续的并购成为企业成长的原动力和中国企业"走出去"的起点。

全联并购公会秉承王巍会长一直倡导的创新精神与公益情怀，从最初只

有十几个人，发展成为拥有200余家机构会员、4000多名个人会员和20多个专委会的全国性行业商协会。2023年恰逢全联并购公会成立20周年。作为全国工商联直属的唯一金融属性行业商协会，全联并购公会伴随中国经济的快速发展和民营经济的发展壮大，见证了中国并购市场从无到有、由小到大的发展历程，见证着我国并购行业的飞速成长。而《中国并购报告》编写的20年，就是从"小荷才露尖尖角"到对社会、对行业产生积极深远影响的20年，该系列蓝皮书也将继续为政府提供决策参考，为经济发展提供智力支持。

在经济全球化需要走向纵深和中国经济转型升级的大背景下，我国并购市场正朝着市场化、专业化、国际化的方向迈进，面临创新发展的难得机遇和复杂多变的外部环境。当今世界，有三方面的力量塑造了并购行业的新变革。一是不可逆转的全球化，以并购为手段，在全球范围整合资源、整合资本、整合产能，中国并购行业需要与此相适应，并应对各种挑战。二是技术变革，一方面，并购支持创新技术和模式的发展；另一方面，大数据、第三代网络社会、人工智能、ChatGPT和元宇宙等新技术让并购有能力为企业和社会创造更大的价值。三是教育，如何实施全面有序的并购人才培养战略，培养一批国际化并购人才服务经济社会发展大局，是全联并购公会这样引领行业发展、制定行业规范的行业组织必须考虑的。

因此，全联并购公会编辑出版《并购蓝皮书：中国并购报告（2023）》，可谓恰逢其时，该书用专业定义中国并购行业发展新范式，为促进行业发展奠定了重要的基础。我们希望通过对大周期的观察，与大家一同探索并购的未来发展之路；希望能够促进更多的并购从业者参与行业调查研究，为更多想要参与并购的企业提供指引；同时希望能向政府以及社会展现行业发展全貌，推动行业整体提升与共同繁荣，这也是我们从2021年起与社会科学文献出版社合作，连续3年撰写3本"并购蓝皮书"的初衷所在。

《并购蓝皮书：中国并购报告（2023）》的编写具有以下几个新思考与新特点：首先，这是一套完整、翔实、极具参考价值的行业调查和最佳实践标准，为并购研究和观察注入"原创"活水，使之与商业现实血脉相连，兼具研究价值、社会效益和经济效益；其次，当下的中国正与世界深度接轨，该蓝皮书具有中国研究和国际视野，体现了更为完整的国际并购市场规则；最后，作为被业界广泛认可肯定的蓝皮书系列，该书的撰写实践意义重大，依然会成为我国并购行业规范可持续发展的框架。

这本蓝皮书的顺利面世，得到了许多企业、机构、专家的大力支持，特别感谢李康主编和编委会全体成员的辛苦付出与专业智慧，是他们的努力认真才有了本书精彩的内容。相信该书将继续提升品牌影响力，成为服务政府决策和行业发展的更有价值的高端智库成果。

全联并购公会坚守信念、薪火相传，始终与时代同步、与改革开放同行，推动中国并购行业市场化、法治化和全球化。展望下一个并购20年，满怀热望，新程远阔，让我们继续做参与和创造当代中国并购行业的主角，也由衷地期待更多并购从业者波澜壮阔、引人入胜的新故事。

2023年6月29日

目 录 ⤵

IV 专题篇

V 热点篇

VI 案例篇

皮书数据库阅读 **使用指南**

总 报 告

General Report

B.1

2022年中国并购市场分析

李康 何超 周可*

摘　要： 2022年初美联储尚未进入加息进程，全球金融市场流动性保持充沛，给并购市场带来活力。但欧美等发达经济体受疫情以及俄乌冲突等因素影响，通货膨胀高企。自第二季度以来，各大央行纷纷开启紧缩货币政策。在经济衰退预期下，并购活动热度逐渐消退，全球投资并购活动数量和规模较2021年出现下滑，全球并购数量超5.4万宗，交易总额超3.3万亿美元。本报告首先分析了2022年并购市场的宏观经济环境，以美联储、欧洲中央银行为首的央行开启加息周期，全球经济陷入衰退期，市场并购意愿和能力开始减弱。其次，从国际并购市场的角度来看，美洲地区、EMEA地区①和亚太地区并购数量和规模均较2021年同期有所下降，但科技、金融服务、互

---

* 李康，博士，正高级经济师，湘财证券股份有限公司首席经济学家、副总裁兼湘财证券研究所所长，中国证券业协会首席经济学家委员会主任委员，主要研究方向为资本市场及相关法律；何超，硕士，湘财证券研究所宏观分析师，CFA持证人，主要研究方向为国内外宏观经济和产业并购发展；周可，博士，湘财证券研究所宏观研究员，主要研究方向为国内外宏观经济。

① EMEA地区：欧洲、中东和非洲（Europe, the Middle East and Afraic）。

联网、生物医药等行业并购活动较为活跃。最后，聚焦中国并购市场，中国并购市场仍处于由高速发展阶段向成熟阶段过渡的时期，大型企业通过并购活动进一步提高其竞争力。2022年，中国的并购活动主要集中在工业、信息技术和金融等领域。

关键词： 并购环境 国际并购 行业并购 中国并购

一 2022年并购市场的宏观经济环境

2022年初，欧美等发达经济体受疫情以及俄乌冲突等供给端约束叠加应对疫情冲击而发放的巨额资金流动性的共振，导致通货膨胀高企，随后各大央行纷纷开启紧缩货币政策。3月美联储加息25个基点，并在5月、6月提升至50个、75个基点，7月欧央行加息50个基点。彼时全球流动性开始收紧，迅速抬高的金融条件和借贷成本给全球经济增长带来压力，资本市场开始进入衰退预期。由于并购活动存在顺周期性，紧缩的货币、财政政策从两个维度限制了全球投资和并购活动的活跃程度：一是通过提高衰退预期，改变企业对未来盈利的预期，降低其通过并购扩大企业规模的意愿；二是通过提高资金成本，加大企业通过融资进行并购活动的难度。

（一）美联储紧缩货币政策下各国经济复苏承压

1. 美国

2022年第一季度美国的GDP同比增长3.7%，连续3个季度增速下滑；第二季度GDP同比增长1.8%，在前期增长12.5%的高基数和加息周期开启的影响下，GDP增速开始下降；第三季度GDP增速小幅反弹至1.9%，第四季度又再度下滑至0.9%。整体来看，疫情影响消退，高通胀下美联储实施的紧缩货币政策使联邦基金利率快速上升，金融条件收紧、经济增长正逐步放缓。从美国国债收益率角度观察，自2022年7月开始，10年期美债与2年期美债收益率出现倒挂，表明短期流动性快速降低以及市场对长期经济增长前景的预期不乐观，倒挂的时间与衰退的概率成正相关。但稳定的就业市场和良好的居民资产负债表表明美国经济仍然存在韧性，衰退可能不会很快到来。

2. 欧元区

除了2022年的货币和财政政策影响之外，俄乌冲突进一步加剧了通货膨胀，欧元区经济增速整体呈现下行趋势。2022年第一季度，欧元区GDP同比上涨5.6%；随着俄乌冲突的加剧和高基数的影响，第二季度GDP增速降至4.4%；下半年欧洲中央银行开始加息，欧元区经济进一步承压，第三季度与第四季度GDP增速进一步降至2.5%与1.5%。

3. 日本

日本的GDP连续2年实现正增长，2022年GDP较上年增长1.1%，但增速较2021年的2.1%有所放缓。2022年第一季度，GDP同比增长0.5%，第二季度在高基数的基础上增速进一步上升至1.7%，随着消费支出的回升，日本经济恢复至疫情前水平。但俄乌冲突、输入性通胀、疫情等因素开始抑制日本的消费和出口，再加上日本央行实施的YCC政策[①]，进一步导致日元贬值，国内资金外流加速。第三季度、第四季度GDP同比分别增长1.5%、0.4%。

4. 新兴经济体

中国在2022年第二季度和第四季度受到疫情冲击，经济增速出现下滑。2022年第一季度，中国GDP同比增长4.8%，第二季度上海疫情反复导致全国主要经济指标大幅下跌，GDP仅增长0.4%；第三季度海外通胀和加息影响拖累中国出口，但在政府政策带动下，GDP同比增长3.9%；第四季度疫情快速过峰对经济造成短期冲击，GDP同比增长2.9%。受益于能源价格飙升，俄罗斯全年对外贸易额增长8.1%，但受俄乌冲突和西方国家制裁影响，第二季度后俄罗斯经济陷入衰退。分季度来看，第一季度俄罗斯GDP同比增长3.0%，第二至第四季度GDP增速分别为-4.5%、-3.5%、-2.7%。2022年，印度GDP已超过英国，跃升至全球第5位，GDP同比上涨6.7%，

---

① YCC政策：收益率曲线控制政策（Yield Curve Control）。

增速高于中国、美国。上半年 GDP 同比增长 8.4%，其中第一、第二季度 GDP 同比分别上涨 4.1%、13.2%，上半年增速位居 G20 之首。2022 年，印度 GDP 保持较高增速的原因主要有以下两个方面。一是 2021 年的低基数效应；二是疫情影响消退，服务业迅速复苏。下半年，印度央行被迫多次加息，印度开启紧缩周期，提高了借贷成本，国内需求疲软加上出口需求减少导致经济增速下滑。第三季度，印度 GDP 同比上涨 6.4%，第四季度 GDP 增速有所下滑，降至 4.4%。

2019~2022 年美国、日本和欧元区以及金砖五国 GDP 季度增速如图 1 和图 2 所示。

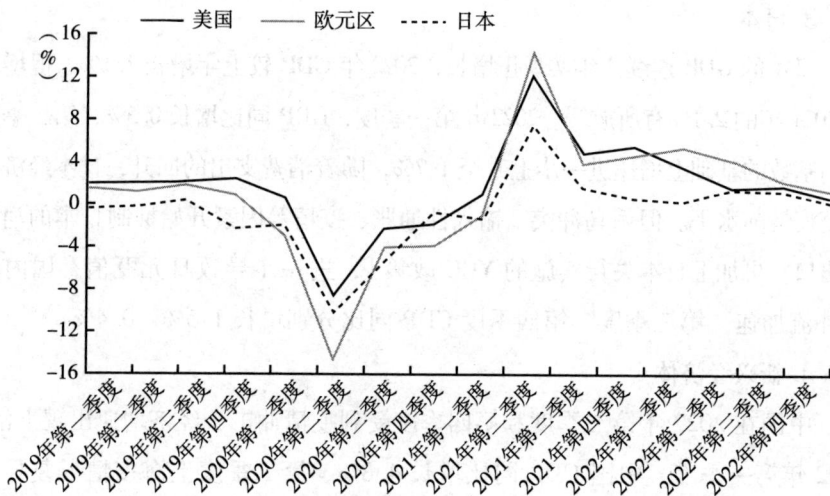

图 1　2019~2022 年美国、日本和欧元区 GDP 季度增速

资料来源：湘财证券研究所、Wind 数据库。

（二）全球商品与服务贸易出口额创新高

2022 年全球商品与服务贸易进出口额创新高，根据联合国贸易和发展会议（UNCTAD）数据，全球货物贸易出口额为 24.9 万亿美元，较 2021 年增长 11.5%；服务贸易出口额为 7.2 万亿美元，增长 15.3%。全球商品与服务贸易出口额增长主要归功于上半年全球运输能力的提升和运费价格的回落，

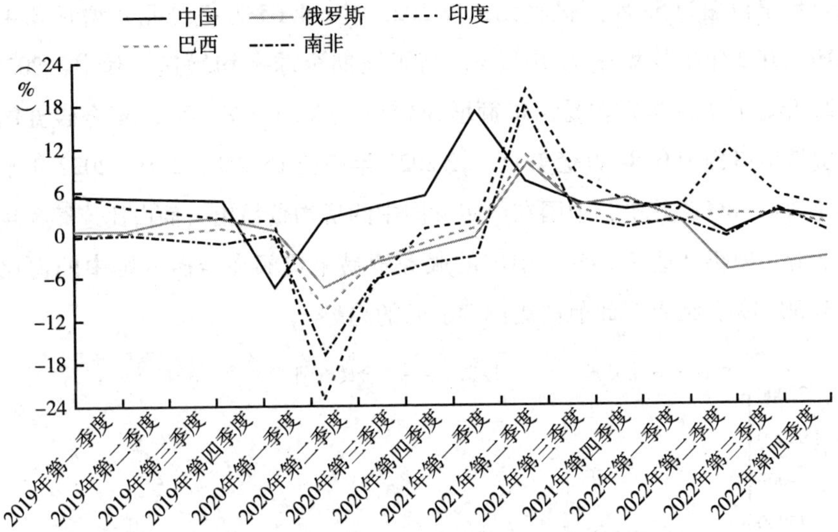

图2　2019~2022年金砖五国 GDP 季度增速

资料来源：湘财证券研究所、Wind 数据库。

但地缘政治因素、发达国家通胀水平居高不下并上调利率以及能源、食品等价格上涨，影响了全球下半年商品与服务贸易出口额的增长势头，特别是货物贸易出口额增速在第四季度出现了负增长。第一至第四季度全球货物贸易出口额增长率分别为 3.2%、2.2%、3.9%、-2.5%。第一至第四季度全球服务贸易出口额增长率分别为 16.7%、14.3%、9.5%、1.6%。

分区域来看，2022 年北美地区货物贸易出口额为 3.24 万亿美元（见图3），较 2021 年（2.76 万亿美元）增长 17.4%，2019~2022 年平均增速为9.0%，低于全球平均增速（10.3%）。2022 年北美地区服务贸易出口额为1.05 万亿美元，较 2021 年（0.91 万亿美元）增长 15.4%，2019~2022 年平均增速为 1.4%，低于疫情前 2018~2019 年 3.6%的年均增速。2022 年欧盟货物贸易出口额为 7.1 万亿美元，较 2021 年（6.6 万亿美元）增长7.6%，2019~2022 年平均增速为 7.6%。2022 年欧盟服务贸易出口额为 2.6万亿美元，较 2021 年（2.4 万亿美元）增长 8.3%，2019~2022 年平均增速为 4.8%，高于疫情前 2018~2019 年 2.4%的平均增速。2022 年金砖五国货物贸易出口额为 5.04 万亿美元，较 2021 年（4.65 万亿美元）增长 8.4%，2019~2022 年平均增速为 13.9%，高于同期全球平均增速。其中，2020~2021 年金砖五国货物贸易出口额增速较快，达 33.1%。2022 年金砖五国服务贸易出口额为 0.84 万亿美元，较 2021 年增长 15.2%，2019~2022 年平均增速为 12.8%。其中，中国在金砖五国中的货物贸易出口额占比连续 3 年小幅下滑，但仍高达 71.4%；中国的服务贸易出口额在金砖五国中的占比回落至 50.3%，结束了此前占比持续上升的趋势。

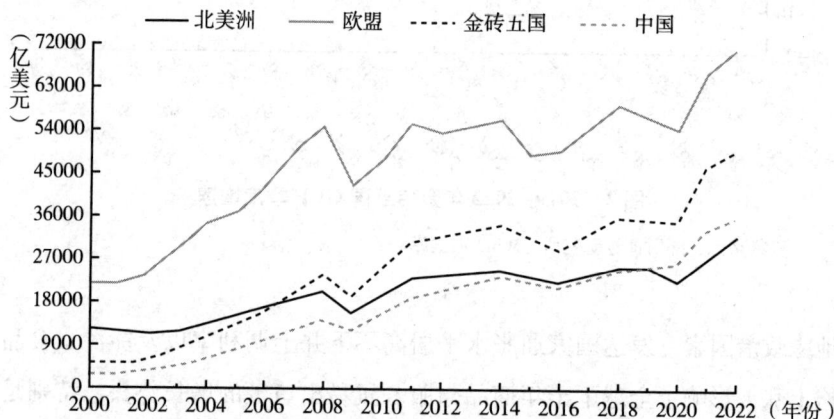

图 3　2000~2022 年全球主要经济体货物贸易出口额

资料来源：湘财证券研究所、Wind 数据库。

（三）货币政策、财政政策按预设路径逐步收紧

财政政策方面，疫情期间美国政府的转移支付达到历史最高水平，三轮财政刺激政策（《新冠病毒援助、救济及经济安全法案》《新冠疫情援助法案》《美国救助计划》）共发放了约 5.1 万亿美元。财政刺激政策保证了居民在疫情期间仍具有消费能力，但也埋下了通胀居高不下的隐患。2022 年，全球主要国家开始收紧货币和财政政策，试图通过收紧流动性降低通货膨胀，但火热的劳动力市场和居民的超额储蓄提高了通胀黏性。更高的利率终点和更久的高利率持续时间被认为是通胀回归 2% 合意区间的必要条件。

财政政策方面，2022 年发达经济体一般政府支出占 GDP 的比重为 41.7%

（见图4），较2021年下降2.8个百分点，但仍然高于疫情前水平（38.7%）。同期，发达经济体一般政府收入占GDP比重小幅上升至37.4%，较2021年上升0.4个百分点。强劲的劳动力市场和居民薪资上涨是推动发达经济体税收增加的主要因素，财政赤字情况有所缓解。2022年新兴市场和发展中经济体一般政府支出占GDP的比重为31.0%，与2021年占比持平，较2020年下降了2.3个百分点，基本回到疫情前水平。同期，新兴市场和发展中经济体一般政府收入占GDP的比重与2021年一致，为25.7%，比疫情前低0.8个百分点，但较2020年上升1.0个百分点，财政赤字水平保持稳定。整体来看，发达经济体得益于良好的国家信用背书，在疫情期间的财政政策使用更加有力。随着疫情趋于稳定，政府无须再推出巨额的财政支持措施。2022年，欧元区财政赤字占GDP的比例为3.6%，较2021年的5.3%有所降低。2022年，美国财政赤字占GDP的比例为5.5%，较2021年的12.3%大幅下降。

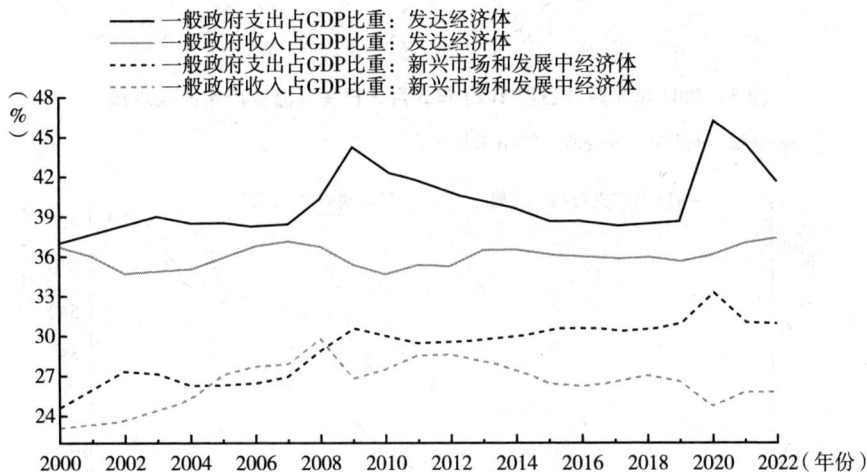

图4　2000~2022年发达经济体与新兴市场和发展中经济体财政赤字水平

资料来源：湘财证券研究所、IMF。

　　货币政策方面，全球主要央行开始进入加息和缩表进程，通过提高借贷成本和降低央行资产负债表规模来抑制过高的通货膨胀率。2022年美联储共计加息7次450个基点，将联邦基金利率抬升至4.0%~4.5%。美联储资产负债表规模从 2021 年底的 8.7 万亿美元下降至 2022 年底的 8.5 万亿美元（见图 5），降幅为 2.3%。2022 年欧洲中央银行共计加息 4 次 250 个基点，将基准利率（主要是再融资利率）抬升至 2.5%。资产负债表规模从 2021 年底的 8.6 万亿欧元下降至 2022 年底的 7.9 万亿欧元（见图 6），降幅为

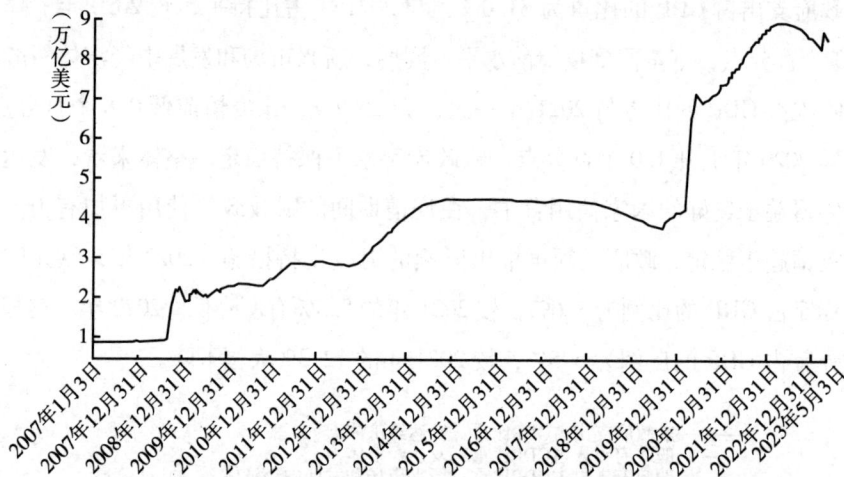

图 5　2007 年 1 月 3 日至 2023 年 5 月 3 日美联储资产负债表规模

资料来源：湘财证券研究所、Wind 数据库。

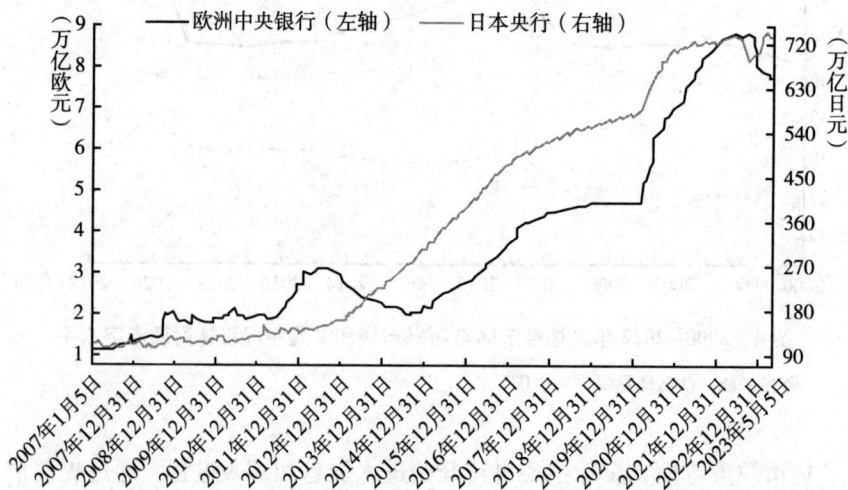

图 6　2007 年 1 月 5 日至 2023 年 5 月 5 日日本央行和欧洲央行资产负债表规模

资料来源：湘财证券研究所、Wind 数据库。

8.1%。日本央行资产负债表规模从 2021 年底的 723.8 万亿日元下降至 2022 年底的 703.9 万亿日元，降幅为 2.7%。虽然 2023 年的快速加息进程导致银行流动性危机，美联储和欧洲中央银行不得不小幅扩表稳定市场行情，但在银行事件平息后，两大央行还是按照此前的计划缩表。流动性风险冲击将持续对新兴市场债务形成压力。

二 2022年国际并购市场概况

受全球主要央行紧缩货币政策和缩表的影响，2022 年全球资金流动性收紧，在各种不确定性因素和动荡的市场影响下，全球投资并购活动数量和规模均较 2021 年有所减少。

根据经济合作与发展组织（OECD）公布的数据，2022 年全球外国直接投资（FDI）总额为 1.45 万亿美元（见图 7），较 2021 年（1.71 万亿美元）下降 15.20%。虽然 FDI 较 2021 年有所下降，但还是超出疫情前水平，较 2019 年（1.36 万亿美元）增长 6.62%。

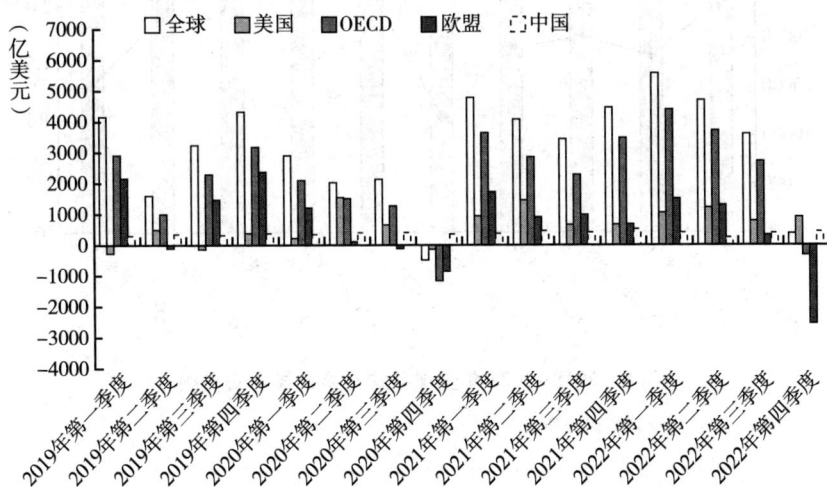

图 7 2019~2022 年各季度全球、美国、OECD、欧盟和中国 FDI

资料来源：湘财证券研究所、OECD。

2022 年 OECD 国家 FDI 总额为 1.07 万亿美元，较 2021 年（1.25 万亿美元）下降 14.40%，较 2019 年（0.95 万亿美元）增长 12.63%。OECD 国家在全球 FDI 市场中占据主要地位，投资额占全球份额高达 3/4。发达经济体的紧缩货币政策对 FDI 有明显的抑制作用，2022 年 OECD 国家 FDI 增速显著下降。

2022 年中国 FDI 总额为 0.15 万亿美元，较 2021 年（0.18 万亿美元）下降 16.67%，较 2019 年（0.14 万亿美元）上升 7.14%。

根据路孚特与普华永道的数据[①]，2022 年全球并购交易总额为 3.3 万亿美元，交易数量为 5.4 万宗，分别较 2021 年减少了 37% 和 17%，但都高于疫情前和 2020 年水平（见图 8）。从 2021 年开始，并购的热潮一直持续到 2022 年初，受到加息的影响，2022 年每个季度的交易活跃度都较上季度有所下滑，2022 年下半年交易额和交易数量同比下降 51% 和 25%。

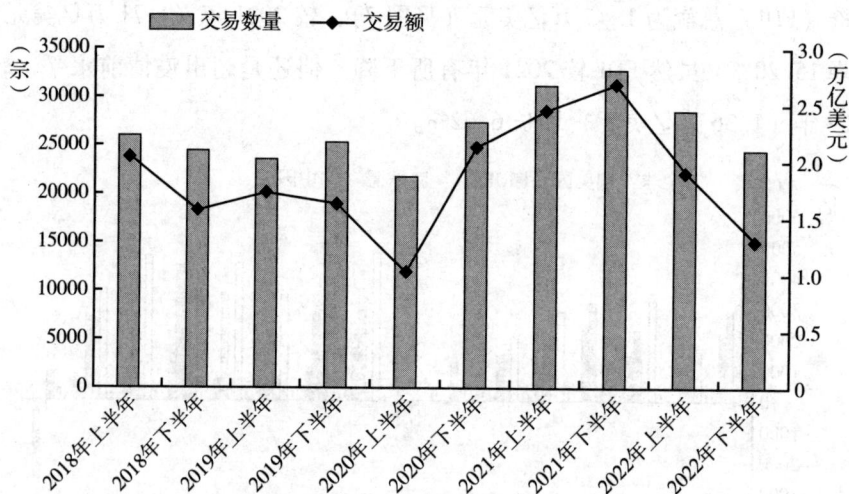

图 8　2018~2022 年全球并购交易数量和交易额

资料来源：湘财证券研究所、PwC。

①　"Global M&A Industry Trends：2023 Mid-Year Update，"https：//www.pwc.com/gx/en/services/deals/trends.html.

（一）2022年美洲并购市场①概况

根据路孚特与普华永道的数据，2022年美洲企业并购交易数量为17809宗，较2021年的21297宗下降16.38%。2022年上半年，美洲企业并购交易数量为9632宗，较2021年同期（11017宗）下降12.57%；下半年美洲企业并购交易数量为8177宗，较2021年同期（10374宗）下降21.18%。受宏观经济、政府监管和地缘冲突因素的影响，美洲企业的并购数量和交易额大幅下滑。其中，交易额下降40%的主要原因在于超过50亿美元的交易数量几乎减半，由2021年的81笔降至41笔。

分行业来看，科技行业、金融服务、互联网、生物医药等行业并购活动较活跃。科技行业，微软以每股95美元的价格，总价687亿美元收购动视暴雪，溢价达到45%，该笔交易也是微软有史以来规模最大的一笔收购交易。本次交易完成后微软将成为仅次于腾讯和索尼的全球第三大游戏公司，不仅可以提高自家产品Xbox的竞争力，还可以帮助微软快速进军手机游戏和元宇宙市场。美国半导体公司博通（Broadcom）以610亿美元现金和股票交易的方式收购云服务提供商威睿（VMware），并承担其80亿美元的债务。威睿是虚拟化软件的先驱，在基于x86芯片的虚拟化软件中占据97%的市场份额，博通在收购后可以向客户提供更好的软件服务并拓宽客户群体。

互联网行业，马斯克以每股54.2美元，总价440亿美元的价格收购推特。马斯克收购推特的绝大部分资金来自贷款，支持马斯克的金融机构包括摩根士丹利、巴克莱银行、美国银行等众多大银行。软件投资公司Thoma Bravo分别以107亿美元、69亿美元和23亿美元的价格收购云计算软件公司Anaplan、身份安全公司Sailpoint和全球数字身份公司ForgeRock。Anaplan主要为公司销售、运营、财务管理提供商业计划和执行方面的企业级平台服务，可以帮助企业模拟不同的预测结果，在全球拥有1900多家客

---

① 美洲并购市场统计范围包括美国在内的北美洲、南美洲及加勒比海地区。PwC并购数据统计口径是在Refinitiv与Dealogic数据整合的基础上，加入PwC的主动分析调整；IMAA作为M&A领域的非营利性组织，二者并购数据统计口径的差异可能导致美国与北美数据不完全一致。

户。此外，身份安全是网络安全的核心，要推动业务增长，企业必须将身份安全业务作为其转型的基础。

金融保险行业，巴菲特的伯克希尔哈撒韦公司（Berkshire Hathaway）希望进一步扩大保险业务，以每股 848.02 美元，总价 116 亿美元收购奥勒哈尼保险公司（Alleghany）。在奥勒哈尼保险公司的帮助下，伯克希尔哈撒韦公司的保险浮存金由 2022 年初的 1470 亿美元增加到年末的 1640 亿美元。在严格的核保下，随着时间的推移这些资金很可能会变成无成本资金。自 1967 年收购售价财产—意外保险公司以来，伯克希尔哈撒韦公司将浮存金增加了 8000 倍。

生物医药行业，辉瑞共完成 5 起收购。2022 年 3 月，辉瑞以 67 亿美元的价格收购了艾瑞纳制药（Arena Pharmaceuticals），为辉瑞在胃肠病、皮肤病和心脏病领域带来了更多具有发展前景的选择。4 月，辉瑞以 5.25 亿美元的价格收购了 ReViral，并获得其 RSV 治疗管线组。5 月，辉瑞以 116 亿美元的价格收购了 Biohaven 的所有流通股。辉瑞此次获得的双效偏头痛疗法 Rimegepant 是偏头痛口服 CGRP 药物赛道冠军。6 月，辉瑞以 9525 万美元收购法国疫苗公司 Valneva 8.1% 的股权，此次认购资金主要用于开发针对莱姆病的疫苗 VLA15。8 月，辉瑞以 54 亿美元的价格完成对 Global Blood Therapeutics（GBT）的收购，进一步加强辉瑞在血液病领域的布局。全年医药行业最大收购案为生物医药巨头安进（Amgen）以 278 亿美元的价格收购地平线治疗（Horizon），旨在加强罕见疾病药物的组合布局。安进旗下的骨质疏松症药物 Prolia 和 Xgeva 专利将于 2030 年前到期，收购 Horizon 将通过扩大收入来源应对专利到期时的收入锐减。

零售行业，克罗格（Kroger）以 246 亿美元的价格收购艾伯森（Albertsons）。克罗格是美国第二大杂货销售商，市场份额占比为 9.9%，艾伯森排第四，市场份额占比为 5.7%。收购后克罗格将成为一家年收入超过 2000 亿美元、拥有约 5000 家门店的美国食品杂货巨头。

（二）2022年 EMEA 并购市场①概况

根据路孚特与普华永道的数据，2022 年 EMEA 地区企业并购交易数量

---

① EMEA 并购市场统计范围包括欧洲、中东及非洲地区。

为 20408 宗，较 2021 年的 23086 宗下降 11.6%。2022 年上半年，EMEA 地区企业并购数量为 11432 宗，较 2021 年同期（11186 宗）增长 2.2%；下半年 EMEA 地区企业并购数量为 8976 宗，较 2021 年同期（11900 宗）下降 24.6%。尽管能源成本上升及投资者信心下降影响了并购，但 EMEA 市场的并购表现要好于亚太及美洲地区。

能源行业，欧洲计划于 2050 年前实现净零碳排放，因此非常重视能源安全和环保。英国石油公司（BP）收购美国可再生天然气公司 Archaea Energy，总收购价格为 41 亿美元，刷新了全球可再生燃料企业收购纪录。Archaea Energy 是美国最大的可再生天然气生产企业之一，其生产的 RNG 经过处理后可与以化石燃料为基础的天然气互换，Archaea Energy 将成为推动英国能源转型的引擎。全国矿业巨头力拓集团（Rio Tinto）以 31 亿美元的价格收购了加拿大矿业公司绿松石山资源（Turquoise Hill Resources）49% 的股份，使之成为力拓集团的全资子公司，间接取得了蒙古国奥尤陶勒盖铜金矿的控制权。奥尤陶勒盖是目前世界上已知的最大铜金矿之一，绿松石山资源拥有 66% 的股份，剩余股份由蒙古国国有企业 Erdenes Oyu Tolgoi 持有。在化石能源转型的背景下，铜金属需求强劲，铜金属可用于电动汽车、充电站等可再生能源基础设施布局。此次收购进一步加强了铜产品组合，是力拓集团公司战略的一部分，以实现净零排放并为股东带来长期价值。

医药行业，英国疫苗生产商素史克（GSK）在 2022 年 5 月以 33 亿美元的价格收购了 Affinivax。Affinivax 是一家处于临床阶段的公司，专注于细菌感染领域，GSK 此次收购获得新一代肺炎球菌疫苗 AFX3772，该疫苗覆盖了 24 种肺炎球菌血清型，比其他上市或在研的肺炎球菌疫苗更全，并且额外增加了两种新的肺炎球菌蛋白抗原。

零售行业，瑞士旅游免税零售巨头杜福瑞（Dufry）收购 Autogrill。Autogrill 是一家意大利跨国餐饮公司，拥有 300 多个许可和专有品牌，公司 90% 以上业务来自机场航站楼和高速公路服务区的网点。全球旅游零售领导者 Dufry 和全球旅游餐饮业领导者 Autogrill 完成合并，形成一家市值达 60 亿美元的旅游零售集团。通过并购 Autogrill，Dufry 将重新回到全球第一旅游零售商的位置。

化工行业，荷兰化学品制造商帝斯曼与瑞士香料供应商芬美意宣布达成合并协议。家族企业芬美意总部位于瑞士，产品以香水、香精及其配料为主。帝斯曼总部位于荷兰，是一家国际性营养保健品、化工原料和医药集团，合并后将成为全球香精香料第一大企业，在营养、美容和健康等领域建立新的合作伙伴关系，年营业收入预计将达到114亿欧元。根据官网公告，帝斯曼—芬美意主营业务包括香水、食品饮料、营养剂、动物营养品等。

（三）2022年亚太并购市场①概况

根据路孚特与普华永道的数据，2022年亚太地区企业并购交易数量为16235宗，较2021年（21166宗）下降23.3%。2022年上半年，亚太地区企业并购交易数量为8264宗，较2021年同期（9807宗）下降15.7%；下半年亚太地区企业并购交易数量为7971宗，较2021年同期（11359宗）下降29.8%。其中，中国受疫情和出口需求疲软影响较大，并购交易数量出现大幅下降。印度、日本和东南亚国家吸引力上升，印度超过日本和韩国成为亚洲第二大投资主体。

生物制药行业，澳洲证交所最大上市公司——制药巨头CSL以117亿美元的价格收购了瑞士维福药业公司（Vifor Pharma），维福药业公司主要产品和收入来源为治疗缺铁性贫血的羧基麦芽糖铁（Ferinject）。这是澳洲公司史上第三大境外并购交易，通过此次并购CSL产品将变得更加多元，为深入治疗缺铁性贫血药物和治疗肾病药物领域铺平了道路。

零售业，韩国搜索巨头Naver以12亿美元现金收购了二手服装市场Poshmark，收购并不会改变Poshmark的运营现状，并维持其位于加利福尼亚州红木城的员工、用户群和总部。Naver是著名社交软件LINE的母公司，世界第五大搜索引擎网站，也是韩国最大搜索引擎和门户网站，业务遍布韩国、日本、中国台湾和东南亚。Poshmark是美国最大的在线购物平台之一，

---

① 亚太并购市场统计范围包括中东以外的亚洲及大洋洲地区。

目前拥有超过 8000 万名用户。通过此次收购，Naver 在搜索、人工智能推荐和电商工具上的领先地位将推动 Poshmark 进入国际化扩张的新阶段。

能源行业，澳大利亚著名矿业公司必和必拓（BHP）以 64 亿美元价格收购澳大利亚铜生产商 OZ Minerals。OZ Minerals 拥有一系列独特的铜和镍资产，这些矿产需求旺盛，特别是在全球电气化和脱碳领域。该笔收购是必和必拓公司十多年来最大的一笔交易，用以扩大其在清洁能源和电动汽车领域的业务。

建材行业，印度首富阿达尼的阿达尼集团（Adani Group）以 105 亿美元的价格收购了全球最大水泥制造商瑞士豪瑞（Holcim）在印业务股份——两大水泥公司 Ambuja Cements 和 ACC 的全部股权，成为印度第二大水泥生产商，这是印度基础设施和建材行业最大的一笔收购业务。

三 2022年中国并购市场分析

中国并购市场与资本市场类似，与发展多年的成熟市场相比，其仍处于高速发展阶段，尚未步入成熟期。中国经济在改革开放后经过 40 多年的高速发展，经济增长速度逐步放缓，进入转型升级阶段后，与之配套的并购市场也将逐步进入成熟阶段。2022 年由于疫情反复，国内资本市场再次受到负面冲击，同时海外经济环境的不确定性降低了外资在国内的投资规模。伴随国内外投资者对经济预期悲观程度的上升，并购市场活跃度大幅下滑，没能延续 2021 年的高增长态势。但并购市场活跃度与经济衰退之间的关系并不完全是线性的，经济的持续下行也是企业通过并购活动进行资源整合的过程。仍有部分优质的大、中小企业进入并购市场来提高自身竞争力，中国并购市场可谓方兴未艾。

（一）2022年中国并购市场概况

根据 Wind 金融终端数据，2022 年中国并购市场整体成交金额为 20177.2 亿元，较 2021 年（43060.3 亿元）减少 22883.1 亿元，降幅达到 53.1%；整体并购数量为 10069 宗，较 2021 年（13822 宗）减少 3753 宗，降幅达到27.2%。从平均规模角度看，2022年中国并购市场平均单笔交易成交金额为2.0亿元，较2021年（3.1亿元）下降1.1亿元，降幅达到35.5%。2022年中国并购市场的并购金额、并购数量、平均单笔金额均呈下降态势，这与2022年疫情在全国多地散发，影响投资并购活动有关。

分季度观察，在并购规模方面，2022年中国并购市场在第一季度实现3944.3亿元，同比增速为-68.4%，环比增速为-49.6%；第二季度实现3756.5亿元，同比增速为-62.5%，环比增速为-4.8%；第三季度实现6144.0亿元，同比增速为-51.7%，环比增速为63.6%；第四季度实现6332.4亿元，同比增速为-19.1%，环比增速为3.1%。在并购数量方面，2022年中国并购市场在第一季度完成并购交易1238宗，同比增速为-79.0%，环比增速为-47.3%；第二季度完成并购交易2915宗，同比增速为-27.5%，环比增速为135.5%；第三季度完成并购交易4560宗，同比增速为191.0%，环比增速为56.4%；第四季度完成并购交易1356宗，同比增速为-42.3%，环比增速为-70.3%。整体来看，中国并购市场第三季度和第四季度并购金额的同环比增速均明显快于第一季度和第二季度，表明中国并购市场在2022年下半年开始逐渐升温。

根据Choice金融终端数据，2022年中国并购规模，排名第一的是制造业，并购金额达到9062.1亿元；排名第二的是金融业，并购金额达到4468.3亿元；排名第三的是科学研究和技术服务业，并购金额达到3189.0亿元；排名第四至第十的依次是电力、热力、燃气及水生产和供应业（1407.6亿元），采矿业（1243.2亿元），信息传输、软件和信息技术服务业（846.0亿元），租赁和商务服务业（844.1亿元），批发和零售业（793.8亿元），房地产业（672.1亿元）和建筑业（586.7亿元）。在并购事件数量方面，排名第一的是制造业，并购事件数量达到4606件；排名第二的是科学研究和技术服务业，并购事件数量达到2461件；排名第三的是金融业，并购事件数量达到1305件；排名第四至第十的依次是信息传输、软件和信息技术服务业（1030件），批发和零售业（806件），电力、热力、燃气及水生产和供应业（521件），居民服务、修理和其他服务业（489件），租赁和商务服务业（338件），农、林、牧、渔业（297件）和建筑业

（286 件）。平均并购金额方面，排名第一的是采矿业，单笔并购金额达到8.2 亿元；排名第二的是房地产业，单笔并购金额达到 5.1 亿元；排名第三的是金融业，单笔并购金额达到 3.8 亿元；排名第四至第十的依次是电力、热力、燃气及水生产和供应业（3.2 亿元），租赁和商务服务业（3.0 亿元），住宿和餐饮业（2.8 亿元），建筑业（2.7 亿元），制造业（2.3 亿元），卫生和社会工作（2.2 亿元），交通运输、仓储和邮政业（1.7 亿元）。整体来看，制造业、金融业与科学研究和技术服务业在 2022 年并购交易活跃，整体并购规模较大，而采矿业和房地产业虽然并购交易数量相对较少，但通常都是单笔金额较高的大型并购案例（见表1）。

表1　2022 年中国各行业并购情况

单位：件，亿元

行业名称	并购事件数	披露金额事件数	总金额	平均并购金额
制造业	4606	4017	9062.1	2.3
科学研究和技术服务业	2461	2084	3189.0	1.5
金融业	1305	1171	4468.3	3.8
信息传输、软件和信息技术服务业	1030	896	846.0	0.9
批发和零售业	806	670	793.8	1.2
电力、热力、燃气及水生产和供应业	521	435	1407.6	3.2
居民服务、修理和其他服务业	489	433	439.6	1.0
租赁和商务服务业	338	282	844.1	3.0
农、林、牧、渔业	297	247	365.9	1.5
建筑业	286	217	586.7	2.7
交通运输、仓储和邮政业	257	216	377.4	1.7
采矿业	181	152	1243.2	8.2
水利、环境和公共设施管理业	171	154	197.2	1.3
房地产业	150	132	672.1	5.1
文化、体育和娱乐业	131	117	79.9	0.7
住宿和餐饮业	49	42	118.3	2.8
教育	31	27	1.3	0.0
卫生和社会工作	13	13	28.8	2.2
综合	4	4	1.2	0.3

资料来源：湘财证券研究所、Choice。

从并购发生的地域维度观察,华东地区是 2022 年中国并购最活跃的地区,全年合计发生并购交易 1224 宗,实现并购金额 4639.7 亿元;西北地区是 2022 年中国并购最不活跃的地区,全年合计发生并购交易 90 宗,实现并购金额 205.3 亿元;华北地区合计发生并购交易 475 宗,实现并购金额 3330.2 亿元;中南地区合计发生并购交易 864 宗,实现并购金额 2978.8 亿元;西南地区合计发生并购交易 209 宗,实现并购金额 826.2 亿元;东北地区合计发生并购交易 93 宗,实现并购金额 351.2 亿元(见图 9)。

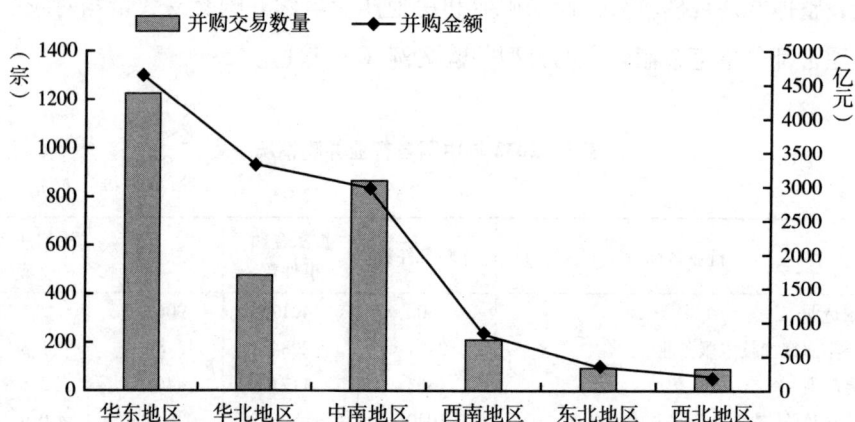

图 9 2022 年中国各地区并购情况

资料来源:湘财证券研究所、Wind 数据库。

(二)2022 年中国企业战略并购概况

根据普华永道统计分析数据①,2022 年中国企业战略并购数量达到 4478 宗,较 2021 年的 5143 宗减少 12.9%,但已接近 2019 年全年并购数量(4498 宗);从交易金额口径看,2022 年中国企业战略并购金额为 2018 亿美元,较 2021 年的 2497 亿美元下滑 19.2%。

2022 年国内战略投资者并购交易金额触及 2014 年以来低点,主要是因

---

① 资料来源:PwC M&A 2022 Review and 2023 Outlook,February 2023。

为新冠肺炎疫情对投资生产活动的限制，同时高科技领域遭遇外部"卡脖子"问题，以及地缘政治不确定性带来的全球产业链重塑加剧等因素共同导致 2022 年中国并购市场表现低迷。

在 2022 年中国企业战略并购市场中，跨境并购活动同样受上述不确定性因素影响，境外战略投资者入境并购交易金额达 14.6 亿美元，较 2021 年的 19.0 亿美元下降 23.2%，触及近 5 年（2018~2022 年）最低点。境外战略投资者入境并购交易数量达 124 宗，较 2021 年的 142 宗下降 12.7%，同样触及近 5 年最低点。

大部分行业的战略投资并购在 2022 年出现了不同程度的下滑，根据汤森路透、投中数据及普华永道统计的数据，电力能源、高科技、房地产、消费品行业的并购交易金额下滑比较明显，譬如电力能源行业并购交易金额从 2021 年的 447 亿美元下降至 2022 年的 259 亿美元，高科技行业并购交易金额从 2021 年的 293 亿美元下降至 183 亿美元，房地产行业并购交易金额从 2021 年的 235 亿美元下降至 199 亿美元，消费品行业并购交易金额从 2021 年的 199 亿美元下降至 147 亿美元。工业行业的并购交易金额却出现小幅上升，从 2021 年的 71.4 亿美元上升至 2022 年的 75.3 亿美元，逆势上升的原因主要是国企改革、产业升级、资产重组，以及国企间资源整合。作为产业升级的主要抓手，工业行业得以享受到更多的国家优惠政策。

（三）2022年中国 PE/VC 等财务投资者并购概况

PE/VC 投资者作为并购市场的重要参与者，以财务投资为主，通过各种渠道筹集资金，并在适当时机以适当方式选择退出投资标的。

根据普华永道统计分析数据，2022 年中国并购交易数量达 317 宗，较 2021 年（221 宗）继续上扬，成为近 5 年（2018~2022 年）最高点。其中，以人民币资金为融资来源的融资规模达到 281 亿美元，较 2021 年的 302 亿美元下降 7.0%，以非人民币资金（外资）为融资来源的融资规模达到 501 亿美元，较 2021 年的 481 亿美元上升 4.2%。PE/VC 等财务投资者在 2022

年中国并购市场表现出的较高活跃度也表明，在欧美等经济体通胀高企的背景下，中国具备一定的比较优势，成为国内资金和外资较为青睐的投资目标市场。

2022年，在22宗超大型并购交易中，有5宗与在美国上市的高科技、新能源汽车和数字医疗行业的SPACs相关，有12宗是由国企改革推动的并购案例。大部分PE/VC投资者表示由于不确定性加剧叠加市场估值的下降，他们在2022年更倾向于持观望态度。伴随2023年中国防疫政策发生重大转向，生产活动恢复，叠加中国政府释放的稳经济和稳预期信号，PE/VC等财务投资者的信心和预期有望回升。

从行业结构看，PE/VC等财务投资者主要聚焦于高科技、电力能源、工业、医疗健康等领域。其中，包括中国招商基金与贝莱德财团参与的投资总额为155亿美元的沙特阿美天然气管道公司项目，财通基金以67亿美元投资宁德时代等。

从退出方式看，2022年PE/VC投资者通过并购交易退出的数量达1922宗，较2021年（1094宗）大幅增加828宗，涨幅达到75.7%。2022年PE/VC投资者通过IPO退出的数量达348宗，较2021年（414宗）减少66宗，降幅达到15.9%。2022年PE/VC投资者通过其他方式退出的数量达101宗，较2021年（82宗）增加19宗，涨幅达23.2%。整体而言，2022年PE/VC投资者退出总量呈现持续上升的趋势。

从IPO目的地选择来看，国内深圳证券交易所和上海科创板是PE/VC投资者通过IPO退出并购项目的首要选择。其中，选择深圳证券交易所IPO退出的并购项目有135宗，比2021年（159宗）下降15.1%，选择上海科创板IPO退出的并购项目有109宗，比2021年（137宗）下降20.4%。中概股监管环境的变化是导致IPO退出项目数量有所下滑的重要原因之一。此外，选择香港证券交易所IPO退出的并购项目达39宗，较2021年（41宗）有小幅下降。而选择2021年成立的北京证券交易所IPO退出并购项目达44宗，超越香港证券交易所。整体而言，深圳证券交易所和上海科创板仍占据绝对领先地位。

（四）2022年中国企业海外并购投资概况

根据普华永道统计分析数据，2022年中国企业海外并购整体成交金额为444亿美元，比2021年（477亿美元）下降6.9%，略高于2020年（431亿美元），但低于2019年（591亿美元）。2022年，中国企业海外并购数量为490宗，比2021年（502宗）下降2.4%，同样高于2020年（403宗），低于2019年（667宗）。由于国内防疫政策对海外出行的限制叠加地缘政治冲突等因素，中国企业海外并购活跃度有所下降。

从投资者结构看，2022年财务投资者继续领跑境外并购活动，2022年中国企业出海进行财务并购288宗，其中，民企出海并购172宗，国企出海并购30宗，财务并购占全部出海并购交易数量的58.8%，较2021年的占比提升4.6个百分点。

从行业结构看，2022年中国企业海外并购主要集中在电力能源和高科技行业。其中，在电力能源领域，具有国企背景的财务投资者招商基金和贝莱德财团以155亿美元的价格收购了沙特阿美天然气管道公司。在高科技领域，光速中国创投（Lightspeed China Ventures）以15亿美元的价格收购了美国安杜里尔工业公司（Anduril Industries）。2022年，俄乌冲突导致能源危机加剧，同时欧美国家在高科技领域对中国的限制也促使中国政府加大对卡脖子领域的相关投资，中国企业在2022年明显增加了对电力能源和高科技等相关行业的海外并购交易活动。

从并购目的地来看，以并购交易额统计，2022年中国企业第一大并购目的地是中东，对沙特阿美天然气管道公司的投资使中国企业在中东地区的并购交易额大幅增加。2022年，中国企业在中东地区并购交易额达到156亿美元，较2021年的13亿美元大幅增加1100%。第二大并购目的地是亚洲，2022年中国企业在亚洲的并购交易额达到81亿美元，较2021年的159亿美元下降49.1%。北美和欧洲同时为中国企业第三大并购目的地，并购交易额达75亿美元，而2021年北美和欧洲并购交易规模分别为104亿美元和139亿美元。虽然中国企业对欧美地区的并购交易规模有所下降，但从并购交易数量来看，北美和欧洲位列中国企业海外并购的第一和第三，交易数量分别为 170 宗和 118 宗，这意味着中国企业可能仍然对北美和欧洲的并购项目保持兴趣，但单笔成交金额显著减少。中国企业在亚洲的并购交易数量达到 130 宗，较 2021 年的 106 宗上升 22.6%。随着中国防疫政策的持续优化，中国企业的海外并购交易数量也将有所增加。

（五）2022年中国主要行业并购概况

工业领域方面，西仪股份定增收购重庆建工 100% 股权，交易金额为 49.7 亿元。西仪股份主要从事汽车发动机连杆、其他工业产品和其他产品的研发、生产与销售。在并购重组后，公司的主营业务包括军品和民品两部分，以军品业务为核心，军品主要为全口径枪械类轻武器装备，民品主要包括转向系统、传动系统、精密锻造产品、发动机连杆等汽车零部件产品，以及民用枪等产品。重组后公司将以枪械类轻武器装备业务为主，增加新的利润增长点，提高盈利能力；同时，上市公司通过整合将丰富汽车零部件产品，提升其在汽车零部件领域的核心竞争力，形成更加合理的产业布局。2022 年 12 月 14 日，深圳市建艺装饰集团股份有限公司以支付现金的方式收购广东建星建造集团有限公司 80.0% 股权，交易金额为 7.2 亿元。交易完成后，建星建造集团有限公司将成为建艺装饰集团股份有限公司的控股子公司。建星建造集团有限公司以建筑施工为主营业务，并提供建筑设计、建筑工业化部品生产租赁等配套服务。此次交易完成后，建艺装饰集团股份有限公司将沿建筑产业链持续打造"建工平台"，提升其在建筑产业链上的综合实力。

公共事业领域，客都股份收购旭泰能源 96.2% 股权，交易金额为 3.1 亿元。并购交易前，客都股份的主营业务为光伏发电设施的安装和运维，并购交易完成后，公司的主营业务为光伏发电、水力发电及光伏发电设施的安装、运维。并购交易将公司业务向产业链下游延伸，从光伏发电设施安装运维类企业转变至以光伏发电为主、水力发电为辅，兼具光伏发电设施安装及运维能力的新能源公司，有利于提高公司资产质量及盈利能力。

房地产领域，王府井收购陕西荣奥 100% 股权，收购总金额达 78577.7 万元，标的公司在收购后更名为西咸新区王府井商业有限公司。王府井在西安地区运营管理 4 个项目，实现了百货、购物中心、奥特莱斯的业态全覆盖，各门店之间已形成了地区规模优势。王府井表示收购完成后，有利于王府井赛特奥莱西安机场店保持门店的稳定经营和持续性发展，并保持公司"奥莱板块"业绩的稳定和持续发展，稳固公司在大西安区域的竞争地位。天保基建收购天保创源 100% 股权，交易金额为 8.3 亿元。收购的项目具备较好的区位优势，有助于天保基建增加其在房地产项目上的储备资源。交易完成后，天保基建与关联方天保投资现有的同业竞争问题将得到有效解决。

医疗保健领域，华润三九收购昆药集团 28% 的股权，交易金额达 29.0 亿元。两大中药龙头的并购交易是为进一步发挥产品线协同效应。华润三九表示，此次交易有利于公司整合优质资源，丰富传统国药品牌，实现"品牌+创新"双轮驱动发展。交易完成后，华润三九将协同昆药集团把"昆中药 1381"打造为精品国药品牌，同时把"昆中药"打造成传统中药品牌，不断提升其品牌知名度和辨识度。

日常消费领域，新五丰收购天心种业 100% 股权，交易金额达 22.1 亿元。新五丰是国内第一家上市生猪养殖企业，公司作为湖南生猪养殖龙头，成立 20 余年来，一直从事生猪养殖业务，其中包括供港澳活大猪业务。2008 年，新五丰开始外销转内销，2018 年受非洲猪瘟影响，业务规模有所收缩，通过此次并购交易，天心种业及其子公司基本纳入新五丰，可以在很大程度上缓解同业竞争带来的经营压力。

金融领域，国泰君安收购华安基金 8% 的股权，交易金额达 10.1 亿元。国泰君安控股华安基金后，双方在业务和资源上得以实现互相整合、互为补充。国泰君安可以为华安基金提供销售渠道，华安基金也能助力国泰君安发展财富管理业务。指南针收购网信证券 100% 股权，交易金额为 15 亿元。金融信息服务业务是指南针的主营业务，而网信证券拥有证券经纪、自营、资管、投行等业务资质，指南针将借助此次重整拿到券商牌照，进而发展为一家互联网券商，有利于发挥预期协同效应并提升公司的估值。

参考文献

UNCTAD, "Trade and Development Report 2022: Development Prospects in a Fractured World," 2022.

UNCTAD, "World Investment Report 2022: International Tax Reforms and Sustainable Investment," 2022.

BCG, "Dealmaking Remains Active as Dark Clouds Form (BCG M&A Report 2022)," 2023.

Price Waterhouse Coopers, "Global M&A Industry Trends: 2023 Outlook," 2023.

普华永道:《2022 年中国企业并购市场回顾与前瞻》,2023。

政策法规篇

Policies and Regulations Reports

B.2

并购法律法规与政策评价

万艺娇　章松涛　陈隽芸　周育文*

摘　要： 本报告主要对 2021~2022 年我国并购相关立法、行政机关草拟或颁布的对并购重组发生直接或间接影响的法律、法规、规范性文件进行综述及解读。近年来，国内经济运行承压，兼并重组市场活跃度降低，2021~2022 年相关政策、法律文件发布频率有所放缓。通过对 2021~2022 年立法、执法情况的回顾，可以看到相关立法、行政、司法机构围绕新《证券法》的注册制改革，严守监管红线，规范商事行为，在明晰法律责任等方面草拟、发布了多部配套性规定或规范性文件，进一步构筑了并购重组法律文件体系。本报告通过呈现上述体系的建立、完善或变更情况，以及对新体系的进一步分析与解读，为

---

* 万艺娇，大学本科，二级律师，江西求正沃德律师事务所高级合伙人，主要研究方向为民商事法律；章松涛，硕士研究生，江西求正沃德律师事务所律师，主要研究方向为民商事法律；陈隽芸，硕士研究生，公职律师，江西省融资担保集团有限责任公司担保业务一部总经理，主要研究方向为民商事法律；周育文，大学本科，三级律师，江西求正沃德律师事务所合伙人，管委会知识管理部负责人，主要研究方向为民商事法律。

并购重组实务操作提供一定的行为规范引导，从而防范和减少相关法律风险。

关键词： 并购重组　法律法规　部门规章　规范性文件

一　2021~2022年并购重组法律法规与政策回顾

（一）2021~2022年涉及并购重组的法律法规的修订

《中华人民共和国对外贸易法》于1994年5月12日通过后，于1994年7月1日开始实施，其后该法于2004年和2016年分别进行过修订和修正，最新的修正案于2022年12月30日公布，并自公布之日起实施。此次修正主要删减了原第九条中有关对外贸易经营权核准登记的条款。

此前，若企业需要经营进出口业务，必须进行外贸经营者备案登记，通常必须通过六个环节，依次为：外贸经营者备案登记申请、通关企业公司登记、电子口岸卡申请、批准开办外币账户、税收—出口商品退税申请和开设企业商业银行的外币账户。其中，备案登记具体流程为先到商务部门户网站申请登录，线上提交申请材料，并带上相应资料至线下核实，再办理备案登记。只有拿到公司备案登记表的纸质版原件，方可去海关办理公司登记。线上备案用时较少，但线下则耗时较长，取消备案登记后，仅需线下去海关一次即可，业务流程大大缩短和优化，大幅提升了企业的办事效率。

中国外贸市场最早由国有企业主导，后来发展到集体所有制企业、上市公司与乡镇村企业等多主体参与，再到如今民企占据对外贸易经营半壁江山。据海关总署计算，2022年全国有进出口实绩的民营外贸企业达51万户，总对外进出口值达到了21.4万亿元，民营企业对外进出口规模占比第一次突破了50%。此次《中华人民共和国对外贸易法》的修正是国家继续扩大外贸经营权的重要措施，是继核准登记制改革之后的又一项重大举措，是中国与国际市场接轨的又一次机制式开放，将更加利于中国民企积极参与国际贸易。

修正后的《中华人民共和国对外贸易法》规定，从 2022 年 12 月 30 日起，中国各地经济贸易主管部门将暂停进行对外经济贸易经营权审批登记。不过，从海关进出口公司合规监督管理中留底和备案的角度看，进出口公司还需要办理如下 3 个事项：向海关登记获取报关经营权限、申领电子口岸 IC 卡、向国家外汇管理局进行公司名录备案。对于经营进出口贸易的企业（公司），如自主通关的仍须进行海关收发货资格备案，如需申请退税，也仍须进行退税资格备案。

（二）有关部门规章和规范性文件

1. 中国证券监督管理委员会有关部门规定及其他有关法律规范性文件

2020 年 3 月 1 日，新版《证券法》生效实施，这是中国改变证券交易法律关系的重要法律，包括了上市机制调整、加强对投资者保护与信息公开、撤销调整部分行政许可并提升违法门槛等主要方面的重大改变，其中，新增调整的法律规定有 160 多项。《证券法》的重要修订，意味着中国新的资本市场体系将迎来重大变革，而新法施行后，相关法律体系中的政府有关部门规章、规范性文件等也必将作出重大调整与修订。紧随《上市公司收购管理办法》《上市公司重大资产重组管理办法》的颁布、实施，中国证券监督管理委员会（以下简称"证监会"）和上海、深圳、北京证券交易所于新《证券法》颁布后，着手对监管规定进行密集的调整，方式主要包括对规范性文件进行合并、补充、修改等，但由于涉及领域广、内容多，相关文件陆续于 2022 年、2023 年正式发布。2022 年，证监会公布的主要文件有：《上市公司股票停复牌规则》《公开发行证券的公司信息披露内容与格式准则第 5 号——公司股份变动报告的内容与格式（2022 年修订）》《公开发行证券的公司信息披露内容与格式准则第 17 号——要约收购报告书（2022 年修订）》《上市公司监管指引第 4 号——上市公司及其相关方承诺》《上市公司监管指引第 5 号——上市公司内幕信息知情人登记管理制度》《〈上市公司收购管理办法〉第六十二条有关上市公司严重财务困难的适用意见——证券期货法律适用意见第 7 号（2022 年修订）》等。2023 年以来，证监会的新文件发布又迎来了小高潮：1 月发布《证券期货经营机构私募资产管理计划运作管理规定（2023 修订）》《证券经纪业务管理办法》；2 月 17 日同时发布《〈上市公司收购管理办法〉第六十二条、第六十三条及〈上市公司重大资产重组管理办法〉第四十六条有关限制股份转让的适用意见——证券期货法律适用意见第 4 号（2023 修订）》《〈上市公司重大资产重组管理办法〉第十四条、第四十四条的适用意见——证券期货法律适用意见第 12 号》《〈上市公司重大资产重组管理办法〉第二十九条、第四十五条的适用意见——证券期货法律适用意见第 15 号》《上市公司监管指引第 7 号——上市公司重大资产重组相关股票异常交易监管（2023 修改）》《上市公司监管指引第 9 号——上市公司筹划和实施重大资产重组的监管要求》《监管规则适用指引——发行类第 7 号》《中国证券监督管理委员会行政许可实施程序规定（2023 修改）》《欺诈发行上市股票责令回购实施办法（试行）》等（详见附录表 1）。综合上述文件内容，证监会调整重点在于企业控制权变化及信息披露规定、强化对违法违规行为的惩治措施、内幕信息知情人登记、明确企业独立性财务顾问的履责要求、企业非经营性资金占用事项的处理时间与节点规定、企业境内外拆分的条件与管理规定、明确非上市公众企业的股东及其实际控制人在企业重大资产重组中的法律责任等。

2. 其他部委部门规章和规范性文件

财政部为完善国家财政预算管理制度，提高会计信息质量，历经 4 年时间对 2015 年颁布的《财政总预算会计制度》进行研究和修订，更名为《财政总会计制度》，于 2022 年 11 月 18 日发布，2023 年 1 月 1 日起施行，《财政总预算会计制度》同时作废。党的二十大报告指出，要"健全现代预算制度"。作为财政管理的基础性制度，财政总会计制度正是对标新时期的目标任务，与现代预算管理制度相适应，并进一步加强。修改后的新体系，将健全收付实现制下的总会计执行控制职能，完善权责发生制下的总会计财务管理职能，政府财政财务状况可以得到比较完整、正确的体现，对社会经济健康发展也更有保障。同时，新体系对促进中国政府审计规范体系统一，满足中国政府整体财务报告改革要求，满足预算控制一体化的需要，逐步理顺资产、负债科目等起到了积极效果。

国家市场监管总局于 2022 年 6 月 27 日发布《经营者集中审查规定（征求意见稿）》，于 2023 年 3 月 10 日正式发布《经营者集中审查规定》，从 2023 年 4 月 15 日起实施。该规定的修改亮点主要包括：确定了"实施集中""控制权"的确定要素，对参与集中经营者之间交易金额的计量方法作了调整，并继续细化停钟制度的适用程序，进一步完善了企业监管受托人的选任原则，增加和修改了个人隐私和企业信息保障方面的条款，规范和完善了对企业反垄断申请的审批流程等。

2001 年，证监会颁布《关于在上市公司建立独立董事制度的指导意见》，标志着独董制度的建立和推行。在长期实施过程中，独董制度备受独立董事不独立、"花瓶董事"、"人情懂事"的诟病。2021 年，广州市中级人民法院在全国首例证券集体诉讼案中，判决康美公司赔偿投资者损失 24.59 亿元，曾任或时任康美公司的几名独立董事在一定的范围内承担连带赔偿责任。此案一出，一度引发上市公司独董辞职潮。2023 年 4 月 7 日，国务院办公厅出台了《关于上市公司独立董事制度改革的意见》，从独立董事职能定位、履职方法、任期管理、选任机制、履职保障、履职情况监管、责任约束机制、内部监管体制八大方面改革独立董事管理制度，以保障独立董事在上市公司的内部管理中发挥应有的功能。为贯彻落实该文件要求，证监会于 2023 年 4 月 14 日印发《上市公司独立董事管理办法（征求意见稿）》广泛征求意见。

3. 证券交易所有关文件

2022 年，证券交易所相关文件的修订侧重于复牌、持续监督及交易审核，以及证监会备案中的有关信息公开规定等领域。

（1）上海证券交易所（以下简称"上交所"）

2022 年 1 月 7 日，上交所对《上海证券交易所上市公司筹划重大事项停复牌业务指引》作出了修改，定名并公布《上海证券交易所上市公司自律监管指引第 4 号——停复牌》，自公布之日起实施。同一天，又公布《上海证券交易所上市公司自律监管指引第 11 号——持续督导》，该指导文件是对《上海证券交易所上市公司持续督导工作指引》进行修正并更名，自公布之日起实施。

2023 年 2 月 17 日，上交所发布《上海证券交易所上市公司重大资产重组审核规则》《上海证券交易所股票上市规则（2023 年 2 月修订）》《上海证券交易所优先股试点业务实施细则》《上海证券交易所发行上市审核规则适用指引第 1 号——申请文件受理》《上海证券交易所发行上市审核规则适用指引第 3 号——现场督导》《上海证券交易所发行上市审核业务指南第 1 号——审核系统业务办理》《上海证券交易所发行上市审核业务指南第 2 号——发行上市申请文件》等（详见附录表 3）。

（2）深圳证券交易所（以下简称"深交所"）

2022 年 1 月 7 日，深交所对《深圳证券交易所上市公司信息披露指引第 2 号——停复牌业务》作出了修改，定名并公布《深圳证券交易所上市公司自律监管指引第 6 号——停复牌》，自公布之日起实施。

2023 年 2 月 17 日，深交所公布《深圳证券交易所上市公司股份协议转让业务办理指引（2021 年修订）》《深圳证券交易所上市公司股份协议转让业务办理指南（2021 年修订）》《深圳证券交易所股票上市规则（2023 年修订）》等一系列规定（详见附录表 3）。

（3）北京证券交易所（以下简称"北交所"）

2021 年 11 月 2 日，北交所公布了《北京证券交易所上市公司业务办理指南第 1 号——股票停复牌》《北京证券交易所上市公司持续监管指引第 5 号——要约收购》等文件；2023 年 2 月 17 日，公布了《北京证券交易所上市公司重大资产重组审核规则》《北京证券交易所上市公司重大资产重组业务指引》等的修订文件。

尤其需要注意的是，截至 2023 年 2 月 17 日，证监会、各证券交易所、全国股转公司、中国结算等机构公布的有关文件共 165 部，包括由证监会公布的有关文件 57 部，由各证券交易所、全国股转公司、中国结算等机构公布的相关文件 108 部。文件内容主要包括了首发要求、注册程序、保荐承销、重大资产重组、法律监督与执行、投资者保障措施等各个方面。归纳起来，主要工作体现在如下几个方面。一是改善和优化发行市场环境。从核准制到注册制的改变，有利于各板块打造多元包容的上市环境，同时是将市场推向公开、透明的法治化道路的过程，必然对发行人提出更高的信息披露要求，也对监管机构提出更高的监管职能要求。二是对注册程序的修改、优化。取消了证监会发行审核委员会和上市公司并购重组审核委员会，进一步明确了交易所与证监会之间的职能划分，交易所的审批与证监会的注册各有侧重：如在交易审批流程中出现重要敏感情况、重要无先例情况、重要社会舆情、重大严重违规问题的，应及时向证监会请示并报告。同时，二者的工作又互有衔接，大大提高了审核的有效性与可预见度。三是对发行与承销机制的优化。新股的发售价格、规模，主要以市场化的方式决定。四是对上市公司重大资产重组政策的调整。实施全面注册制度，进一步健全企业重组认定制度和市场定价体系，加强对重组过程的事前事中事后全生命周期监控。五是监督执行与投资者维护的责任。依法从严打击股票发行、保荐承销等业务活动中的违法行为。

此次公布执行的管理办法是服务于全面注册制的，标志着注册制的法律结构已经初步成型，也标志着注册制逐步普及于全市场和各种公开发行股票行为，对我国资本市场发展的意义重大。

4. 最高人民法院和最高人民检察院的有关文件

2022 年 11 月 14 日，《最高人民法院关于涉外民商事案件管辖若干问题的规定》公布，自 2023 年 1 月 1 日起实施。

党的二十大指出，要依法维护外商投资利益，形成市场化、法治化、国际化的一流营商环境。最高法上述规定是贯彻落实党的二十大精神的具体行动,是按照《中华人民共和国民事诉讼法》的有关规范,并根据审判实际情况而出台的。该规定共计 9 个条款,重点规定的是第一审涉外民商事案件的人民法院管辖原则,明确了各级人民法院的管理职责:基层人民法院重在准确查明事实、实质化解矛盾;中级人民法院重在二审有效终审、精准定分止争;各省高级人民法院重在再审时法律纠正、重新统一判决标准;最高人民法院监督领导我国涉外司法业务,保证司法正确运用。

该规定的条款适用于中华人民共和国大陆以外的各国或地区的民商事纠纷案件,中国香港、澳门以及台湾的民商事纠纷亦予参考适用。该规定实施后,将进一步完善涉外民商事审判机制、方便中外双方投诉、保障中外双方的合法权益、提高涉外民商事案件审理质效,以达到涉外民商事司法改革"调结构""定职责"的目标。

2023 年 1 月 16 日,最高人民检察院公布了第四批涉企合规典型案件。该批典型案件共有 5 件,分别为:北京市李某某等 9 人保险诈骗案,山东潍坊 X 公司、张某某污染环境案,山西新绛南某某等人诈骗案,安徽 C 公司、蔡某某等人滥伐林木、非法占用农用地案,以及浙江杭州 T 公司、陈某某等人帮助信息网络犯罪活动案。

2022 年 4 月,最高人民检察院在全国范围内全面推开了涉案企业合规制度试点工作,并常态化公布了涉案企业合规典型案件,第三批涉案企业合规典型案件的公布时间是 2022 年 8 月,间隔了不足半年时间就公布了第四批,最高人民检察院对于这个课题的关注程度可见一斑。

该批典型案件各有特点,反映出在不同领域的典型性、创新性,并全面兼顾了大中小微型企业和中外合资、外资经营的不同公司的合规特征,主要关注的合规类别有:汽车销售服务企业保险专项合规、中外合资公司环境保护专项合规、劳动密集型公司安全生产及财税管理专项合规、外资企业多罪名生态环保专项合规、互联网科创公司网络犯罪专项合规。其中,山东潍坊 X 企业、张某某污染环境案,以及安徽 C 公司、蔡某某等人滥伐林木、非法占用农用地案中的涉案公司,包括了中外合资企业、外商独资公司。

这批典型案件的经验措施是：合规准备工作前移，坚持全流程、系统性开展合规制度试点工作；正确掌握对涉案公司法律合规的适用要求，积极稳妥探索对重罪案件适用的合规审查程序；注重政策引导，积极探索对多罪名涉案公司进行全面合规审查；加强溯源管理，助力数字文化建设等。该批典型案件对警示教育公司合规经营风险，促进涉案公司合规改革的深入开展起到了一定的提醒、引导、示范作用。

（三）并购重组立法研究

一家公司从小到大的发展不外乎通过对内扩展与对外扩张两个方式，对内扩展是把公司经营收益不断投向生产以使公司壮大，而对外扩张则是采取并购重组的手段，使公司生产能力与经营规模不断提升。并购重组是公司配置资产、提升能力与发展的主要途径。中国企业并购重组法规体系的特点是实施在先、立法在后，并购重组过程也催生了诸多立法成果。该模式下，有关企业并购重组的规定已具有一定的体系性和完整性，如我国目前有关上市公司并购重组的规定，已经形成以《民法典》为基本规范，《证券法》《公司法》为核心，相关行政法规、部门规章、地方政府法律法规和行业自律性规范性文件为主要补充的法律体制。但同时，应当看到各机关在不同阶段针对不同问题而制定的相关规则，呈现比较散乱的特点，没有形成系统化规定，未能建立一套周延、全面、系统的法规制度，存在不同领域、不同机关出台不同规定或者彼此之间互相矛盾的现象，这为实际运用带来一些困难和问题。而在上市公司以外的企业并购重组司法规范中，这一问题则更为严重，相关规则更为零散、法律效力层级较低，甚至缺乏规范。

2022 年，市场并购重组的热情有所下降，但监管层仍严格遵守监管红线，在立法层面，中国证券市场总体呈现良性发展态势。资本市场企业并购重组的主要立法重点，仍是围绕全面注册制改革而制定的配套性法规，为在《证券法》下的企业并购重组提供了法律支撑或行为导向。

（四）关于并购争议的司法和仲裁机构处理

2023年1月19日，最高人民法院民二庭发布2022年全国法院十大商事案例，其中不乏与并购重组相关的案件，如南京高科新浚成长一期股权投资合伙企业（有限合伙）诉房某某、梁某某等上市公司股份回购合同纠纷案，广东兴艺数字印刷股份有限公司诉张钜标等股东瑕疵出资纠纷案，张亚红诉陶军男、北京首创期货有限责任公司期货交易纠纷案，卫龙武诉北京中方信富投资咨询有限公司证券投资咨询纠纷案，深圳市衣支米食品科技有限公司与讷河新恒阳生化制品有限公司破产债权确认纠纷案，隆鑫系17家公司重整案。

综观上述商事案例，主要有以下几个方面特点。

1. 案件类型广泛、新颖

上述商事案例涉及股份回购、股东出资、证券期货交易、破产债权以及重整等纠纷，案件类型多样，覆盖面广，均是《公司法》及并购重组领域的重点及难点，判决结果均具有重大的社会影响及标志性意义。

2. 弥补立法上的空白，指导司法实践

上述案例中所涉及的纠纷处理均在一定程度上弥补了立法上的空白，为司法实践提供了参考价值。如南京高科新浚成长一期股权投资合伙企业（有限合伙）诉房某某、梁某某等上市公司股份回购合同纠纷案，判决结果明确以公示的出资日作为判断股东对债务人承担赔偿责任的应缴出资日，具有一定的开创性和规则意义，彰显了工商登记的重大意义，通过强化企业信用约束手段，提高信用监管效能。再如张亚红诉陶军男、北京首创期货有限责任公司期货交易纠纷案的裁判要旨指出，未履行"投资者适当性义务"，违反期货居间人诚实守信、勤勉尽责义务的期货居间人和对期货居间人疏于管理的期货公司应对投资者各自承担相应的赔偿责任，清晰界定了交易者与居间人和期货公司之间的不同法律关系，分别认定了居间人和期货公司对交易者承担的适当性义务，阐明了案件处理的法理基础。

3. 表明我国证券监管机构强化信息披露要求、规范证券服务机构履职、加强投资者保护等理念

卫龙武诉北京中方信富投资咨询有限公司证券投资咨询纠纷案的裁判要旨指出，证券投资咨询机构在向投资者提供投资建议时，未按照客观谨慎、忠实客户原则履行义务，存在未履行风险揭示义务、向客户承诺保证收益、虚假宣传等欺诈投资者行为，应根据过错程度，对投资者因其侵权行为所导致的损失承担相应赔偿责任。对于实施欺诈投资者行为，该案例判决正确地区分和界定了证券投资咨询机构和投资者之间的法律责任，较好地实现了证券投资咨询机构与投资者之间的利益平衡和责任划分，充分彰显了司法审判的引导示范功能。

4. 综合运用预重整、实质合并、协调审理等制度，充分发挥市场作用，解决大型综合性民营企业集团重整难题

隆鑫系 17 家公司重整案涉及利益主体多、考量因素多，内容复杂。法院通过综合运用预重整、实质合并、协调审理等制度的方式，让企业与各方主体进行市场化商业谈判，通过市场化筛选形成切实可行的重组方案，同时，法院为预重整提供合法性和方向性指引，实现了庭外重组和司法重整的有效衔接，最终有效形成合力，解决了多元化投资需求的问题。

值得一提的是，在最高人民法院民二庭发布的十大商事案例中，"案情简介"后增加了"专家点评"，聘请了全国十大专家对 10 个案例分别作出了评论。学者观点的背后，是法官对"共识"的重视，裁判实务与学术观点能取得一致共识，无疑有助于加强法官裁判的可信度，法官在作出判决时如果能充分倾听学者观点，则可以加强法官的思想支撑，降低自由裁量的随意性。

综上，上述商事案例表明，法院在商事审判实践活动中坚持服务大局、公平公正司法的法律精神，通过惩戒违法违规行为、创新完善司法裁判规则，为优化市场营商环境、保护商事参与人合法权益、推动经济高质量发展提供有效的法治保障。

二　2021～2022年并购重组重要法律法规
及政策的内容与评析

（一）《中华人民共和国对外贸易法》（2022修正）

2004年，我国以立法形式确立了对外贸易经营者备案登记制度，同时，商务部配套发布了《对外贸易经营者备案登记办法》，为对外贸易经营者备案登记制度规定了具体的操作细则，有效地指导了实践操作。随着我国外向型经济的不断发展，为推动外贸经营管理领域的改革，坚定推进贸易自由化便利化的发展，进一步优化营商环境、释放外贸增长潜力，推动对外贸易高质量发展和高水平对外开放，2022年12月30日第十三届全国人民代表大会常务委员会审议通过了《关于修改〈中华人民共和国对外贸易法〉的决定》，对《中华人民共和国对外贸易法》进行了再一次修正。

1. 《对外贸易法》此次修正最为重要的内容就是取消了实施近20年的对外贸易经营者备案登记制度

由于高水平对外开放的要求，经过3年在自贸区的试点，取消对外贸易经营者备案登记显著提升了进出口贸易的便利性，受到市场主体的广泛认可。在试点成熟经验的基础上，此次修正删除了原第九条"从事货物进出口或者技术进出口的对外贸易经营者，应当向国务院对外贸易主管部门或者其委托的机构办理备案登记；但是，法律、行政法规和国务院对外贸易主管部门规定不需要备案登记的除外。备案登记的具体办法由国务院对外贸易主管部门规定。对外贸易经营者未按照规定办理备案登记的，海关不予办理进出口货物的报关验放手续"的规定。根据新的规定，2022年12月30日起，从事进出口业务活动（诸如办理进出口环节许可证、技术进出口合同登记证书、配额，申请国有贸易资格相关证件和资格等）无需再到各地商务部门办理对外贸易经营者备案登记，也无需提供对外贸易经营者备案登记材料。企业进行海关登记获取报关权限后即可自动获取进出口权。这是外贸经营管理领域的重大改革举措，是中国政府坚定推进贸易自由化便利化的重要制度创新，将有利于进一步优化营商环境，这也是该法此次修正的亮点。

2. 取消对外贸易经营者备案登记的意义

（1）企业自主进出口权的确立

我国外贸进出口制度经历了审批制—备案制—自由进出口制度的发展过程，这是我国加入世界贸易组织（WTO）及促进外贸经营管理领域高质量发展的必然要求。2004 年以前，我国实行对外贸易经营者审批制度，为加强对进出口贸易的监督和管理，由取得外贸专营资格的国有外贸代理公司独揽进出口业务。随着我国经济的发展，开放水平的不断提高，特别是我国加入 WTO 后，进出口经营资格的审批制限制了我国开放型经济的长远发展，也成为我国企业参与国际竞争、国际合作的阻碍。在此背景下，2004 年我国对《对外贸易法》进行修改，由原来的审批制改为备案制，并明确备案的目的仅为收集信息，不限制企业正常的进出口权利，任何法人和其他组织均有权利直接与外商开展进出口贸易。此后，为满足我国外贸经营管理领域高质量发展的需求，进一步促进企业更为公平地参与国际竞争，2019 年 12 月 1 日，全国自贸试验区开展为期 3 年的"证照分离"改革全覆盖试点，率先取消对外贸易经营者备案登记。试点取得显著效果，得到了市场主体的广泛认可，且未发现备案制的取消会导致风险隐患。这为全国取消备案制奠定了基础，为推动《对外贸易法》的修正提供了重要动力，并得以将其推行至全国。《对外贸易法》修正后，我国商务部业务系统统一平台的对外贸易经营者备案登记入口即给出取消备案的相关提示，不再进行登记，自主进出口制度即付诸实施。

（2）取消备案制是市场经济发展及企业参与国内国际竞争的必然要求

民营企业系我国市场经济的重要组成部分，是我国外贸经营的主力军。对外贸易备案制实行近 20 年，经过充分的实践检验后，已具备进一步放开对外贸易经营权的条件，这是促进民营企业参与对外贸易、进一步改革开放的必然要求，也是提高企业国际贸易竞争力的重要举措。同时，取消备案制有利于营造公平透明的营商环境，保障中小企业积极开拓国内和国际两个市场，进一步释放外贸增长潜力。

（3）取消备案制是促进对外贸易自由化、便利化，进一步优化营商环境的必然选择

近年来，为提升对外贸易的自由度，我国制定了一系列简政放权、提升企业活力的举措，为企业参与国际竞争、融入国际市场带来了切实可见的便利。2022年，《对外贸易法》的修正进一步与国际通行做法接轨，进一步促进贸易自由化、便利化，为释放外贸增长潜力、高质量发展对外贸易提供了法律制度的保障。

需要注意的是，对外贸易经营者备案制度虽已取消，但仍需受海关监管。企业进出口报关时仍需备案登记为进出口货物收发货人或报关企业，进出口货物的收发货人、受委托的报关企业负有如实向海关申报的义务，且申报人对申报内容的真实性、准确性、完整性和规范性承担相应的法律责任。

（二）《中国证券监督管理委员会行政许可实施程序规定》

《中国证券监督管理委员会行政许可实施程序规定》（以下简称《许可程序规定》）最早于2009年开始实施，是证监会对申请、实施、变更、延续行政许可等行为作出具体行政行为的重要依据。2020年3月1日，新《证券法》正式生效施行，标志着我国证券发行已经从核准制向注册制全面过渡。中央层面也提出了对资本市场违法犯罪行为"零容忍"的要求，为落实注册制，完成党中央、国务院的要求，证监会起草了《许可程序规定》，于2021年3月26日向社会公开征求意见。目前，正式稿已经发布实施。与修改前的《许可程序规定》相比，新的《许可程序规定》总体上保留了原来的主要内容和逻辑框架，但对于一些特定事项进行了明确和强调，新增或修改了部分规定。主要修改内容包括以下几个方面。

1. 新增"证券发行注册程序"一章

《许可程序规定》新增第五章"证券发行注册程序"，该章的增设主要

是为了贯彻落实股票发行注册制,以专章的形式规定了证券发行注册程序的适用范围,审核机构履行发行注册程序,注册部门问询、退回审核机构补充审核程序,注册部门作出中止、恢复、终止程序以及证监会作出予以注册及不予注册决定等内容。

2.取消中介机构"连坐机制",删除证券中介机构被立案调查与业务受理、审核挂钩的规定

新《许可程序规定》删除了原第十五条、第二十二条关于证券公司、证券服务机构及有关人员被立案调查与业务受理、审核挂钩的规定,也删除了原第二十三条关于恢复审查的配套规定。这表明,在新规定中,如中介机构因某一项目被证监会立案调查,即使尚未结案,也不影响监管部门受理、审核与其有关联的其他行政许可项目。证券公司、律师事务所等中介机构及其工作人员,不再适用挂钩机制政策。这一调整系证监部门在资本市场法治建设和生态环境变化新形势下,精准打击资本市场违法违规行为的重要举措。这将使违法行为的不良影响有效降低,为资本市场健康高效运行提供制度保障和依据。

3.进一步完善行政许可实施程序

《许可程序规定》在完善行政许可实施程序方面的主要表现如下。一是在受理环节,申请人在30个工作日内难以提交补正申请材料的,可以适当延长申请人提交补正申请材料的期限。二是在审查环节,申请人在规定期限内难以提交书面回复意见的,经审查部门认可,可以适当延期。三是增加中止审查的情形,申请人主动要求中止审查后,未在3个月内申请恢复审查的,证监会可以终止审查,避免审核工作长时间停滞。

此外,《许可程序规定》的修改有助于证券监管部门依法受理上市公司并购重组申请文件,并按程序转上市公司监管部门处理并购审核流程,如并购重组审核过程中终止审查、中止审查,按照《许可程序规定》第二十一条、第二十三条等相关规定执行。

综上,《许可程序规定》的修改,顺应了我国法治改革的前进方向,落实了党中央、国务院关于全面实行股票发行注册制和"放管服"改革的决

策部署，进一步规范和明确了行政许可实施程序，解决了实践中出现的困难，将有效优化申请行政许可程序、提升行政许可效率，从而有效地维护证券市场秩序。

（三）《欺诈发行上市股票责令回购实施办法（试行）》

2020 年生效的新《证券法》第二十四条第二款创设了责令回购制度，即"股票的发行人在招股说明书等证券发行文件中隐瞒重要事实或者编造重大虚假内容，已经发行并上市的，国务院证券监督管理机构可以责令发行人回购证券，或者责令负有责任的控股股东、实际控制人买回证券"。该制度受到市场的肯定与欢迎，但其过于笼统，需要出台配套细则以解决制度落地过程中可能面临的诸多问题。为此，证监会制定了《欺诈发行上市股票责令回购实施办法（试行）》（以下简称《责令回购办法》），该办法早在 2020 年 8 月 21 日就向社会公开征求意见，历经两年半的时间才正式发布实施。该办法共十六条，主要适用于注册制下股票发行人欺诈发行并上市的情形（包括了 IPO、上市公司再融资、并购重组等各个环节的股票发行行为），具体而全面地规定了特定主体采取责令回购措施的具体安排，对欺诈发行违法行为进行有效的遏制和打击，成为我国资本市场投资者保护的有效监管措施，从而构建了具有中国特色的"立体化"投资者保护体系。

《责令回购办法》共十六条，包括如下几个方面主要内容。

1. 以"授权性规范"来明确证监会采取"责令回购"的措施

针对股票的发行人在招股说明书等证券发行文件中隐瞒重要事实或者编造重大虚假内容，且已发行并上市的情况，《责令回购办法》第二条规定，证监会"可以"要求发行人回购欺诈发行的股票，或者负有责任的控股股东、实际控制人买回股票。该条规定中"可以"一词的表述，表明责令回购并不具有必然性。这主要是出于对证券市场实际情况复杂性的考虑，由于责令回购制度是一个新设制度，尚在探索之中，不宜强制实施。《责令回购办法》将是否需要责令回购的选择权授予证监会，证监会根据具体情形进行判断并作出决定。在制度安排上，该办法同时增加了豁免适用的情形，对于回购责任主体明显不具备回购能力，或者存在其他不适合采取责令回购措施情形的则不适用责令回购制度。

2. 将回购对象限制为对相关欺诈发行事实善意而不知情的普通投资者

《责令回购办法》第三条规定了三类股票不在回购范围内，分别是：对欺诈发行负有责任的发行人的董事、监事、高级管理人员、控股股东、实际控制人持有的股票；对欺诈发行负有责任的证券公司因包销买入的股票；投资者知悉或者应当知悉发行人在证券发行文件中隐瞒重要事实或者编造重大虚假内容后买入的股票。这说明将责令回购对象限制为对相关欺诈发行事实善意而不知情的普通投资者，不包括对欺诈发行负有责任的董监高、控股股东、实际控制人及相关承销商；投资者如果"知悉或者应当知悉"欺诈发行事实，则不满足"善意而不知情"要件，也不能纳入救济对象范围。

3. 股票回购价格以投资者成本作为损失弥补依据且遵循有利于投资者的原则

关于股票回购的价格，根据《责令回购办法》第四条，股票回购价格应以基准价格、投资者买入价格、承诺价格中较高者为准，其中基准价格的确定参照 2022 年 1 月 21 日实施的《最高人民法院关于审理证券市场虚假陈述侵权民事赔偿案件的若干规定》予以确定。这一操作细则反映了责令回购措施实质上是一项由监管机构主导的民事损害救济制度。因此，责令回购股票价格的确定与虚假陈述民事赔偿司法解释规定的损失计算逻辑大体保持一致。

4. 赋予责任主体陈述、申辩的权利，并明确责任回购决定书的具体内容

根据《责令回购办法》，证监会在调查欺诈发行过程中，应当听取责任主体的陈述、申辩，保证决定的公平性、公开性及合理性。同时，《责令回购办法》第五条第二款进一步明确了责令回购决定书的主要内容，明确规定决定书应当对回购方案的制定期限，回购对象范围，回购股份数量，发行人和负有责任的控股股东、实际控制人各自需要承担的回购股份比例，回购价格或者价格确定方式等内容进行明确。

5. 明确了保障责令回购制度贯彻实施的强制措施

为保障责令回购制度贯彻实施,《责令回购办法》规定了相应的配套措施。一是第六条规定,如证监会作出责令回购决定,证券交易所可以按照业务规则对发行人股票实施停牌。对有证据证明已经或者可能转移或者隐匿违法资金等涉案财产的,证监会可以依法予以冻结、查封;二是第十四条第二款规定,回购义务人拒不按照责令回购决定制定股票回购方案,或制定方案后拒不实施,或投资者对回购方案有异议的,投资者可以依法提起民事诉讼,并在取得生效判决、裁定后申请强制执行。上述强制措施的明确,为推行责令回购制度提供了强有力的保障,为打击欺诈发行恶性行为、维护投资者合法权益、维护证券市场秩序保驾护航。

此外,《责令回购办法》还对回购程序、方式,回购股票方案的具体内容,证券交易所、证券登记结算机构、投资者保护机构协助配合义务和回购后股票的处理等问题作出规定。其中,"回购后股票的处理"为新增安排。为避免实践中对责令回购股票的处理产生争议,《责令回购办法》第十一条第二款规定"发行人实施回购的,应当自股票回购方案实施完毕之日起十日内注销其回购的股票"。但该制度与《公司法》中的股份回购制度不同,系一项独立的行政行为,因此责令回购制度下的回购不适用现行《公司法》有关股份回购的公司内部决策程序规定。

综上,《责令回购办法》对责令回购制度作出了明确具体的实施安排,为责令回购制度落地提供了依据和保障,将使证券监管机关获得新的"监管工具",有助于提升对违法违规发行人及其控股股东、实际控制人的威慑。这对维护证券市场秩序、维护资本市场投资者的合法权益具有重要意义,也必将促进证券资本市场高质量稳健发展。

(四)《证券期货业网络和信息安全管理办法》

随着我国数据保护立法的演进,行业数字化、智能化转型加速,为建立健全证券期货业网络和信息安全监管制度体系,防范化解行业网络和信息安全风险隐患,维护资本市场安全平稳高效运行,在充分衔接上位法要求、总结监管实践的基础上，证监会于 2022 年 4 月 29 日就《证券期货业网络安全管理办法（征求意见稿）》（以下简称《征求意见稿》）公开征求意见，并于 2023 年 2 月 27 日正式发布《证券期货业网络和信息安全管理办法》（以下简称《管理办法》），同时废止《证券期货业信息安全保障管理办法》。该《管理办法》系在总结证券期货业监管的实际经验基础上，有效地落实了《网络安全法》《数据安全法》《个人信息保护法》《关键信息基础设施安全保护条例》等上位法的相关规定，并细化网络和信息安全相关制度建设、信息系统运营和防护等方面的要求，以形成专门的证券期货业网络和信息安全管理体系框架，防范化解网络和信息安全风险隐患，为资本市场的数据与信息安全保护提供了切实可行的操作办法。

《管理办法》共八章七十五条，聚焦网络和信息安全领域，主要内容包括网络和信息安全运行、投资者个人信息保护、网络和信息安全应急处置以及关键信息基础设施安全保护等，旨在为证券期货业网络和信息安全管理提供契合行业特点的高阶指导、具体要求以及量化标准。

1. 《管理办法》的适用主体进一步明确

《管理办法》基本上延续了《证券期货业信息安全保障管理办法》的适用主体范围，其中第二条规定了适用主体，包括核心机构、经营机构以及信息技术系统服务机构。但相比于《征求意见稿》，《管理办法》将"期货保证金安全存管监控机构"从"核心机构"中删去，保留了信息技术系统服务机构。同时，《管理办法》第七十四条列明了可根据信息系统网络安全管理特点参照适用的企业或机构，如境内开展证券公司客户交易结算资金第三方存管业务、期货保证金存管业务的商业银行，证券投资咨询机构，从事证券期货业务活动的经营机构子公司，即覆盖券商子公司、基金子公司、期货子公司等。与《征求意见稿》相比，《管理办法》参照适用的范围增加了"从事公开募集基金的销售"和"投资顾问"两类基金服务业务机构。

2. 更加注重制度体系建设与安全保障措施

《管理办法》新增了网络安全等级保护制度，其中第十四条明确规定，核心机构和经营机构应当落实网络安全等级保护制度，依法履行网络安全等级保护义务，按照国家和证券期货业定级标准以及网络安全等级保护相关要求，向公安机关办理网络和信息系统定级备案和变更，开展等级测评和安全建设等工作。要求构建网络和信息安全防护体系，《管理办法》对网络与信息安全应急处置设置了专章予以规范，并针对系统安全运行、数据存储与备份等制定了更为详细和严格的保障措施。同时，《管理办法》第十九条强调核心机构和经营机构应当构建网络和信息安全防护体系。体系相对于单一或多个措施而言，更具有逻辑性和程式性，这意味着核心机构与经营机构在网络和信息安全防护方面应当制定相关的管理流程，以系统防范网络和信息安全风险，以制度体系建设和安全保障措施来完善网络安全保护。

3. 建立健全供应商管理机制

《管理办法》明确强调，核心机构与经营机构应当明确建立健全供应商管理机制，且需要加强对供应商的事前、事中评估。如《管理办法》第二十二条规定，核心机构和经营机构应当建立健全供应商管理机制，明确信息技术产品和服务准入标准，审慎采购并持续评估相关产品和服务的质量，加强保密管理，及时改进风险管理措施，健全应急处置机制，确保重要信息系统运行安全可控。同时，核心机构和经营机构应当与供应商签订合同及保密协议，明确约定各方保障网络和信息安全的权利和义务。

4. 加强对信息技术服务机构的管理

基金管理公司应当完善供应商管理机制，制定信息技术产品和服务的准入标准。同时，《管理办法》也建议基金管理公司与供应商签订合同及保密协议，明确约定各方保障网络和信息安全的权利和义务。

5. 对重要信息系统的日志提出了明确的要求

日志的记录应当全面、准确，且应当妥善保存生产运营过程中的业务日志和系统日志，以保证系统故障原因分析、内部控制、调查取证等工作的需要。重要信息系统业务日志应当保存五年以上，系统日志应当保存六个月以上。

6. 进一步加强对投资者个人信息保护

《管理办法》的一大亮点便是设置了专章来规定投资者个人信息保护，实现了与上位法《个人信息保护法》的有效衔接。《管理办法》从个人信息的处理原则、内部保护体系建设、个人信息全流程处理合规、个人信息向第三方提供等多个维度规范核心机构与经营机构的个人信息处理行为，将为相关机构实现个人信息保护合规提供更为明确的指引。可见，监管机构对于投资者个人信息保护问题的重视。

7. 要求加强和完善关键信息基础设施安全保护

为有效地与《网络安全法》以及《关键信息基础设施安全保护条例》等上位法进行有效衔接，《管理办法》新增了"关键信息基础设施安全保护"章节，对于构成证券期货业关键信息基础设施运营者的相关机构，规定了更为严格的合规要求。比如，将关键信息基础设施安全保护情况纳入负责人网络和信息安全工作的考核内容；为每个关键信息基础设施指定网络和信息安全管理责任人，并对专门安全管理机构负责人和关键岗位人员进行安全背景审查；新建承载关键业务的重要网络设施、信息系统等情形需开展安全监测和风险评估；等等。

8. 进一步加强监管，完善相关主体的法律责任

首先，《管理办法》针对违反相关规定的具体情形详细地规定了违法机构及其负责人应当承担的法律责任。证监会不仅可以依据《管理办法》对违法机构及其负责人予以处罚，还可依据《网络安全法》《个人信息保护法》《关键信息基础设施安全保护条例》等对其进行处罚；承担法律责任的不仅包括核心机构、经营机构以及信息技术系统服务机构，还包括上述机构负责人。由此可见，《管理办法》对于法律责任的进一步明确以及对于违反相关规定的处罚力度进一步加大，相关机构应当引起重视，致力于实现网络和信息安全管理合规。

综上，《管理办法》的发布对证券期货业网络及信息安全监管具有重大的意义，其聚焦网络和信息安全领域，在总结实践经验的基础上，为上位法在证券期货行业的落地实施明确了路径。

三　2021~2022年并购重组相关法律法规及政策的内容与评析

（一）《非上市公众公司重大资产重组管理办法》

为规范非上市公众公司（以下简称"公众公司"）重大资产重组行为，保护公众公司及投资者合法权益，按照放管结合、突出公司自治、简化程序设置、强化中介履职等原则，证监会于2014年制定了《非上市公众公司重大资产重组管理办法》（以下简称《重组办法》）。为与注册制改革顺利衔接，实现重大资产重组由核准制向注册制的平稳转换，证监会对《重组办法》进行了修订并于2023年2月17日发布实施。

此次修订以"注册制改革要求，降低中小企业重组成本，实施审核流程再造，理顺审核注册关系"为原则，作出了如下主要规定。

1. 发行股份购买资产由核准制调整为注册制

《重组办法》针对不同情况下的资产重组，作了分别处理。向特定对象发行股份购买资产后股东人数超过二百人的重大资产重组，由全国股转系统审核通过后报证监会注册；发行股份后股东人数不超二百人的重大资产重组豁免注册，由全国股转系统自律管理；对于不涉及发行股份的重大资产重组，由全国股转系统自律管理。

2. 完善审核注册监督制衡机制

《重组办法》明确由证监会建立权力运行监督制约机制。证监会建立对全国股转系统审核工作的监督机制，有权对全国股转系统审核工作进行检查监督。《重组办法》中还建立了全国股转系统定期报告制度和重大审核事项请示报告制度，作为证监会实施监管的重要途径和手段。

3. 优化完善部分重组监管要求

《重组办法》对何谓重大资产重组中的"通过其他方式进行资产交易"进行了明确；明确了全国股转系统对公众公司重大资产重组相关的现场检查

权，丰富和完善了交易场所自律管理手段。同时，为理顺定向发行与重大资产重组的关系，《重组办法》对于公众公司按照定向发行文件披露的募集资金用途购买资产、对外投资的，不要求重复履行重大资产重组程序。

4. 增加控股股东、实际控制人在重组过程中组织、指使发行人从事虚假陈述等行为的责任要求

《重组办法》第三十六条第二款与《证券法》《刑法》进行了衔接，针对"公众公司或其他信息披露义务人未按照本办法的规定披露或报送信息、报告，或者披露或报送的信息、报告有虚假记载、误导性陈述或者重大遗漏的"的情形，增加公众公司的控股股东、实际控制人为责任主体。责任形式区分为行政层面与刑事层面。在行政层面，依照《证券法》第一百九十七条的规定进行处罚，对于情节严重的情形，可以责令暂停或者终止重组活动，同时有关责任人员可能被禁入市场；在刑事层面，对于涉嫌犯罪的，依法移送司法机关追究刑事责任。类似的规定出现在《重组办法》第三十七条关于未履行相关义务导致重组方案损害公众公司利益的法律责任中，亦将公众公司控股股东、实际控制人增加为责任主体。鉴于实践中控股股东、实际控制人在重大资产重组过程中发挥着重要作用，针对公司财务造假、虚假披露可能受到控股股东、实际控制人的组织、指使这一常见现象，《重组办法》进一步明确对控股股东、实际控制人等相关主体违法违规情形的罚则，起到了较好的警示作用，并为进一步落实和强化关键少数责任追究提供了依据。

5. 强化对财务顾问等证券服务机构的责任追究，在违法情节严重的情况下，有关责任人员可能被禁入市场

《重组办法》第三十八条与《证券法》《刑法》进行了衔接，根据不同层次作出了相应处罚规定，针对为重大资产重组出具相关专业文件的证券服务机构及其从业人员未履行相应诚实守信、勤勉尽责义务，违反行业规范、业务规则的，将采取责令改正、监管谈话、出具警示函等监管措施，如上述违法行为情节严重，不仅要追究相关法律责任，相关责任人员还可能被禁入市场。如果所制作、出具的文件存在虚假记载、误导性陈述或者重大遗漏的，将责令改正，并依照《证券法》第二百一十三条进行处罚；情节严重的，相关责任人员还可能被禁入市场；涉嫌犯罪的，依法移送司法机关追究刑事责任。通过上述规定，以强化对财务顾问等证券服务机构的责任追究，有助于压实中介机构责任，保护投资者合法权益，也符合全面实行注册制改革的精神。

（二）《经营者集中审查规定》

为了更好地规范经营者集中反垄断审查工作的开展，响应国家反垄断的政策需要，根据《反垄断法》和《国务院关于经营者集中申报标准的规定》，国家市场监管总局制定了《经营者集中审查规定》（以下简称《审查规定》）。《审查规定》于 2023 年 3 月 10 日发布，并于 2023 年 4 月 15 日起正式施行，正式取代了 2020 年发布的《经营者集中审查暂行规定》，主要修订内容如下。

1. 控制权标准的认定

《审查规定》第五条第一款在"判断经营者是否取得对其他经营者的控制权或者能够对其他经营者施加决定性影响的因素"（简称判断因素）方面，作出了相应的修改，其中第四项，由原来的"其他经营者董事会或者监事会的组成及其表决机制"修改为"其他经营者董事会等决策或者管理机构的组成及其表决机制，以及其历史出席率和表决情况"。也即，第一，在判断因素上，删除监事会组成及表决机制因素，增加"管理机构"的组成及表决机制因素，以"管理机构"作为对董事会和股东大会之外的补充，聚焦对企业具有实际决策权的内部机构，更加符合公司设立与经营管理的实际情况；第二，在判断因素上，董事会层面的历史会议召开情况首次纳入审查范围。董事会的组成与表决机制是《反垄断法》下控制权标准判定的重点之一。《审查规定》首次明确在董事会组成与表决机制之外，还要审查董事会会议的历史出席率和表决情况，表明反垄断执法机构对于控制权标准的认定不仅局限于企业的章程性文件，还关注控制权归属的"事实状态"。

2. 明确"共同控制"的判断标准

《审查规定》第五条新增"两个以上经营者均拥有对其他经营者的控制权或者能够对其他经营者施加决定性影响的，构成对其他经营者的共同控制"的规定，即将"共同控制"视为经营者集中的情形之一。何谓"共同控制"？其与非共同控制的主要区别表现在控制主体上，即存在两个或两个以上经营者对其他经营者共同进行控制。《审查规定》第五条对"控制"的具体表现形式进行 8 种情况的列举，大致可以归纳为经营者对其他经营者的股权、表决权、重大或关键性事务的决策权，关键岗位人事的任免权，与其他经营者存在重大商业关系、合作关系等方面的控制性和影响力。

3. 明确"实施集中的情形"及"实施集中的判断因素"

《审查规定》第八条第一款明确"申报后获得批准前不得实施集中"，同时第二款区分"集中尚未实施的"与"集中已经实施的"不同处理情形，新增相关规定。针对"集中尚未实施的"，明确规定"经营者未申报或者申报后获得批准前不得实施集中"；针对"集中已经实施的"，明确规定"经营者的申报义务"，申报时限为"自收到书面通知之日起一百二十日内"。同时，经营者应当采取暂停实施集中等必要措施减少集中对竞争的不利影响。根据《审查规定》第八条第三款，明确是否实施集中的判断因素包括但不限于是否完成市场主体登记或者权利变更登记，是否委派高级管理人员，是否实际参与经营决策和管理，是否与其他经营者交换敏感信息，是否实质性整合业务等。

4. 明确营业额计算的"上一会计年度"及在共同控制状态下"营业额的平均分配"含义

《审查规定》第九条第一款对"营业额"进行了解释，"营业额"包括经营者上一会计年度内销售产品和提供服务所获得的收入（需扣除相关税金及附加）。关于上一会计年度如何界定的问题，《审查规定》新增一款即第二款对上一会计年度界定为"集中协议签署日的上一会计年度"。对于"共同控制"时营业额的判断，《审查规定》第十条第三款新增部分内容，即"参与集中的经营者之间或者参与集中的经营者和未参与集中的经营者之间有共同控制的其他经营者时，参与集中的经营者的营业额应当包括被共同控制的经营者与第三方经营者之间的营业额，此营业额只计算一次，且在有共同控制权的参与集中的经营者之间平均分配"。

5. 新增"第三方对于未达申报标准交易的举报制度"

《审查规定》第四十三条新增了第三方对于未达申报标准交易的举报制度，举报主体为"任何单位和个人"，举报对象为"未达申报标准但具有或者可能具有排除、限制竞争效果的经营者集中"之情形，举报方式为"向市场监管总局书面反映，并提供相关事实和证据"。同时规定，经国家市场监管总局核查，对有证据证明未达申报标准的经营者集中具有或者可能具有排除、限制竞争效果的，"市场监管总局可以要求经营者申报并书面通知经营者"。也即明确了第三方举报可以作为国家市场监管总局启动调查的线索，有利于多方位增加线索渠道，有利于反垄断集中审查的启动与开展。

6. 在《反垄断法》的基础上细化审查中止制度

在集中审查过程中，当出现《反垄断法》第三十二条规定的"经营者未按照规定提交文件、资料，导致审查工作无法进行"，"出现对经营者集中审查具有重大影响的新情况、新事实，不经核实将导致审查工作无法进行"，"需要对经营者集中附加的限制性条件进一步评估，且经营者提出中止请求"之情形，《审查规定》第二十三条规定由国家市场监管总局决定中止计算经营者集中的审查期限，并书面通知申报人，明确审查期限自决定作出之日起中止计算。其中，对于"在审查过程中，出现申报人未按照规定提交文件、资料导致审查工作无法进行"之情形，《审查规定》第二十四条明确了国家市场监管总局的书面告知补正义务及如何中止审查期限、继续计算审查期限。当国家市场监管总局告知申报人补正期限后，申报人未在补正期限内补正的，可以决定中止计算审查期限；当申报人按要求提交文件、资料后，继续计算审查期限。对于"在审查过程中，出现对经营者集中审查具有重大影响的新情况、新事实，不经核实将导致审查工作无法进行"之情形，《审查规定》第二十五条明确了如何继续计算审查期限，即"经核实，审查工作可以进行的，审查期限继续计算"。《审查规定》对《反垄断法》规定的"自中止计算审查期限的情形消除之日起，审查期限继续计算"中的"情形消除之日"作出了具有操作性的细化规定，有利于中止审查制度的执行。

7.细化了相关责任主体的法律责任，以实现宽严相济，加强威慑效果

《审查规定》在《反垄断法》的基础上，进一步明确拒绝、阻碍调查的法律责任，"违法实施集中"处罚的考虑因素，自首从宽制度等。

（1）拒绝、阻碍调查的法律责任

《审查规定》第六十七条针对面对"市场监管总局依法实施的审查和调查，拒绝提供有关材料、信息，或者提供虚假材料、信息，或者隐匿、销毁、转移证据，或者有其他拒绝、阻碍调查行为的"，明确了由国家市场监管总局责令改正，同时区分单位与个人，规定了如何进行处罚。其中，对单位最高处以上一年度销售额1%的罚款，上一年度没有销售额或者销售额难以计算的，最高面临500万元的罚款；个人最高面临50万元的罚款。

（2）"违法实施集中"处罚的考虑因素

《审查规定》第六十八条第一款明确了国家市场监管总局在调查处理"违法实施集中"时的处罚考虑因素，包括：集中实施的时间，消除违法行为后果，是否具有或者可能具有排除、限制竞争的效果及其持续时间等因素。

（3）自首从宽制度

《审查规定》第六十八条第二款明确规定了"自首从宽制度"。对于"主动报告市场监管总局尚未掌握的违法行为"的当事人，"主动消除或者减轻违法行为危害后果的"当事人，规定了应当根据《行政处罚法》第三十二条的相应规定从轻或者减轻处罚。

（三）《关于上市公司独立董事制度改革的意见》

上市公司独立董事制度是具有中国特色的现代企业制度的有机组成部分，是资本市场基础性制度的重要内容之一。独立董事制度在促进公司规范运作、保护中小投资者合法权益、推动资本市场健康稳定发展等方面发挥了积极作用。但随着全面深化资本市场改革向纵深推进，独立董事定位不清晰、责任权利不对等、监督手段不够、履职保障不足等制度性问题屡现，已不能满足资本市场高质量发展的内在要求。为进一步优化上市公司独立董事制度，提升独立董事履职能力，充分发挥独立董事作用，《关于上市公司独立董事制度改革的意见》（以下简称《独董意见》）应运而生，经党中央、国务院同意，国务院办公厅于2023年4月7日发布《独董意见》，并于发布之日起实施。

1. 明确独立董事定位及职责

《独董意见》强化独立董事的法定地位，将独立董事定性为上市公司董事会成员。明确了独立董事的职责界限，规定独立董事应当关注公司与其控股股东、实际控制人、董事及高级管理人员之间的潜在重大利益冲突事项，重点对关联交易、薪酬、董事及高级管理人员任免、财务会计报告等关键领域进行监督。

2. 优化独立董事履职方式，并在董事会成员构成及机构设置等方面突出独立董事的重要性

《独董意见》规定，上市公司董事会中独立董事的比例应当占到1/3以上，其中，国有控股上市公司董事会中外部董事（含独立董事）应当占到多数。同时，明确规定上市公司董事会应当设立审计委员会，委员会成员中独立董事应当占到多数；在提名委员会、薪酬与考核委员会机构设置上，促成实现独立董事占多数的局面，由独立董事负责审核董事及高级管理人员的任免、薪酬等事项并提出相关建议；建立专门会议机制，该会议全部由独立董事参加；进一步完善独立董事特别职权，推动独立董事合理行使独立聘请中介机构、征集股东权利等职权。

3. 强化独立董事任职管理

建立独立董事资格认定制度，明确独立董事资格的申请、审查、公开等要求。《独董意见》对独立董事提出任职要求，既有正面要求也有反向禁止规定。正面要求上，独立董事应当具有履行职责所必需的专业知识、工作经

验和良好的个人品德；反向禁止规定上，与上市公司及其主要股东、实际控制人存在亲属、持股、任职、重大业务往来等利害关系的人员不得担任独立董事，以符合独立性要求。《独董意见》完善了独立董事选任制度，优化提名机制，建立提名回避机制，建立独立董事独立性定期测试机制。

4. 加强独立董事履职保障

从组织、经费、人员、信息、资源等方面为独立董事履职提供必要条件，确保独立董事依法充分履职。推动独立董事提前参与重大复杂项目研究论证等环节，推动上市公司独立董事履职与公司内部决策流程有效融合。

5. 严格独立董事履职情况监督管理

比如，明确独立董事最低工作时间、完善独立董事履职评价制度、建立独立董事声誉激励约束机制。

（四）《证券期货经营机构私募资产管理业务管理办法》

2018年10月，为落实《关于规范金融机构资产管理业务的指导意见》（以下简称《指导意见》），证监会发布《证券期货经营机构私募资产管理业务管理办法》。为进一步完善经营机构私募资管规则体系，持续巩固《指导意见》实施成效，坚守直接融资本源，助力经济高质量发展，2023年1月16日，证监会发布了修订后的《证券期货经营机构私募资产管理业务管理办法》（以下简称《管理办法》），并于2023年3月1日实施。主要修订内容如下。

第一，将资金来源区分为"非公开募集资金"和"接受财产出资"。《管理办法》第二条第一款在定位《管理办法》的适用范围时，将证券期货经营机构资金来源区分为"非公开募集资金"和"接受财产出资"，即将原规定的"接受财产委托"修改为"接受财产出资"，以区分与委托关系的不同，强调资管业务的信托关系，有助于进一步明晰法律责任。

第二，进一步明确监管原则和导向，对证券公司、期货公司及基金管理公司发展私募资管业务持不同导向。《管理办法》第三条新增一款，即第三款规定"有序推动资本充足、公司治理健全、合规运营稳健、专业能力适配的证券公司规范发展私募资产管理业务；符合前述要求的期货公司、基金管理公司应当基于专业优势和服务能力，规范审慎发展私募资产管理业务"，进一步明确监管原则和导向，对证券公司、期货公司及基金管理公司发展私募资管业务持不同导向，鼓励证券公司发展相关业务。同样，《管理办法》第七条新增一款，即第二款以明确证监会基于审慎监管原则，根据经营机构公司治理、内控合规及风险状况，对其私募资产管理业务实施差异化监管。

第三，为防范利益冲突，加强风险隔离。《管理办法》第十条规定，除专门从事资产管理业务的证券公司外，符合条件的证券公司可以设立子公司从事私募资产管理业务，同时规定符合条件的证券公司、基金管理公司可以设立私募投资基金管理子公司开展私募股权投资业务，并且遵守审慎经营原则。

第四，为保证投资者资金安全，《管理办法》第十二条明确规定，投资者资金及收益的返回账户为投资者参与资产管理计划时使用的结算账户或其同名账户。

第五，为进一步规范证券期货经营机构、托管人、投资顾问及相关从业人员的行为，《管理办法》第十八条新增部分禁止性行为，禁止通过资管计划为关联方提供违规融资等行为，禁止方式包括利用资产管理计划，通过直接投资、投资其他资产管理产品或者与他人进行交叉融资安排等方式，违规为本机构及其控股股东、实际控制人或者其他关联方提供融资，同时明确规定期货经营机构、托管人、投资顾问及相关从业人员不得为本人或他人违规持有金融机构股权提供便利。

第六，《证券法》明确规定"向特定对象发行证券累计超过二百人，但依法实施员工持股计划的员工人数不计算在内"，为了与《证券法》保持一致，《管理办法》第十九条明确符合条件的资管计划作为员工持股计划载体的，不穿透计算员工人数。

第七，在集合资产管理计划成立程序和条件上，《管理办法》第三十二条删除了原第三十一条所规定的验资要求，即放宽了集合资管计划成立条件，不再强制要求提供验资报告。

第八，明确资产管理计划应当设定合理的负债比例上限。为确保投资杠杆水平与投资者风险承受能力相匹配，保持充足的现金或者其他高流动性金融资产偿还到期债务，《管理办法》第四十三条第一款对杠杆配比作出了原则性规定，规定"资产管理计划应当设定合理的负债比例上限"。

第九，在资产管理计划再投资其他资产管理产品的限制上，《管理办法》第四十六条对创业投资基金、政府出资产业投资基金作出了特殊规定，即当证监会对创业投资基金、政府出资产业投资基金另有规定时，不受《管理办法》关于再投资其他资产管理产品的限制，明确创业投资基金、政府出资产业投资基金等可以豁免一层嵌套的限制。同时，明确规定资产管理计划不得通过投资其他资产管理产品变相扩大投资范围或者规避监管要求。

第十，关于《管理办法》的适用范围，《管理办法》第八十二条明确"新老划断"安排，即在《管理办法》实施前不符合规定的资产管理计划，"合同到期前不得新增净参与规模，合同到期后不得续期"。证券期货经营机构应按要求自主制定整改计划并"明确时间进度安排，有序压缩不符合本办法规定的资产管理计划规模，确保按期全面规范其管理的全部资产管理计划"。

附录:

表 1　部门规章和部门其他规范性文件

序号	文件名	颁布/修改机构	发布时间	实施时间
1	《监管规则适用指引——会计类第 2 号》	中国证券监督管理委员会	2021 年 12 月 24 日	2021 年 12 月 24 日
2	《上市公司股票停复牌规则》	中国证券监督管理委员会	2022 年 1 月 5 日	2022 年 1 月 5 日
3	《公开发行证券的公司信息披露内容与格式准则第 5 号——公司股份变动报告的内容与格式(2022 年修订)》	中国证券监督管理委员会	2022 年 1 月 5 日	2022 年 1 月 5 日
4	《公开发行证券的公司信息披露内容与格式准则第 17 号——要约收购报告书(2022 年修订)》	中国证券监督管理委员会	2022 年 1 月 5 日	2022 年 1 月 5 日
5	《上市公司监管指引第 4 号——上市公司及其相关方承诺》	中国证券监督管理委员会	2022 年 1 月 5 日	2022 年 1 月 5 日
6	《上市公司监管指引第 5 号——上市公司内幕信息知情人登记管理制度》	中国证券监督管理委员会	2022 年 1 月 5 日	2022 年 1 月 5 日
7	《〈上市公司收购管理办法〉第六十二条有关上市公司严重财务困难的适用意见——证券期货法律适用意见第 7 号(2022 年修订)》	中国证券监督管理委员会	2022 年 1 月 5 日	2022 年 1 月 5 日
8	《证券基金经营机构董事、监事、高级管理人员及从业人员监督管理办法》	中国证券监督管理委员会	2022 年 2 月 18 日	2022 年 4 月 1 日
9	《关于修改〈首次公开发行股票并上市管理办法〉的决定》	中国证券监督管理委员会	2022 年 4 月 8 日	2022 年 4 月 8 日
10	《证券登记结算管理办法（2022 修订）》	中国证券监督管理委员会	2022 年 5 月 20 日	2022 年 6 月 20 日
11	《关于修改〈内地与香港股票市场交易互联互通机制若干规定〉的决定》	中国证券监督管理委员会	2022 年 6 月 10 日	2022 年 7 月 25 日
12	《财政总会计制度》	财政部	2022 年 11 月 18 日	2023 年 1 月 1 日
13	《非上市公众公司重大资产重组管理办法(2023 修订)》	中国证券监督管理委员会	2023 年 2 月 17 日	2023 年 2 月 17 日

序号	文件名	颁布/修改机构	发布时间	实施时间
14	《北京证券交易所上市公司持续监管办法(试行)》	中国证券监督管理委员会	2021年10月30日	2021年11月15日
15	《公开发行证券的公司信息披露内容与格式准则第55号——北京证券交易所上市公司权益变动报告书、上市公司收购报告书、要约收购报告书、被收购公司董事会报告书》	中国证券监督管理委员会	2021年10月30日	2021年11月15日
16	《公开发行证券的公司信息披露内容与格式准则第56号——北京证券交易所上市公司重大资产重组》	中国证券监督管理委员会	2021年10月30日	2021年11月15日
17	《中国证券监督管理委员会上市公司并购重组审核委员会工作规程(2021年修正)》	中国证券监督管理委员会	2021年11月12日	2021年11月12日
18	《监管规则适用指引——会计类第2号》	中国证券监督管理委员会	2021年12月24日	2021年12月24日
19	《证券期货经营机构私募资产管理计划运作管理规定(2023修订)》	中国证券监督管理委员会	2023年1月12日	2023年3月1日
20	《证券经纪业务管理办法》	中国证券监督管理委员会	2023年1月13日	2023年2月28日
21	《上市公司重大资产重组管理办法(2023修订)》	中国证券监督管理委员会	2023年2月17日	2023年2月17日
22	《公开发行证券的公司信息披露内容与格式准则第26号——上市公司重大资产重组(2023修改)》	中国证券监督管理委员会	2023年2月17日	2023年2月17日
23	《〈上市公司收购管理办法〉第六十二条、第六十三条及〈上市公司重大资产重组管理办法〉第四十六条有关限制股份转让的适用意见——证券期货法律适用意见第4号(2023修改)》	中国证券监督管理委员会	2023年2月17日	2023年2月17日
24	《〈上市公司重大资产重组管理办法〉第十四条、第四十四条的适用意见——证券期货法律适用意见第12号》	中国证券监督管理委员会	2023年2月17日	2023年2月17日

续表

序号	文件名	颁布/修改机构	发布时间	实施时间
25	《〈上市公司重大资产重组管理办法〉第二十九条、第四十五条的适用意见——证券期货法律适用意见第 15 号》	中国证券监督管理委员会	2023 年 2 月 17 日	2023 年 2 月 17 日
26	《上市公司监管指引第 7 号——上市公司重大资产重组相关股票异常交易监管（2023 修改）》	中国证券监督管理委员会	2023 年 2 月 17 日	2023 年 2 月 17 日
27	《上市公司监管指引第 9 号——上市公司筹划和实施重大资产重组的监管要求》	中国证券监督管理委员会	2023 年 2 月 17 日	2023 年 2 月 17 日
28	《监管规则适用指引——发行类第 7 号》	中国证券监督管理委员会	2023 年 2 月 17 日	2023 年 2 月 17 日
29	《中国证券监督管理委员会行政许可实施程序规定（2023 修订）》	中国证券监督管理委员会	2023 年 2 月 17 日	2023 年 2 月 17 日
30	《欺诈发行上市股票责令回购实施办法（试行）》	中国证券监督管理委员会	2023 年 2 月 17 日	2023 年 2 月 17 日
31	《证券期货业网络和信息安全管理办法》	中国证券监督管理委员会	2023 年 2 月 27 日	2023 年 5 月 1 日
32	《中国银保监会关于规范信托公司信托业务分类的通知》	中国银保监会	2023 年 3 月 20 日	2023 年 6 月 1 日
33	《经营者集中审查规定》	国家市场监督管理总局	2023 年 3 月 10 日	2023 年 4 月 15 日
34	《关于上市公司独立董事制度改革的意见》	国务院办公厅	2023 年 4 月 7 日	2023 年 4 月 7 日

表 2　最高人民法院和最高人民检察院相关文件

序号	名称	颁布/修改机构	发布时间	实施时间
1	《最高人民法院关于涉外民商事案件管辖若干问题的规定》	最高人民法院	2022 年 11 月 14 日	2023 年 1 月 1 日
2	《最高人民法院发布 2022 年全国法院十大商事案件》	最高人民法院	2023 年 1 月 19 日	/
3	《最高检发布涉案企业合规典型案例（第四批）》	最高人民检察院	2023 年 1 月 18 日	/

表3　证券交易所等相关规范文件

序号	文件名	颁布/修改机构	发布时间	实施时间
1	《上海证券交易所上市公司自律监管指引第4号——停复牌》	上海证券交易所	2022年1月7日	2022年1月7日
2	《上海证券交易所上市公司自律监管指引第11号——持续督导》	上海证券交易所	2022年1月7日	2022年1月7日
3	《深圳证券交易所上市公司自律监管指引第6号——停复牌》	深圳证券交易所	2022年1月7日	2022年1月7日
4	《北京证券交易所上市公司业务办理指南第1号——股票停复牌》	北京证券交易所	2021年11月2日	2021年11月15日
5	《北京证券交易所上市公司持续监管指引第5号——要约收购》	北京证券交易所	2021年11月2日	2021年11月15日
6	《北京证券交易所上市公司重大资产重组审核规则(试行)》	北京证券交易所	2021年10月30日	2021年11月15日
7	《北京证券交易所上市公司重大资产重组业务指引(2023修订)》	北京证券交易所	2023年2月17日	2023年2月17日
8	《北京证券交易所向不特定合格投资者公开发行股票并上市业务办理指南第3号——申报前咨询沟通》	北京证券交易所	2023年3月21日	2023年3月21日
9	《上海证券交易所上市公司股份协议转让业务办理指引(2023修订)》	上海证券交易所	2021年8月20日	2021年8月20日
10	《上海证券交易所上市公司股份协议转让业务办理指南(2021年修订)》	上海证券交易所	2021年8月20日	2021年8月20日
11	《上海证券交易所上市公司重大资产重组审核规则》	上海证券交易所	2023年2月17日	2023年2月17日
12	《上海证券交易所股票上市规则(2023年2月修订)》	上海证券交易所	2023年2月17日	2023年2月17日
13	《上海证券交易所优先股试点业务实施细则》	上海证券交易所	2023年2月17日	2023年2月17日
14	《上海证券交易所发行上市审核规则适用指引第1号——申请文件受理》	上海证券交易所	2023年2月17日	2023年2月17日
15	《上海证券交易所发行上市审核规则适用指引第3号——现场督导》	上海证券交易所	2023年2月17日	2023年2月17日
16	《上海证券交易所发行上市审核业务指南第1号——审核系统业务办理》	上海证券交易所	2023年2月17日	2023年2月17日
17	《上海证券交易所发行上市审核业务指南第2号——发行上市申请文件》	上海证券交易所	2023年2月17日	2023年2月17日

序号	文件名	颁布/修改机构	发布时间	实施时间
18	《上海证券交易所上市公司自律监管指引第6号——重大资产重组(2023年修订)》	上海证券交易所	2023年2月17日	2023年12月17日
19	《上海证券交易所发行上市审核业务指南第4号——常见问题的信息披露和核查要求自查表》	上海证券交易所	2023年3月17日	2023年3月18日
20	《深圳证券交易所上市公司股份协议转让业务办理指引(2021年修订)》	深圳证券交易所	2021年10月22日	2021年10月22日
21	《深圳证券交易所上市公司股份协议转让业务办理指南(2021年修订)》	深圳证券交易所	2021年10月22日	2021年10月22日
22	《深圳证券交易所上市公司自律监管指南第2号——公告格式(2023年修订)》	深圳证券交易所	2023年1月13日	2023年1月13日
23	《深圳证券交易所股票上市规则(2023年修订)》	深圳证券交易所	2023年2月17日	2023年2月17日
24	《深圳证券交易所创业板股票上市规则(2023年修订)》	深圳证券交易所	2023年2月17日	2023年2月17日
25	《深圳证券交易所上市公司重大资产重组审核规则》	深圳证券交易所	2023年2月17日	2023年2月17日
26	《深圳证券交易所优先股试点业务实施细则(2023年修订)》	深圳证券交易所	2023年2月17日	2023年2月17日
27	《深圳证券交易所股票发行上市审核业务指引第1号——申请文件受理》	深圳证券交易所	2023年2月17日	2023年2月17日
28	《深圳证券交易所股票发行上市审核业务指引第4号——保荐业务现场督导》	深圳证券交易所	2023年2月17日	2023年2月17日
29	《深圳证券交易所上市公司自律监管指引第8号——重大资产重组(2023年修订)》	深圳证券交易所	2023年2月17日	2023年2月17日
30	《深圳证券交易所上市公司自律监管指南第1号——业务办理(2023年2月修订)》	深圳证券交易所	2023年2月24日	2023年2月24日

行业篇
Industry Reports

B.3
2022年制造业并购分析

轩鹏程*

摘　要： 制造业作为世界经济的重要组成部分，是各个国家实现工业化和
现代化的重要支柱。在这个充满竞争的市场环境下，制造业企业
之间的收购合并越发普遍。随着市场经济的不断发展，制造业企
业间的收购合并案例数量不断增加。在制造业的多个领域，都出
现了收购和合并的案例，如汽车、机械、电子等行业。制造业企
业间的收购合并已成为当前制造业发展的重要趋势之一。通过收
购合并，企业可以实现规模扩大、技术创新和国际化发展等目
标，提高企业的市场竞争力和核心竞争力。但同时，企业在进行
收购合并时需要注意风险和挑战，并促进企业间的良性竞争和创
新发展。因此，企业在进行收购合并时，需要综合考虑各种因
素，并采取合适的策略和措施，以确保收购合并的成功实施。

＊ 轩鹏程，上海社会科学院金融学硕士，湘财证券研究所机械行业分析师。

关键词： PMI 并购 制造业

一 制造业总体情况分析

（一）2022年制造业总体情况分析

2022年，受国内疫情发生、美联储加息以及俄乌冲突等因素影响，叠加供给冲击、预期转弱、内部需求收缩的"三重压力"，我国制造业总体呈现震荡走弱的态势。以PMI衡量的制造业景气度指标为例，2022年仅1月、2月、6月和9月的PMI高于50%的荣枯线水平，其余8个月PMI均处于收缩区间。

具体来看，2022年初，虽然疫情时有扰动，但在稳增长政策持续发力的背景下，叠加精准有效的疫情防控措施，我国制造业出现企稳态势。1~2月制造业PMI均高于50%的荣枯线，营业收入同比增长12.40%，固定资产投资完成额更是同比增长20.90%，增速较2021年末上升7.40个百分点。同时，受到高基数的影响，2022年第一季度我国制造业利润总额同比下滑2.10%，制造业出现企稳的良好态势。

然而，俄乌冲突进一步推高原油价格，叠加4月疫情在东部等经济和交通发达地区集中暴发，造成物流受阻、库存消耗、供应链中断及企业停产停工等不利影响。我国制造业供给和需求两端均受到较大冲击，短期景气度大幅回落，导致营业收入、利润总额和固定资产投资增速均开始下降。

6月，随着疫情逐步得到控制，在复工复产政策推动下，前期积压的生产经营活动快速释放，带动6月PMI再度上升至荣枯线以上。然而，伴随房地产行业风险事件频发，房地产产销两端持续下行对制造业的不利影响逐渐显现，叠加进入夏季后高温、限电等因素的扰动，7~8月PMI再度进入收缩区间。虽然9月略有反弹，但随着疫情的再度暴发、地产投资和销售增速持续下行，我国制造业景气度继续下降，第四季度PMI有所下滑（见图1）。

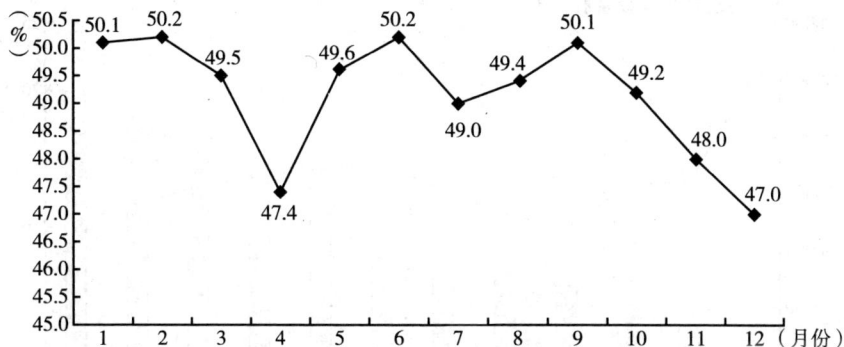

图1 2022年1~12月中国制造业PMI

资料来源：Wind数据库。

2022年，我国制造业营业收入为119.82万亿元，同比增长4.50%，利润总额为6.42万亿元，同比减少13.40%，营业收入和利润总额增速总体均呈现逐月下滑的趋势。而在收入和利润增长乏力的影响下，我国制造业投资增速延续自2021年初以来的下降趋势，2022年全年固定资产投资完成额累计增长9.10%，增速比2021年减少4.40个百分点。

虽然2022年我国制造业整体呈低迷态势，但仍有诸多亮点出现。

一方面，2022年我国对外出口规模仍维持较快增长态势，成为制造业需求的重要支撑。自2020年以来，疫情导致全球特别是海外供应链受阻，海外市场需求难以得到有效满足。我国则通过及时有效的管控，使生产经营活动得以迅速恢复，从而为我国制造业企业提升海外市场份额提供了良机。2022年，虽然在高基数和海外供应链恢复等因素影响下，我国出口金额增速有所下降（见图2）。但从全年来看，我国对外出口总额仍同比增长10.42%，增长23.95万亿元；以美元计，我国对外出口总额同比增长6.98%，增长3.59万亿美元。

另一方面，从细分领域来看，以医药制造、航空航天设备、计算机及办公设备、电子及通信设备等为代表的高技术制造业表现仍好于整体制造业，其原因在于相比于传统制造业，高技术制造业受房地产需求下滑和原材料涨

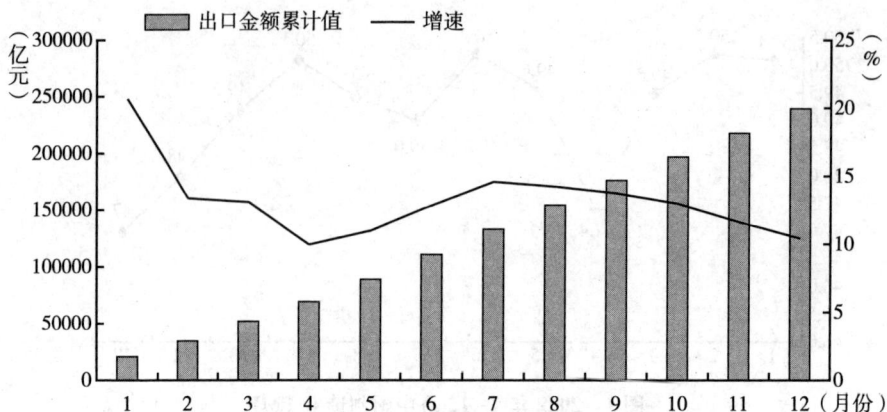

图2　2022年1~12月中国出口金额累计值及增速

资料来源：Wind数据库。

价等不利因素的影响较小，并且高技术制造业在政策鼓励和支持等方面更具优势。从数据上看，2022年我国高技术制造业PMI指数在1~8月均处于扩张区间，景气度明显高于制造业整体。同时，2022年我国高技术制造业增加值同比增长7.40%，也超过制造业整体3.00%的增速。而在投资端，虽然2022年我国高技术制造业固定资产投资完成额增速呈下降趋势，但全年高技术制造业固定资产投资完成额累计增长22.20%，高于制造业整体12.20个百分点（见图3）。

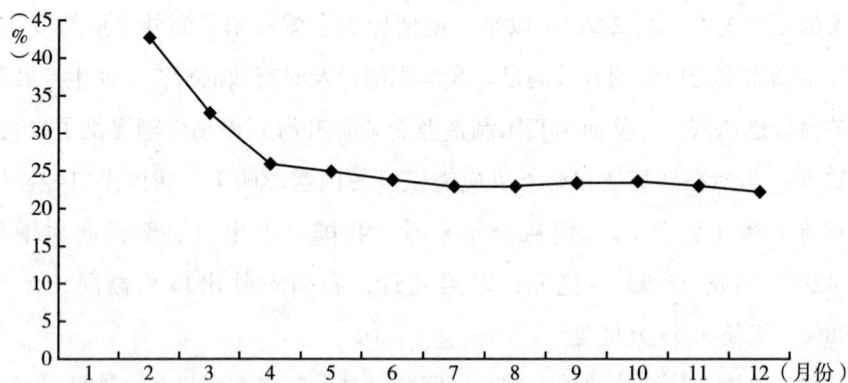

图3　2022年1~12月中国高技术制造业固定资产投资完成额增速

资料来源：Wind数据库。

（二）制造业发展趋势分析

"十四五"期间，全球先进制造业正在发生重大变化。在新一轮的产业变革和科技革命浪潮下，世界主要大国均制定了未来制造业的发展方向和战略。目前，我国已基本实现工业化并即将迈入高收入国家行列，制造业则向高附加值、高技术水平的产业领域和价值链方向升级。在当前各大产业和技术变革的推动下，制造业正在向高端化、数智化、绿色化的方向加速发展。

一是高端化。目前我国拥有全球规模最大的制造业体系，但高端装备的占比依然较低，因此必须大力发展高端装备制造业。与此同时，在全球价值链分工中，我国制造业仍处于生产加工制造等知识和技术含量较低的中低端环节，因此需要大力发展高端化、专业化的生产性技术服务。同时，高端化的生产性服务业可以助力我国制造业企业实现高质量发展。此外，制造业高端化也是帮助工业转型升级的关键，更是提升国家竞争力的核心所在。

二是数智化。数智化主要指数据分析与智能化过程中的机器学习、人工智能等技术的综合应用。数智化正在深刻地影响和改变着制造业，推动制造业企业在创新能力、生产效率、经济效益等各个维度进行持续提升。同时，制造业的数智化可以通过提高企业生产效率降低企业生产和制造成本。此外，制造业的数智化转型是全方位的，不仅体现在企业的生产过程中，更体现在企业内部的全领域、产品的全生命周期以及企业所处的全商业生态。

三是绿色化。制造业绿色化指要促进制造业绿色技术的改革创新，推进制造业各行业和领域的绿色化改造。综合来看，对传统产业生产体系的改造是实现制造业绿色化的关键。近年来，我国通过供给侧改革等政策措施，在"十三五"期间取得了规模以上企业的单位工业增加值能耗下降超过15%的显著成果，标志着我国已初步建立起绿色制造体系。在"十四五"期间，我国仍将继续推动制造业的绿色化进程，从绿色产品到供应链等多方面完善制造业绿色体系。

自2010年以来，我国制造业规模已连续13年位居世界首位。与此同时，我国制造业的产业升级转型成效也较为显著，高技术制造业等优势产业投资增速明显高于整体制造业。展望未来，我国将积极把握本轮科技革命和产业改革的浪潮，持续推动我国制造业向高端化、数智化和绿色化等方向转型升级和高质量发展，实现我国从制造大国向制造强国的转变。

二　制造业并购分析

（一）制造业并购数据

1. 制造业并购总体情况

2022 年，在制造业整体低位运行、各项指标趋于下降的情况下，部分行业和企业经营面临较大困难，需通过出售股权或资产的方式精简业务和回笼资金。与此同时，汽车制造业、电气机械及器材制造业、仪器仪表制造业等部分发展较快或正经历重大技术变革的行业企业，也在通过产业链上下游并购优质资产，以增强自身竞争力、占据行业的领先地位。因此，总体来看，2022 年我国制造业并购交易事件数量和金额较 2021 年有较大幅度提升，其中并购总金额达 4878.94 亿元，并购交易事件数量为 1551 笔。

2. 制造业并购区域分布

在制造业并购的区域分布方面，2022 年我国制造业并购仍集中在经济最为发达的东部沿海地区，该地区全年制造业并购总金额为 3830.06 亿元，占我国制造业并购总金额的 78.50%。而我国中部地区和西部地区的并购金额相差不大，占全年并购总额的比重均为 9% 左右。其次是境外并购交易，占比为 2.51%。2022 年制造业并购金额地区分布情况如图 4 所示。

分省份来看，2022 年我国制造业并购仍以广东、江苏、浙江、上海、山东、河北以及北京等经济发达和资本较为密集的省份为主，上述 7 个省份的并购金额合计占 2022 年全国制造业并购总金额的 73.99%，而其他省份的并购金额合计占比仅为 26.01%。2022 年制造业并购金额省份分布情况如图 5 所示。

中国西部
445.19亿元
9.12%

境外交易
122.34亿元
2.51%

中国中部
481.35亿元
9.87%

中国东部沿海
3830.06亿元
78.50%

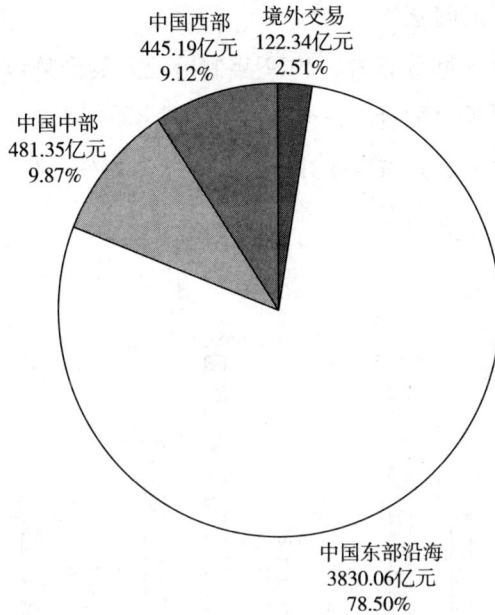

图4 2022年制造业并购金额地区分布情况

资源来源：Wind数据库。

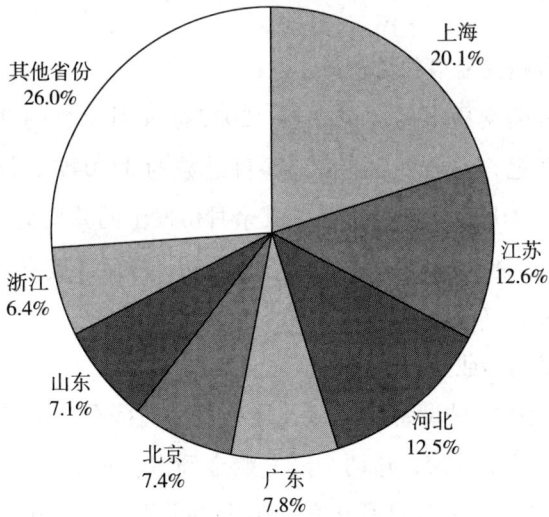

其他省份
26.0%

上海
20.1%

江苏
12.6%

浙江
6.4%

山东
7.1%

北京
7.4%

广东
7.8%

河北
12.5%

图5 2022年制造业并购金额省份分布情况

资源来源：Wind数据库。

3. 制造业并购时间分布

从交易金额的时间分布看，2022 年制造业并购金额以 4 月和 7 月较为突出，这两个月并购金额合计占全年并购总金额的 38.23%。而 5 月的并购金额仅为 89.65 亿元，只占全年并购总金额的 1.84%。2022 年 1~12 月制造业并购交易金额如图 6 所示。

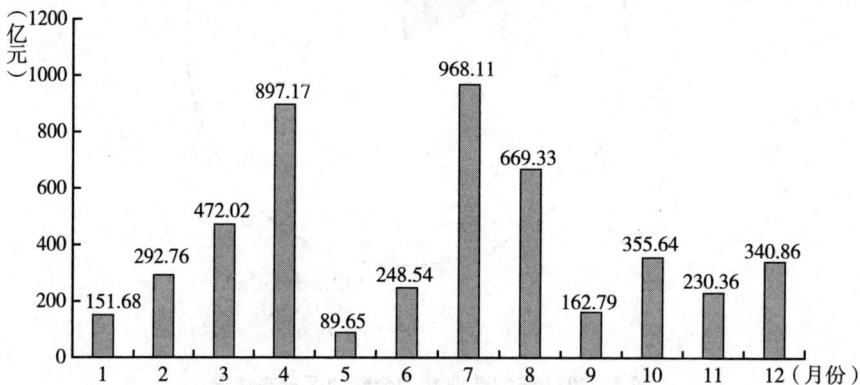

图 6　2022 年 1~12 月制造业并购交易金额

资源来源：Wind 数据库。

4. 制造业并购交易事件数量

从制造业并购交易事件数量来看，2022 年 4 月发生的并购交易事件数量较多，为 497 笔，占全年并购交易事件总数的 32.04%，同时 4 月单月并购金额也仅次于 7 月。除 4 月以外，其余月份发生的并购交易事件数量变化不大。第四季度的疫情和第一季度的春节假期，导致年初和年末的并购交易事件数量相对较少（见图 7）。

5. 机械设备制造业并购时间分布

2022 年，我国机械设备制造业并购金额的时间分布并不均衡，主要集中在 3 月和 8 月两个月份，这两个月并购金额占全年的比重分别为 18.45% 和 45.53%。而 1 月、2 月以及 9 月、10 月的并购金额较少，其原因主要可能在于前期并购事件集中对后续月份的透支。2022 年机械设备制造业并购交易金额分布情况如图 8 所示。

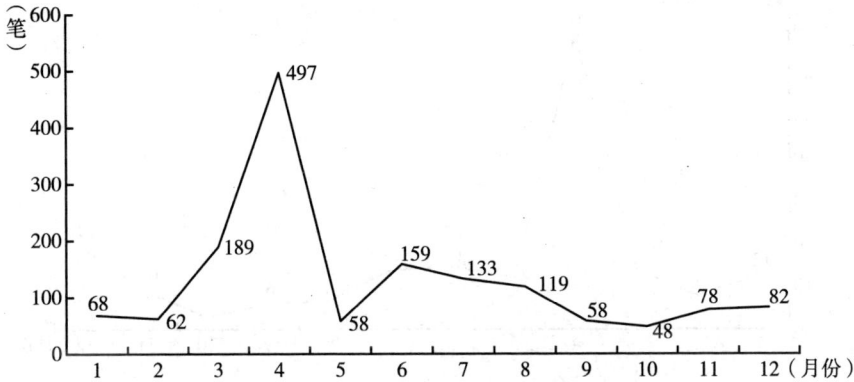

图7　2022年1~12月制造业并购交易事件数量

资源来源：Wind数据库。

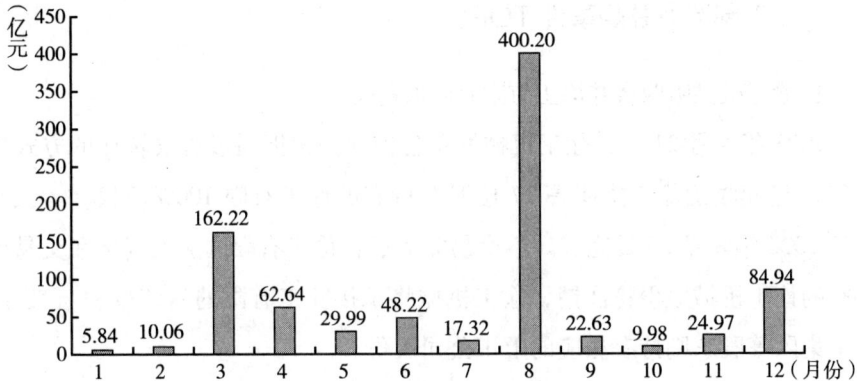

图8　2022年1~12月机械设备制造业并购交易金额

资料来源：Wind数据库。

6.汽车制造业并购交易事件数量

2022年，从数量上看，我国汽车制造业并购交易主要集中在4月，当月发生的并购交易事件数量为69笔，占全年汽车制造业并购总数的36.51%，而其他月份的并购数量相对均衡。2022年汽车制造业并购交易事件数量如图9所示。

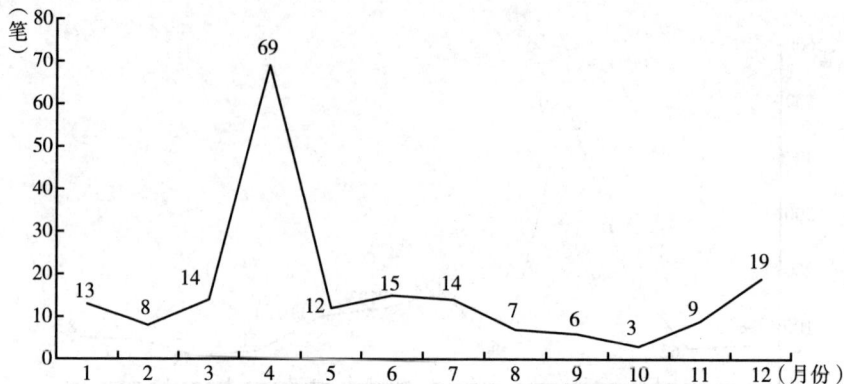

图9　2022年1~12月汽车制造业并购交易事件数量

资料来源：Wind 数据库。

（二）制造业并购事件 TOP5

1. 徐工机械吸收合并徐工有限100%股权

2021 年 4 月 21 日，徐工机械发布公告称公司拟通过协议转让的方式以 386.86 亿元收购徐工集团等 17 位股东持有的徐工有限 100% 股权。本次交易于 2022 年 8 月 26 日完成。本交易完成后，徐工有限的法人资格和交易前持有的徐工机械股份将注销，徐工机械将承接徐工有限的一切权利与义务，徐工集团等股东则持有相应的上市公司股份。

本次交易完成后，徐工有限旗下的混凝土机械、挖掘机械、起重机械等相关资产将注入徐工机械，实现徐工集团的整体上市。本次交易有利于进一步优化徐工集团的产业结构，提升上市公司的盈利能力和核心竞争力。同时，还有利于提升徐工机械的经营独立性，发挥各业务板块之间的协同效应，从而加快徐工机械成为国际顶尖装备制造企业的步伐。

2. 广汇物流收购新疆红淖三铁路有限公司（以下简称"铁路公司"）92.7708% 股权

2022 年 5 月 31 日，广汇物流发布公告，称公司与广汇能源股份有限公司（以下简称"广汇能源"）签署协议，公司支付现金 41.8 亿元购买广汇能源持有的铁路公司 92.7708% 股权。本交易于 2022 年 10 月 18 日完成。

广汇物流的主营业务定位为物流园经营，但为提高股东回报、获取充裕现金流发展主业，广汇物流阶段性的植入了房地产业务。本次交易完成后，广汇物流将取得铁路公司控制权，加快向物流行业回归和布局铁路运输领域。同时，公司将进一步发展铁路运输服务业务，并在兼营地产业务的同时，拓展物流服务、仓储等其他业务，成为具有一定规模和行业竞争优势的上市公司。

3. 西仪股份收购建设工业100%股权

2021 年 12 月 4 日，西仪股份发布公告，称公司拟购买兵器装备集团持有的建设工业 100% 股权。本次交易总价值 49.65 亿元，其中现金支付对价为 7.0 亿元，通过发行股份方式支付对价 42.65 亿元。本次交易于 2022 年 12 月 30 日完成。在交易完成后，公司持有建设工业 100% 股权，而兵器装备集团持有公司的股份将由交易前的 15.93% 变为 71.77%。

本次交易完成前，西仪股份的主要产品为汽车发动机连杆和其他工业产品。而在本次交易完成后，公司的主营业务将增加枪械类轻武器装备等军品核心业务，从而获得新的利润增长点，提高公司盈利能力。同时，公司将进一步丰富和整合汽车零部件产品，提升公司的核心竞争力。

4. 上海机场收购上海虹桥国际机场有限责任公司100%股权、上海机场集团物流发展有限公司100%股权和上海浦东国际机场第四跑道相关资产

2021 年 6 月 25 日，上海机场发布公告，称拟通过发行股份的方式购买上海机场集团持有的上海浦东国际机场第四跑道相关资产，以及上海虹桥国际机场有限责任公司和上海机场集团物流发展有限公司 100% 股权。本次交易于 2022 年 8 月 2 日完成，最终交易对价为 191.3 亿元。

通过本次重组，上海机场集团将下属的航空业务及相关资产整合至公司，从而解决同业竞争问题。同时，合并后公司将能统筹调配虹桥和浦东两个机场的资源，实现统一规划管理。并且，通过带动非航业务发展，上海航空枢纽的市场地位有望得到强化，公司的运营效率及盈利能力也将得到提升，从而促进公司的可持续发展。

5. 中远海控收购上港集团14.93%股权

2022 年 10 月 28 日，中远海控发布公告，称公司将受让中远海运集团持有的上海国际港务（集团）股份有限公司（以下简称"上港集团"）14.93%股权。本交易总价值为 189.44 亿元，于 2022 年 12 月 14 日完成。

本次股权收购完成后，中远海控的投资平台作用将得到充分发挥，同时推动公司由较为单一的航线运营向全供应链运营转变。与此同时，通过收购上港集团 14.93%股权，中远海控持有的上港集团股份比例大幅提升，有利于进一步加强与上港集团的战略合作，实现供应链各环节之间的融合协同。

（三）制造业典型并购案例：柳工股份吸收合并柳工有限100%股权

1. 交易概况

根据广西柳工机械股份有限公司（以下简称"柳工股份"）于 2021 年 12 月 25 日发布的关联交易报告书的相关内容，柳工股份拟向柳工集团、双百基金、国家制造业基金、招工服贸等广西柳工集团机械有限公司（以下简称"柳工有限"）的全体股东发行股份，收购柳工有限 100%股权。本次交易完成后，柳工股份将承接柳工有限的全部权利和义务。本次交易总价值为 74.3 亿元，柳工股份以发行股份的方式支付交易全部对价。

本次交易前，柳工有限为柳工股份的控股股东，柳工集团通过控股柳工有限，间接控制上市公司，而柳工股份的实际控制人为广西国资委。在本次交易完成后，柳工有限予以注销，柳工控股股东变为柳工集团，实际控制人仍为广西国资委。

2. 并购背景

柳工股份成立于 1958 年，是广西柳工集团的核心子公司。作为我国工程机械行业和广西第一家实现上市的公司，柳工股份拥有较为健全的公司治理结构、突出主业的发展战略和较强的企业竞争力。在本并购交易完成前，柳工股份的主要产品为挖掘机、装载机、压路机等工程机械。截至 2020 年末，柳工股份总资产为 340.1 亿元，所有者权益为 119.1 亿元。2020 年，柳工股份营业收入为230.0亿元，同比增长19.9%；归母净利润为13.3亿元，同比增长30.9%。分产品看，2020年柳工股份挖掘机的销售收入为115.7亿元，同比增长32.2%；装载机销售收入为79.9亿元，同比增长23.3%；平地机、推土机等其他工程机械销售收入为27.7亿元，同比减少17.9%。

柳工有限成立于2019年11月，是柳工集团为进行混合所有制改革而出资设立的投资平台公司。至本并购交易完成前，柳工有限的主要股东包括柳工集团、国家制造业基金以及招工服贸等。截至2020年末，柳工有限总资产为410.6亿元，净资产为156.5亿元，2020年营业收入为259.8亿元，归母净利润为5.7亿元。柳工有限作为国有资本投资平台，尚无自主经营业务，主要业务由下属的6家一级子公司负责。6家子公司的基本情况如下。

柳工股份，即本次并购交易的并购方，柳工有限持股比例为34.68%。

广西中源机械有限公司（以下简称"中源机械"），柳工有限持股比例为100%。中源机械成立于2002年，其前身为柳州柳工铸铁件有限公司。2015年，柳州柳工铸铁件有限公司更名为广西中源机械有限公司。目前，中源机械主要为柳工集团内部及外部工程机械客户提供配套零部件，主要产品包括油箱、摇臂等液压件和属具等。2020年末，中源机械总资产为14.34亿元，净资产为4.76亿元。2020年，中源机械营业收入为20.55亿元，归母净利润为5887.03万元。

柳州欧维姆机械股份有限公司（以下简称"欧维姆"），柳州有限的持股比例为77.86%。欧维姆前身为柳州市建筑机械总厂，主要从事预应力产品和工程橡胶制品的生产与销售。2020年末，欧维姆总资产为29.88亿元，净资产为8.11亿元。2020年，欧维姆营业收入为18.2亿元，归母净利润为7992.1万元。

柳工建机江苏有限公司（以下简称"柳工建机"），柳州有限持股比例为100%。柳工建机成立于2007年，其前身为上海鸿得利机械制造有限公司出资设立的江苏鸿得利机械有限公司，2015年上海鸿得利将江苏鸿得利100%股权转让于柳工集团。柳工建机的主要产品为车载泵、拖泵、臂架泵车、混凝土搅拌车和搅拌站等混凝土机械。2020年末，柳工建机总资产为4.2亿元，净资产为8860.4万元。2020年柳工建机营业收入为2.21亿元，归母净利润为-788.7万元。

广西柳工农业机械股份有限公司（以下简称"柳工农机"），柳州有限持股比例为99.63%。柳工农机成立于2016年，由柳工集团和柳州市汉森机械制造有限公司出资设立，主要产品包括拖拉机、甘蔗收获机等农业机械。截至2020年末，柳工农机总资产为6.47亿元，净资产为3.38亿元。2020年，柳工农机营业收入为2.53亿元，归母净利润为2538.0万元。

柳工（柳州）压缩机有限公司（以下简称"柳工压缩机"），柳州有限持股比例为60.18%。柳工压缩机前身为柳州压缩机总厂，主要产品包括移动式空气压缩机、活塞式压缩机等气体压缩机。2020年末，柳工压缩机总资产为5576.2万元，净资产为1258.9万元。2020年，柳工压缩机营业收入为4528.2万元，归母净利润为-186.8万元。

3. 并购动因

柳工股份作为中国工程机械行业的首家上市公司，在十几年前处于我国工程机械行业绝对龙头地位。但近年来，柳工股份的发展速度逐渐落后于三一重工、徐工机械和中联重科等行业龙头。主要原因在于，徐工机械等行业龙头均构建了较多规模较大的子业务群，而柳工股份目前仅挖掘机和装载机两类产品线业务规模较大，而起重机、叉车、混凝土机械等其他工程机械产品线的业务规模均较小。因此，若要实现柳工股份未来的发展战略，使其具备与行业龙头相应的竞争实力，就需要弥补柳工股份在产品结构上的缺陷。

作为本次交易的被并购方，柳州有限下属子公司中除柳工股份外，子公司欧维姆的预应力产品技术全球领先，而柳工建机的混凝土机械和柳工农机的农业机械均为柳工股份欠缺的产品系列，而中源机械生产的零部件和柳工压缩机的压缩机产品则为柳工挖掘机等工程机械的配套产品。因此，柳工股份吸收合并柳工有限，有助于实现其对工程机械各主要产品系列的全覆盖，提高公司的抗周期风险能力，有助于其重返行业第一梯队。

4. 并购评述

柳工股份 2022 年年报显示，柳工股份营业收入为 264.8 亿元，同比下降 7.7%；归母净利润为 6.0 亿元，同比下降 39.9%。而同期三一重工、徐工机械以及中联重科的营业收入分别下降 24.4%、19.7% 以及 38.0%，归母净利润分别下降 64.5%、47.5% 以及 63.2%。在我国工程机械行业需求走弱的背景下，柳工股份的业绩下降幅度远小于行业龙头，显示出本次并购增强了柳工股份的核心竞争力、抗风险能力，也进一步提升了柳工股份在国内工程机械行业的市场份额。

一方面，柳工股份作为我国发展历史悠久的工程机械企业，其国际化营销网络已覆盖全球多个国家和地区。并且，相较于柳工集团，柳工股份在人力资源、融资、管理等多方面具备相对优势，在工程机械领域也具备全球运营和规范化管理能力。因此，通过本次并购交易，柳工集团可将相关业务主体注入柳工股份，实现整体上市，并借助上市公司的管理赋能和平台资源，以及混合所有制改革后更具市场竞争力的管理机制加快集团发展步伐。另一方面，柳工股份也可加速国际化进程，拓展更多海外市场业务，实现上市公司的壮大和持续发展。

三 制造业 PE 投资分析

（一）2022 年制造业 PE 投资分析

截至 2022 年底，制造业 PE 投资案例共有 29 起，其中交易金额最大的为 2022 年 3 月 4 日卖方南京高齿企业管理有限公司（中国高速的间接全资附属公司）与买方上海文盛资产管理股份有限公司就南京高速 43% 的股权签订转让协议，总交易金额为 43 亿元。

1. 制造业投资规模分析

根据 Wind 数据库数据，2022 年制造业 PE 投资共 29 起，总投资金额为 128.59 亿元。在已披露交易金额的并购案例中，交易金额最低的为

100 万元，标的方所在具体行业为批发和零售业。交易金额最高的为 43 亿元，标的方所在具体行业为通用设备制造业中的其他通用零部件制造业。

2. 制造业 PE 投资区域分布

Wind 数据库数据显示，2021 年广东有 7 起制造业 PE 投资，2022 年广东、江苏、上海均有 4 起制造业 PE 投资。由此可见，广东、江苏等东部沿海省份的制造业发展优势较为明显。同时，东部沿海地区经济发展较快，相较于其他地区更能吸引投资。

3. 制造业 PE 投资时间分布

Wind 数据库数据显示，2021 年制造业 PE 投资案例最多的月份分别是 12 月（11 起）、7 月（6 起）、4 月（4 起）和 1 月（4 起）。而 2022 年，制造业 PE 投资次数最多的月份分别是 5 月（6 起）、4 月（5 起）和 3 月（4 起）。

4. 制造业各类 PE 投资情况

根据公布的投资案例中的投资次数，人民币基金占主导地位。无论是 2021 年还是 2022 年，人民币基金的投资次数都远大于美元基金的投资次数。

（二）2022年制造业 PE 投资和2021年制造业 PE 投资比较研究

本报告选取了 2022 年 1 月 1 日至 12 月 31 日的制造业 PE 投资数据，并从投资规模、投资区域、投资时间、投资基金类型等方面进行对比研究。

1. 投资规模

如表 1 所示，公布的 2021 年制造业 PE 投资案例数量为 40 个，公布的 2022 年制造业 PE 投资案例数量为 29 个。2022 年的制造业 PE 投资案例数量少于 2021 年，其中投资规模在 5000 万元以下的投资案例有 2 个，比 2021 年少 5 个；5000 万（含）~1 亿元的有 1 个，比 2021 年少 5 个；1 亿（含）~5 亿元和 5 亿元及以上的合计有 15 个，比 2021 年多 1 个。

表1　2021~2022年制造业PE投资额分布

单位：个

投资规模	2021年	2022年
5000万元以下	7	2
5000万(含)~1亿元	6	1
1亿(含)~5亿元	6	7
5亿元及以上	8	8
未披露	13	11

资料来源：Wind数据库。

2. 投资区域分布

如表2所示，从投资区域分布来看，2022年制造业PE投资案例有29个，其中东部地区最多，有22个案例，中部地区有5个案例，西部地区有2个案例。2021年制造业PE投资案例有40个，其中东部地区最多，有25个案例，中部地区有12个案例，西部地区有3个案例。可以看出，2022年制造业PE投资案例数量有所减少。

表2　2021~2022年制造业PE投资区域分布

单位：个

地区	2021年	2022年
东部地区	25	22
中部地区	12	5
西部地区	3	2

资料来源：Wind数据库。

3. 投资时间分布

如表3所示，2022年的投资高峰在4~5月，2021年的投资高峰在12月。

表3　2021~2022年制造业PE投资时间分布

单位：个

月份	2021年	2022年
1	4	2
2	2	1
3	1	4
4	4	5
5	2	6
6	2	3
7	6	0
8	2	1
9	2	1
10	2	2
11	2	1
12	11	3

资料来源：Wind数据库。

4. 投资基金类型

在公布投资基金类型的制造业PE案例中，如表4所示，2022年人民币和美元投资基金案例个数均少于2021年。

表4　2021~2022年制造业PE投资基金类型分布

单位：个

基金类型	2021年	2022年
人民币	32	25
美元	3	0
未披露	5	4

资料来源：Wind数据库。

参考文献

李晓华：《制造业的数实融合：表现、机制与对策》，《改革与战略》2022 年第 5 期。

国家统计局编《中国统计年鉴（2022）》，中国统计出版社，2022。

李晓华：《数字技术推动下的服务型制造创新发展》，《改革》2021 年第 10 期。

B.4
2022年能源矿产业并购分析

胡 伟　蒋贻宏　高 琛*

摘　要： 2022年，受经济复苏推动，传统能源行业收购兼并意愿较2021年稳中有增，在总交易金额下降的同时交易完成数量有所上升。从规模看，2022年中国能源矿产业的并购交易完成数量为48笔，披露的交易金额为519.29亿元。龙源电力换股吸收合并平庄能源及收购云南新能源等9家公司股权、新奥股份定增收购新奥舟山90%股权、东方盛虹子公司石化产业收购盛虹炼化13.2861%股权、广汇能源收购新能源公司4.3343%股权、创力集团收购中煤科技36.04%股权是2022年能源矿产业的主要并购事件。

关键词： 能源矿产业　并购　股权收购

一　能源矿产业并购趋势分析

自2022年以来，中国经济复苏较快，传统能源行业的收购兼并意愿较2021年稳中有增，在总交易金额下降的同时交易完成数量有所上升。据Wind数据库统计，2021年1~12月，中国能源矿产业已完成的并购交易数量共48笔，披露的交易金额为519.29亿元，平均每笔交易金额为10.82亿元。其中，比较典型的能源矿产业并购事件包括新奥股份定增收购新奥舟山

---

* 胡伟，中国并购公会注册交易师，国元证券股份有限公司副总裁、保荐代表人，主要研究方向为股权融资、并购重组；蒋贻宏，国元证券投资银行总部高级项目经理、保荐代表人，主要研究方向为股权融资、并购重组；高琛，国元证券投资银行总部项目经理，主要研究方向为股权融资、并购重组。

90%股权、东方盛虹子公司石化产业收购盛虹炼化13.2861%股权等。

根据国家统计局发布的《2022年国民经济和社会发展统计公报》，2022年全国能源消费总量为54.1亿吨标准煤，比2021年增长2.9%。其中，煤炭消费量增长4.3%，原油消费量下降3.1%，天然气消费量下降1.2%，电力消费量增长3.6%。煤炭消费量占能源消费总量的56.2%，占比比上年提高0.3个百分点；天然气、水电、核电、风电、太阳能发电等清洁能源消费量占能源消费总量的25.9%，占比上升0.4个百分点。《中华人民共和国国民经济和社会发展第十四个五年规划和2035年远景目标纲要》提出，"加快发展非化石能源，坚持集中式和分布式并举，大力提升风电、光伏发电规模，加快发展东中部分布式能源，有序发展海上风电，加快西南水电基地建设，安全稳妥推动沿海核电建设，建设一批多能互补的清洁能源基地，非化石能源占能源消费总量比重提高到20%左右"。

据《BP世界能源统计年鉴2022》，受经济复苏推动，2021年全球一次能源消费大幅反弹，同比增长5.8%，创历史最大涨幅。2019~2021年，一次能源消费增长完全由可再生能源驱动，化石能源消耗水平在此期间保持不变，较低的石油需求被较高的天然气和煤炭消耗抵消。全球一次能源消费增长主要由新兴经济体推动，2021年发达经济体的一次能源需求降低7艾焦，新兴经济体一次能源消费增长了13艾焦，其中中国增长了10艾焦，同比增长7.1%，中国能源消费占全球能源消费总量的26.5%。目前，中国是全球最大的能源消费国，但仍处于工业化升级、城镇化进程加快发展的阶段，能源需求在未来一段时间还有望持续增加，但增速放缓。因此，中国在能源领域的并购活动仍将维持在一定水平。

二 能源矿产业并购分析

（一）能源矿产业并购数据

1.能源矿产业并购趋势

2022年1~12月，中国能源矿产业完成的并购交易共计48笔，披露的交易金额为 519.29 亿元，平均每笔交易金额为 10.82 亿元。从交易金额和交易数量来看，2022 年上半年均大于下半年。其中，并购交易数量最多的月份为 4 月，有 16 笔；并购交易数量最少的月份为 10 月，当月无完成的并购交易。并购交易金额最多的月份为 8 月，有 142.36 亿元；并购交易金额最少的月份为 10 月，当月无完成的并购交易（见图 1）。

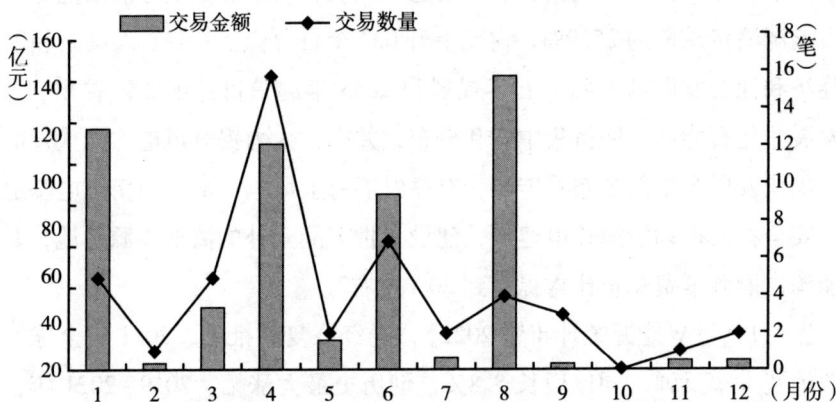

图 1　2022 年能源矿产业并购交易金额与交易数量

资料来源：Wind 数据库。

2. 能源矿产业不同类型的并购交易笔数

2022 年 1~12 月，能源矿产业不同类型的并购交易数量如图 2 所示。全年能源矿产业完成的并购交易数量为 48 笔，其中境内并购和出境并购交易数量分别为 40 笔和 8 笔，交易数量占比分别 83.33% 和 16.67%。这表明，2022 年中国能源矿产业的并购交易主要发生在境内。

3. 能源矿产业不同类型的并购交易金额

2022 年 1~12 月，能源矿产业不同类型的并购交易金额如图 3 所示。全年能源矿产业完成的并购交易金额为 519.29 亿元，其中境内并购和出境并购分别为 381.53 亿元和 137.75 亿元，交易金额占比分别为 73.47% 和 26.53%。这表明，从金额上看，2022 年中国能源矿产业的并购交易亦多数发生在境内。

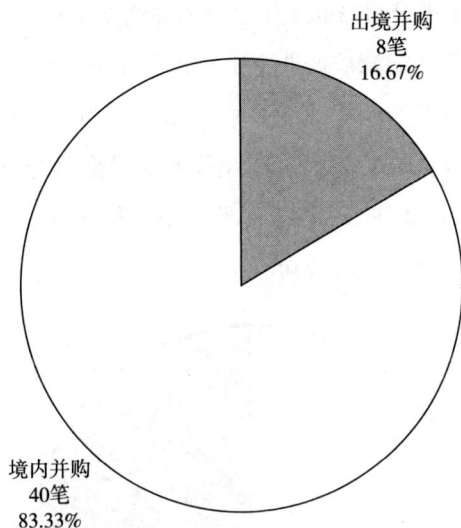

图2　2022年能源矿产业不同类型的并购交易数量

资料来源：Wind 数据库。

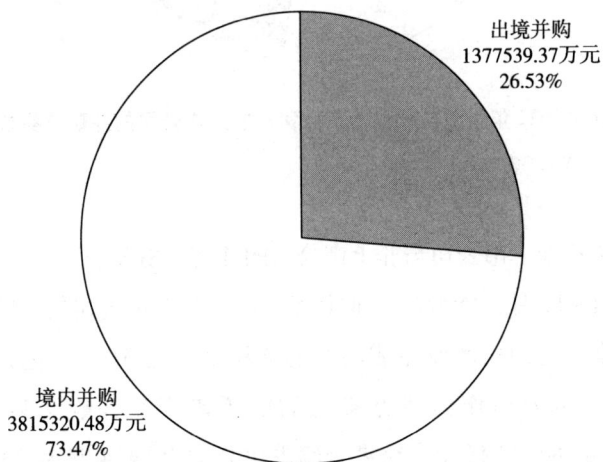

图3　2022年能源矿产业不同类型的并购交易金额

资料来源：Wind 数据库。

4. 能源矿产业上市公司与非上市公司的并购交易笔数

2022 年 1~12 月，能源矿产业上市公司与非上市公司的并购交易数量如图 4 所示。全年能源矿产业完成的并购交易数量为 48 笔，其中上市公司与非上市公司作为买方参与的能源矿产业并购交易数量分别为 25 笔和 23 笔，交易数量占比分别为 52.08% 和 47.92%。中国能源矿产业上市公司作为买方的并购交易数量高于非上市公司。

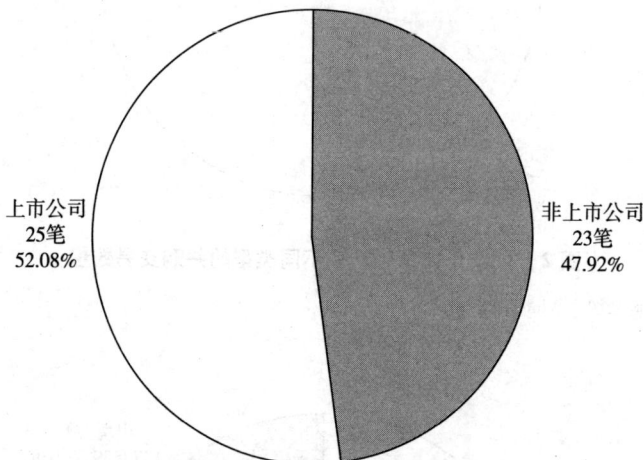

图 4　2022 年能源矿产业上市公司与非上市公司的并购交易数量

资料来源：Wind 数据库。

5. 能源矿产业上市公司与非上市公司的并购交易金额

2022 年 1~12 月，能源矿产业上市公司与非上市公司的并购交易金额如图 5 所示。全年能源矿产业完成的并购交易金额为 519.29 亿元，其中，上市公司与非上市公司作为买方参与的能源矿产业并购交易金额分别为 334.51 亿元和 184.78 亿元，交易金额占比分别为 64.42% 和 35.58%。中国能源矿产业上市公司作为买方的并购交易金额高于非上市公司。

6. 能源矿产业国有企业与非国有企业的并购交易笔数

2022 年 1~12 月，能源矿产业国有企业与非国有企业的并购交易数量如图 6 所示。全年能源矿产业完成的并购交易数量为 48 笔，其中，国有企业

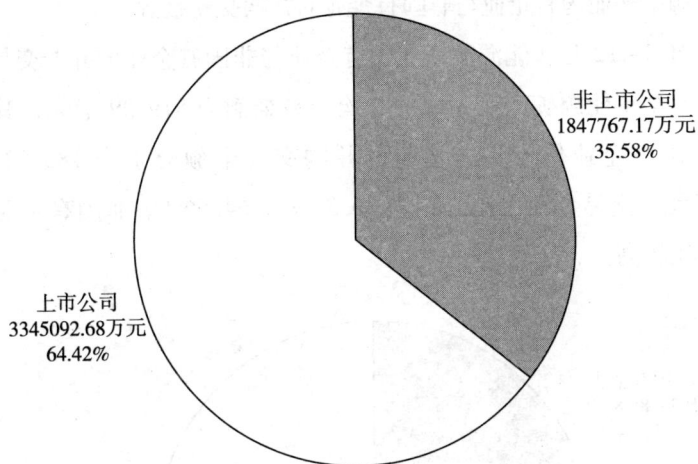

图5 2022年能源矿产业上市公司与非上市公司的并购交易金额

资料来源：Wind数据库。

和非国有企业作为买方参与的并购交易数量分别为18笔和30笔，交易数量占比分别为37.50%和62.50%。非国有企业并购数量占比较高。

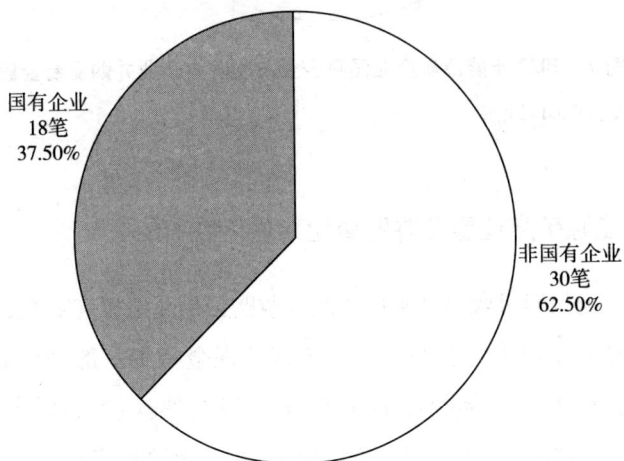

图6 2022年能源矿产业国有企业与非国有企业的并购交易数量

资料来源：Wind数据库。

7. 能源矿产业国有企业与非国有企业的并购交易金额

2022 年 1~12 月，能源矿产业国有企业与非国有企业的并购交易金额如图 7 所示。全年能源矿产业完成的并购交易金额为 519.29 亿元，其中国有企业与非国有企业作为买方参与的并购交易金额分别为 183.52 亿元和 335.77 亿元，交易金额占比分别为 35.34% 和 64.66%。非国有企业并购交易金额占比较高。

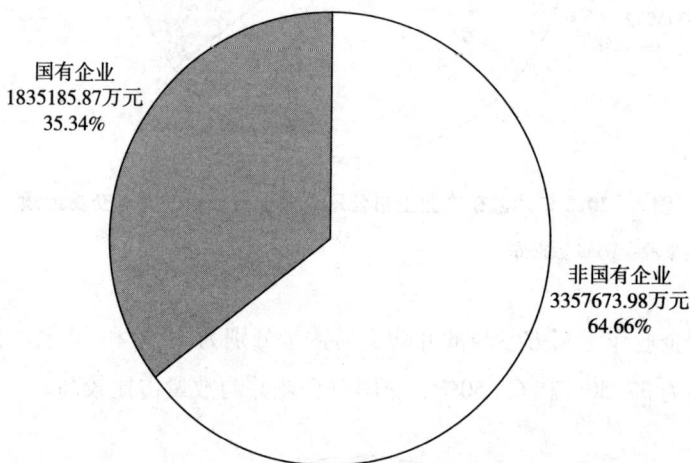

国有企业
1835185.87万元
35.34%

非国有企业
3357673.98万元
64.66%

图 7 2022 年能源矿产业国有企业与非国有企业并购交易金额

资料来源：Wind 数据库。

（二）能源矿产业重要并购重组事件 TOP 5

1. 龙源电力换股吸收合并平庄能源及收购云南新能源等9家公司股权

本次交易由换股吸收合并、资产出售及现金购买三部分组成：（1）龙源电力向平庄能源的全体换股股东发行 A 股股票换股吸收合并平庄能源（"ST 平能"，000780.SZ），合并完成后，平庄能源将终止上市，并最终注销法人资格，龙源电力作为存续公司实现"A+H"两地上市，交易作价为96.79 亿元；（2）平庄能源将除递延所得税资产、应交税费及递延收益之外的其他资产和负债，以合计 34.37 亿元的价格转让给内蒙古平庄煤业（集团）有限责任公司；（3）龙源电力以现金 57.74 亿元收购国家能源投资集团有限责任公司（以下简称"国家能源集团"）旗下云南电力等 8 家新能源板块子公司 100% 股权，国家能源集团新能源板块业务打包上市。本次交易方案中，吸收合并、资产出售及现金购买互为前提，任何一项未能实施，则其他两项均不实施。

2022 年 1 月 24 日平庄能源股票终止上市并摘牌，同日龙源电力于深交所上市，简称"龙源电力"，代码"001289"。

2. 新奥股份定增收购新奥舟山 90% 股权

2022 年 4 月 19 日，新奥股份（600803.SH）公布，其拟以发行股份及支付现金相结合的方式购买新奥科技、新奥集团和新奥控股持有的新奥舟山 90% 股权，此次交易作价为 85.5 亿元。此次交易完成后，公司将通过全资子公司新奥天津间接持有新奥舟山上述 90% 股权。

点评

本次交易将提升新奥股份在 LNG 接卸储存、气液外输、分拨转运、LNG 船舶加注、应急调峰等领域的产业协同性，显著提升公司天然气储运能力，助力公司稳步提升海外和国内天然气市场份额；并将通过窗口串换等生态合作方式，形成覆盖华北、华东、华南的沿海 LNG 进口通道，将舟山接收站打造为 LNG 资源全球配置的重要平台，形成更加稳定、有市场竞争力的资源池。

3. 东方盛虹子公司石化产业收购盛虹炼化13.2861%股权

2021 年 12 月 27 日，东方盛虹（000301）发布公告，其全资子公司江苏盛虹石化产业发展有限公司拟以 35.09 亿元为对价，收购江苏悫泉盛虹炼化债转股投资基金（有限合伙）持有的盛虹炼化（连云港）有限公司（以下简称"盛虹炼化"）13.2861% 股权。

点评

盛虹炼化是东方盛虹的重要控股子公司，其投资建设的盛虹炼化 1600 万吨炼化一体化项目是东方盛虹实施"原油炼化-PX/乙二醇-PTA-聚酯-化纤"全产业链一体化经营的核心载体。通过本次交易，将提高东方盛虹在盛虹炼化的投资权益比例，对公司的长远发展具有积极意义。

4. 广汇能源收购新能源公司4.3343%股权

2022年8月6日，广汇能源（600256.SH）公布，其拟与控股股东新疆广汇实业投资（集团）有限责任公司签署《股权转让协议》，拟向广汇集团收购其持有的广汇能源控股子公司新疆广汇新能源有限公司（以下简称"新能源公司"）4.3343%股权。根据评估报告，广汇能源拟支付股权比例对应的交易价格7.124亿元。新能源公司系广汇能源一级重要控股子公司，综合竞争实力和盈利能力均较强，此次交易完成后，公司将持有新能源公司99%股权，不会导致公司合并报表范围发生变化。

点评

该次交易符合公司整体长远发展战略规划，将进一步提升上市公司对重要控股子公司的绝对收益，减少公司与关联方股东共同持有项目的业务交叉，以保证上市公司效益最大化。

5. 创力集团收购中煤科技36.04%股权

2021年9月16日，创力集团（603012.SH）发布公告，称公司拟以现金收购浙江中煤机械科技有限公司（以下简称"中煤科技"）36.04%股权。上述交易完成后，创力集团将持有中煤科技100%股权，该公司归属于母公司股东的净利润水平将获得提升，进一步增强其持续盈利能力。

点评

通过本次交易，创力集团将持有中煤科技100%股权。中煤科技成为该公司全资子公司，这将有利于提升创力集团归属于母公司股东的净利润水平，进一步增强该公司的持续盈利能力。

（三）龙源电力换股吸收合并平庄能源及收购云南新能源等9家公司股权

1. 交易概述

2021年1月15日，龙源电力（00916.HK）发布公告，其就拟换股吸收合并平庄能源、重大资产出售及支付现金购买资产分别订立《换股吸收合并协议》、《资产出售协议》及《支付现金购买资产协议》。本次交易由换股吸收合并、资产出售及现金购买三部分组成。

首先,龙源电力通过向平庄能源的全体换股股东发行 A 股股票换股吸收合并平庄能源。合并完成后,平庄能源终止上市,龙源电力作为存续公司,以吸收合并发行的 A 股股票及原内资股申请在深交所主板上市流通。其次,平庄能源向平煤集团出售资产,平煤集团以现金完成支付。最后,龙源电力以现金支付方式,购买国家能源集团下属辽宁电力、陕西电力、广西电力、云南电力、甘肃电力以及华北电力等公司资产。

2. 并购背景及动因

根据本次交易方案,龙源电力拟通过本次吸收合并平庄能源,同时收购国家能源集团新能源资产,进一步促进其内部资源配置集约化与业务发展协同化。本次交易完成后,龙源电力作为存续公司将实现"A+H"两地上市,可以同时在 H 股市场和 A 股市场开展资本运作,打通境内外融资渠道。

此外,龙源电力是国家能源集团新能源板块的上市平台。本次资产出售及现金购买国家能源集团优质新能源资产的交易,能够保护现有香港市场投资者及股东的利益,同时有利于减少龙源电力与国家能源集团之间新能源业务的同业竞争,有利于提高上市公司独立性。

3. 并购评述

龙源电力与平庄能源均隶属国家能源集团,龙源电力是目前全球最大的风电运营商,在全国拥有 300 多个风电场以及光伏、生物质、潮汐、地热和火电等能源项目,业务分布于中国和加拿大、南非、乌克兰等国家。本次交易完成后,龙源电力作为存续公司实现"A+H"两地上市,打通境内外融资渠道。

B.5
2022年金融业并购分析

张智珑[*]

摘　要： 2022年中国经济增长面临来自内外部的严峻冲击，投资和消费走弱，但出口保持较强韧性。同时，俄乌冲突、美联储加息、疫情反复等因素对资本市场造成较大影响，但资本市场深化改革仍在持续推进，尤其是全面注册制改革加快、个人养老金制度正式落地，为资本市场发展带来了积极影响。从并购情况看，由于金融业景气度与宏观经济表现密切相关，行业并购活跃度也因此受到影响，2022年金融业的并购数量和交易金额均较2021年有一定程度下降。从行业分布看，并购标的主要分布在多元金融行业，其中证券业并购交易金额较大，而银行业和保险业的并购事件相对较少。其中，证券业完成并购金额最大的两个案例是东方财富对旗下东方财富证券增资、湖北国资入主天风证券。银行业和保险业的并购整合步伐也在加快，例如，中原银行吸收合并3家省内银行、南京银行对旗下南银法巴消金增资、中韩人寿引入战略投资者等，从这类并购案例中均可观察到行业的变化趋势。

关键词： 证券业　银行业　保险业　资本市场　并购

一　金融业发展趋势分析

回顾2022年，我国经济增长一方面面临来自俄乌冲突、全球大宗商品价

---

[*] 张智珑，硕士，湘财证券研究所金融行业分析师，CFA持证人，主要研究方向为非银金融、房地产行业研究。

格上涨、美联储大幅加息等外部因素带来的压力，另一方面受到新冠疫情反复、房地产市场下行等内部因素造成的冲击，需求收缩、供给冲击、预期转弱"三重压力"依旧存在。尽管2022年消费和投资转弱，但出口韧性较强，叠加疫情防控措施优化，全年GDP同比增速达到3.0%，其中第一至第四季度当季同比增速分别为4.8%、0.4%、3.9%和2.9%。在经济缓慢复苏的背景下，资本市场改革仍在持续推进，特别是党的二十大报告提出要"健全资本市场功能，提高直接融资比重"。其中，全面实行股票发行注册制是提高直接融资比重的核心举措，也是资本市场改革的"牛鼻子"工程，随着2022年退市制度、做市制度及法律制度等配套政策的不断完善，全面注册制于2023年2月正式落地实施，资本市场将加速扩容。此外，2022年11月个人养老金制度正式启动，率先在36个城市开启试点。个人养老金制度对我国养老金体系和资本市场均有重要影响，一方面，解决了我国养老金三支柱体系中由个人承担的第三支柱（个人养老金）发展不足的问题，进而缓解了由政府及企业主导的第一支柱（基本养老保险）和第二支柱（企业年金及职业年金）养老金承担的压力。另一方面，个人养老金可投资的金融产品丰富，目前主要包括公募基金、养老理财、养老储蓄、商业养老保险等，养老金入市将有望为资本市场提供长线增量资金，改善我国资本市场的投资者结构。

受内外部宏观环境影响，2022年资本市场经历了较大波动，股票市场大幅下跌，但在注册制改革的推动下，市场仍在扩容。根据Wind数据库，2022年末A股市场上市公司数量达5079家，较2021年增加502家，但总市值下降至79万亿元。从IPO情况看，2022年IPO公司数量达425家、IPO融资规模达5869亿元，IPO公司数量同比减少99家，但IPO规模同比增长8%。分板块来看，在已实行注册制的创业板、科创板和北交所IPO公司数量较多，占全部IPO公司数量的比重分别为35%、29%和20%。由于证券业景气度与资本市场表现相关性较强，因此2022年市场波动对证券业造成了较大影响。根据中国证券业协会数据，2022年全行业140家证券公司实现营业收入和净利润3950亿元和1423亿元，同比分别下降21%和26%。

从银行业来看，为应对经济下行压力，2022年货币政策加大支持力度，年初以来两次下调 MLF 利率、三次调降 LPR，同时结构性货币政策继续发力，货币环境较为宽松。但消费和投资下行对信贷扩张造成一定影响，社会融资规模同比增速呈现前高后低的特征，特别是第四季度以来增速逐渐放缓。根据银保监会数据，2022 年第四季度末商业银行净息差为 1.91%，较 2021 年末下降 0.17 个百分点，主要受利率下行影响。资产质量方面，尽管 2022 年经济下行压力较大，但商业银行的不良贷款率继续维持下降趋势，2022 年第四季度末为 1.63%，较 2021 年末下降 0.1 个百分点，处于历史较低水平。2022 年末商业银行拨备覆盖率达 205.85%，较年初的 196.91% 提高约 9 个百分点，抗风险能力仍较强。

从 2022 年金融业并购情况来看，根据 Wind 数据库，2022 年金融业公告并购事件 199 笔[①]，其中已完成的并购交易有 66 笔，并购失败的有 7 笔，正在进行中及其他状态的有 126 笔。交易金额方面，2022 年金融业已公告的并购事件涉及金额共计 1932 亿元，其中已完成的并购交易金额共计 808 亿元[②]。虽然 2022 年发布公告的并购事件数量及金额均较 2021 年有所下降，但当年实际已完成的并购交易金额较 2021 年增长较多，主要原因在于 2022 年已完成的并购中单个项目金额较大，包括东方财富证券增资、杭州银行股权转让、华融国际信托股权转让等交易金额均在 50 亿元以上，而 2021 年单个项目金额较小。

二 金融业并购分析

（一）金融业并购交易数量及并购方式

受国内外宏观环境变化影响，2022 年中国经济下行压力较大，而金融业景气度与宏观经济表现的相关性较强，行业收并购活跃度也受到影响。2022 年金融业公告的并购交易数量为 199 笔，较 2021 年有一定程度下降。其中，

① 按首次公告日统计，金融业为 Wind 一级行业中的金融行业，并且剔除了交易金额缺失、境外并购事件、产业资本通过股权投资基金进行投融资的非金融行业并购事件。
② 涉及外币的交易金额按并购当年的人民币平均汇率进行转换。

2022下半年发起并购91笔，少于上半年的108笔。从并购进度看，2022年已完成的并购共计66笔，上半年完成46笔，多于下半年的20笔（见图1）。失败的并购交易有7笔，还有126笔并购交易仍在进行中①（见图2）。

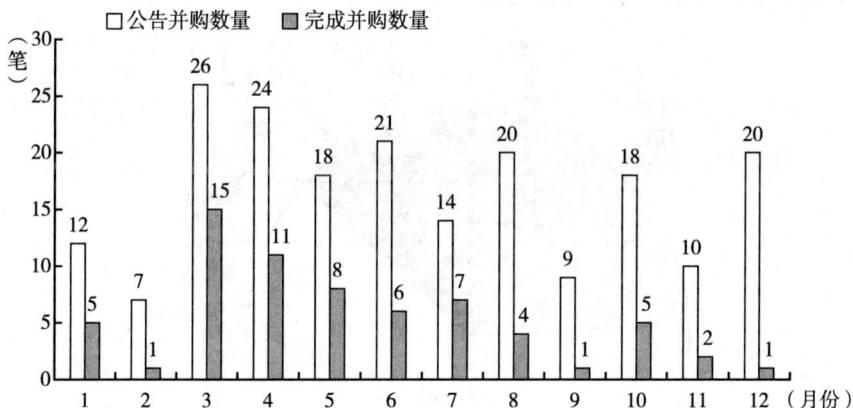

图1 2022年1~12月金融业公告并购数量及完成并购数量

资料来源：Wind数据库、湘财证券研究所。

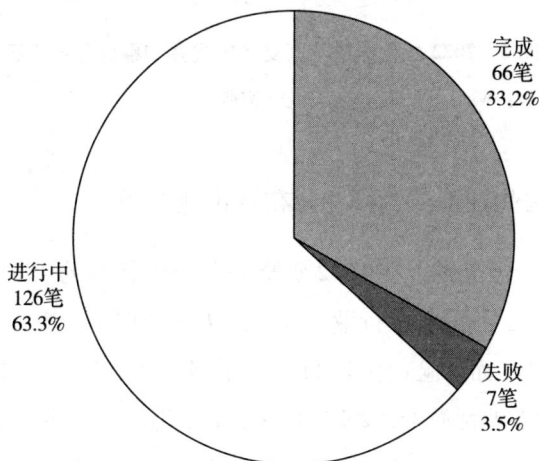

图2 2022年金融业不同交易进度并购事件分布情况

资料来源：Wind数据库、湘财证券研究所。

---

① 进行中状态包括董事会预案、股东大会通过、国资委批准、签署转让协议等。

从并购方式看，协议收购是并购的主要方式，共有 124 笔（占比为 62.3%）。通过增资、二级市场收购方式进行的并购交易数量分别为 47 笔、15 笔，占比分别为 23.6%、7.5%。采取资产置换、吸收合并方式的并购交易数量较少，只有 3 笔（见图 3）。

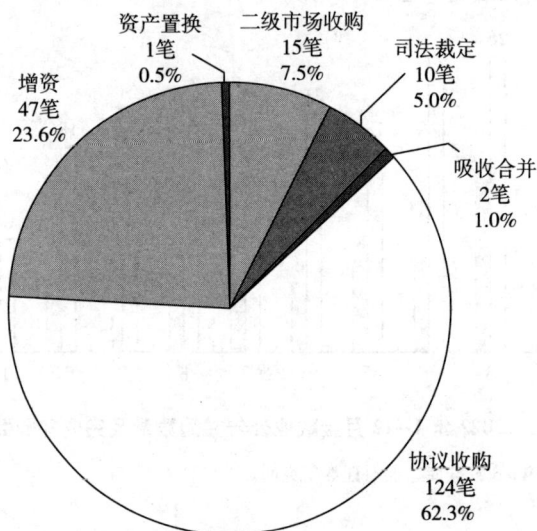

图 3　2022 年金融业不同交易方式并购事件分布情况

资料来源：Wind 数据库、湘财证券研究所。

（二）金融业并购标的行业分布及企业性质

根据 Wind 行业分类，在 2022 年金融业公告并购的 199 家标的企业中，有 163 家企业来自多元金融行业① （占比为 81.9%），其次为银行业 25 家（占比为 12.6%），而保险业仅有 11 家（占比为 5.5%）（见图 4）。

从并购标的企业性质看，2022 年民营企业仍然是最主要的并购标的，数量为 190 家，占比高达 95.5%。其余分别是地方国有企业（4 家，占比为 2.0%）、中央国有企业（3 家，占比为 1.5%），中外合资企业和公众企业各有 1 家（见图 5）。

---

① 根据 Wind 行业分类，多元金融行业主要包括券商、期货、信托、融资租赁、小额贷款公司等。

保险业
11家
5.5%

银行业
25家
12.6%

多元金融行业
163家
81.9%

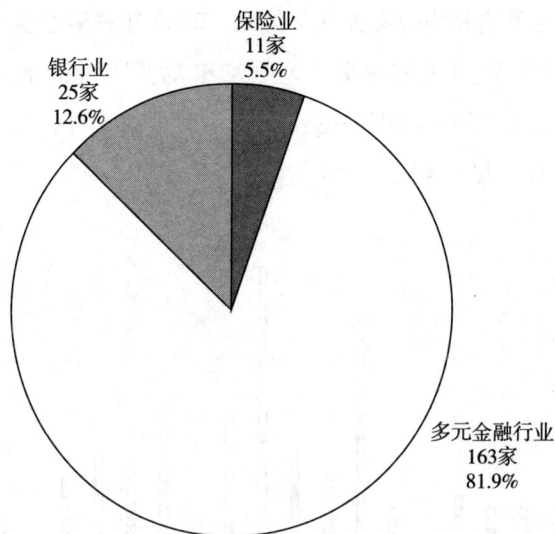

图4　2022年金融业并购交易标的企业的行业分布情况

资料来源：Wind 数据库、湘财证券研究所。

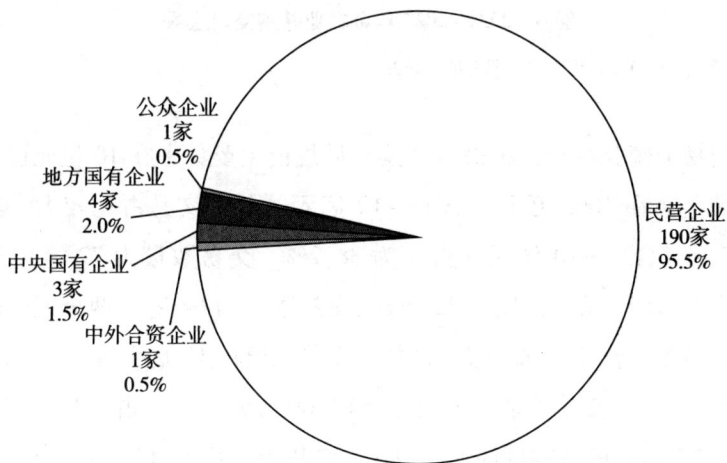

公众企业
1家
0.5%

地方国有企业
4家
2.0%

中央国有企业
3家
1.5%

中外合资企业
1家
0.5%

民营企业
190家
95.5%

图5　2022年金融业并购交易标的不同性质企业分布情况

资料来源：Wind 数据库、湘财证券研究所。

（三）金融业并购交易金额

根据 Wind 数据库的数据，2022 年金融业公告的并购事件交易金额共计

1932 亿元, 平均单笔并购金额为 9.7 亿元。2022 年并购总金额较 2021 年下降 28%, 但由于并购数量减少更多, 平均单笔并购金额增长 12%。此外, 2022 年交易金额较大的并购事件主要集中在 1 月和 3 月, 而 2021 年主要集中在 9 月和 12 月 (见图 6)。

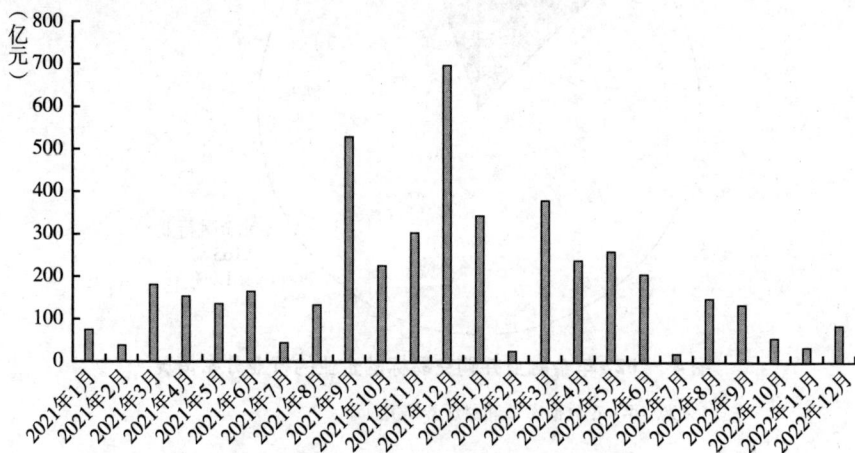

图 6 2021~2022 年金融业并购交易金额

资料来源: Wind 数据库、湘财证券研究所。

从交易金额分布看, 2022 年并购交易规模主要集中在 10 亿元以下, 尤其是交易金额在 1000 万元 (含) ~10 亿元的并购交易占比较大。具体来看, 1 亿元 (含) ~10 亿元 (占比为 36.2%, 交易数量为 72 笔) 和 1000 万元 (含) ~1 亿元 (占比为 32.2%, 交易数量为 64 笔) 两个区间的并购事件数量最多, 合计占 68.4%。此外, 交易规模在 10 亿元 (含) ~50 亿元 (占比为 15.6%, 交易数量为 31 笔) 和 1000 万元以下 (占比为 11.1%, 交易数量为 22 笔) 的并购事件占比均在 10% 以上, 而 50 亿元 (含) ~100 亿元和 100 亿元及以上的并购事件数量合计占比仅有 5.0% (见图 7)。

(四) 金融业并购标的区域分布

2022 年金融业并购以境内并购为主, 占比达 98.5%, 而入境并购和出境并购合计仅占 1.5% (见图 8)。分区域来看, 2022 年金融业并购标的主要

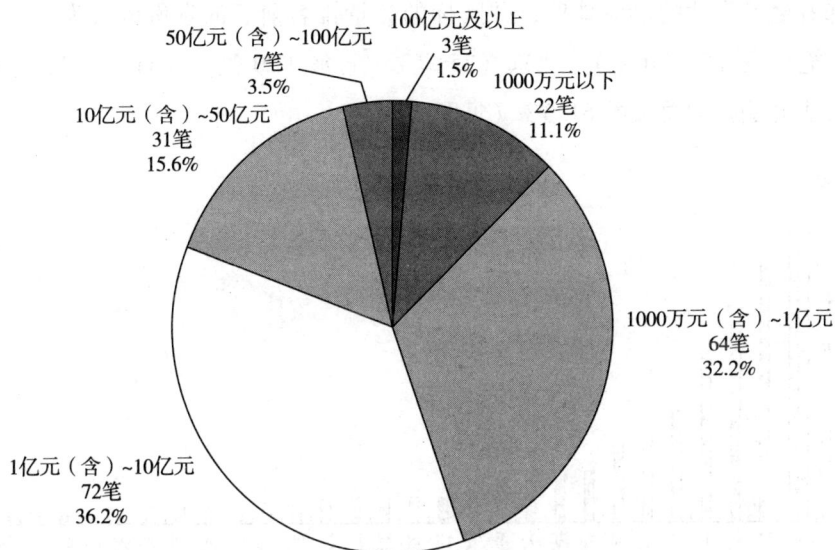

50亿元（含）~100亿元
7笔
3.5%

100亿元及以上
3笔
1.5%

1000万元以下
22笔
11.1%

10亿元（含）~50亿元
31笔
15.6%

1000万元（含）~1亿元
64笔
32.2%

1亿元（含）~10亿元
72笔
36.2%

图7 2022年金融业并购交易金额分布情况

资料来源：Wind数据库、湘财证券研究所。

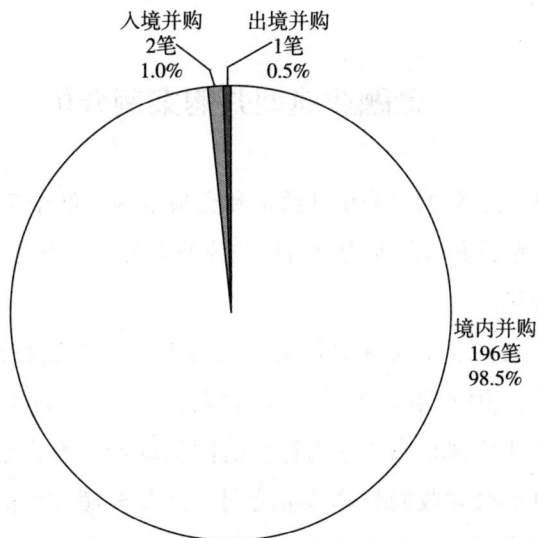

入境并购
2笔
1.0%

出境并购
1笔
0.5%

境内并购
196笔
98.5%

图8 2022年金融业并购标的地区类型分布情况

资料来源：Wind数据库、湘财证券研究所。

分布在经济发达的沿海地区，并购标的数量排名前五的省份依次为：广东（34笔）、浙江（30笔）、北京（25笔）、上海（20笔）和江苏（13笔），合计占并购标的总数的61.3%（见图9）。

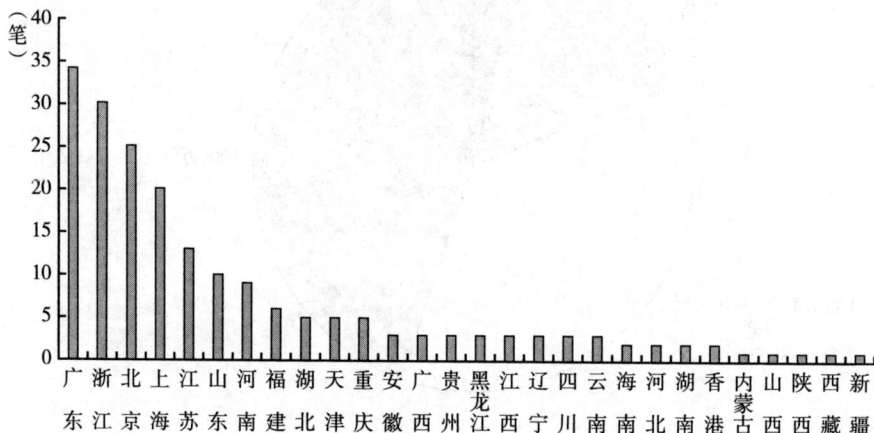

图9　2022年金融业并购标的省份分布

资料来源：Wind数据库、湘财证券研究所。

三　金融业典型并购案例分析

2022年金融业公告的并购事件数量和交易金额均低于2021年，但是金融业中的证券、银行和保险业均有值得关注的重要并购事件，从中可以观察到行业的变化趋势。

具体来看，证券业主要有两种类型的并购：一是股权结构发生变动，典型事件包括东方财富增资旗下东方财富证券、第一创业证券大股东易主、湖北国资入主天风证券、指南针收购网信证券、方正证券出售瑞信证券股权；二是证券公司收购公募基金公司，涉及金额较大的有国联证券收购中融基金、国泰君安收购华安基金。银行业的并购整合步伐也在加快，且交易金额均较大，典型事件包括中原银行吸收合并3家省内银行、杭州银行股权转让、南京银行增资旗下南银法巴消金。保险业的收并购事件较少，交易金额较大的案例主要是同方全球人寿股权转让以及中韩人寿引入战略投资者。

（一）证券业并购案例

1. 东方财富增资旗下东方财富证券

2022年3月，东方财富发布公告，将对东方财富证券增资160.05亿元，其中包括债权157.73亿元和现金2.32亿元。债权是东方财富在2021年通过可转债募集资金，向东方财富证券提供的借款及利息。上述增资总额中，33亿元作为东方财富证券注册资本，127.05亿元作为资本公积。本次增资完成后，东方财富证券的注册资本将从88亿元增加到121亿元。实际上，这是东方财富自2020年以来第3次对东方财富证券进行增资，也是增资金额最大的一次，而且2020年的增资资金亦来源于可转债融资。

证券业展业需满足严格的净资本监管要求，对资本金消耗较大，因此本次增资能够提升东方财富证券的资本实力，进一步增强其竞争力。同时，东方财富证券表示持续扩充资本金主要为扩大融资融券和证券投资等重资本型业务规模。

2. 北京国管成为第一创业证券大股东

2022年9月，第一创业证券发布公告称公司第一大股东首创集团与北京国管签署《股份转让协议》，首创集团以非公开协议转让的方式向北京国管转让其持有公司的无限售流通股464686400股（占公司总股本的11.0576%）。本次转让完成后，首创集团持有公司股份变为1.6657%，北京国管将持有公司11.0576%的股份，且均为无限售流通股。本次交易标的股份转让价格为8.08元/股，转让总价款为37.55亿元。

2023年4月，第一创业发布公告称，变更主要股东已获得证监会核准批复，北京国管将成为公司主要股东，不过公司仍然没有控股股东和实际控制人。关于第一大股东变化后对公司发展的影响，公司在2023年5月公告的业绩说明会纪要中表示，北京国管是以国有资本运营和股权管理为重点，以国有资本证券化和价值最大化为目标的北京市属重点骨干企业。北京国管成为公司主要股东后，可积极调动各方优质资源，进一步推动公司市场拓展与业务发展，强化股东赋能与战略协同，促进公司价值提升与国有资产保值增值。

3. 湖北国资入主天风证券

由湖北省财政厅100%控股的宏泰集团于2022年通过两次收购成为天风证券的第一大股东，并且与其一致行动人武汉商贸合计拥有天风证券22.62%的股权，宏泰集团正式成为公司控股股东，湖北省财政厅为公司实际控制人。

具体来看，天风证券先后于2022年4月和10月发布股份转让公告，其中公司持股5%以上的股东人福医药与湖北宏泰集团最先于4月签署股份转让协议，人福医药以协议转让的方式向宏泰集团转让其持有的7.85%股份，转让单价为3.123元/股，转让价款总额为21.24亿元，股份过户于同年9月完成。随后，天风证券的另一大股东联发投集团于10月向宏泰集团转让其持有的5.99%股份，此次转让单价为3.23元/股，转让价款总额为16.77亿元。两次股份转让完成后，宏泰集团直接持有天风证券13.84%股份，并成为天风证券第一大股东，但此时天风证券仍无实际控制人。最终，宏泰集团与天风证券第二大股东武汉商贸（持股8.78%）签署《一致行动协议》，双方将合计拥有公司22.62%的股权，并且宏泰集团成为控股股东，天风证券也正式成为国资控股券商。

4. 指南针收购网信证券

2022年3月，专注于向投资者提供金融数据分析和证券投资咨询服务的上市公司指南针发布公告，称公司作为网信证券重整投资人，拟向网信证券管理人支付现金15亿元用于清偿网信证券债务，并在重整完成后持有网信证券100%股权。2022年7月，网信证券股权已成功变更登记到指南针名下，并且2023年1月网信证券更名为麦高证券。指南针表示，此次收购将继续发挥自身在金融信息服务领域积累的客户资源、流量入口优势和营销优势，充分利用自身在金融科技业务领域的丰富经验和大数据分析能力，为网信证券提供先进的金融科技服务手段，构建数字化运营平台，推进风控体系建设，助力网信证券的数字化转型与业务重构。

5. 方正证券出售瑞信证券49%股权

2022年9月方正证券发布公告，称将向瑞信银行转让瑞信证券49%股权，转让价款为11.4亿元。瑞信证券实际上是方正证券与瑞信银行在2008年共同投资设立的合资券商，瑞信银行和方正证券分别持有瑞信证券51%和49%的股权。此次股权转让完成后方正证券将不再持有瑞信证券股权，这意味着，瑞信证券将成为继摩根大通和高盛高华之后第3家由外资全资控股的证券公司，我国资本市场对外开放程度进一步加深。

6. 国联证券收购中融基金

2022年6月，上市公司经纬纺机发布公告，称公司的子公司中融信托将公开挂牌转让所持中融基金51%的股权，转让价格不低于15.04亿元。2023年2月，国联证券发布公告称，拟通过摘牌方式收购中融基金51%股权，并且在取得中融基金51%股权的前提下，通过协议受让方式收购上海融晟持有的中融基金49%股权，受让价格不高于14.45亿元。不过，由于上海融晟持有的中融基金24.5%股权仍处于质押状态，国联证券表示将不再收购该处于质押状态的24.5%股权。最终，国联证券收购中融基金的股权比例为75.5%，股权变更已于2023年5月完成，中融基金成为国联证券的控股子公司。对于收购目的，国联证券表示是为弥补公募基金牌照空缺，把握行业战略发展机遇，深化财富管理转型，提升公司综合金融服务能力。

7. 国泰君安收购华安基金

2022年10月，国泰君安发布公告称，证监会正式核准公司受让上海工业投资有限公司持有的华安基金8%股权，受让价格为10.12亿元。本次交易完成后，国泰君安持有华安基金的股权比例由43%上升至51%，意味着华安基金将成为国泰君安的控股子公司。此前，国泰君安在2021年从上海上国投资产管理有限公司收购了华安基金15%股权，持股比例达到43%。公司表示为加快补齐大资管业务短板，实现控股公募基金公司的目标，继续收购华安基金8%股权。

国泰君安的此次收购也符合监管政策导向，证监会于2022年5月正式公布了《公开募集证券投资基金管理人监督管理办法》（以下简称《管理人办法》），明确在继续坚持基金管理公司"一参一控"政策前提下，适度放宽公募持牌数量限制，允许同一集团下证券资管子公司、保险资管公司、银行理财子公司等专业资管机构申请公募基金牌照，即"一参一控"变为"一参一控一牌"。因此，国泰君安在完成本次收购后将成为《管理人办法》公布后的首家控股一家公募基金管理公司（华安基金），且资管子公司（国泰君安资管）具有公募基金管理业务资格的证券公司。

（二）银行业并购案例

1. 中原银行吸收合并洛阳银行、平顶山银行、焦作中旅银行

2022年1月，在香港联交所上市的中原银行发布公告称，将与洛阳银行、平顶山银行、焦作中旅银行订立吸收合并协议。根据协议，中原银行将以284.7亿元收购售股股东在目标银行持有的所有股份，并将通过发行股份的方式支付。这是2022年金融业公告的并购案例中涉及金额最大的案例，银保监会已于同年5月批准该吸收合并事项。目前吸收合并已完成，公司资产规模实现大幅增长。根据2022年年报，中原银行年末总资产达13267.36亿元，较2021年末的7682.33亿元增长了5585.03亿元，增幅达72.70%。

2. 杭州银行第一大股东澳洲联邦银行转让10%股权

2022年3月，杭州银行发布《关于股东签署股份转让协议暨权益变动的提示性公告》，公司第一大股东澳洲联邦银行与杭州城投和杭州交投于2022年2月28日晚间签署了股份转让协议，澳洲联邦银行以协议转让方式分别向杭州城投及杭州交投转让其持有的公司股份各296800000股，各占公司已发行普通股总股本的5%，两家受让方合计受让杭州银行10%股份。转让价格为13.94元/股，转让价款总额为82.75亿元，杭州城投和杭州交投各向转让方支付的价款总额分别为41.37亿元。本次交易完成后，澳洲联邦银行仍持有公司5.56%股份，杭州市财政局将被动成为公司第一大股东。澳洲联邦银行是公司于2005年引进的外资股东，本次股权转让是基于贯彻监管要求与战略调整，该交易释放的资本将优先支持其在澳大利亚和新西兰的发展，但基于对双方前期良好合作以及对杭州银行未来前景的持续看好，澳洲联邦银行仍保留 5.56% 股份。

3. 南京银行增资旗下南银法巴消金

早在 2022 年 1 月，南京银行开启对苏宁消费金融有限公司（以下简称"苏宁消金"）的股权收购工作。3 月公司发布公告称，拟通过协议转让方式收购苏宁消金 41% 的股权，进而控股苏宁消金。在这次收购完成后，南京银行持有苏宁消金的股份占比将从 15% 增加到 56%，投资金额合计 3.88 亿元。2022 年 8 月，银保监会正式批复该收购事宜，南京银行直接受让苏宁消金 36% 股权，并受让洋河股份持有的苏宁消金 5% 股权，同时将苏宁消金更名为"南银法巴消费金融有限公司"（以下简称"南银法巴消金"）。9 月，公司发布公告称将与法国巴黎银行共同增资南银法巴消金，对于增资原因，南京银行表示消费金融是公司的长期战略重点布局业务，此次增资将更好地满足南银法巴消金展业的资本需求。具体而言，南京银行和法国巴黎银行分别增资 29.14 亿元和 14.86 亿元，增资完成后南银法巴消金的注册资本从 6 亿元增加至 50 亿元，南京银行和法国巴黎银行的持股比例分别提升至 65% 和 30.08%。

（三）保险业并购案例

1. 同方股份挂牌转让同方全球人寿50%股权

上市公司同方股份于 2022 年 8 月 31 日发布公告称，为进一步聚焦主业，收回非主业投资并合理配置资源，拟转让公司持有的参股公司同方全球人寿 50% 的股权，该股权自 9 月 19 日起在上海产权交易所公开挂牌转让，挂牌底价为 62.5 亿元。不过，公司表示此次挂牌期间该项目涉及相关方暂未就摘牌事宜达成一致，并且于 11 月发布公告称决定暂时停止挂牌。随后在 12 月 28 日，公司变更挂牌条件再次进行公开转让，挂牌底价调整为 57.66 亿元，其他挂牌条件不变。然而，公司于 2023 年 4 月发布公告再次决定暂时停止挂牌，并表示后续公司将在与外方股东友好协商的基础上，继续推进与潜在意向方的沟通。虽然该收购尚未完成，但仍是 2022 年保险业涉及交易金额最大的案例。

2. 中韩人寿引入战略投资者

中韩人寿成立于 2012 年，是经中国银保监会批准成立，总部在浙江的全国性寿险公司。在此次增资之前，浙江省属国有上市金控平台浙江东方和韩国寿险公司韩华生命分别持有中韩人寿50%的股权。2022 年 7 月，浙江东方发布公告称，中国银保监会批复了中韩人寿引入战略投资者并进行增资的计划，批准中韩人寿注册资本从 15 亿元增加至 30 亿元。

从参与者来看，除浙江东方之外，其他参与增资的投资者主要来自浙江省内的国企，以及头部券商国泰君安。各方增资金额及增资后的持股比例如下：浙江东方（认购 2.50 亿元、持股 33.33%），长兴金控（认购 6.07 亿元、持股 20.23%），温州国金（认购 1.66 亿元、持股 5.52%），温州电力（认购 1.65 亿元、持股 5.49%），温州交发（认购 1.65 亿元、持股 5.49%），国泰君安证裕投资有限公司（认购 1.49 亿元、持股 4.95%）。由于韩华生命未参与此次增资，其持股比例下降至 24.99%。

浙江东方表示，本次增资成功引入了 5 家具有资源优势的新股东，也是公司推进省、市、县国资国企产业协同联动的重要成果，有利于各方进一步推进并落实长三角一体化。中韩人寿未来能够依托股东优势，持续提高公司治理水平，加快保险业务数字化改革，以服务实体经济和保障民生为目标进行产品和服务创新，充分发挥保险"稳定器"作用，打造保险服务共同富裕示范样本。

2022年互联网信息技术业并购分析

蒋　弘　孙芳城*

摘　要： 2022年1~4月，互联网信息技术业的并购交易数量呈现上升态势，在4月达到全年最高。之后，交易量急剧回落，5~12月呈现一种S形缓和波动状态。2月的并购交易数量处于全年最低水平，尽管这有假期因素和该月天数最少的影响，但从日均交易数量来看，该月的成绩仍然一般，不及其他月份。整体而言，2022年互联网信息技术业的并购活动表现出交易活跃度较高、软件与服务业并购交易数量占比最大、单笔并购交易金额较小、以行业内并购为主的特点。但是，相较于2021年，该行业的并购活动无论是交易数量还是交易金额都有所减少。云鼎科技战略并购高新技术企业、东山精密着力布局新能源产业、光环新网参与挂牌公司资产重组等是行业重要并购案例。

关键词： 互联网　信息技术　并购　股权投资

一　互联网信息技术业并购概况

2022年，互联网信息技术业共发起并购交易1212笔，涉及交易金额16806.66亿元。

---

* 蒋弘，博士，加拿大劳里埃大学Lazaridis商学院访问学者，重庆工商大学会计学院会计系主任、硕士研究生导师，主要研究方向为并购活动中涉及的技术创新、公司治理、资金融通等；孙芳城，博士，重庆工商大学校长，教授，博士研究生导师，主要研究方向为会计理论与实务、环境审计、并购重组。

（一）互联网信息技术业发起的并购交易数量和金额

互联网信息技术业发起的并购交易数量如图1所示。2022年互联网信息技术业发起的并购交易数量较2021年有所减少，由1245笔减少为1212笔，下降了2.65%。从各季度的交易情况来看，2022年该行业各个季度发起的并购交易数量除第二季度"一枝独秀"，达到403笔之外，其余3个季度并购交易数量都在280笔以下，且较为接近。只有第二季度的并购交易数量增加，同比增长24%，其余季度相较于2021年均有所减少，其中第一季度的降幅最大，降幅超过18%。

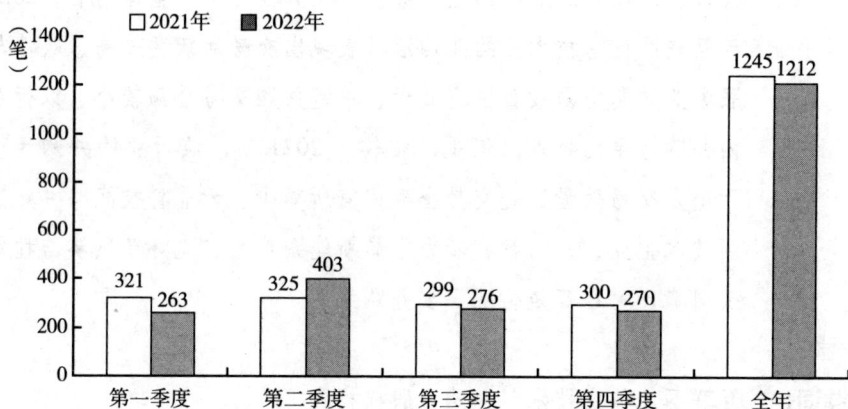

图1 2021~2022年互联网信息技术业发起的并购交易数量

资料来源：Wind数据库中国并购库。

互联网信息技术业发起的并购交易金额如图2所示。2022年互联网信息技术业发起的并购交易不仅在数量上比2021年少，在交易金额上同样有所下降，从2021年的28870.93亿元下降至2022年的16806.66亿元，降幅高达41.79%。这是2022年第三、第四季度并购交易金额同比大幅下降导致的，第三季度降幅为76.10%，第四季度降幅更是达到86.02%。

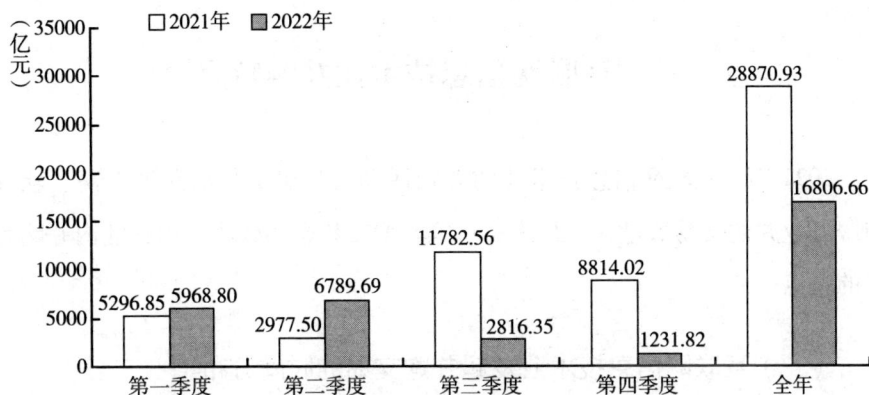

图2 2021~2022 年互联网信息技术业发起的并购交易金额

资料来源：Wind 数据库中国并购库。

（二）互联网信息技术业发起的并购交易进度

互联网信息技术业发起的不同交易进度的并购事件分布情况如图 3 所示。在 2022 年互联网信息技术业发起的并购交易中，成功了 457 笔，占比为 37.71%，失败了 30 笔，占比为 2.48%，其余交易尚在进行中。

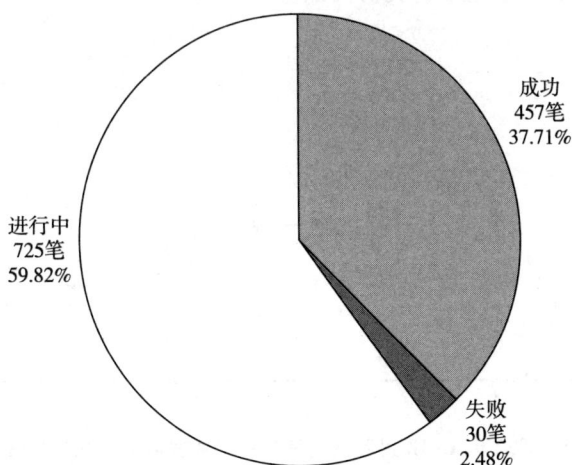

图3 互联网信息技术业发起不同交易进度的并购事件分布

资料来源：Wind 数据库中国并购库。

二 互联网信息技术业并购特点

2022年，互联网信息技术业的并购活动表现出交易活跃度较高、软件与服务业并购交易数量占比最大、单笔并购交易金额较小、以行业内并购为主的特点。

（一）互联网信息技术业发起并购交易的时间分布

2022年1~12月互联网信息技术业发起的并购交易数量如图4所示。整体而言，在2022年前4个月，互联网信息技术业的并购交易数量整体呈现上升态势，4月达到全年最高，为191笔。此后，交易数量急剧回落，5月减少至97笔。5~12月，并购交易数量呈现一种S形缓和波动的状态。这8个月的月均交易数约为95笔，交易较活跃。容易看到的是，2月的并购交易数量处于全年最低水平，只有56笔，因为这个月具有假期多和天数少的特点。然而，抛开假期和月份因素，2月的日均交易数量也仅有2笔，与其他月份相比存在一定差距，交易活跃度一般。

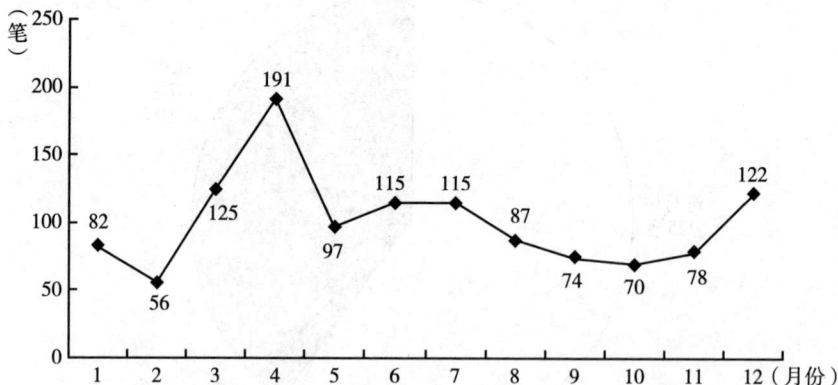

图4 2022年1~12月互联网信息技术业发起的并购交易数量

资料来源：Wind数据库中国并购库。

（二）互联网信息技术业发起并购交易的细分行业分布

互联网信息技术业发起并购交易的细分行业分布如图 5 所示。在 2022 年由互联网信息技术业发起的并购交易中，归属于软件与服务业这一细分行业的并购交易数量最多，有 665 笔，占比超过 50%。

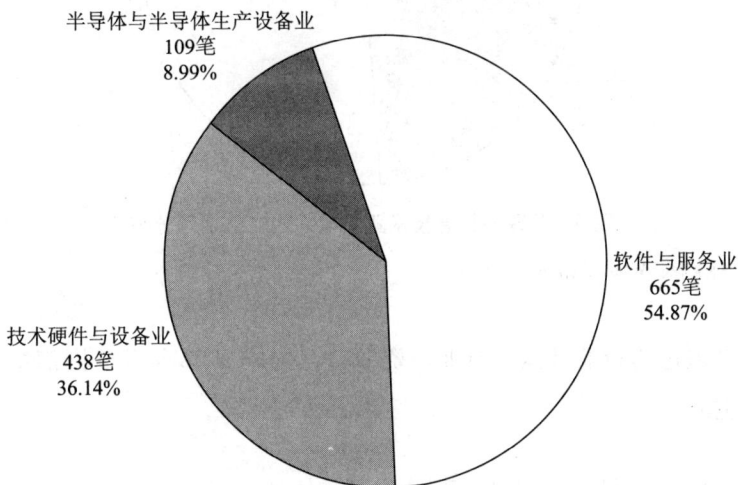

图 5　互联网信息技术业发起并购交易的细分行业分布

资料来源：Wind 数据库中国并购库。

（三）互联网信息技术业单笔并购交易金额分布

互联网信息技术业单笔并购交易金额分布如图 6 所示。在 2022 年由互联网信息技术业发起的并购交易中，单笔金额低于 1 亿元的并购交易占多数，比例达到 52.72%。

（四）互联网信息技术业发起的并购交易类型分布

互联网信息技术业发起的并购交易类型分布如图 7 所示。在 2022 年由互联网信息技术业发起的并购交易中，行业内并购无论从交易数量还是交易

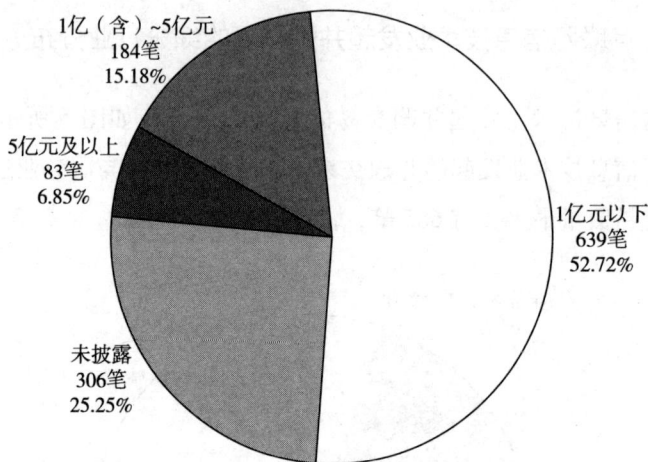

图6　互联网信息技术业单笔并购交易金额分布

资料来源：Wind 数据库中国并购库。

金额上都超过跨行业并购，行业内资源整合构成 2022 年互联网信息技术业并购的主流。

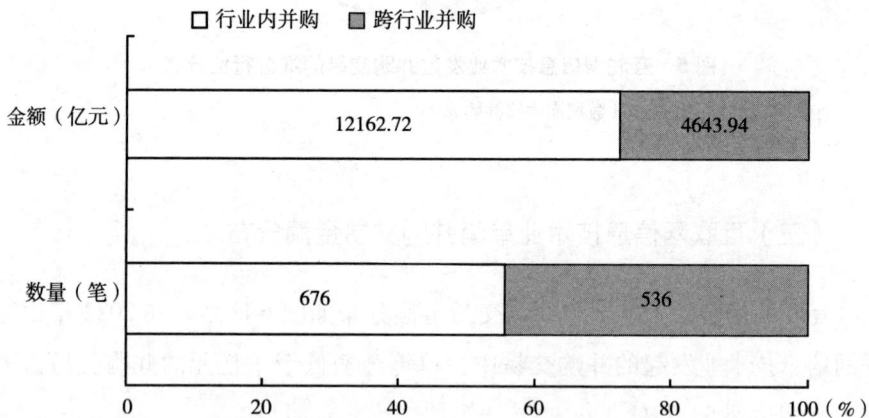

图7　互联网信息技术业发起的并购交易类型分布

资料来源：Wind 数据库中国并购库。

三 互联网信息技术业重大并购事件 TOP5

（一）云鼎科技战略并购高新技术企业

2022 年 9 月 6 日，云鼎科技股份有限公司（证券代码 000409，下称"云鼎科技"）发布关于筹划重大资产重组的提示性公告。云鼎科技披露，公司拟以支付现金方式收购天津德通电气有限公司（下称"德通电气"）不低于 51% 的股权。随后，上市公司于 9 月 20 日召开董事会和监事会，逐项审议通过了《关于公司本次重大资产购买方案的议案》及相关议案，确定以自有资金或自筹资金分 4 期支付的方式，收购德通电气 57.41% 的股权，转让对价为 3.22 亿元。该议案在 10 月底召开的 2022 年第三次临时股东大会上顺利获得通过。而就在临时股东大会闭幕后的第一天，即 11 月 1 日，收购的德通电气股权完成工商变更登记并过户至云鼎科技名下，德通电气正式成为云鼎科技控股子公司。

云鼎科技聚焦工业互联网服务，并向信息化技术服务及煤气化专业技术服务领域纵深发展，以"智能煤矿+解决方案"作为切入和深耕的领域，锻造信息化和自动化服务能力，致力于创建工业互联网全产业链赋能平台和可复制、可推广的"5G+智能矿山"解决方案，打造智能化关键技术、关键设备综合服务商。而德通电气是一家专业从事煤矿自动化和智能化建设的高新技术企业，主要为客户提供煤矿自动化和选煤厂智能化解决方案及相关配套设备的生产与销售服务，在选煤厂智能化领域具有技术优势及系统集成能力，能够与云鼎科技煤矿智能化建设业务协同发展，提升云鼎科技在"智能煤矿+解决方案"领域的综合服务能力，符合云鼎科技的战略发展目标。此次战略性并购将进一步优化云鼎科技产业布局，增加新的利润增长点，提高资产质量、产业规模和核心竞争力，有利于公司的可持续发展。在启动并购计划后，云鼎科技于 2022 年 9 月 20 日对外披露了公司重大资产购买报告书（草案），随即于 10 月 10 日收到深交所问询函。深交所就此次交易上市公司未收购全部股份的主要考虑、上市公司货币资金余额不足、德通电气关联销售占比较高等 14 个问题问询云鼎科技。对此，云鼎科技及时做出了细致的回复。也就是在这次问询之后，云鼎科技对公司重大资产购买报告书（草案）进行了修订，并于股权正式转让当天，与交易各方一起针对资料真实准确完整、无违法违规行为、不存在内幕交易行为等情况做出重要承诺。根据此次重大资产购买方案，对价的分期支付与业绩承诺及补偿挂钩，除第一期在股权正式转让后支付对价的 70% 以外，其余三期都遵照业绩承诺及补偿有关协议的约定，根据此次出售股权的德通电气股东对 2022～2024 年德通电气承诺净利润所负的业绩补偿义务的履行情况，每年支付转让对价的 10%。保障广大股东权益并消除交易所疑虑，这也许就是云鼎科技此次战略并购能够有惊无险，完美收官的原因之一。

（二）东山精密着力布局新能源产业

2022 年 10 月 27 日，苏州东山精密制造股份有限公司（证券代码 002384，下称"东山精密"）董事会全票同意收购 Japan Display Inc.（株式会社日本显示器，下称"JDI"）持有的晶端显示精密电子（苏州）有限公司（下称"苏州晶端"）100% 股权。为此，东山精密将向 JDI 支付 13.83 亿元现金对价。2023 年 1 月中旬，苏州晶端的股权顺利完成交割。不到 3 个月的时间，东山精密成功将苏州晶端纳入麾下，上市公司的战略布局又向前迈出了坚实的一步。

东山精密拥有电子电路、光电显示、精密制造三大业务板块，致力于发展成为智能互联、互通世界的核心器件提供商，公司产品广泛应用于消费电子、新能源汽车、通信设备、工业设备、AI（人工智能）、服务器、医疗器械等行业。随着新能源汽车行业的蓬勃发展，汽车的电动化、智能化、轻量化、高续航成为趋势，而东山精密是上游供应商中为数不多的能为新能源汽车客户提供 PCB（印制电路板）、车载屏、功能性结构件等多种产品及综合解决方案的厂商，在部分细分领域处于国际领先地位。2022 年，因为新能源汽车行业需求旺盛，东山精密收到的客户订单快速增加，其生产的用于新能源汽车的精密组件产品产销量同比大涨 79.58% 和 54.18%，新能源业务收入达到 23.70 亿元。也就是在这一年，东山精密进一步明确了双轮驱动的战略主线，瞄准消费电子和新能源两大核心赛道，在消费电子业务不断提质增效的同时，全力拥抱新能源的蓝海。为进一步完善新能源业务布局，公司甚至在当年 3 月对 6 亿多元的募集资金投资项目进行了变更，由无线模块生产建设项目变更为新能源柔性线路板及其装配项目。不仅如此，9 月公司还投资 1.65 亿元成立了苏州东越新能源科技有限公司，开展新能源技术的研发。而苏州晶端成立于 1996 年，由 JDI 独资，主要业务是开发、设计、生产液晶显示器、半导体等电子应用机械类产品和相关零部件，原本负责 JDI 车载面板制造的部分工序。受日本显示面板行业日益衰败的影响，作为日本在该行业的"独苗"，JDI 从 2015 年起连续 8 年深陷亏损泥潭，还被前员工爆出长期财务造假的丑闻。风雨飘摇之下，JDI 不得不频繁出售资产以求自救，苏州晶端就是其中的可售资产之一。苏州晶端 2021 年末的资产总额为 24.06 亿元，负债总额为 4.86 亿元，资产负债率为 20.20%，2021 年全年实现营业收入 30.12 亿元，净利润为 0.62 亿元，净利率为 2.06%，企业经营良好但不算优质。更换"东家"以后，背靠着东山精密这棵大树，苏州晶端将迎来新的发展机遇，在新能源蓝海中分享产业成长的红利。东山精密则借助此次并购，有力推进了公司的新能源战略，拓展了车载显示业务，有利于发挥公司产业链的协同效应，在触控显示业务上实现更加集约高效的管理，全面提升公司整体竞争力。

（三）光环新网参与挂牌公司资产重组

2022 年 4 月，北京光环新网科技股份有限公司（证券代码 300383，下称"光环新网"）与天津赞普科技股份有限公司（下称"ST 赞普"）、赞普数据科技（天津）有限公司（下称"赞普数据"）签订增资扩股及股权转让协议。协议约定，光环新网先以 12000 万元对赞普数据增资，从而持有赞普数据 52.17% 的股权，后以 2950 万元收购 ST 赞普持有的赞普数据

12.83%的股权，最终光环新网将合计持有赞普数据65%股权。2022年6月，赞普数据顺利完成工商变更手续，正式纳入光环新网合并报表范围，并更名为光环赞普（天津）科技有限公司。

ST赞普于2014年12月在新三板挂牌，业务涵盖智慧社区宽带网络、互联网数据中心、智能Wi-Fi（移动热点）网络的建设运营，其全资子公司赞普数据是天津市规模最大的互联网数据中心。由于会计师事务所对ST赞普2020年的年报出具了无法表示意见的审计报告，根据相关规定，2021年7月1日公司被实施风险警示，带上了ST（特别处理）的"帽子"。除此之外，ST赞普的命运可谓坎坷，不但经历了因商业贿赂行为被行政处罚、多家券商退出做市报价服务导致公司股票暂停转让、董事和高管辞职这些事件，还由于未按期及时披露信息和信息披露违规，先后收到证监会出具的行政监管措施决定书，以及全国股转公司出具的纪律处分决定书和自律监管措施决定书，而且作为被告又牵涉重大诉讼，并被法院纳入失信被执行人名单。ST赞普的年报显示，2017~2022年公司连续6年亏损，资产负债率在2021年超过100%，持续经营能力受到外界质疑。根据增资扩股及股权转让协议的安排，光环新网的首次增资款专项用于偿还ST赞普向赞普数据转移的银行贷款债务，约1.2亿元的借款及利息。依靠资产重组，ST赞普以放弃赞普数据控股权为代价，有效解决了银行贷款逾期问题，并获得一定现金资产收益，换来了经营上一丝喘息的机会。而光环新网作为国内专业的互联网数据中心及云计算服务提供商，在付出14950万元之后，实质性获得位于天津市滨海高新区、占地15亩、总建筑面积约2万平方米、机房设计容量约3000个机柜、独立园区式的数据中心大厦，进一步扩充了上市公司在京津冀地区的数据中心规模，能够更好地服务京津冀地区数字经济的发展。不仅如此，此次交易还设置了业绩承诺、补偿与奖励条款，让赞普数据产生了达成业绩的压力和动力，可谓三赢之选。

（四）电连技术定增收购铩羽而归

2022年6月，电连技术股份有限公司（证券代码300679，下称"电连技术"）发布公告，称其计划通过收购 Future Technology Device International Limited（下称"FTDI"）之上层出资人的有关权益份额，以及 Stoneyford Investments Limited（下称"Stoneyford"）持有的 FTDI 19.80% 股份，实现对 FTDI 的 100% 控股。此项交易构成重大资产重组和关联交易，预计采用发行股份支付和现金支付相结合的方式。电连技术准备定向增发股票，将大部分募集资金用于支付现金对价。电连技术于 2022 年 6 月 27 日发布交易预案，7~11 月公司每月都按时披露进展情况，一切似乎都在朝着预想的方向发展。然而，就在 12 月 13 日，电连技术突然发布公告称，经协商公司与交易对方决定终止交易，电连技术并购 FTDI 的活动戛然而止。

电连技术主要从事微型电连接器及互连系统相关产品的技术研究、设计、制造和销售服务，具备高可靠、高性能产品的设计、制造能力，其自主研发的微型射频连接器具有显著技术优势，已达到国际一流连接器厂商同等技术水平。公司产品广泛应用于以智能手机为代表的智能移动终端产品，燃油车、新能源车智能化连接，车联网终端、物联网模组及智能家电等新兴产品。而 FTDI 于 1992 年在英国成立，是全球 USB（通用串行总线）桥接芯片领域的领军企业，具有超过 25 年的桥接芯片行业经验，拥有深厚的技术积累和强大的研发能力，并具有高度多样化的各行业一线头部客户，分布在消费电子、通信、汽车电子、工业控制等多个领域，产品销往全球 50 余个国家和地区。目前，FTDI 在桥接芯片这一细分行业领域市场占有率排名位于全球前列，主要产品包括 USB 桥接芯片、模组、电缆及配套软件等。由于电连技术的前端研发与国际知名的集成电路设计大厂有着良好的合作背景，如果此次并购成功，公司将新增集成电路设计业务，并借助双方在产品制造、销售渠道、研发服务等方面形成的协同效应，扩大产品在国内外电子元件产业中的规模，提升公司技术能力和水平，拓展海外优质客户，扩大行业应用范围，丰富产品类型，提高产品价值，进而提升公司的盈利能力与国际竞争力。然而，就是这一个被电连技术抱有期待的境外并购项目，却因为位于境外的核心交易资产在相关审计评估及尽调工作进度上未达预期，以及公司与 FTDI 境外股东未能就收购条款达成一致，不得不提前画下终止符。芯片供应紧张，国产替代迫切，上市公司出海并购芯片企业容易面临较高的收购溢价和在政治、经济等方面的不确定性。根据估算，此次并购尚未完整披露的对价就高达24亿元，而FTDI在2021年末的资产总额只有1.55亿元，所有者权益总额只有0.95亿元。并且，此次并购中电连技术要面对16个交易方，其中包括Stoneyford这一境外交易方，协调各方利益需要落实大量工作，花费不少时间。这反映出境外并购的复杂性和风险性，有此意向的公司需要系统谋划、综合施策、稳中求进。

（五）奥维通信控股合并遭遇挫折

2022年9月20日，奥维通信股份有限公司（证券代码002231，下称"奥维通信"）对外披露了公司准备开展并购活动的计划。奥维通信拟以现金方式购买两家合伙企业和一名自然人持有的哈尔滨哈船导航技术有限公司（下称"哈船导航"）82.50%股权，预估交易价格不低于19290万元，并拟对哈船导航增资5460万元。为此，奥维通信与哈船导航签署了《股权收购及增资意向协议》。为保障交易的顺利实施，双方又在10月19日签订了《股权收购及增资意向协议之补充协议》，奥维通信随后支付了1000万元意向金，表现得诚意十足。然而，天有不测风云，经过多轮协商和谈判，奥维通信与哈船导航对交易条件一直难以达成共识。在不得已的情况下，奥维通信于2023年1月20日宣布终止交易。最终，并购折戟，未遂人愿。

奥维通信是一家涉足军队电子信息化、音视频指挥系统、网络通信等领域并提供专业解决方案的民营军工企业，于2008年5月在深交所上市。而哈船导航主营海洋装备与船舶配套设备，机电一体化、通信、计算机及辅助设备，环境监测专用仪器仪表，导航、气象及海洋专用仪器等产品的开发、生产、销售，还提供信息系统集成，数据处理和存储，遥感测绘，海洋气象，软件开发等服务。从经营内容上看，哈船导航的业务与奥维通信存在不少契合点，而且兼具军用和民用属性。哈船导航生产的产品既用于驱逐舰、护卫舰、潜艇、登陆舰、辅船等军用装备，也用于货轮、游轮、公务船、工程船等民用装备。由于长期耕耘于船舶与海洋工业领域，哈船导航技术研发实力雄厚，在船舶导航、智能航海、智慧海洋等应用领域有所建树，曾获评2021年国家级"专精特新小巨人"企业和2022年国家级"专精特新重点小巨人"企业，这些正是奥维通信青睐哈船导航的地方。此次并购，奥维通信旨在进一步拓展公司在军工领域的业务范围，通过与哈船导航在市场资源、技术研发、运营管理等方面形成协同效应，面向船舶与海洋行业市场提供产品和服务，助力国防建设，提升公司业务规模和盈利水平，增强公司的抗风险能力和核心竞争力。曾有投资者询问奥维通信，公司什么时候才能真正摆脱单一且受宏观经济影响巨大的传统军工主业，转型多元化发展，分散经营风险。奥维通信的回复是公司会积极跟进国家动态策略，结合公司自身发展情况，调整发展策略。从中可以看出，如果能够成功吸纳哈船导航，奥维通信的产品与服务线将得到扩充，不仅能反哺自身已有的军工基本面，其实也有助于公司在民用领域开疆拓土，进而摆脱被投资者诟病的"独腿走路"形象。因此，奥维通信此次并购失利不得不说是一种遗憾。

四 互联网信息技术业典型并购案例：云鼎科技战略并购高新技术企业

（一）交易概述

上市公司云鼎科技于2022年9月启动对德通电气的并购计划，准备以32232.99万元的现金购买大地集团、曹鹰、曹书鸣、张剑峰、天津鑫新、齐红亮、曲景鹏合计持有的德通电气57.41%股权。按照云鼎科技与上述交易对方签订的股权转让协议，以及业绩承诺和补偿协议，此次并购交易的对价分四期完成支付。第一期在股权完成工商变更登记并登记在上市公司名下后5个工作日内，支付本次转让对价的70%，即22563.093万元；第二期至第四期则锚定德通电气2022~2024年每年的承诺净利润，在云鼎科技认可的会计师事务所就当年承诺净利润实现情况出具专项审核报告,且交易对方按照业绩承诺和补偿协议的约定履行完毕当年承诺净利润所负的业绩补偿义务,每年支付此次转让对价的10%,即每年3223.299万元。该并购计划先后在上市公司的董事会、监事会和临时股东大会上获得通过。2022年11月1日,交易对方将其持有的股权过户至云鼎科技名下,上市公司最终实现对德通电气——一家专业从事煤矿自动化和智能化建设的国家级高新技术企业的控股,并购顺利落下帷幕。

(二)并购背景

第一,获得国家政策支撑,符合产业发展方向。首先,煤炭行业是我国传统能源行业,亦是我国国民经济的重要组成部分。近年来,我国煤矿智能化建设的指导性政策频出,这些政策为行业发展提供了坚实的政策保障,其推行将进一步加大国家对煤矿智能化建设领域的资源投入以及政策支持力度,拉动领域内相关产品及服务需求不断增长。其次,煤炭洗选是煤炭开采生产过程中必要的生产环节,而选煤厂智能化是煤矿智能化建设的重要组成部分,它能够提高管理效率、减少人工干预、降低生产成本、优化产品结构、提升企业效益,有利于改变当下我国选煤工业生产运营与技术水平无法满足新时期经济高质量发展要求的现状,符合国家政策和产业转型升级方向。

第二,遵循国家政策指引,推动资源优化配置。我国已发布一系列政策鼓励企业深化改革,通过兼并重组实现资源整合,提高企业发展质量和效益,促进产业结构优化升级,增强抵御国际市场风险的能力。而作为国有相对控股的云鼎科技,通过并购将德通电气这一优质资源注入公司,是在贯彻落实党中央、国务院深化国有企业改革的精神,有利于提升国有资产资源配置及运行效率,充分发挥上市公司资本运作平台的效用,实现国有资产的保值增值,提振上市公司业绩,更好地回报中小投资者。

第三,推动产业转型升级,直面激烈的市场竞争。随着国家产业政策支持力度不断加大和智能矿山建设需求不断扩大,煤矿智能化服务商的数量持续增加，市场竞争日趋激烈。面对市场竞争压力，云鼎科技意在把握能源行业数字化升级的发展机遇，以"智能煤矿+解决方案"作为切入和深耕的领域，提升信息化和自动化服务能力，有序推进跨界业务，积极通过定向合作、技术联盟、生态共建、资本运作等形式补齐业务链条和发展要素，增强公司核心竞争力。由于德通电气深耕煤炭行业内选煤厂细分领域，具有领先的技术和广泛的客户基础，此次并购是云鼎科技巩固市场地位、应对一体化竞争的有效途径，还能促进上市公司集聚技术、人才、客户等各项资源，在技术合作、销售网络等战略要素层面积极探索，增强技术实力、完善业务结构，在市场竞争中占据主动。

（三）并购动因

第一，扩大公司资产规模，提高自身盈利能力。近年来，德通电气营业收入和净利润稳步上升，2020年和2021年的营业收入分别为17232.81万元和29064.51万元，净利润分别为3346.55万元和4203.33万元，具有良好的业绩增长能力。收购德通电气不仅能够为云鼎科技带来较为稳定的收入和利润来源，提高上市公司盈利水平，为后续做大做强打下基础，还有利于促进上市公司国有资产的保值增值，扩大资产规模，提升资产质量。

第二，释放并购协同效应，提升综合服务能力。德通电气已深耕选煤厂自动化、智能化领域14年，拥有500余项选煤厂自动化智能化系统集成业绩。收购德通电气可以为云鼎科技带来企业规模、客户关系、产品结构、技术研发等方面的协同效应。云鼎科技能够利用德通电气成熟的技术和团队，快速切入选煤厂智能化领域，提升上市公司综合服务能力，创造新的利润增长点，实现可持续经营。

第三，追逐高端成长愿景，聚焦战略发展目标。云鼎科技有志于成为世界一流的行业数字化解决方案和服务提供商。为此，云鼎科技聚焦能源行业数字化转型，做强智能矿山、智慧化工、智慧电厂等领域，奋力应对能源行业在安全、智能、节能降耗、增收变革上的挑战。德通电气在选煤厂智能化细分领域处于前列，具备行业领先的选煤厂自动化、智能化服务能力。而选煤厂自动化、智能化是智能矿山解决方案的重要组成部分，与云鼎科技已有的煤矿信息化、智能化建设分属智能矿山建设的不同板块。因此，收购德通电气可以填补云鼎科技在智能矿山建设领域选煤厂智能化板块的业务空白，符合云鼎科技战略发展目标。

（四）并购评述

云鼎科技根据产业转型趋势，结合自身发展定位，选择业务范围同属智能矿山建设大类，但又专注于选煤厂智能化细分市场，且实力不俗的德通电气作为股权收购对象，既填补了现有业务空白，又降低了并购整合风险，不仅满足了云鼎科技在智能矿山建设领域精耕细作的战略发展目标，还使上市公司在资产规模、收入及利润规模、每股收益上取得了实质性提高。由于此次并购具备在经营、管理、技术等方面形成协同效应的基础，有利于增强云鼎科技的抗风险能力、可持续发展能力和盈利能力，提升其资产质量和整体业绩，符合上市公司全体股东利益。云鼎科技将德通电气收入囊中的过程还经历了一个小插曲，就是上市公司在公布重大资产购买报告书（草案）后，收到了来自深交所的问询函。问询函提出了 14 个问题，包括有关德通电气关联销售占比较高、是否过度依赖大客户的疑虑。云鼎科技一一做了细致的回答，并购也因此得以顺利进行。尽管如此，这一小插曲也提醒我们，美好计划的背后可能潜藏着诸多风险，上市公司在物色并购对象时要通盘考量、认真鉴别、有效规避、谨慎选择。

B.7

2022年半导体行业并购分析

陈 超*

摘 要： 2022年全球半导体销售额创历史新高，达5735亿美元，较2021年的5559亿美元，增长了3.2%。2022年中国半导体销售额达到1803亿美元，虽然较2021年下滑了6.3%，但依然是全球最大的半导体单一市场。依据Wind金融终端数据库，国内半导体行业在2022年共有112笔并购交易，但是符合重大资产重组条件的并购交易只有4笔。国内半导体企业海外收购除了2个在香港上市的标的企业外，只有晶方科技协商收购以色列标的企业VisIC Technology 17.12%股权。本报告分析认为，2022年中国半导体行业的并购交易中有33.63%的交易为关联并购交易，其中31.58%涉及控制权变更，3个涉及重大资产重组的交易属于关联交易；66.37%的交易为非关联交易。2022年，竞买方为上市公司的有并购交易39笔（占比为34.82%），交易标的为上市公司的并购交易有24笔（占比为21.42%），然而竞买方与交易标的均为上市公司的并购交易只有2笔。依据竞买方为上市公司的证券市场分布情况，在主板上市的企业数量最多，占比为56.41%；其次是在科创板上市的企业，占比为25.64%；在新三板挂牌的占比仅为12.82%。2022年，半导体行业竞买方参与并购交易最多的6个省份依次是广东省、上海市、江苏省、浙江省、北京市及安徽省。依据2022年首次宣告并购事件的半导体行业企业数据，并购交易的高峰出现在上半年，尤其是3月和4月，其次是11月和12月。

---

* 陈超，博士，复旦大学管理学院特聘教授、香港大学商学院荣誉教授、美国加州州立大学荣誉教授，主要研究方向为企业融资、信用评级、并购与重组、公司治理与金融市场。

2022 年半导体行业竞买方并购动机依次为战略合作、横向整合、其他并购目的、资产调整、多元化战略及垂直整合。

关键词： 半导体行业 并购 产业链 并购动机

一 半导体行业趋势分析

2022 年中美贸易摩擦仍在延续，但全球经济复苏加速，许多国家的消费支出有所回升，电子产品及原材料的需求量也大幅上升。疫情导致美国西海岸码头堵塞，货柜运输与卸货延误，亚洲的主要生产国，包括中国大陆、东盟各国、日本、韩国及印度等均受此影响。2022 年供应链短缺问题严峻，通货膨胀压力加剧，使得美联储为抑制通货膨胀持续加息，市场利率随之上升。2022 年美国 GDP 增速达 2.2%，总量达到 25.47 万亿美元。国际货币基金组织（IMF）预测，2022 年全球 GDP 增长率约为 3.1%。2022 年中国 GDP 达 18 万亿美元，增长率为 3.0%。同期，中国的资本市场仍不断增长，尤其是 2019 年 7 月 22 日推出的科创板，截至 2022 年底已有超过 500 家上市公司，而集成电路相关领域的上市公司已超过 90 家，其中包括具有自主技术研发创新能力的新上市公司，如国产 EDA 龙头华大九天、CPU 自主架构先行者龙芯中科等。

2022 年政府采取针对半导体行业的税收优惠等措施。2022 年 3 月 14 日发布《关于做好 2022 年享受税收优惠政策的集成电路企业或项目、软件企业清单制定工作有关要求的通知》，该通知重视研发投入，大力扶持高学历比例、研发人员比例、研发费用比例较高的集成电路相关企业。同时，为芯片制造相关企业广开大门，尤其是逻辑电路、存储器、特色工艺集成电路生产、化合物集成电路生产和关键原材料、零配件生产等企业。

本报告依据 Wind 金融终端数据库有关半导体行业二级分类"半导体与半导体设备"的并购数据，得到 112 个并购案例。本报告以 112 个并购样本为对象，整理出每一个并购案例交易方的行业三级与四级分类及其在产业链上的细分行业，关注每一笔并购交易的竞买方、交易标的、出让方是否上市、上市的市场（交易所）、公司总部所在的省份、是否为关联并购交易、交易金额、并购最初宣告日期、最新进展及参与交易的中介等信息，逐一阅读并购样本的并购公告，然后再进行统计分析。以下数据与统计分析主要依据 2022 年完成和还在进行中的 112 个在国内及 2 个在香港上市的并购案例。

二　2022年半导体行业的并购分析

（一）半导体行业并购竞买方并购动机与其特征

1. 半导体行业并购类型

依据 Wind 金融终端数据库，按 2022 年半导体行业的并购交易类型分析，其中 84 笔并购交易为重组类型、13 笔为上市公司收购、5 笔为简式权益变动、2 笔为详式权益变动及 1 笔为上市公司吸收合并非上市公司（见图 1）。

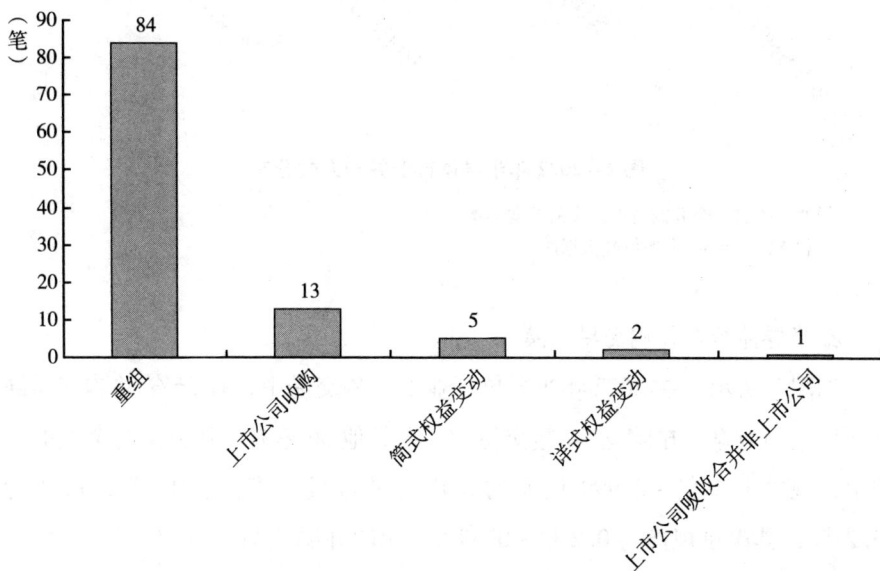

图 1　2022 年半导体行业并购类型分布

说明：不含 7 个并购类型缺失的并购样本。

资料来源：Wind 金融终端数据库。

半导体行业并购方式的分布情况如图 2 所示，其中 57 笔交易为协议收购，31 笔为增资，6 笔为二级市场收购（含产权交易所），4 笔为协议收购，3 笔为发行股份购买资产，3 笔为司法裁定，2 笔为其他并购方式，其余包括国有股权行政划转或变更、间接收购、取得公众公司发行的新股及吸收合并等方式。

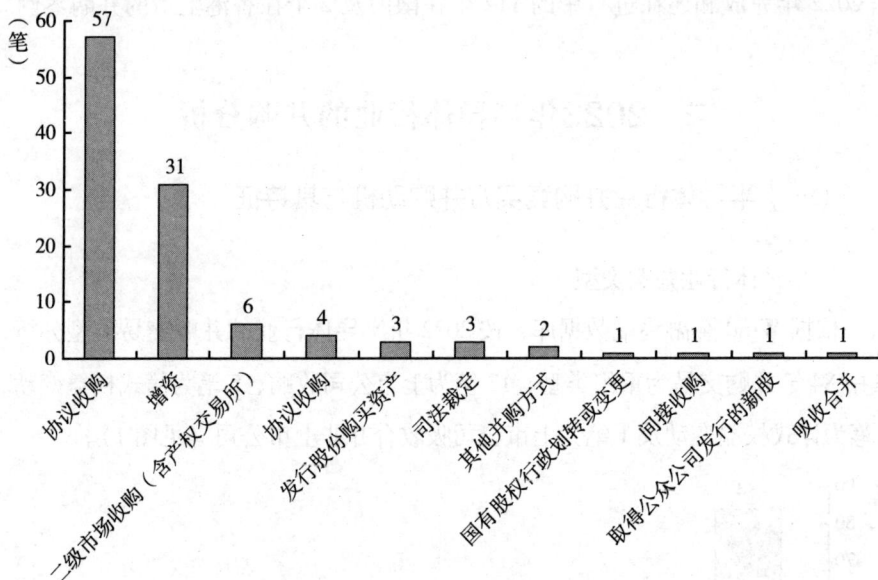

图 2　2022 年半导体行业并购方式分布

说明：不含 2 个并购类型缺失的并购样本。

资料来源：Wind 金融终端数据库。

2. 半导体行业并购交易规模

如图 3 所示，在 2022 年半导体行业的并购交易中，有 56 笔并购交易缺乏交易金额数据，排除这 56 笔交易后，在其他 56 笔有出让方交易金额的并购中，规模为 1 亿~2.999 亿元的并购交易数量最多，有 13 笔，占比为 23.21%；其次是规模 0.2 亿~0.399 亿元的并购交易，有 10 笔，占比为 17.86%；0.8 亿~0.999 亿元的并购交易有 7 笔，占比为 12.50%；并购交易金额为 3 亿~5.999 亿元与 0.001 亿~0.099 亿元的并购交易各有 5 笔，占比均为 8.93%；规模为 10 亿~20 亿元的并购交易有 4 笔，占比为 7.14%；

规模为 0.6 亿~0.799 亿元与 0.4 亿~0.599 亿元的并购交易各有 3 笔，占比均为 5.36%；交易规模在 0.1 亿~0.199 亿元与 0 元的（都是关联交易）的并购交易各有 2 笔，占比均为 3.57%；最后交易规模在 80 亿~90 亿元与 6 亿~9.999 亿元的并购交易各有 1 笔，占比均为 1.79%。

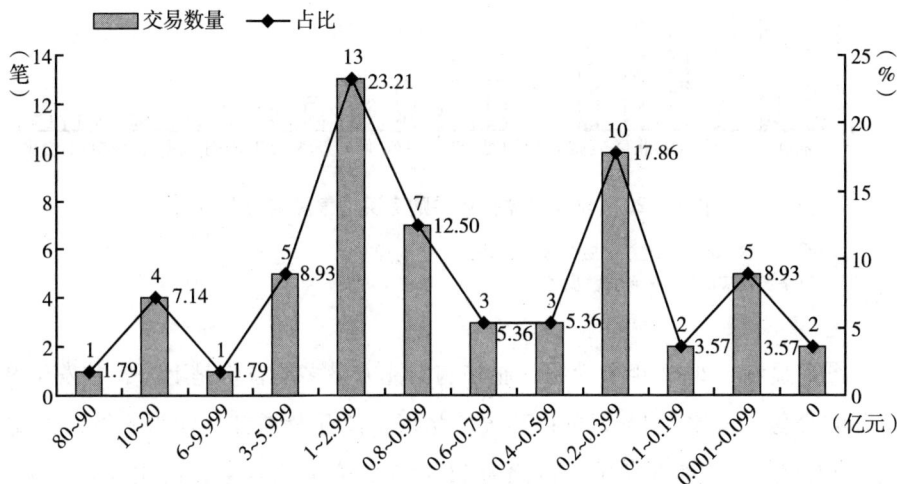

图 3　2022 年半导体行业不同规模的并购交易分布

说明：不含 56 个出让方交易金额数据缺失的并购样本。
资料来源：Wind 金融终端数据库。

3. 半导体行业并购交易省份分布

依据 Wind 金融终端数据库（见图 4），2022 年半导体行业发生并购交易竞买方最多的省份是广东，有 19 笔并购交易，占比为 20.21%；上海有 16 笔，占比为 17.02%；江苏有 12 笔，占比为 12.77%；浙江与北京均有 10 笔，占比均为 10.64%；安徽有 4 笔，占比为 4.26%；四川、江西、湖北与山东各有 3 笔，占比均为 3.19%；河北、新疆与天津各有 2 笔，占比均为 2.13%；海南、湖南、辽宁、甘肃及贵州各有 1 笔。福建、云南、广西、西藏、内蒙古、山西、青海、黑龙江及吉林在 2022 年没有半导体行业并购案例。因此，2022 年主要并购区域分布与地区的经济发达程度高度相关，大多数并购事件集中在东部沿海的发达省份。

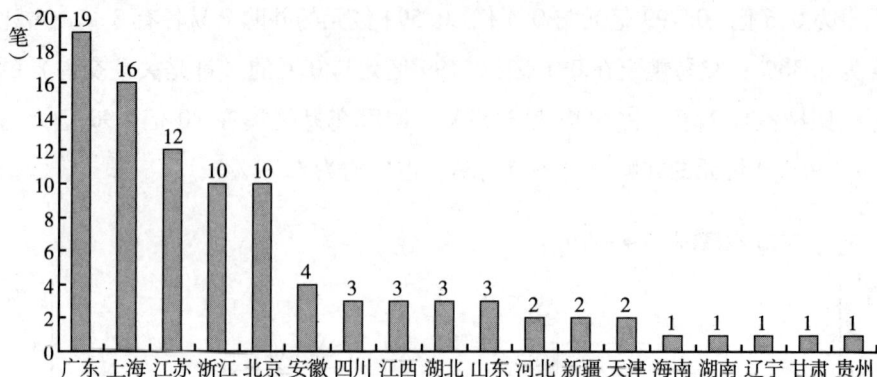

图4 2022年半导体行业并购竞买方隶属省份分布

说明：不含18个出让方交易金额数据缺失的并购样本。
资料来源：Wind金融终端数据库。

图5显示，2022年半导体行业并购出让方最多的省份是上海，共发生9笔并购交易，占比为15.25%；其次是北京、江苏及浙江，均为8笔，占比均为13.56%；广东为7笔，占比为11.86%；安徽为4笔，占比为6.78%；新疆和辽宁均为3笔，占比均为5.08%；江西、福建及山东各2笔，占比均为3.39%；湖南、西藏与湖北各1笔，占比均为1.69%。因此，2022年数

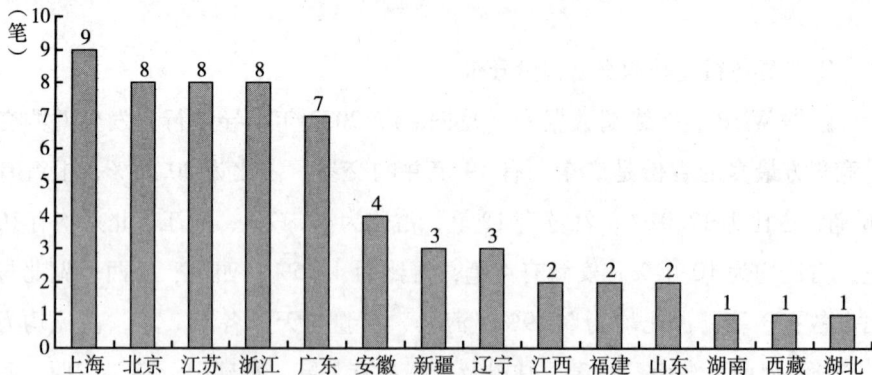

图5 2022年半导体行业并购出让方隶属省份分布

说明：不含53个出让方交易金额数据缺失的并购样本。
资料来源：Wind金融终端数据库。

据显示主要并购出让方的区域分布与地区的经济发达程度高度相关,大多数并购交易集中在长三角及北京和广东等经济较发达的地区。

4.2022年半导体行业首次公告并购事件的月份分布

图6显示,2022年半导体行业并购公告数量的高峰出现在上半年,尤其是3月和4月,其次是11月和12月。这4个月的并购数量合计占56.25%。

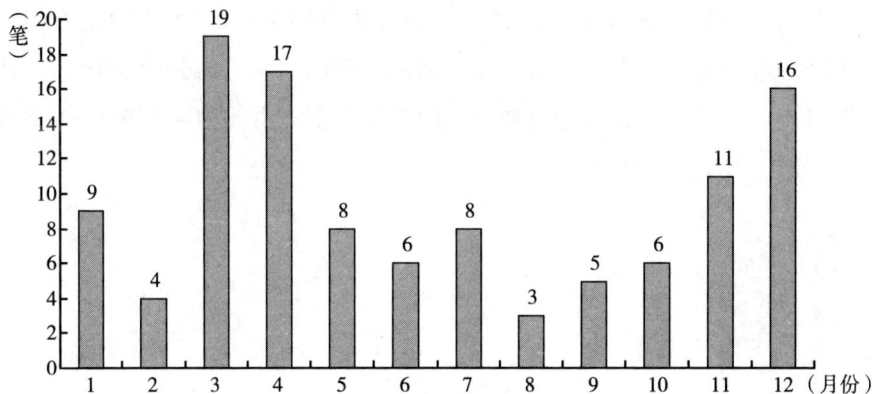

图6 2022年半导体行业并购宣告月份分布

资料来源:Wind金融终端数据库。

5.半导体行业并购竞买方并购动机

2022年半导体行业竞买方的并购动机如图7所示。其中,有32笔并购

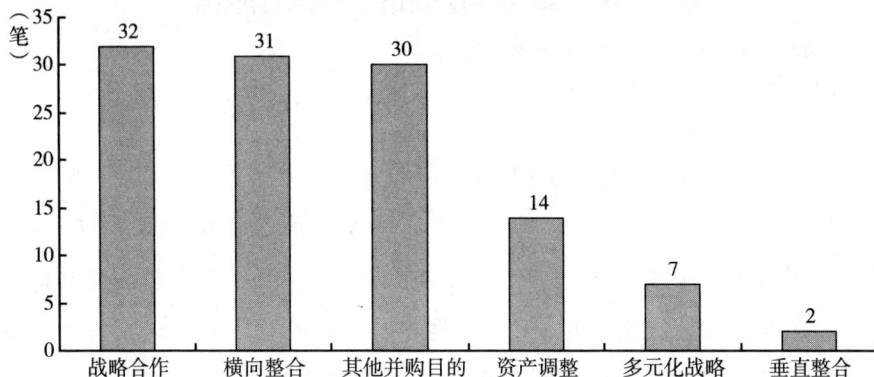

图7 2022年半导体行业并购竞买方的并购动机分布

说明:部分竞买方的并购动机可能不止一个,且不含竞买方未披露并购动机的样本。

资料来源:Wind金融终端数据库。

交易的竞买方主要动机为战略合作，31 笔并购交易动机为横向整合，30 笔并购交易动机为其他并购目的，14 笔并购交易动机为资产调整，7 笔并购交易动机为多元化战略及 2 笔并购交易动机为垂直整合。

6. 半导体行业并购竞买方的股权性质

2022 年半导体行业并购竞买方的股权性质分布情况如图 8 所示。其中，70 笔并购交易的竞买方为民营企业（占比为 64.81%），15 笔为地方国企（占比为 13.89%），9 笔为央企（占比为 8.33%），8 笔为公众企业（占比为 7.41%），5 笔为非隶属地方或中央的其他国企（占比为 4.63%），1 笔为外资企业（占比为 0.93%）。

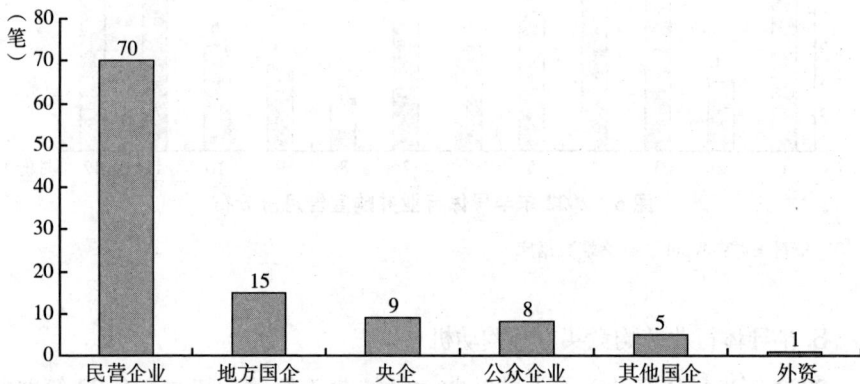

图 8　2022 年半导体行业并购竞买方股权性质分布

说明：不含竞买方股权性质缺失的并购样本。
资料来源：Wind 金融终端数据库。

7. 半导体行业并购竞买方隶属交易所的分布

2022 年半导体行业并购竞买方隶属的交易所分布情况如图 9 所示。22 笔并购交易的竞买方公司在上海证券交易所上市，21 笔并购交易的竞买方公司在深圳证券交易所上市，4 笔并购交易的竞买方公司在香港证券交易所上市（其中两家公司同时在 A 股与港股上市），2 笔并购交易的竞买方公司在北京证券交易所上市，2 笔并购交易的竞买方公司在新三板挂牌。

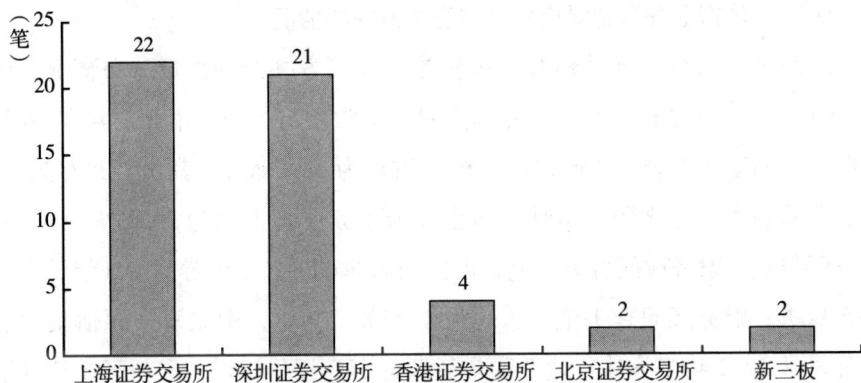

图9　2022年半导体行业并购竞买方隶属的交易所分布

说明：不含竞买方隶属交易所缺失的并购样本。

资料来源：Wind金融终端数据库。

8. 半导体行业并购交易标的方隶属交易所的分布

2022年半导体行业并购交易标的隶属的交易所分布情况如图10所示。其中，11笔并购交易的标的公司在深圳交易所上市，6笔并购交易的标的公司在上海证券交易所上市，4笔并购交易的标的公司在新三板挂牌，2笔并购交易的标的公司在香港证券交易所上市。

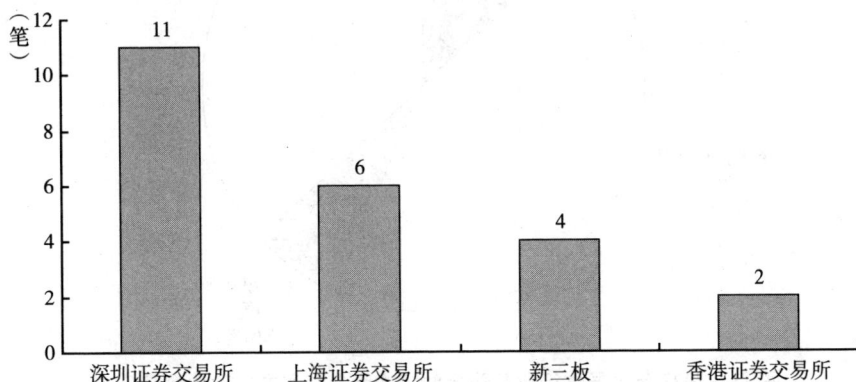

图10　2022年半导体行业并购交易标的方隶属的交易所分布

说明：不含标的方隶属交易所缺失的并购样本。

资料来源：Wind金融终端数据库。

9. 半导体行业并购金融机构参与竞买方并购情况

2022 年半导体行业并购金融机构参与竞买方并购的数量分布情况如图 11 所示。资产评估机构是国内并购流程中最常参与的金融中介，共有 26 笔并购交易的竞买方聘用资产评估机构（占比为 43.33%）。其次，共有 22 笔并购交易的竞买方聘用了审计，即会计师事务所（占比为 36.67%）；律师事务所与独立财务顾问各有 4 笔，占比均为 6.67%；主办券商有 3 笔，占比为 5.00%；财务顾问有 1 笔，占比为 1.67%。其中，中联资产评估集团有限公司是 2022 年半导体行业并购最活跃的资产评估机构，参与了 5 笔并购交易；其次是坤元资产评估有限公司，参与了 3 笔并购交易。容诚会计师事务所是 2022 年半导体行业并购最活跃的会计师事务所，参与了 3 笔并购交易。此外，2022 年中信证券担任 2 次半导体行业并购交易的独立财务顾问，申万宏源证券担任 2 次竞买方主办券商。

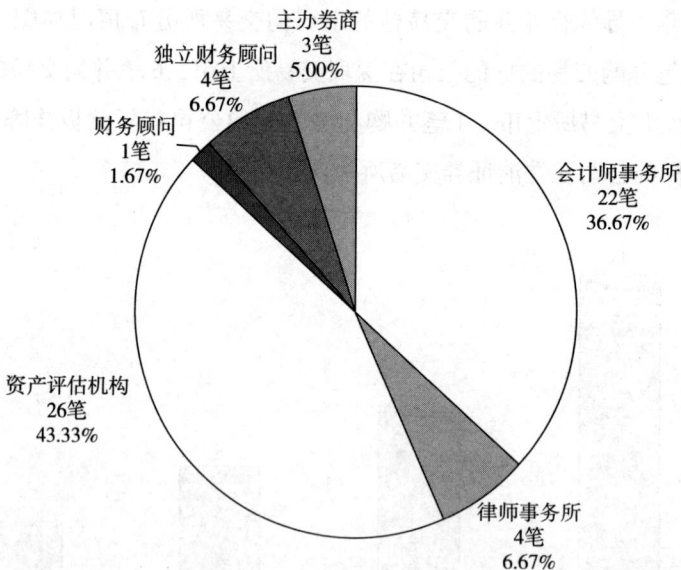

图 11　2022 年半导体行业并购金融机构参与竞买方并购的数量分布

说明：不含竞买方未聘用金融机构或未披露金融机构参与并购的样本。

资料来源：Wind 金融终端数据库。

10. 半导体行业并购标的方的主营业务分布

本报告通过手工收集整理与按产业链上中下游细分，2022 年半导体行业并购标的方的主营业务为半导体芯片、封装测试、半导体新设备、半导体新材料、LED 芯片与光电设备及其他半导体相关业务。图 12 显示，并购交易标的为 LED 芯片与光电设备的并购交易有 9 笔，占比为 36%；涉及半导体芯片与其他业务的并购交易各有 6 笔，占比均为 24%；标的为封装测试的并购交易有 2 笔，占比为 8%；标的为半导体新材料与半导体新设备的并购交易各有 1 笔，占比均为 4%。

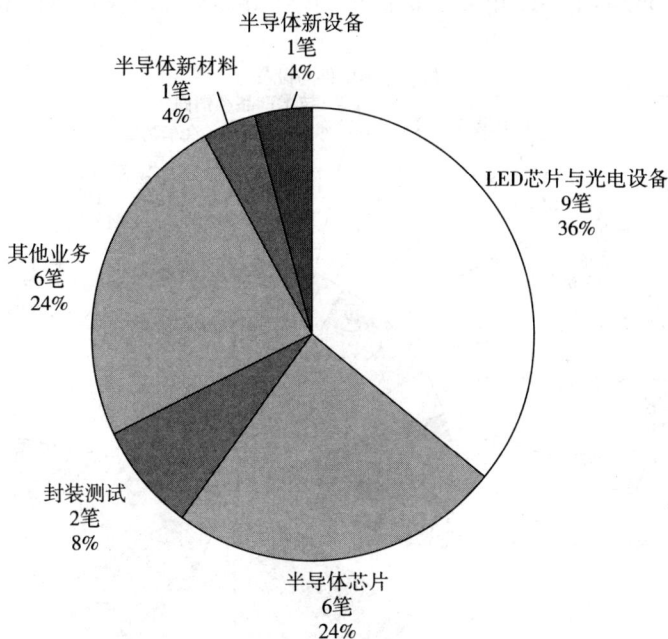

图 12   2022 年半导体行业并购标的方主营业务分布

说明：不含标的方四级行业分类数据缺失的并购样本。
资料来源：Wind 金融终端数据库。

11. 半导体行业并购竞买方的四级行业分类

依据 Wind 金融终端数据库，对 2022 年半导体行业并购的竞买方按四级行业分类，如图 13 所示。竞买方属于半导体产品的并购交易数量最多，有

13 笔，占比为 21.67%；竞买方属于电子元件的并购交易有 7 笔，占比为 11.67%；竞买方属于电气部件与设备的并购交易有 6 笔，占比为 10.00%；竞买方属于建筑与工程的并购交易有 4 笔，占比为 6.67%；竞买方为半导体设备、电力、工业机械与通信设备的并购交易各有 3 笔，占比均为 5.00%；竞买方属于基础化工，家用电器，金属与玻璃容器，酒店、度假村与豪客游轮，特种化工与消费电子产品的并购交易均为 2 笔，占比均为 3.33%；竞买方属于出版、电子设备和仪器、机动车零配件与设备、技术产品经销商、汽车制造及系统软件的并购交易均为 1 笔，占比均为 1.67%。以上数据显示，2022 年有部分非半导体相关企业通过收购半导体企业股权实现转型。

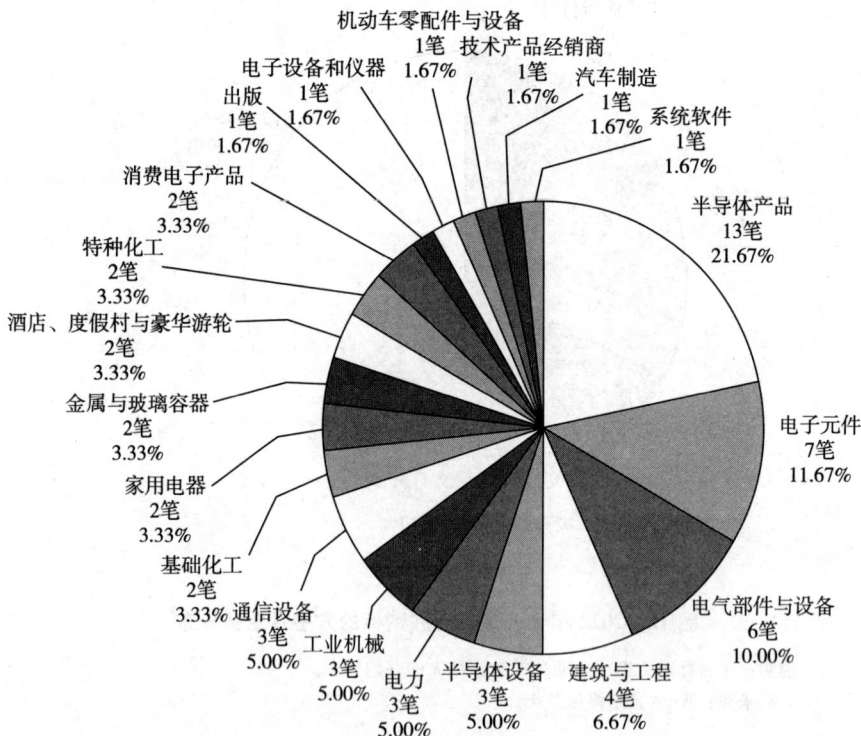

图 13 2022 年半导体行业并购竞买方的数量分布（按四级行业分）

说明：不含并购竞买方四级行业分类数据缺失的并购样本。
资料来源：Wind 金融终端数据库。

（二）2022年半导体行业并购的主要事件

本报告选取2022年并购重组总金额最高的5个国内并购案例与1个海外并购案例进行分析。

2022年7月1日，紫光国微（002049，SZ）披露收到紫光集团有限公司管理人的公告函。股权出让方西藏紫光春华投资有限公司出售其持有的38775668股，占紫光国微总股本的6.39%，交易金额达81.9亿元。其中10329221股，占总股本的1.70%，已直接登记到相关债权人名下，其余28446447股，占比为4.69%，已提存至紫光集团管理人开立的证券账户。中国国际金融股份有限公司为本次交易的财务顾问。

2022年4月23日，半导体行业并购重组金额第二高的东方日升（300118，SZ）披露，已将其持有的江苏斯威克新材料股份有限公司的140423077股，占其总股本的50%，转让给深圳市燃气集团股份有限公司及深圳国资委下属企业，包括深燃鲲鹏私募基金股权投资管理有限公司、深圳远致富海投资管理有限公司及深圳佳合投资管理企业联合投资成立的有限责任公司。国众联资产评估土地房地产有限公司担任本交易的资产评估中介，最终确认以损益法对标的公司斯威克进行估值，最终确认本交易的转让价格为18亿元。

2022年半导体行业并购总金额排第3位的交易是佛山照明（000541，SZ）收购广东省电子信息产业集团有限公司持有的西格玛创业投资有限公司100%的股权，及国星光电股份有限公司52051945股无限售条件的流通股股份。2022年2月10日，披露佛山照明及其全资子公司共持有国星光电132819895股，占国星光电总股本的21.48%，佛山照明成为其控股股东。兴业证券股份有限公司担任此交易的独立财务顾问，而中联国际评估咨询有限公司担任其资产评估机构并出具估值报告。本次交易构成重大资产重组。

2022年，半导体行业并购总金额排第4位的交易是机器人公司（300024，SZ）出售苏州新斯诺65%的股权。2022年12月3日，沈阳新松机器人自动化股份有限公司（以下简称"机器人公司"），披露其董事会同意转让其

100%控股的全资子公司苏州新斯诺半导体设备有限公司（以下简称"苏州新斯诺"）65%股权，交易价格为107250万元。其中，35%股权转让给主要战略投资方，包括5家有限合伙企业：苏州聚源铭领股权投资合伙企业、嘉兴聚源铭领股权投资公司、扬州集盛投资合伙企业、扬州致盛投资合伙企业和北京中芯熙诚数字科技基金。其余30%的股权转让给12家有限合伙投资企业。交易完成后，苏州新斯诺不再是与机器人公司合并报表的全资子公司。银信资产评估有限公司采用收益法为此交易标的公司苏州新斯诺出具资产评估报告。

2022年4月26日，亨通光电股份有限公司（600487，SH）披露出售控股子公司亨通海洋24.99%的股权，国开制造业转型升级基金对亨通海洋增资5亿元，同时厦门源峰镕欣股权投资合伙企业与建信金融资产投资有限公司，各自以5亿元受让亨通集团所持有的亨通海洋42437002元的注册资本。立信会计师事务所担任本次交易出让方的中介机构，本次交易是2022年半导体行业并购金额第5位的交易。

2022年半导体行业唯一披露海外并购的晶方科技（603005，SH），于2022年10月31日披露，其与以色列的标的企业VisIC Technology协商投资5000万美元，收购其33.963%的股权。其中，包括晶方科技投资1000万美元购买VisIC Technology 6.80%股权；晶方二号产业基金投资4000万美元，向VisIC Technology境外股东购买其持有的27.20%股权。VisIC Technology是成立于2010年的一家以色列半导体公司，其在第三代半导体氮化镓器件领域全球领先，其氮化镓产品可应用于电能转换、快速充电、射频及功率器件，并成功开发了可应用于电动汽车的硅基氮化镓大功率晶体和模块。

B.8

2022年文化体育和娱乐业并购分析

胡 伟 蒋贻宏 高 琛*

摘　要：　文化体育和娱乐业是文化市场的重要组成部分。改革开放和市场经济的发展，为文化体育和娱乐业提供了新的发展空间，出现了迅速发展和日渐繁荣的局面。在国家各种利好政策的支持下，文化体育和娱乐业已进入经济建设主战场，企业改制、产业资金扶持、民营资本建立和海外市场的推动，都带动了文化体育和娱乐业的升级。我国文化体育和娱乐业伴随改革开放步伐迅速崛起，随着市场经济的发展茁壮成长。

关键词：　文体体育和娱乐业　并购　文化市场

一　文化体育和娱乐业趋势分析

文化体育和娱乐业是文化市场的重要组成部分。改革开放和市场经济的发展为文化体育和娱乐业提供了新的发展空间，该行业出现了迅速发展且日渐繁荣的局面。在国家各种利好政策的支持下，文化体育和娱乐业已进入经济建设主战场，企业改制、产业资金扶持、民营资本建立和海外市场的推动，都带动了文化体育和娱乐业升级。我国文化体育和娱乐业伴随改革开放

---

* 胡伟，中国并购公会注册交易师，国元证券股份有限公司副总裁、保荐代表人，主要研究方向为股权融资、并购重组；蒋贻宏，国元证券投资银行总部高级项目经理、保荐代表人，主要研究方向为股权融资、并购重组；高琛，国元证券投资银行总部项目经理，主要研究方向为股权融资、并购重组。

步伐迅速崛起，随着市场经济的发展茁壮成长。

文化体育和娱乐业正逐渐发展为国民经济的一个重要组成部分，其具有为大众提供信息获取、审美享受、娱乐等服务的社会功能。同时，文化产业跨界融合发展加速。在互联网时代背景下，文化产业与信息产业融合形成的信息传输服务业发展迅猛。

随着旅游活动的日趋丰富和参与者的日益增多，旅游业已成为全球最大和发展最快的经济部类。世界旅游组织发布的数据显示，旅游业已成为全球第三大出口行业，仅次于石油和化学品，领先于食品和汽车。

体育业是一个后起产业，但属于迅速崛起的庞大产业。20世纪中期后，社会对与人的健康、生活质量密切相关的大众体育服务消费品的需求迅速增长，极大地激发了体育休闲业的内在潜力，实现了体育产业的多元化发展。此后，随着人均GDP水平的进一步抬升，体育休闲业逐步实现了大众化、生活化发展，其产业规模和产值均超过了职业体育而成为全球体育产业的主导产业。

中国文化娱乐行业协会发布了《"十四五"文化娱乐行业版权保护行动倡议》，并宣布成立文化娱乐行业知识产权保护工作委员会和沉浸式娱乐行业高质量发展平台。促进管理者、经营者的学习交流，不断吸收新理念、新观念、新技术，增强文化娱乐企业创新创造的动力和活力。文化娱乐衍生品、演艺、艺术和休闲娱乐等领域仍处于培育期，文化娱乐市场发展空间极大。从文化娱乐产业链角度来看，文学和动漫为文娱产业链的培养和孵化层，影视和音乐为文娱产业链的影响力放大、运营和辅助变现层，游戏、演出和衍生品为文娱产业链的主要变现层，三大产业链层次和谐衔接，并逐步实现优化升级。

二 文化体育和娱乐业并购分析

通过对我国文化体育和娱乐业上市公司2022年完成的并购交易进行分析，发现该行业并购交易具有以下特点。

1. 文化体育和娱乐业并购趋势

2022 年，我国文化体育和娱乐业上市公司完成并购交易 7 笔，披露的交易金额为 343578.25 万元，平均每笔交易金额为 49082.61 万元。从交易数量来看，并购交易发生最多的月份为 10 月，达到 3 笔；从交易金额来看，发生最多的月份也是 10 月，达到 223756.93 万元（见图 1）。2022 年最大的一笔并购交易是祥源文旅（600576）收购百龙绿色 100% 股权、凤凰祥盛 100% 股权、黄龙洞旅游 100% 股权、齐云山旅游 80% 股权、小岛科技 100% 股权，交易金额为 163181.56 万元。

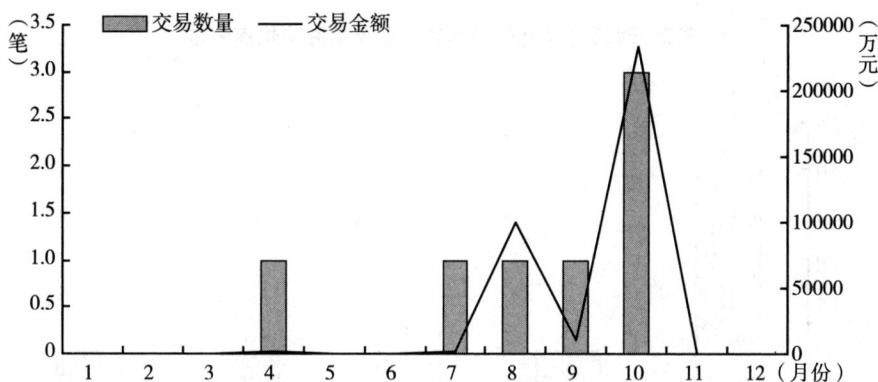

图 1　2022 年文化体育和娱乐业并购交易金额和数量

2. 文化体育和娱乐业并购规模

文化体育和娱乐业上市公司的并购交易金额普遍较小，单笔交易金额主要集中在 5 亿元以下。金额在 1 亿元以下的并购交易有 2 笔，占比为 28.57%；金额在 1 亿（含）~5 亿元的并购交易有 3 笔，占比为 42.86%；金额在 5 亿元及以上的并购交易有 2 笔，占比为 28.57%（见图 2）。祥源文旅收购百龙绿色等 5 家公司的股权时，还通过非公开发行的方式募集配套资金，以 5.58 元/股的价格非公开发行 53763440 股，募集资金总额为 299999995.20 元。

3. 文化体育和娱乐业并购标的行业分布

从并购标的所属行业来看，科技推广和应用服务业最多，达到 3 笔；出版业、房屋建筑业、公共设施管理业、商务服务业均为 1 笔（见图 3）。

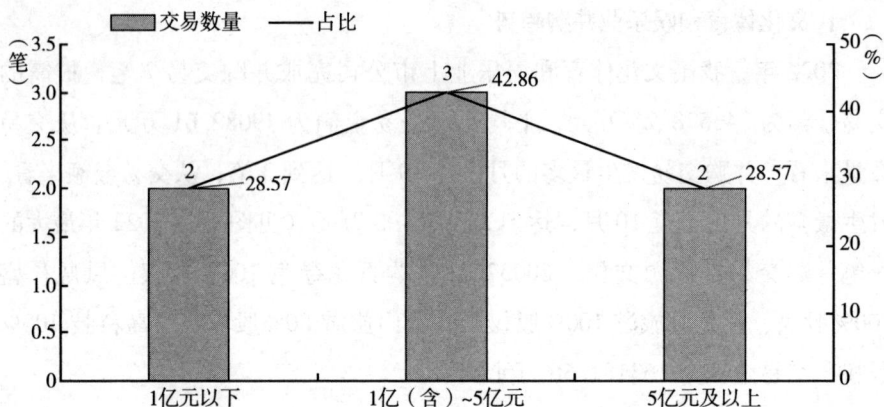

图2 2022年文化体育和娱乐业单笔并购规模分布

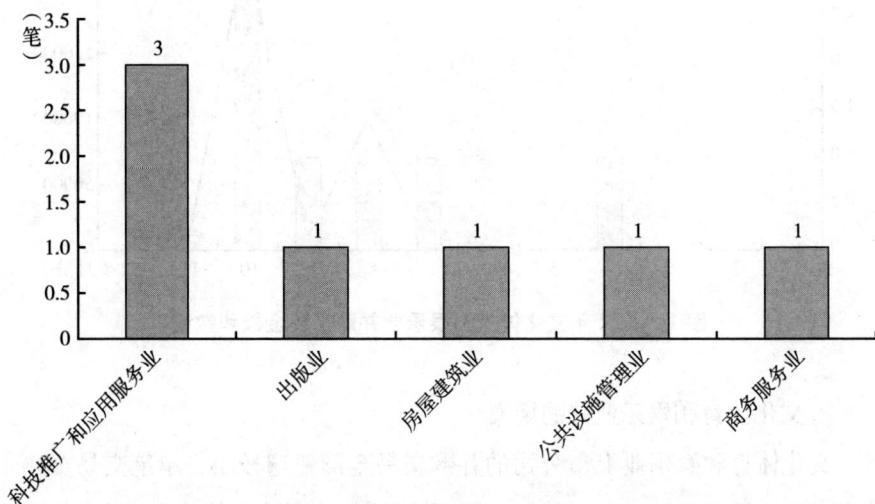

图3 2022年文化体育和娱乐业并购标的行业分布

4. 文化体育和娱乐业并购省份分布

从我国文化体育和娱乐业并购交易的省份分布情况来看,浙江、广东各完成2笔并购交易,北京、山东、四川各完成1笔并购交易;其余省份的文化体育和娱乐业上市公司无并购交易完成。从交易金额看,浙江居首位,达206163.24万元;其次是广东,达122362.45万元(见图4)。

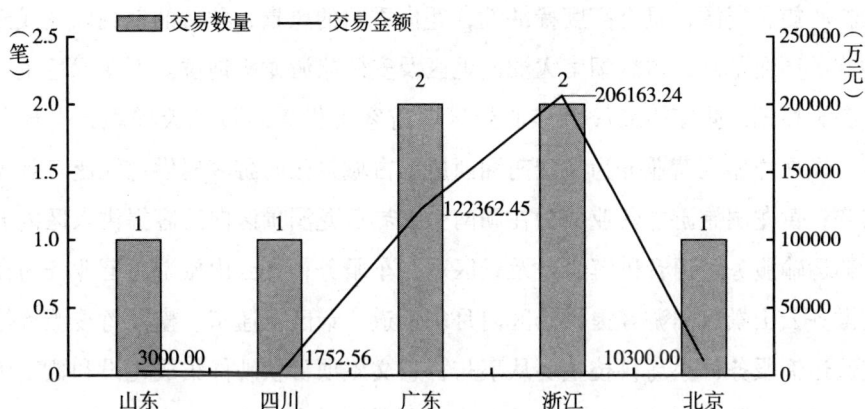

图4 2022 年文化体育和娱乐业并购交易省份分布

三 文化体育和娱乐业并购事件 TOP5

1. 祥源文旅（600576）收购百龙绿色等 5 家公司股权

祥源文旅拟通过发行股份的方式分别购买祥源旅游开发有限公司（以下简称"祥源旅开"）持有的北京百龙绿色科技企业有限公司（以下简称"百龙绿色"）100% 股权、凤凰祥盛旅游发展有限公司（以下简称"凤凰祥盛"）100% 股权、张家界黄龙洞旅游发展有限责任公司（以下简称"黄龙洞旅游"）100% 股权、齐云山旅游股份有限公司（以下简称"齐云山旅游"）80% 股权及杭州小岛网络科技有限公司（以下简称"小岛科技"）100% 股权，本次交易标的公司 100% 权益汇总的评估值为 164405.46 万元。同时，上市公司采用询价方式向不超过 35 名特定投资者非公开发行 A 股股份募集配套资金，最终以 5.58 元/股的价格非公开发行股票 53763440 股，募集资金总额 299999995.20 元。

标的公司主营业务为向游客提供涵盖景区电梯观光游览服务、索道观光游览服务、游船观光游览服务及智慧文旅配套数字化服务等旅游目的地系列综合服务，所属行业为旅游。本次交易标的资产属于湖南大湘西地区以及安徽核心旅游资源,具有高度稀缺性,凭借秀丽的风景、独特的地貌以及成熟的旅游产业基础,占据湖南大湘西地区及安徽旅游龙头地位。百龙绿色主营业务为在湖南张家界武陵源核心景区向游客提供景区百龙天梯观光电梯服务;凤凰祥盛主营业务为在湖南湘西凤凰古城景区向游客提供沱江泛舟观光服务;黄龙洞旅游主营业务为在湖南张家界黄龙洞景区向游客提供景区内的游船运输服务、语音讲解服务及景区观光车服务;齐云山旅游主营业务为在安徽齐云山景区向游客提供景区内月华索道、景区交通车、横江竹筏漂流等交通运输服务;小岛科技主要从事与智慧文旅项目软硬件集成建设和数字化运营及技术服务相关的业务,其以全流程数字化能力赋能旅游目的地产品,助力搭建智慧化旅游生态服务体系。

点评

本次交易前,祥源文旅主营业务为动漫及其衍生和动画影视业务。通过本次交易向上市公司注入祥源控股下属多项稀缺文旅资源,业务范围包括向游客提供涵盖景区电梯观光游览服务、索道观光游览服务、游船观光游览服务及智慧文旅配套数字化服务等旅游目的地系列综合服务,资源禀赋极具稀缺性且未来盈利能力较强。

2. 南方传媒(601900)通过控股子公司增资发行股份收购教育书店100%股权

南方出版传媒股份有限公司(以下简称"南方传媒")的控股子公司广东新华发行集团有限公司(以下简称"发行集团")与广东广弘控股股份有限公司(以下简称"广弘控股")签订股份认购意向书,发行集团通过发行股份6495.6543万股(股份价值104768.76万元)收购广弘控股所持广东教育书店有限公司(以下简称"教育书店")100%股权。

本次关联交易是公司图书发行渠道的延伸和补充,符合公司的长期战略规划和主业经营需要。本次交易完成后,将进一步提高公司发行业务能力,增强公司盈利能力,为中小股东创造更大价值,提高公司发行市场竞争力和可持续发展能力,符合全体股东的利益。

点评

本次交易旨在解决因国有股权无偿划转形成的南方传媒、教育书店同业竞争问题。本次交易完成后，发行集团发行股份购买广弘控股所持教育书店100%股权暨关联交易事项正式完成，南方传媒与教育书店的同业竞争问题正式解决。

3. 东望时代（600052）收购重庆汇贤100%股权

浙江东望时代科技股份有限公司（以下简称"东望时代"）以现金42981.68万元收购李晓东、新安洁等股东持有的重庆汇贤优策科技有限公司（原"重庆汇贤优策科技股份有限公司"，以下简称"重庆汇贤"）100%股权。

重庆汇贤扎根于国内教育系统，致力于"智能·节能"领域建设与服务，专注于校园热水系统建设及运营服务、节能技术研发与工程建设、智慧校园信息化建设、智慧后勤整体解决方案。本次交易前，东望时代的主营业务是学校等园区生活服务，通过本次重组，重庆汇贤成为上市公司子公司，上市公司进一步增强主营业务领域的竞争优势，实现跨越式发展，提升上市公司业务的盈利能力，提高资源配置效率，本次交易有利于保护全体股东特别是中小股东的利益。

点评

东望时代于2021年收购了浙江正蓝节能科技股份有限公司，以此为契机进入节能服务产业。本次收购重庆汇贤100%股权，上市公司将进一步增强主营业务领域的竞争优势，实现跨越式发展。未来，东望时代将逐步打造成一家以节能技术和新能源应用为基础，以向学校提供生活服务为主业的上市公司。同时，公司收缩调整影视业务团队，拟将影视文化行业作为公司发展的辅助行业。

4. 中体产业（600158）收购鑫颐雅居100%股权

中体产业的全资子公司大连乐百年置业有限公司（以下简称"大连乐百年"），以自有资金10300万元收购鑫创扬帆（大连）健康科技产业投资有限公司（以下简称"鑫创扬帆"）所持有的大连鑫颐雅居实业有限公司（以下简称"鑫颐雅居"）100%股权。

鑫颐雅居的主要资产为两块待开发的土地，分别为 A3 地块和 C1 地块，无生产经营活动。中体产业收购其 100% 股权的交易不构成业务合并，作为资产收购处理。

点评

中体产业长期专注于体育产业的发展，业务覆盖体育产业全领域。其中，线下体育空间平台围绕大中型核心城市，通过"多元化渠道+灵活业务"模式，打造城市体育综合体、体育场馆等多条核心产品线，提供集咨询、设计、融资、建设、运营于一体的一站式服务。本次交易有利于进一步巩固中体产业的行业领先地位。

5. 博瑞传播（600880）收购菁苗教育76%股权

成都博瑞传播股份有限公司（以下简称"博瑞传播"）以 1752.56 万元收购成都商报社持有的成都菁苗教育科技股份有限公司（以下简称"菁苗教育"）76% 股权。成都商报社的举办方为博瑞传播控股股东成都传媒集团，本次交易构成关联交易。

菁苗教育是一家教育培训垂直类的新媒体公司，通过旗下自建并运营的——成都儿童团、小记者团等，提供新媒体、融媒体等多种信息和内容资讯服务。目前，菁苗教育下属新媒体产品——成都儿童团自有用户已超过 350 万人，是成都较具竞争力的素质教育综合平台。

点评

收购完成后，博瑞传播将加快推进菁苗教育相关业务与九瑞大学堂、生学教育等深度协同联动，助推博瑞传播的教育培训业务全面向智慧化、平台化、系统化方向发展，形成"1+1>2"的效果。博瑞传播将对菁苗教育和九瑞大学堂进行行业业务整合，充分发挥菁苗教育的媒体公信力、用户引流能力，以及九瑞大学堂的培训师资力量和办学经验优势，在以"个人成长素养与学力提升、学前教育与教育咨询服务、媒介素养培训"为主题的成人职业培训等方面发力，开发多元化、多层次的素质教育产品，做大做强公司教育培训业务；同时，联合公司旗下生学教育，在素质教育平台、青少年游学及研学系统服务平台等领域实现快速布局。

四 文化体育和娱乐业并购典型案例

祥源文旅收购百龙绿色 100% 股权、凤凰祥盛 100% 股权、黄龙洞旅游 100% 股权、齐云山旅游 80% 股权、小岛科技 100% 股权。

（一）交易概述

本次交易由发行股份购买资产和募集配套资金两部分组成。本次交易中，发行股份购买资产不以募集配套资金的实施为前提，但募集配套资金以发行股份购买资产的实施为前提，募集配套资金成功与否并不影响本次发行股份购买资产的实施。

2022 年 4 月，祥源文旅第八届董事会第四次会议审议通过了《关于〈浙江祥源文化股份有限公司发行股份购买资产并募集配套资金暨关联交易报告书（草案）（修订稿）〉及其摘要的议案》。祥源文旅拟通过发行股份的方式分别购买祥源旅开持有的百龙绿色 100% 股权、凤凰祥盛 100% 股权、黄龙洞旅游 100% 股权、齐云山旅游 80% 股权及小岛科技 100% 股权（以上合称"标的资产"），同时采用询价方式向不超过 35 名特定投资者非公开发行 A 股股份募集配套资金。

本次交易中，标的资产的交易价格以符合《证券法》相关规定的评估机构出具的评估报告的评估结果为准。根据中联评估出具的《标的资产评估报告》，以 2022 年 4 月 30 日为评估基准日，本次交易标的公司 100% 权益汇总的评估值为 164405.46 万元，根据相关标的资产的收购比例计算，本次交易标的资产的合计评估值为 163181.56 万元。经交易双方协商一致，确认本次发行股份购买资产的交易价格为 163181.56 万元。

本次募集配套资金发行股份的情况：本次非公开发行股票数量为 53763440 股，发行价格为 5.58 元/股，募集资金总额为 299999995.20 元，扣除各项不含税发行费用 32700349.57 元，募集资金净额为 267299645.63 元。

143

（二）并购背景及动因

文化与旅游相互融合已成为行业发展新方向。自"十三五"以来，我国陆续出台了系列促进文旅产业发展的政策，进一步推动文化与旅游融合发展，从而促进文化的繁荣发展和旅游业的转型升级。我国《"十四五"文化和旅游发展规划》，提出"坚持以文塑旅、以旅彰文，推动文化和旅游深度融合、创新发展，不断巩固优势叠加、双生共赢的良好局面"，进一步提升旅游的文化内涵，以旅游促进文化传播，培育文化和旅游融合发展新业态。

通过本次交易，上市公司可充分利用标的公司所提供的丰富文旅运营载体实现商业多元变现，开辟新的业绩增长点；标的资产则可依托祥源文化IP开发、文化创意及创新能力，丰富旅游产品及服务的文化内涵，延伸文化旅游产业链，促进文旅产业转型升级，并可进一步发挥旅游覆盖面广、市场化程度高等优势，进一步传播弘扬中华文化。

习近平总书记在中共中央政治局第三十四次集体学习时强调，促进数字技术与实体经济深度融合，赋能传统产业转型升级，催生新产业新业态新模式，不断做强做优做大我国数字经济。通过本次交易，标的公司将以数字化赋能现有文旅产业资源，以大数据等数字化技术手段促进标的资产各旅游目的地资源及上市公司文旅资源之间的数字化协同发展。

本次交易注入的旅游资产在交易完成后将依托各自景区地域特色资源及运营特点，结合上市公司已有核心动漫IP及动画影视等业务，创新性开展文化旅游资源融合，打造文旅产业的闭环生态链。

（三）交易评述

本次交易前，祥源文旅主营业务为动漫及其衍生和动画影视业务。通过本次交易向上市公司注入祥源控股下属多项稀缺文旅资源，业务范围包括向游客提供涵盖景区电梯观光游览服务、索道观光游览服务、游船观光游览服务及智慧文旅配套数字化服务等旅游目的地系列综合服务，资源禀赋极具稀缺性且未来盈利能力较强。

　　本次交易完成后，基于当前上市公司拥有的动漫、动画 IP 资源储备及相关文化创新与开发能力，优质文旅资产的注入将有助于推动祥源文旅在文化旅游领域的深耕发展。一方面，祥源文旅可依托标的公司稀缺旅游目的地资源，挖掘中国文化要素并以故事化、场景化方式和科技化手段与旅游实体经济和消费场景深度融合，赋能文旅产业链资源，实现多元化商业开发及应用；另一方面，标的公司在当前旅游目的地资源的开发及运营基础上，充分引入祥源文旅在动漫、动画领域的文化创新及数字化技术等核心能力，进一步丰富旅游目的地的消费体验，丰富旅游产品及服务的文化内涵，促进文化和旅游的相互赋能，实现"线上文化产品+线下旅游场景"协同发展，探索构建以"文化 IP+旅游+科技"为核心的祥源特色文旅产业模式，进而在未来成为中国文旅产业创新融合发展的领军型企业。

B.9
2022年建筑业并购分析

姚元嘉 舒 宁 辛韫哲*

摘 要： 建筑业一直是国民经济的支柱产业，对全国经济社会的平稳发展有着重要的支撑作用。首先，本报告回顾了2022年全国建筑业的发展现状，分析了近几年建筑业增加值、总产值、企业数量等指标的变化情况。其次，本报告阐述了2022年建筑业的并购概况，其中建筑业发生并购交易129笔，并购交易规模为605.58亿元。最后，本报告选取了2022年建筑业典型并购案例——粤水电收购建工集团100%股权，对其并购过程进行了详细解读。

关键词： 建筑业 两新一重 绿色发展

一 全国建筑业运行发展基本情况

（一）全国建筑业增加值稳步提升

随着建筑业的迅速发展，建筑业已逐渐成为国民经济的支柱产业之一，对全国经济社会的平稳发展有着重要的支撑作用。经国家统计局初步核算，2022年GDP为1210207.2亿元，比上年增长3.0%（按不变价格计算，下同）；全社会建筑业实现增加值83383.1亿元，比上年增长5.5%，增速高于GDP 2.5个百分点。2018~2022年全国建筑业增加值及其在GDP中占比情况如图1所示。

---

* 姚元嘉，经济学硕士，国元证券投资银行总部业务经理；舒宁，管理学硕士，华安证券投资顾问部业务经理；辛韫哲，管理学硕士，华安证券固定收益部客需业务产品经理。

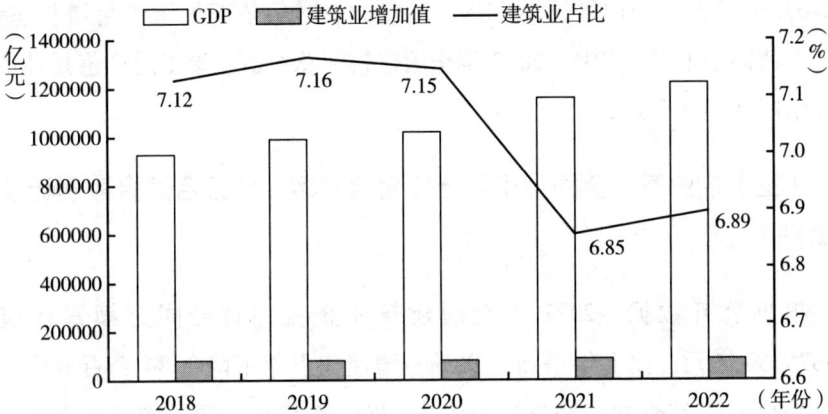

图1 2018~2022年GDP、建筑业增加值及占比情况

资料来源：国家统计局。

（二）全国建筑业总产值逐年增长

随着我国建筑业企业生产和经营规模的不断扩大，建筑业总产值持续增长。根据中国建筑业协会发布的数据，2022年全国建筑业企业完成建筑业总产值311979.84亿元，同比上升6.45%；建筑业竣工总产值累计值为

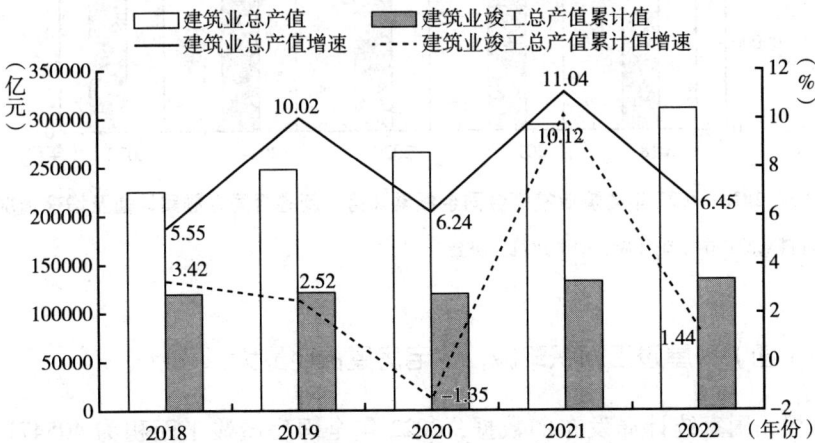

图2 2018~2022年建筑业总产值、竣工总产值累计值及增速情况

资料来源：国家统计局、中国建筑业协会。

136463.34 亿元，同比增长 1.44%。建筑业总产值依旧处于平稳增长态势，竣工产值同步上升。2018~2022 年全国建筑业总产值、竣工总产值累计值及增速情况如图 2 所示。

（三）企业签订合同金额累计值增速放缓，新签合同金额累计值增速微升

根据公开数据，2022 年全国建筑业企业签订合同金额累计值为 715674.69 亿元，比上年增加 8.95%，增速比上年下降 1.34 个百分点。其中，2022 年新签合同金额累计值为 366481.35 亿元，同比增长 6.36%，增速比上年增加 0.40 个百分点。2018~2022 年全国建筑业企业签订合同金额累计值、新签合同金额累计值及增速情况如图 3 所示。

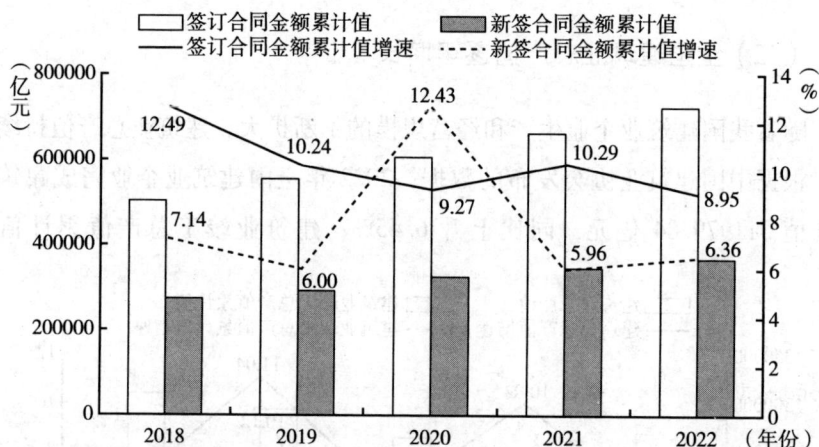

图 3　2018~2022 年建筑业签订合同金额累计值、新签合同金额累计值及增速情况

资料来源：国家统计局、中国建筑业协会。

（四）房屋竣工面积略减，住宅房屋占比最大

根据国家统计局发布的数据，2022 年全国房屋竣工面积为 405477.25 万平方米，比上年减少 0.63%，增速同比下降 6.66 个百分点。2018~2022 年全国房屋竣工面积累计值及增速情况如图 4 所示。

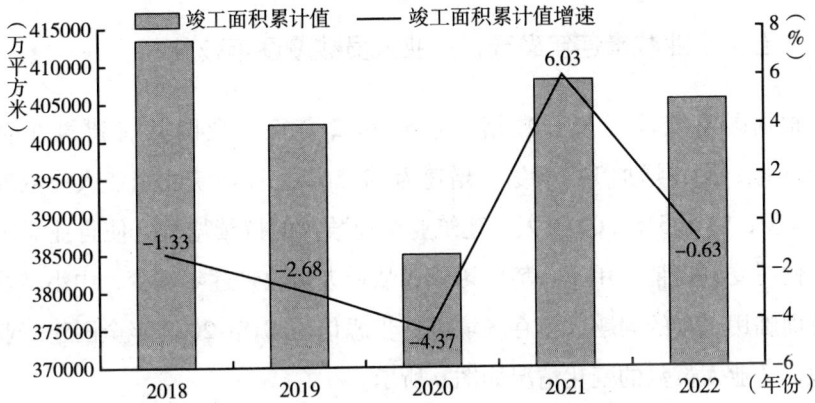

图4 2018~2022年房屋竣工面积累计值及增速情况

资料来源：国家统计局。

从全国建筑业房屋竣工面积构成情况看，住宅房屋竣工面积占比最大，达64.30%；厂房及建筑物竣工面积占15.36%；商业及服务用房屋竣工面积占6.48%。2022年全国建筑业房屋竣工面积构成情况如图5所示。

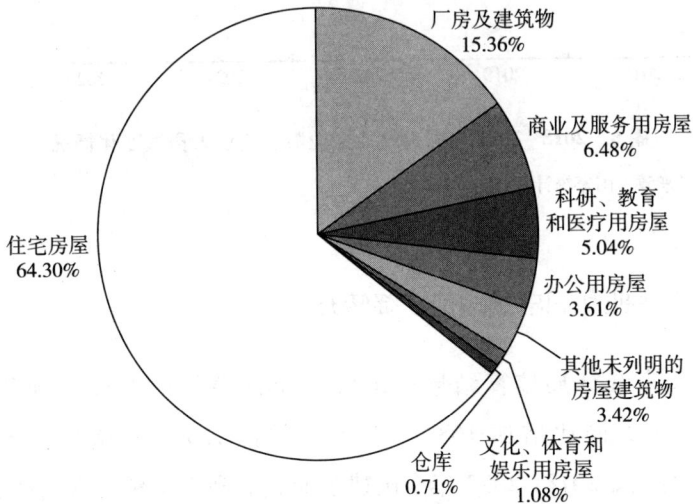

图5 2022年全国建筑业房屋竣工面积构成情况

资料来源：国家统计局。

（五）企业数量连年攀升，从业人员数量逐年减少

根据国家统计局公开数据，截至 2022 年底，全国共有建筑业企业 143621 家，同比增加 14878 家，增速为 11.56%，而建筑业企业人员数连续 4 年减少，降至 5184.02 万人。建筑业企业数量的持续增长，使行业竞争加剧，同时受到疫情、用工环境的影响，从业人员数量逐年减少，中小型建筑企业面临用工难的问题，生存环境进一步恶化。2018~2022 年全国建筑业企业数、企业人员数的变化情况如图 6 所示。

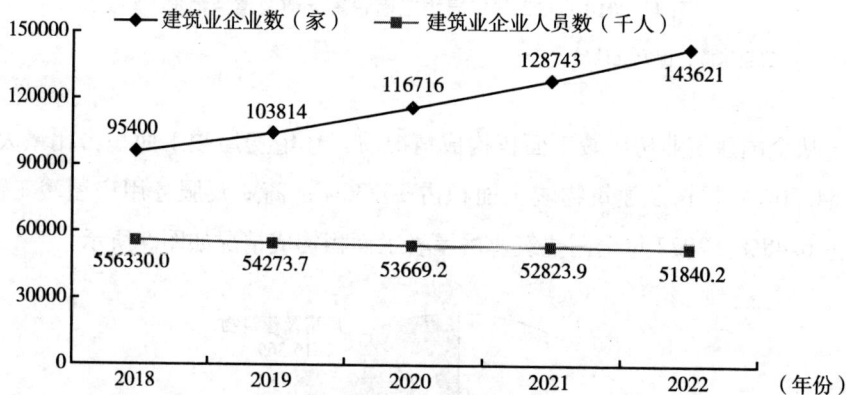

图 6　2018~2022 全国建筑业企业数、企业人员数变化情况

资料来源：国家统计局。

（六）企业利润总额增速止降转升

根据国家统计局核算结果，2022 年全国建筑业企业实现利润总额 8639.00 亿元，同比增加 168.19 亿元，增长 1.99%；增速比上年提高 1.72 个百分点。2018~2022 年全国建筑业企业利润总额及增速情况如图 7 所示。

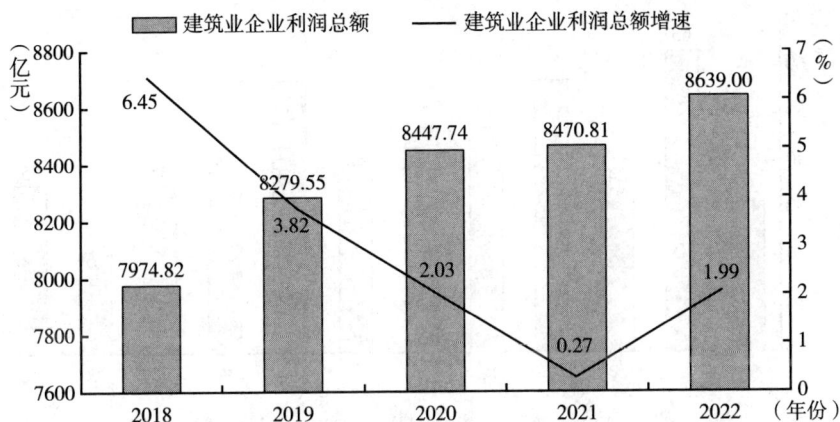

图7　2018~2022 年全国建筑业企业利润总额及增速情况

资料来源：国家统计局。

二　2022年建筑业企业并购概况

（一）建筑业并购交易数量

根据 Wind 金融终端公开的数据，按证监会一级行业分类标准，2022 年全国共完成并购交易 4670 笔，同比减少 1817 笔，下降 28.01%，其中，建筑业完成并购 129 笔，比上年减少 59 笔，下降 31.38%。从建筑业企业完成并购数量在并购总量中的占比来看，2022 年占比为 2.76%，比 2021 年下降 0.14 个百分点。

就季度并购数量来看，2022 年第一季度建筑业完成并购交易数量最多，为 38 笔；第二季度完成 35 笔，第三季度完成 21 笔，第四季度完成 35 笔。2020~2022 年各季度建筑业完成并购数量情况如图 8 所示。

（二）建筑业并购交易金额

就 Wind 金融终端公开披露的交易金额来看，按证监会一级行业分类标准，2022 年全年共完成并购交易金额 16081.37 亿元，同比减少 3055.57 亿

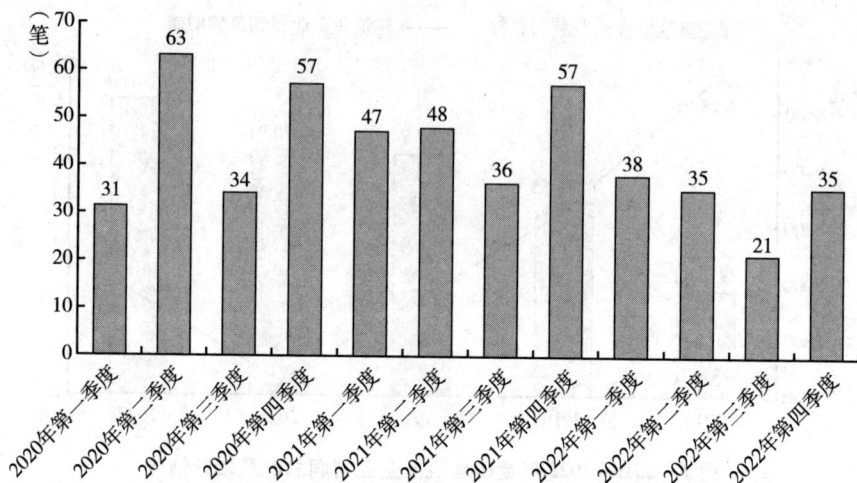

图8 2020~2022年建筑业各季度完成并购数量情况

资料来源：Wind 金融终端。

元，下降 15.97%。其中，建筑业并购交易规模为 605.57 亿元，比上年减少 0.25 亿元，与上年基本持平。从季度并购规模来看，2022 年第一季度建筑业并购交易规模为 56.19 亿元，第二季度规模最大，为 297.85 亿元，第三季度规模最小，仅为 3.44 亿元，第四季度为 248.09 亿元。2020~2022 年建筑业各季度并购交易规模情况如图9所示。

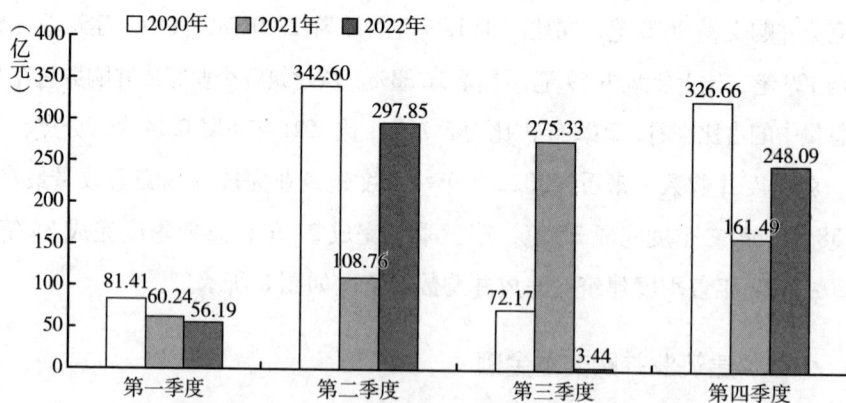

图9 2020~2022年建筑业各季度并购交易规模情况

资料来源：Wind 金融终端。

三 2022年建筑业典型并购案例——粤水电收购建工集团100%股权

建筑业作为成熟行业，其具有的自身成长性较低、内生能力较弱等行业特性导致市场对上述企业中长期发展预期偏保守、市场估值相对偏低。所以通过与控股股东或同行业企业进行资产重组，上述企业可以更好地聚焦主营业务，提高业务能力并减少同业竞争，增强央企、国企的生命力与活力。

随着城乡建设、生态文明建设的开展以及居民生活需求的提高，建筑、水务及水治理等基础民生方面的需求将进一步增加，未来对城镇改善、污水治理、清洁能源发电业等工程建设需求有望增加。2021年发布的《国家水网建设规划纲要》，一方面，促进了水利建设、水务运营等直接相关产业的发展；另一方面，以建设工程为抓手，带动基建、建筑材料等国家支柱产业发展，为市场复苏及央企、国企经营状况改善注入新活力。

广东水电二局股份有限公司（股票简称为"粤水电"，股票代码为"002060"，以下简称"粤水电"）是由广东省国资委实际控制的一家集设计、施工、建设、运营、管理全过程服务于一体的建筑行业国有控股上市公司，主要从事水利水电及轨道交通等工程建设，清洁能源发电业务以及风电塔筒、光伏支架装备制造业务。广东省建筑工程集团有限公司（以下简称"建工集团"）为广东省国资委实际控制的拥有建筑工程施工、市政公用工程等总承包特级及专业配套资质的建筑行业国有控股公司。因为建工集团与粤水电在工程施工、水力发电、产品销售、勘察设计与咨询服务业务上存在一定重合，所以粤水电控股股东广东省建筑工程集团控股有限公司（以下简称"建工控股"）于2018年承诺，将其持有的广东省水电集团有限公司（以下简称"水电集团"）100%股权无偿划转至建工集团，工商变更登记完成后5年内，结合有关企业实际情况，对符合资产注入条件的以发行股份购买资产等方式注入上市公司，不符合资产注入条件的通过剥离、处置或委托管理等方式逐步减少双方的业务重合，并最终消除同业竞争。

根据广东省人民政府、广东省国资委决策部署，建工控股出资人变更为广东省人民政府（持股90%）、广东省财政厅（持股10%），将广东省人民政府、广东省财政厅持有的建工集团100%股权无偿划转至建工控股。

2021年12月7日，建工控股同意将建工集团持有的水电集团100%股权、水电集团持有的36.48%股权无偿划转至建工控股。2021年12月16日，建工控股、建工集团完成工商登记变更，建工控股成为建工集团及水电集团股东，并成为粤水电间接控股股东。2021年12月29日，水电集团将其持有的粤水电股份过户给建工控股。完成过户后，粤水电控股股东由水电集团变更为建工控股。

2022年3月19日，粤水电第七届董事会第二十三次会议审议通过了《关于〈广东水电二局股份有限公司发行股份购买资产并募集配套资金暨关联交易预案〉及其摘要的议案》，并公告筹划发行股份购买建工控股持有的建工集团100%股权，同时非公开发行股份募集配套资金（以下简称"本次重组"）。本次重组已于2022年11月29日收到中国证券监督管理委员会核发的《关于核准广东水电二局股份有限公司向广东省建筑工程集团控股有限公司发行股份购买资产并募集配套资金的批复》（证监许可〔2022〕2993号）。2023年1月6日，完成资产过户和工商变更登记工作，2023年2月13日新增股份在深圳证券交易所上市交易，至此，通过本次重组粤水电直接持有建工集团100%股权，建工控股持有粤水电股份由37.32%增加到77.80%。

本次重组通过建工控股向粤水电注入建筑板块资产，使得建筑板块相关资产实现了整合，将有利于解决上市国企控股股东同业竞争问题。同时实现广东省属建筑龙头整体上市，通过资本市场持续提升企业竞争力。建工集团承建或参建了包括广州塔、广州白云机场T2航站楼、广州国际会展中心、广州歌剧院等地标项目，是广东省建筑企业标杆。粤水电主要从事水利水电及轨道交通等工程建设，水力、风力、太阳能光伏清洁能源发电业务以及风电塔筒装备制造业务。

本次重组后，预计2023财年粤水电的营收及净利润将实现翻倍增长，同时其紧张的现金流有所缓解，但公司资产负债率、毛利率等指标或将受到负面影响。2022年，粤水电实现营业收入169.04亿元，归属于上市公司股东净利润3.91亿元。本次重组完成后，2023年，粤水电预计实现营业收入938.60亿元，归属于上市公司股东净利润16.71亿元。建筑业为重资产行业，因此资产负债率普遍较高。自粤水电上市以来，资产负债率已从2006年末的55.72%增长至2022年末的89.74%，且在近10年表现出持续增长的趋势。建工集团属传统建筑行业，根据粤水电的收购报告，2018~2020年，建工集团资产负债率分别为71.82%、73.50%和73.39%。对此粤水电在公告内提示本次重组标的资产负债率较高，存在一定的财务风险。

本次重组在解决了同业竞争问题的同时推进了国有资本优化重组、实现上市公司股东利益最大化，还实现了省属建筑业龙头整体上市，上市公司运用资本市场持续提升其竞争力。粤水电通过构建全产业链布局，强化集约管理，实现科研、设计、施工一体化，成为横向上跨越大建筑业、纵向上贯穿项目整个生命周期和全价值链、具有核心竞争力的新型城乡建设综合服务运营商，成为粤港澳大湾区的建筑业龙头企业，在粤港澳大湾区建设中发挥主力军作用。

中国城镇化的加速发展，给建筑业带来了巨大的发展空间和前所未有的发展机遇。与城镇化相关联的高速铁路、城际铁路、高速公路、城市轨道交通、城市改造等基础设施建设显现出持续增长的趋势。作为建筑行业的"领头羊"——八大建筑央企（中国建筑、中国中铁、中国铁建、中国交建、中国中冶、中国能建、中国电建和中国化学）发展备受瞩目。从2021年新签合同额数据来看，八大建筑央企"五个梯队"的格局基本没有发生变化，值得关注的是，通过混改并购发展起来的绿地大基建、广西建工、贵州建工、江苏省建、西安建工是其内部龙头企业。

B.10
2022年热力、燃气公共服务业并购分析

胡伟 蒋贻宏 高琛*

摘　要： 2022年中国公共服务业复苏势头良好。对于电力行业，2022年全国用电量比上年增长3.6%，全国全口径发电装机容量同比增加7.8%，我国电力行业正加快清洁绿色低碳转型。对于燃气供应行业，受经济增速放缓以及高气价等因素影响，中国天然气消费同比下降1.7%，出现罕见负增长。随着中国城镇化过程中居民能源消费结构的变化，以及环保监管日趋严格的背景下燃气替代煤炭供电供热需求的提升，我国未来仍将处于天然气消费增长阶段。对于水务行业，2022年中国水务行业发展相对平稳，污水处理、管网建设、水体治理、智慧水务等仍是行业关注的重点，业务逐渐从过去传统的供水、污水处理和水环境治理等转向一体化的水务环保综合服务。2022年热力、燃气公共服务业发生的并购主要集中在传统发电行业、新能源发电行业、燃气行业、水务行业等领域，而各个细分领域的并购情况又呈现不同的特点。

关键词： 热力　燃气　水务行业　公共服务　并购

---

* 胡伟，中国并购公会注册交易师，国元证券股份有限公司副总裁、保荐代表人，主要研究方向为股权融资、并购重组；蒋贻宏，国元证券投资银行总部高级项目经理、保荐代表人，主要研究方向为股权融资、并购重组；高琛，国元证券投资银行总部项目经理，主要研究方向为股权融资、并购重组。

一 热力、燃气公共服务业趋势分析

热力、燃气公共服务业包括电力、燃气暖气供应、水务等。2022 年，电力行业积极落实"双碳"目标新要求，有效应对极端天气影响，全力以赴保供电、保民生，为疫情防控和经济社会发展提供了坚强电力保障。根据国家能源局发布的 2022 年全国电力工业统计数据，全社会用电量为 86372 亿千瓦时，同比增长 3.6%。全国发电装机容量达 25.64 亿千瓦，同比增长 7.8%。

对于燃气供应行业，2022 年我国天然气表观消费量为 3663 亿立方米，同比下降 1.7%，天然气进口量为 10925 万吨，同比下降 11.8%，主要原因系受俄乌冲突影响，欧洲天然气供应紧张，天然气价格大幅上涨，同时天然气汽车保有量下降，天然气需求减少。长期来看，随着中国城镇化过程中居民能源消费结构的变化，以及环保监管日趋严格的背景下燃气替代煤炭供电供热需求的提升，我国未来仍将处于天然气消费增长阶段。

对于水务行业，国家《"十四五"节水型社会建设规划》提出我国将全面推进节水型社会建设，2022 年是实施"十四五"规划的关键之年，管网漏控、污水处理、智慧水务等相继成为 2022 年水务行业的热点。2021 年，我国公共供水管网漏损率达 12.68%，与住房城乡建设部办公厅要求全国城市公共供水管网漏损率到 2025 年力争控制在 9% 以内的目标仍有一定距离。在政策和资金的推动下，管网漏损治理的市场需求将加速释放。根据国家统计局数据，2011～2021 年，我国污水排放量从 403.70 亿立方米增长至 625.08 亿立方米，年均复合增长率为 4.47%，污水处理需求的增长速度较快。住建部、国家发改委印发的《"十四五"全国城市基础设施建设规划》提出，到 2025 年，预计新建改造污水管网 8 万公里，预计新、改、扩建污水处理设施能力 2000 万立方米/日。水务信息化建设能为城市提供优质的供排水服务、水质污染管控与环境保护以及降低供水管网的漏损率，对提高城市供水的管理能力及保障用水安全具有至关重要的作用，水务信息化和智慧水务是行业发展的必然趋势。

二 热力、燃气公共服务业并购分析

2022 年热力、燃气公共服务业上市公司宣布完成的并购交易共 154 笔，总金额约 1107.21 亿元，该行业并购交易呈现以下特点。

电力行业并购主要包括传统电力企业重组整合、新能源发电、储能等，传统电力企业重组整合交易主体集中在央企。在国资委"持续推进兼并重组"的指导方针下，国有能源企业通过上下游整合或横向兼并优质资产的方式，不断降本增效，促进资源优化配置，以求进一步转型升级。在新能源发电领域，国家政策鼓励发展水电、风电、光伏等清洁能源，传统电力企业纷纷布局新能源行业，新能源行业的并购保持活跃。发展储能是可再生资源加速渗透的必由之路，储能行业政策支持力度持续加大。2022 年 1 月《"十四五"新型储能发展实施方案》发布，明确行业发展目标及部署实施要点，随后多项政策跟进，从需求空间和电价政策等多个方面助推行业发展，储能产业链投融资和并购重组热度高涨。

水务行业的信息化是行业发展的必然趋势，智慧水务迅速发展。经过多年发展，我国水务行业业务逐渐从过去传统的供水、污水处理和水环境治理等转向一体化的水务环保综合服务，行业内优质企业通过股权并购、收购等形式扩展业务领域、优化产业链布局、打造一体化的水务环保综合服务供应商。

2022 年 6 月 19 日，国务院办公厅印发《城市燃气管道等老化更新改造实施方案（2022—2025 年）》，从国家层面完善城市燃气监管机制，不仅首次提出完善城市燃气经营许可的退出机制，更明确支持燃气行业的兼并重组和区域化整合。在地方层面，广东、浙江、陕西、天津、河北、河南等省市纷纷出台了针对燃气行业的政策，推动行业规模化、集中化发展。国家高度重视城镇燃气管网运行安全，保障公共安全需要规模更大、运营更规范、安全管理更高效的燃气公司，相关企业合并重组是大势所趋。

（一）热力、燃气公共服务业并购数据

1.热力、燃气公共服务业每月并购交易情况

2022年热力、燃气公共服务业上市公司宣布完成的并购交易共154笔，披露的交易金额共1107.21亿元，平均每笔交易金额为7.2亿元。从单月数据看，并购交易发生最多的月份为4月，共发生30笔，当月成交金额达368.75亿元，而并购交易数量发生最少的月份为10月，仅发生4笔（见图1）。

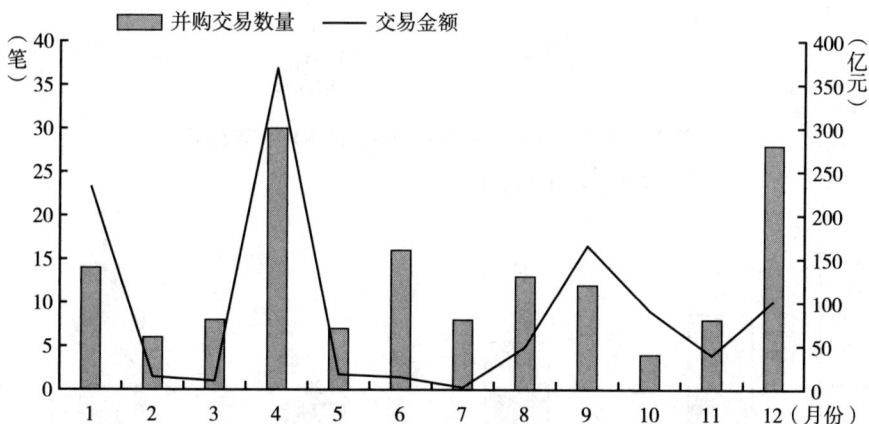

图1 2022年热力、燃气公共服务业并购交易数量及交易金额

资料来源：Wind数据库。

2.热力、燃气公共服务业跨境并购情况

2022年热力、燃气公共服务业完成的并购交易数量为154笔，其中境内并购和跨境并购分别为134笔和20笔，占比分别为87.01%和12.99%，绝大多数并购交易发生在境内（见图2）。

3.热力、燃气公共服务业并购目的分析

2022年热力、燃气公共服务业并购多倾向于产业横纵向整合、多元化战略运作以及资产调整等方面（见图3）。

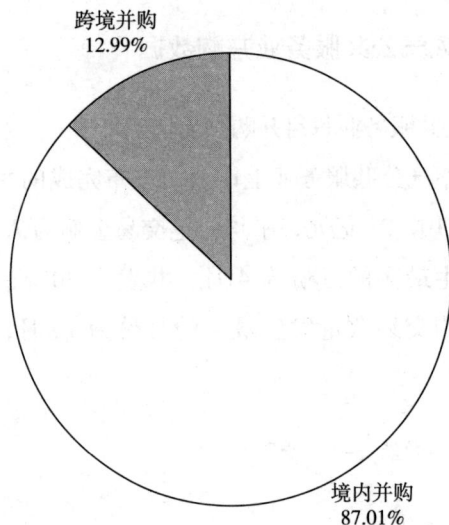

图2 2022年热力、燃气公共服务业跨境并购情况

资料来源：Wind数据库。

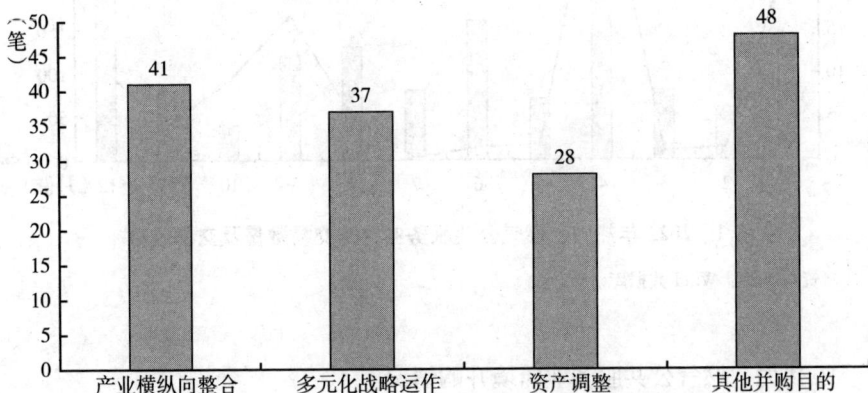

图3 2022年热力、燃气公共服务业并购动机分布情况

（二）2022年热力、燃气公共服务业重大并购事件TOP5

1. 文山电力置换及定增收购调峰调频公司100%股权

文山电力（600995.SH）于2022年5月披露重组草案，正式宣布启动对南方电网旗下调峰调频发电公司（以下简称"调峰调频公司"）的收购。

文山电力以重大资产置换及发行股份购买的方式，置入调峰调频公司100%股权，并将主要从事购售电、电力设计及配售电业务的相关资产负债置出。

本次交易中，调峰调频公司100%股权作价156.9亿元，文山电力置出资产作价21.04亿元，差额部分由上市公司以发行股份的方式购买，同时上市公司还拟定增募资不超过93亿元。本次重组完成后，文山电力正式更名为"南方电网储能股份有限公司"。

点评

在深化电力体制改革、构建新型电力系统的背景下，南方电网公司将通过重组文山电力，打造优质的储能上市公司平台。同时将调峰调频公司注入上市公司，实现抽水蓄能业务和储能业务的整体上市，可以充分发挥资本市场价值发现作用，借助资本市场的力量实现储能业务的跨越式发展。

2. 广宇发展置入鲁能新能源100%股权

2022年1月，天津广宇发展股份有限公司（以下简称"广宇发展"）与鲁能集团、都城伟业集团有限公司资产置换方案实施完成，置入广宇发展的资产为鲁能新能源（集团）有限公司100%股权，评估作价为117.09亿元，置出资产为广宇发展所持所属房地产公司及物业公司股权等，差额部分补足方式由各方另行协商确定，本次交易不涉及股份发行。

点评

广宇发展本次交易旨在将原有房地产业务资产全部置出，同时置入行业前景良好、竞争优势突出、发展前景较好的新能源发电业务资产，上市公司的主营业务将变更为风能和太阳能的开发、投资和运营。

3. 国电电力子公司拟对双江口水电公司股权进行重组

根据国电电力（600795.SH）公告，公司控股子公司国能大渡河流域水电开发有限公司（以下简称"大渡河公司"）对四川大渡河双江口水电开发有限公司（以下简称"双江口水电公司"）进行股权重组。首先，大渡河公司认缴双江口水电公司股东大唐国际应缴未缴资本金2.1亿元，认缴出资2.9亿元，对应双江口水电公司11.66%股权。其次，按照双江口水电站核准概算366.14亿元计算，股东出资总额为73.23亿元，扣除已出资22.82

亿元，股东仍需出资 50.41 亿元。双江口水电公司本次增资价格为 1.59 元/股，新增资本中，大渡河公司认购 20.49 亿元，出资 32.59 亿元。最后，深圳能源公开挂牌转让所持双江口水电公司全部股权，大渡河公司作为双江口水电公司股东，在同等条件下行使优先受让权。2022 年 4 月，本次重组完成，大渡河公司持有双江口水电公司股比增加至 62.83%。

点评

双江口水电公司负责大渡河干流第 5 级电站双江口水电站的建设和运营，电站总装机容量为 200 万千瓦，核准概算为 366.14 亿元，首台机组计划于 2024 年投产发电。本次重组双江口水电公司可加快推进双江口建设和大渡河上段水电项目开发，为大渡河流域水风光一体化可再生能源综合开发基地建设奠定基础，有助于推进公司清洁化发展和能源结构调整。

4. 沐邦高科收购豪安能源100%股权

2022 年 2 月 15 日，沐邦高科披露非公开发行预案，拟非公开发行不超过 1.03 亿股，募集资金总额不超过 24.15 亿元，这些募集的资金将用于收购豪安能源 100% 股权、10000 吨/年智能化硅提纯循环利用和补充流动资金。根据预案，公司拟以现金方式向张忠安、余菊美支付 11 亿元购买豪安能源 100% 股权，本次交易完成后，豪安能源将成为上市公司的全资子公司。业绩承诺义务人承诺豪安能源 2022 年、2023 年和 2024 年的净利润分别不低于 1.4 亿元、1.6 亿元和 1.8 亿元，本次交易于 2022 年 5 月完成。

点评

本次收购标的豪安能源是一家聚焦于光伏新能源行业的企业，主营业务为光伏单晶硅片的研发、生产与销售。经过多年的技术积累，豪安能源及下属公司可以自主开发单晶硅生产设备，并完成单晶硅拉晶、截断、开方等关键生产环节，为客户提供不同规格的单晶硅片产品，本次收购系沐邦高科多元化经营战略的一大举措。

5. 新筑股份收购晟天新能源 51.60% 股权

新筑股份于 2022 年 6 月 19 日发布公告，称拟向控股股东四川发展支付现金购买其持有的晟天新能源51.60%股权。本次交易不涉及上市公司发行股份，不涉及募集配套资金，交易价格最终确定为97317.6万元，本次交易构成关联交易和重大资产重组。

点评

本次交易完成后，新筑股份在现有业务的基础上，切入新能源发电领域，形成多主业共同发展的局面。按照2021年备考财务报告口径计算，新筑股份原有交通业务和桥梁功能部件收入占主营业务收入的比重将降至58.95%，其新增的光伏发电业务成长性良好，将成为公司未来利润的重要增长点。

（三）2022年热力、燃气公共服务业典型并购案例：中国电建（601669.SH）购入华中电力设计研究院等18家公司股权

1. 交易概述

2022年1月7日，中国电建发布公告称，为妥善解决电建集团与公司的同业竞争问题，公司拟与控股股东电建集团进行资产置换，公司以持有的房地产板块资产与电建集团持有的优质电网辅业相关资产进行置换。

置入资产为电建集团持有的中国电建集团华中电力设计研究院有限公司、中国电建集团河北省电力勘测设计研究院有限公司、四川电力设计咨询有限责任公司、上海电力设计院有限公司等18家公司股权。

置出资产为中国电建持有的电建地产、北京飞悦临空科技产业发展有限公司及天津海赋房地产开发有限公司（以下简称"天津海赋"）等3家公司100%股权。其中，天津海赋2021年12月刚以163亿元债转股形式加入上市平台的房地产业务。

本次交易拟采用非公开协议转让方式进行，置出资产截至评估基准日（2021年8月31日）所有者权益评估值（扣除永续债）合计为247.19亿元，置入资产截至评估基准日（2021年8月31日）所有者权益评估值（扣除永续债）合计为246.53亿元。置出资产与置入资产的差额为6534.26万元，由电建集团以现金方式向公司支付。

2. 并购背景及动因

公开资料显示，中国电建主营业务包括工程承包与勘测设计、电力投资与运营、房地产开发、设备制造与租赁等，母公司电建集团业务涉及能源电力、水利与环境基础设施、房地产领域，产生业务重叠。

本次资产置换有利于减少公司与控股股东之间的同业竞争。通过本次资产置换，控股股东将与公司存在同业竞争的优质资产注入公司，有利于减少公司与控股股东之间的同业竞争，增强公司独立性。此外，本次资产置换也有利于优化公司资产，增加公司收益。

3. 并购评述

中国电建在水利水电规划设计、施工管理和技术水平方面达到世界一流，水利电力建设一体化（规划、设计、施工等）能力和业绩位居全球第一，是中国水电行业的领军企业和享誉国际的第一品牌。公司承担国内大中型水电站80%以上的规划设计任务、65%以上的建设任务，占有全球50%以上的大中型水利水电建设市场，是中国及全球水利水电行业的领先者。本次重组注入电网辅业资产，将提高中国电建能源业务比重，使公司更加聚焦于能源业务。

B.11
2022年交通运输与仓储物流业并购分析

胡 伟 蒋贻宏 高 琛*

摘 要: 党的二十大报告提出,加快发展方式绿色转型,加快推动交通运输结构调整优化。2022年,交通运输经济运行总体平稳,投资规模持续高位运行,货运量、港口货物吞吐量实现较快增长,客运结构持续调整。2022年,我国物流业继续保持稳定发展态势,成为畅通经济增长"主动脉"和"微循环"的重要力量,也是促进国内国际双循环的重要推动力。2022年,中国交通运输与仓储物流业的并购交易共发生140笔,交易金额为877.33亿元,平均每笔交易金额为6.27亿元,2022年第三季度、第四季度并购交易较为活跃。民营企业并购数量为98笔,占比较高;铁路运输、水上运输、航空运输相关的并购交易数量及金额均有所提升;公路运输并购交易数量与金额均有所下降。2022年五大并购事件:上海机场定增收购虹桥公司100%股权等资产,四川路桥定增收购交建集团95%股权等资产,宁波港收购嘉港控股等股权,招商公路增资廊坊高速获其95%股权,招商轮船收购中外运集运100%股权。

关键词: 交通运输 仓储物流业 并购 股权收购

---

* 胡伟,中国并购公会注册交易师,国元证券股份有限公司副总裁、保荐代表人,主要研究方向为股权融资、并购重组;蒋贻宏,国元证券投资银行总部高级项目经理、保荐代表人,主要研究方向为股权融资、并购重组;高琛,国元证券投资银行总部项目经理,主要研究方向为股权融资、并购重组。

一　交通运输与仓储物流业趋势分析

党的二十大报告提出，加快发展方式绿色转型，加快推动交通运输结构调整优化。2023 年是全面贯彻落实党的二十大精神开局之年，交通运输部制定实施的《加快建设交通强国五年行动计划（2023—2027 年）》，重点聚焦加强现代化综合交通基础设施建设、交通运输服务乡村振兴和区域协调发展，包括交通科技创新驱动发展、提升运输服务质量等 10 个方面的内容，为加快交通强国建设完善了顶层设计。

2022 年，经济运行总体平稳，交通运输与仓储物流业投资规模持续高位运行，货运量、港口货物吞吐量实现较快增长，客运结构持续调整。基本指标同比增加，且取得了一定成就。交通运输系统完成交通固定资产投资超 3.8 万亿元，同比增长约 6%。其中，铁路投资额为 7109 亿元，与上年基本持平；公路投资额为 28527 亿元，同比增长 9.7%；水路投资额为 1679 亿元，同比增长 10.9%；民航投资额为 1231 亿元，与上年基本持平。基础设施网络日益完善。截至 2022 年底，全国铁路营业里程达 15.5 万公里，其中高铁营业里程达 4.2 万公里；公路通车里程达 535 万公里，其中高速公路通车里程达 17.7 万公里；港口拥有生产性码头泊位 2.1 万个，全国内河航道通航里程达 12.8 万公里；民用颁证机场达 254 个；共有 53 个城市开通运营城市轨道交通，运营总里程为 9584 公里；实现具备条件的乡镇和建制村全部通硬化路、通客车；邮政实现"乡乡设所、村村通邮"。运输服务水平持续提升。2022 年，全国营业性客运量达 55.9 亿人次，全国营业性货运量达 506 亿吨，港口吞吐量达 156.8 亿吨，集装箱吞吐量超过 3 亿标箱。高速公路 9 座以下小客车出行量超 171 亿人次，网约车、共享单车日均订单量分别达 2000 余万单、3300 余万单。对外合作不断加强。中欧班列通达欧洲 25 个国家 200 多个城市，开通国际道路客货运输线路 300 余条。海运服务覆盖共建"一带一路"所有沿海国家。国内航空公司经营的国际定期航班通航 62 个国家的 153 个城市。

物流行业是国民经济的基础性行业，物流行业的发展与该国的经济总量和经济发展水平密切相关。2022 年全国社会物流总额为 347.6 万亿元，按可比价格计算，同比增长 3.4%，物流需求规模再上新台阶，实现稳定增长。从构成看，工业品物流总额为 309.2 万亿元，按可比价格计算，同比增长 3.6%；农产品物流总额为 5.3 万亿元，增长 4.1%；再生资源物流总额为 3.1 万亿元，增长 18.5%；单位与居民物品物流总额为 12.0 万亿元，增长 3.4%；进口货物物流总额为 18.1 万亿元，下降 4.6%。2022 年社会物流总费用为 17.8 万亿元，同比增长 4.4%。社会物流总费用占 GDP 的比重为 14.7%，比上年提高 0.1 个百分点。从结构看，运输费用为 9.55 万亿元，增长 4.0%；保管费用为 5.95 万亿元，增长 5.3%；管理费用为 2.26 万亿元，增长 3.7%。2022 年物流业总收入为 12.7 万亿元，增长 4.7%。

2022 年是我国"十四五"规划的承上启下之年，是党的二十大隆重召开的喜庆之年，也是全面推进乡村振兴的关键之年。2022 年，我国物流业继续保持稳定发展势头，成为畅通经济增长"主动脉"和"微循环"的重要力量，也是促进国内国际双循环的重要推动力。尽管物流业发展仍面临全球经济复苏乏力、运输成本压力增加、劳动人口减少等挑战，但随着我国新冠疫情政策的不断优化调整，我国经济逐步回归常态运行，服务一二三产业的物流需求将持续恢复，物流业将更好地发挥连接生产与消费，贯通国内国外的重要作用。

二 交通运输与仓储物流业并购分析

（一）交通运输与仓储物流业并购数据

1.交通运输与仓储物流业并购趋势

2022 年，中国交通运输与仓储物流业并购交易共发生 140 笔，披露的交易金额为 877.33 亿元，平均每笔交易金额为 6.27 亿元。相比 2021 年，中国交通运输与仓储物流业并购交易数量（136 笔）、交易金额（755.66 亿元）均有较大幅度上升。

从交易数量来看，2022 年第一季度、第三季度和第四季度并购交易发生数量较为平均，分别为 43 笔、36 笔和 44 笔。从交易金额来分析，2022

年并购交易金额呈现一二季度较少、三四季度显著增长的趋势，而单笔交易金额呈现第三季度较高、其余季度较低的情形（见图1）。

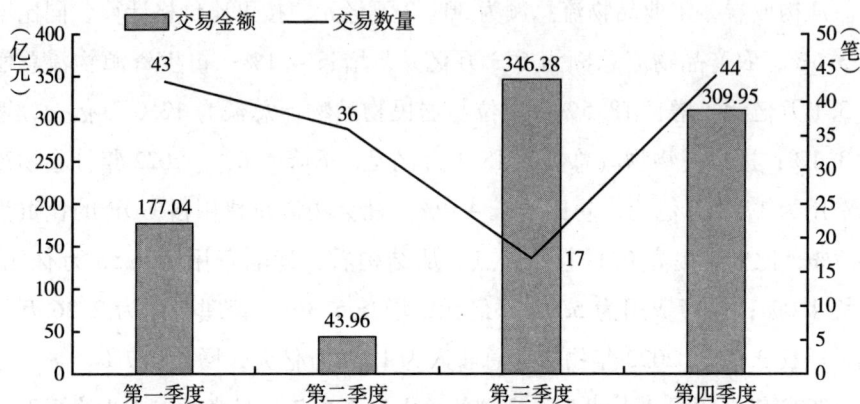

图1 2022年交通运输与仓储物流业并购交易数量与交易金额

资料来源：Wind资讯，统计时间截至2022年12月31日。

2. 交通运输与仓储物流业不同性质企业的并购交易数量

2022年，交通运输与仓储物流业不同企业类型交易情况如图2所示。2022年，中国交通运输与仓储物流业发生的并购交易数量为140笔，其中

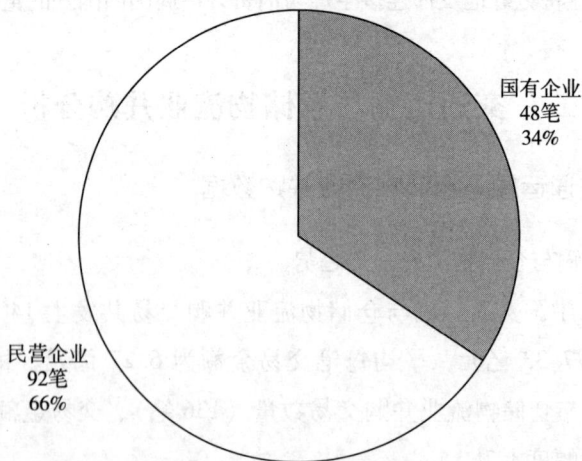

图2 2022年交通运输与仓储物流业并购交易企业性质分布情况

资料来源：Wind资讯，统计时间截至2022年12月31日。

国有企业并购交易数量占比约34%，共发生并购交易48笔；民营企业并购交易数量占比约66%，共发生并购交易92笔。

3. 交通运输与仓储物流业不同业务类型的并购交易情况

2022年，交通运输与仓储物流业不同业务类型的并购交易情况如图3所示。2022年，中国交通运输与仓储物流业发生的铁路运输相关并购交易数量为27笔，交易金额为55.69亿元。与2021年相比，并购交易数量与交易金额均有一定幅度上升。

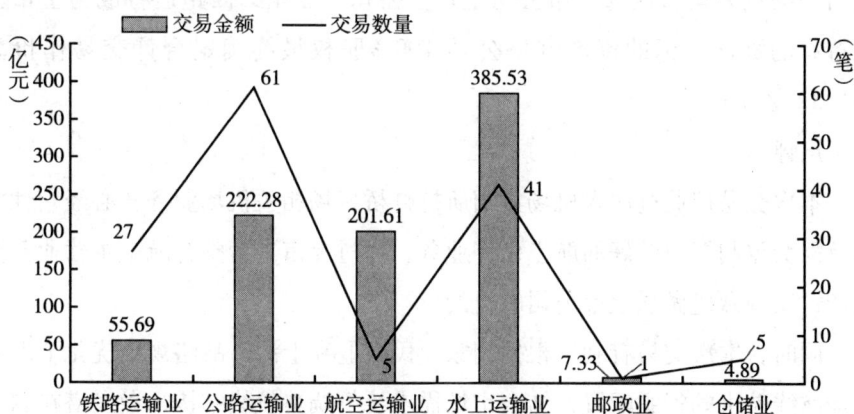

图3　2022年交通运输与仓储物流业不同业务类型的并购交易情况

资料来源：Wind 资讯，统计时间截至 2022 年 12 月 31 日，铁路运输业含行业运输专用设备制造业。

公路运输相关的并购交易数量为61笔，交易金额为222.28亿元，较2021年同期，并购交易数量（119笔）与交易金额（384.47亿元）均有较大幅度下降。

航空运输相关并购交易数量为5笔，交易金额为201.61亿元；与2021年同期交易数量（3笔）、交易金额（3.38亿元）相比，均有较大幅度上升。

水上运输业并购交易数量为41笔，交易金额为385.53亿元；与2021年同期相比，交易数量大幅上升，交易金额（367.81亿元）基本持平。

（二）交通运输与仓储物流业重要并购重组事件 TOP5

1. 上海机场（600009. SH）定增收购虹桥公司100%股权等资产

中国证监会发布《关于核准上海国际机场股份有限公司向上海机场（集团）有限公司发行股份购买资产并募集配套资金的批复》。2022 年 7月 12 日，上海机场通过发行股份的方式购买机场集团持有的虹桥公司100%股权、物流公司 100%股权和浦东第四跑道。本次交易完成后，虹桥公司和物流公司将成为上市公司全资子公司，浦东第四跑道将成为上市公司持有的资产。标的资产虹桥公司 100%股权最终确定合计交易作价为191.32 亿元。

点评

本次交易拟通过注入机场集团所持虹桥机场相关机场业务核心经营性资产及配套盈利能力较好的航空延伸业务，通过上市平台整合航空主营业务及资产，实现做优做强上市公司的目的。

同时，本次交易有利于根据国家、民航业和上海市战略规划优化上海两机场航线航班的资源配置，结合市场需求统筹调整航线结构，激发潜在国际航运需求，带动长三角机场群乃至城市群的建设发展，更好地辐射长三角等区域，强化上海国际航空枢纽的地位，从而有利于提升上海机场盈利能力和核心竞争力。本次交易完成后，依托上海两座机场的资源优势发展极具潜力的航空物流业务，从而实现业务规模的快速增长，打造新的利润增长点，促进上市公司可持续发展。

2. 四川路桥（600039. SH）定增收购交建集团 95%股权等资产

四川路桥向川高公司、藏高公司、港航开发发行股份及支付现金购买交建集团 95%股权。其中，川高公司持有的交建集团 51%股权、藏高公司持有的交建集团 39%股权以股份对价支付。港航开发持有的交建集团 5%股权以现金对价支付。四川路桥向蜀道集团、川高公司、高路文旅发行股份购买高路建筑 100%股权，四川路桥向川高公司发行股份购买高路绿化 96.67%股权，交易作价确认合计 74.18 亿元。

点评

本次交易上市公司拟收购控股股东蜀道集团旗下交通工程建设板块运营主体，不会导致上市公司主营业务发生重大变化。本次交易完成后，标的公司将成为上市公司的子公司，四川路桥交通基础设施主业规模将得到进一步提升，上市公司与标的公司将在技术、市场等诸多方面发挥协同效应，增强上市公司在交通基础设施建设领域的竞争力，提高其市场占有率，进而有利于增厚上市公司业绩，增强上市公司持续盈利能力。

3. 宁波港（601018.SH）收购嘉港控股、嘉兴港、温州港、义乌港、头门港股权

为加快实现浙江省港口一体化、协同化发展，并进一步解决上市公司与浙江省海港集团在本次交易前存在的同业竞争问题，上市公司与浙江省宁波市签署附条件生效的《同业竞争资产股权收购协议》，现金收购相关同业竞争资产股权，具体包括浙江省海港集团持有的嘉兴港口控股集团有限公司100%股权，浙江省海港集团持有的浙江海港嘉兴港务有限公司100%股权，浙江海港嘉兴港务有限公司持有的浙江海港独山港务有限公司95%股权、嘉兴港海盐嘉实码头有限公司60%股权、嘉兴杭州湾石油化工物流有限公司55%股权、浙江嘉兴港物流有限公司35%股权，浙江省海港集团持有的温州港集团有限公司100%股权；浙江省海港集团持有的浙江义乌港有限公司100%股权，浙江省海港集团持股66%的浙江头门港投资开发有限公司持有的浙江头门港港务有限公司100%股权。本次交易对价根据各标的公司股权的评估值确定，合计56.42亿元。

点评

本次交易完成后，上市公司合并报表范围将增加5家全资子公司。南北两翼港口资产的注入，将有利于公司充分统筹和利用浙江省沿海港口资源，优化资源配置，按照"一体两翼多联"港口发展新格局，统筹优化航线布局和物流路径，完善揽货体系建设，大力挖掘存量业务潜力，提高省内市场份额，保持公司货物吞吐量稳步增长。若以宁波港及同业竞争资产2019年度财务数据进行静态测算，本次交易完成后，上市公司合并报表总资产将增加64.50亿元，增长8.99%；合并报表营业收入将增加14.47亿元，增长

5.95%，经营规模将进一步扩大。

4. 招商公路（001965.SZ）增资廊坊高速获其 95% 股权

招商公路于 2022 年 6 月 23 日与廊坊交通发展集团有限公司（以下简称"交发集团"）、廊坊交发高速公路发展有限公司（以下简称"廊坊高速"）三方共同签署了《关于廊坊交发高速公路发展有限公司之增资协议》及相关文件。招商公路以 35.6 亿元对廊坊高速进行增资，增资完成后，招商公路将持有廊坊高速 95% 股权，交发集团持有廊坊高速 5% 股权。公司已完成经营者集中反垄断申报并通过审批。2022 年 8 月 18 日，廊坊高速股权交割完成，招商公路取得了廊坊高速 95% 股权。

点评

本次合作是招商公路践行国家发展战略、助力京津冀协同发展，开创合作新模式、打造央地合作新典范的重要举措。增资完成后，招商公路将持有廊坊高速 95% 股权，间接控股持有京台公司 55% 股权。本次交易将增加招商公路高速公路主控里程 147 公里，对公司经营业绩产生积极影响，将有力助推公司打造基础设施投资管理平台。

5. 招商轮船（601872.SH）收购中外运集运 100% 股权

招商轮船拟以现金支付方式收购经贸船务持有的中外运集运 100% 股权，本次交易完成后，中外运集运将成为招商轮船的全资子公司。本次交易的转让价格为 20.22 亿元。

点评

通过本次交易，招商轮船将整合中外运集运的集装箱海运业务，使自身航运业务布局得到有效完善，夯实上市公司主营业务基础，并将扩大上市公司资产及收入规模、增强上市公司盈利能力和抗风险能力，从而提高上市公司业务发展能力。

（三）交通运输与仓储物流业典型并购案例：上海机场定增收购虹桥公司 100% 股权等资产

1. 交易概述

上海机场拟通过发行股份的方式购买机场集团持有的虹桥公司 100% 股

权、物流公司100%股权和浦东第四跑道。本次交易完成后，虹桥公司和物流公司将成为上市公司全资子公司，浦东第四跑道将成为上市公司持有的资产。

本次发行股份购买资产的定价基准日为上海机场第八届董事会第十八次会议决议公告日，发行价格为44.09元/股，不低于定价基准日前20个交易日上市公司股票交易均价的90%。

根据上海机场与交易对方签署的《发行股份购买资产协议》及其补充协议，标的资产虹桥公司100%股权最终确定交易作价为1451589.32万元、物流公司100%股权最终确定交易作价为311900.00万元、浦东机场第四跑道最终确定交易作价为149749.17万元，上述标的资产合计交易作价为1913238.49万元，发行股份的数量为433939325股。

2. 并购背景及动因

（1）航空行业发展空间广阔，国家政策大力支持

随着我国经济的快速发展，航空业保持快速增长。近年来，我国航空业旅客吞吐量、货邮吞吐量持续提升，航空业市场发展空间广阔。同时，我国航空业发展承载着民航强国建设及现代流通体系建设的重要使命，《中华人民共和国国民国民经济和社会发展第十四个五年规划和2035年远景目标纲要》明确提出"加快建设交通强国，完善综合运输大通道、综合交通枢纽和物流网络"，航空业及航空物流业作为我国现代流通体系的重要一环，受到政策大力支持。《虹桥国际开放枢纽建设总体方案》明确优化拓展虹桥机场的航运服务，强化虹桥与浦东两机场联动，增强对虹桥国际开放枢纽国际服务功能的支撑，推进"空陆、空水"联运服务发展。

浦东机场及虹桥机场作为上海航空枢纽建设的重要承担者，多年来坚持走高质量发展、精细化管理之路，围绕国际航运中心建设目标，大力推进航空枢纽规划建设，打造品质领先的世界级航空枢纽。为配合我国民航强国目标、长三角一体化发展及上海"五个中心"的建设需求，国家及上海产业政策一直鼓励上海航空业的发展，《国务院关于进一步推进长江三角洲地区改革开放和经济社会发展的指导意见》《上海市城市总体规划（2017—2035年）》《上海国际航运中心建设三年行动计划》等政策为上海机场未来的持续发展及本次重组的实施提供了良好的环境。

（2）新冠疫情冲击全球航空业，上海机场积极应对

自2020年以来，全球航空业面临严峻挑战。新冠疫情对上海机场各项业务开展和经营影响较大，浦东机场飞机起降架次及旅客吞吐量大幅下降。随着国内疫情逐渐得到控制，国内航线业务量逐渐回暖，但受限于全球疫情状况，国际航线业务量仍较少，公司经营压力持续加大，营业收入显著下降。

根据国际航空运输协会分析，新冠疫情影响下各国国内航空市场恢复速度将快于国际市场，抗疫表现较好、疫苗接种推进顺利的国家，其航空运输业务有望率先恢复。此外，上海机场积极应对疫情带来的冲击，航空性业务方面，公司适时调整短期航线拓展策略，通过增加国内航线、适时恢复国际航线等措施，促进航空业务恢复。非航空性业务方面，上海机场积极降本增效、主动营销，通过整合线上、线下各类营销渠道，组织策划各类主题营销活动，实现开源增收。

（3）积极履行历史承诺，聚焦主业做大做强

2004年，上海机场以虹桥机场部分航空业务资产与机场集团拥有的浦东机场部分航空业务等资产进行置换。资产置换完成后，形成了上海市的两座主体客运业务民用机场由上海机场和机场集团分别经营的局面。机场集团及上海机场致力于解决上述经营模式下可能存在的同业竞争问题，整合核心资产，完成历史承诺。通过本次重组将机场集团内航空主营业务及资产整合至上海机场，有利于上海机场聚焦航空主业、实现自身跨越式发展。

（4）深化国企改革，加快企业整合步伐

自2015年以来，中共中央、国务院先后发布《关于深化国有企业改革的指导意见》及一系列国企改革配套文件，形成了"1+N"的政策体系，提出大力推动国有企业改制上市，强调提高国有资本配置和运营效率，推进国有资本优化重组，到2020年形成一批具有创新能力和国际竞争力的国有骨干企业。

2015年8月，中国证监会、财政部、国务院国资委、中国银监会四部

门联合发布《关于鼓励上市公司兼并重组、现金分红及回购股份的通知》，明确提出鼓励国有控股上市公司依托资本市场加强资源整合，调整优化产业布局结构，提高发展质量和效益；有条件的国有企业及其控股上市公司要通过注资等方式，提高其可持续发展能力；支持符合条件的国有控股上市公司通过内部业务整合，提升企业整体价值。

3. 并购评述

（1）优化航空资源调配，提升航空枢纽竞争力

机场作为城市重要交通枢纽，能够有效带动地方经济发展，近年来各地纷纷兴建机场，机场枢纽竞争日趋激烈。"十四五"期间，上海市将强化"四大功能"、深化航运中心在内的"五个中心"建设，推动高质量发展，打造国内大循环的中心节点、国内国际双循环的战略链接。作为国内最重要的国际航空枢纽之一，上海机场承担了完善城市核心服务功能、增强城市竞争力、引领行业发展，以及参与行业国际竞争的重任。

目前浦东机场、虹桥机场在航线布局、运力调配等方面各有侧重。本次重组将有利于上海机场在浦东、虹桥两个机场优化航线航班的资源配置，提高上市公司运营效率及盈利能力，带动长三角机场群乃至城市群的建设发展，更好地辐射长三角等区域经济带，并增强上海国际航空枢纽的整体竞争力。

（2）提高货运枢纽品质，提升国际物流节点能级

贯彻落实上海"打造国内大循环中心节点和国内国际双循环战略链接"的要求，把握拓展冷链、跨境电商、特种货物等行业发展机遇，完善航空货运枢纽网络、拓展多式联运，升级上海两场（浦东机场和虹桥机场）货运设施，优化上海两场货运布局，积极发展细分业务，全力打造货运中转功能，开发航空货运信息平台，提高口岸通关效率，对标世界一流建立航空货运运行服务标准体系，提升上海作为国际物流节点的能级和国际竞争力。

（3）推动履行历史承诺，积极解决同业竞争问题

积极推动机场集团核心资产上市、解决同业竞争问题，是机场集团及上海机场兑现历史承诺、解决历史遗留问题的重要举措。上海机场及控股股东致力于解决上述同业竞争问题，整合"上海两场"核心资产，优化航空资源调配，实现"上海两场"可持续发展。注入机场集团所持虹桥机场相关机场业务核心经营性资产及配套盈利能力较好的航空延伸业务，借助上市平台整合航空主营业务及资产，提高"上海两场"的整体运营效率及盈利能力，是上海机场发展的重要里程碑。未来，上海机场将作为浦东机场、虹桥机场运营的唯一主体，实现两场统一规划管理，后续通过充分发挥上市公司品牌效益，结合公司发展战略及区域规划拓展融资渠道，将自身打造成世界领先的航空枢纽运营公司。

（4）主动承担抗疫责任，提升公司盈利能力

受疫情影响，以运营国际航线为主的浦东机场一方面承担着守卫国门的疫情防控重要责任，运营成本居高不下；另一方面因各国相继颁布针对外国公民的旅行限制，国际旅客吞吐量断崖式下滑，浦东机场面临经济效益受挫的经营压力。相较之下，以境内航班为主的虹桥机场已随着国内疫情的有效控制逐渐恢复正常运营，运营效益率先实现反弹，航空货运业务量在疫情影响下仍旧保持了增长态势，对上市公司业务拓展具有重要意义。

虹桥机场具有良好的发展前景和较强的盈利能力，物流公司围绕上海机场开展货运业务，与上海两场共同发挥较强的协同效应。收购完成后，本次交易标的资产将有效提升上海机场未来业务规模和盈利水平。通过本次交易，标的公司将成为上市公司的子公司并纳入合并报表范围，上海机场的资产规模将得以提升，业务规模将得以扩大，持续盈利能力和抗风险能力也将有所提高。资产质量和盈利能力的提升将提高上海机场的核心价值并增厚上海机场股东回报，以实现全体股东包括中小股东利益的最大化。

（5）深入贯彻国企改革，提高资源配置效率

上海市作为国企改革重点区域，长期推动引导国企改革，鼓励企业集团整体或核心业务资产上市，推动国资创新发展、重组整合、优化布局结构。2013年至今，上海市出台了《关于进一步深化上海国资改革促进企业发展的意见》《关于推进本市国有企业积极发展混合所有制经济的若干意见（试行）》等文件，明确了上海市国资改革的主要目标。2019年9月5日，上

海市政府发布《上海市开展区域性国资国企综合改革试验的实施方案》，在国资管理体制、混改、企业动力、国资布局、公司治理、党的领导和统筹协调方面提出了要求，提出"鼓励开放性市场化联合重组，淡化资本的区域、层级和所有制属性，实施横向联合、纵向整合以及专业化重组，推动资源向优势企业、主业企业集中"。

本次交易为上海机场积极贯彻国有企业改革、加快企业重组整合步伐、提高市场化资源配置效率、增强市场化运营能力的重要举措，有利于进一步做强、做优、做大、做实上市公司业务，有利于推动上市公司实现高质量发展，实现国有资产的保值、增值。

B.12
2022年住宿和餐饮业并购分析

胡利军*

摘　要： 2022 年，住宿业业绩持续低迷，餐饮企业持续承压，供应链价格
上涨、客流量骤减、餐饮收入普遍降低。2022 年，住宿和餐饮业
增加值为 17855 亿元，下降 2.3%。相较于 2021 年，2022 年住宿
和餐饮业的并购交易数量明显上升，一批新酒店集团通过并购实
现企业扩张，行业朝着"强者更强"的方向发展。更多餐饮企业
通过并购实现终端销售渠道 B 端和 C 端同步发展，餐饮供应链企
业通过并购实现强强联合。面对新冠肺炎疫情冲击、国内经济下
行等多重考验，住宿和餐饮业积极作为，守正创新，向品牌化、
绿色化、数字化、特色化、产业化高质量转型。

关键词： 新式茶饮　数字化　连锁化　住宿和餐饮业

一　从困境到逐渐回升的住宿和餐饮业

2022 年，住宿和餐饮业发展艰难，国家统计局 2 月 28 日数据显示，住
宿和餐饮业增加值为 17855 亿元，下降 2.3%。[①]

2022 年，住宿业业绩持续低迷，截至 2022 年 12 月，国内（除港澳台

＊ 胡利军，安徽财经大学工商管理实验中心副主任、商品学实验室主任，讲师，主要研究方
向为旅游企业管理、创新创业。

① 《中华人民共和国 2022 年国民经济和社会发展统计公报》，国家统计局网站，2023 年 2 月
28 日，http：//www. stats. gov. cn/sj/zxfb/202302/t20230228_ 1919011. html。

地区）拥有住宿设施总数为46.54万家，较2020年减少了3.21万家。[1] 当然，住宿业在3年疫情的"吹打磨砺"中，韧性得以彰显，相较于2020~2021年，2022年住宿业供给有所回升，下滑势头得到遏制，2022年12月（2021年同期住宿设施总数为43.73万家）住宿设施总数增加近3万家。[2] 与此同时，酒店连锁化率显著提升，达到35%，持续演进的连锁化趋势，使酒店龙头企业的集中度不断提高。随着亚朵酒店、东呈酒店等相继上市，国内酒店行业头部玩家市场集中度进一步提升。与此同时，艺龙酒店科技、丽呈酒店、旅悦集团等一批新酒店集团也借机开始大肆扩张规模，行业不断走向"强者更强"的发展局面。以锦江酒店（中国区）为例，2022年，其新签约酒店数突破了1300家，新开业酒店超过1200家。酒店集团化、头部化、品牌化、连锁化、平台化、资本化、数字化趋势进一步增强。

2022年，消费萎靡不振，餐饮企业持续承压，供应链价格上涨、客流量骤减、餐饮收入普遍降低。国家统计局发布的数据显示，2022年全国餐饮收入为43941亿元，同比下降6.3%。[3] 全年全国餐饮收入增速同比下降24.9个百分点，低于社会消费品零售总额增幅6.1个百分点。2022年，我国新式茶饮市场规模突破2900亿元大关[4]，各品牌面临复杂多样的挑战，销售额大幅下滑、现金流出现波动、品牌大面积关店。咖啡消费市场则快速发展，咖啡的需求、供给、基础设施均在不断增长和完善。随着咖啡消费需求量持续增加，以及咖啡产业生态结构的不断优化，未来咖啡领域或将比肩茶饮，成为消费者手中的"国民饮品"。近年来，家庭厨房消费场景日渐兴起，预制菜持续走热，从政策、市场、融资环境等维度来分析，预制菜赛道成为2022年当之无愧的风口产业。更多餐饮业供应链朝同时满足终端销售渠道B端和C端的方向发展。以为肯德基、麦当劳提供调

[1] 酒店之家：《2022年度中国住宿业数据发展报告》，2022。
[2] 《2022年国民经济顶住压力再上新台阶》，国家统计局网站，2023年1月17日，http://www.stats.gov.cn/sj/zxfb/202302/t20230203_1901709.html。
[3] 《2022年国民经济顶住压力再上新台阶》，国家统计局网站，2023年1月17日，http://www.stats.gov.cn/sj/zxfb/202302/t20230203_1901709.html。
[4] 任禹西：《2022年新式茶饮高质量发展报告》，《食品界》2023年第2期。

料的宝立食品为例，2022 年宝立食品并购了其客户厨房阿芬，从服务客户到收购客户，宝立食品在 C 端转型尝试中找到了第二个增长点。而更多乳企和新茶饮品牌则向上游整合资源，例如，喜茶在贵州自建茶园，奈雪自建有机茶园和果园，古茗、CoCo 等品牌也纷纷拥有自己的茶园、果园，充分凸显了供应链的重要性。中国餐饮产业数字化进程加快，包括 SaaS、餐饮机器人在内的一些餐饮服务商业务均被市场看好，获得了包括腾讯投资、高瓴资本在内的多家知名投资机构关注。在线上化进程不断加速的背景下，"线上+线下"消费结构相结合，餐饮行业正进入堂食、外卖并重的"双主场"时代，大数据、云计算、5G、人工智能等新技术和餐饮业的融合将更加成熟。

二 住宿和餐饮业并购数据

在图 1 可以看出，2020~2022 年，住宿和餐饮业并购交易金额整体呈上

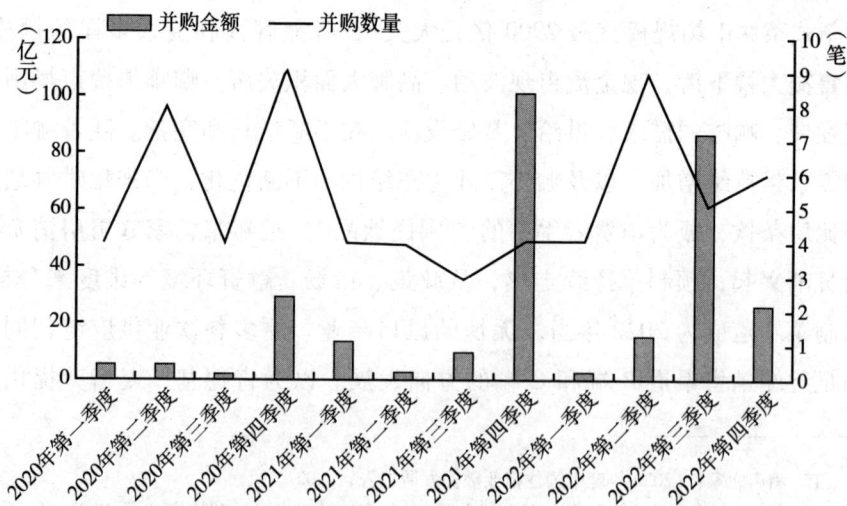

图 1 2020~2022 年住宿和餐饮业并购交易金额及数量

资料来源：Wind 资讯。

升趋势。从并购数量来看，2020~2022年并购数量分别为25笔、15笔和24笔，2021年并购数量明显低于2020年和2022年。

三　住宿和餐饮业并购案例

（一）君亭酒店收购"君澜"相关资产

2022年1月21日，君亭酒店与君澜酒店集团有限公司（以下简称"君澜酒店"）签订了股权收购协议和商标转让协议，经交易各方协商确定，浙江君澜酒店管理有限公司79%股权的收购价格为6600万元、景澜酒店投资管理有限公司（以下简称"景澜酒店"）70%股权的收购价格为1400万元、"君澜"系列商标的转让价格为6000万元，合计1.4亿元。本次交易完成后，君亭酒店将持有浙江君澜酒店管理有限公司79%股权、景澜酒店70%股权，标的公司将成为君亭酒店控股子公司，纳入公司合并报表范围。

景澜酒店提供集酒店运营商、品牌提供商、技术服务商于一体的专业酒店管理及咨询服务。君澜酒店业务涉及23个省（区、市），累计投资管理超过180家酒店。景澜酒店业务涉及全国13个省（区、市），累计投资管理75家酒店。君澜酒店与君亭酒店均为吴启元所创立，君亭酒店曾是君澜酒店旗下的支柱品牌，2015年之后根据发展战略，两家公司独立发展。如今"双君"合璧，君亭酒店是"以小吞大"，无论从规模还是知名度上看，相比君澜酒店，君亭酒店都要弱上一点。"2021中国酒店集团规模TOP50"显示，君澜酒店位列第十四，君亭酒店则排第50位，勉强跻身50强。

本次收购是君亭酒店推进公司通过轻资产模式在中高端酒店行业进一步扩张的重要布局，收购完成后，酒店规模达到300家以上，客房总数逾60000间。本次收购加速了公司中高端酒店市场布局，同时提升公司市场竞争力与品牌影响力，将有力地拓展国内高端酒店市场的服务深度和业务广度，区域布局更加广阔，酒店产品层次更加丰富，品牌内涵更加深刻，市场竞争力将得到大幅提升。

（二）腾讯入股兰州牛肉面品牌马记永

2022 年 1 月 27 日，兰州牛肉面品牌马记永关联公司上海花桥餐饮管理有限公司发生工商变更，股东新增广西腾讯创业投资有限公司等，注册资本增至约 160 万元，增幅约 13.48%。

马记永隶属上海花桥餐饮管理有限公司，该公司成立于 2019 年 7 月。马记永虽然是兰州牛肉面品牌，实际上，马记永的诞生地却是上海。品牌创立之初，马记永就将自身定位于"高端牛肉面"品牌，其开店地址多为中高档购物中心及写字楼等场所。在装修风格上，马记永兰州牛肉面也是一改以往传统拉面店简约、清爽的风格，整体以靛蓝和浅木色为主格调，让人耳目一新。目前，马记永拥有 220 多家店，多集中在上海、苏州、南京等地。

作为中国三大名小吃（沙县小吃、黄焖鸡米饭、兰州牛肉面）之一，兰州牛肉面具有广泛的群众基础。一碗牛肉面需要的材料并不复杂，无非是汤底、面粉、牛肉、葱花等。随着餐饮工业化的发展，兰州牛肉面的绝大多数制作工序都可由中央厨房集中完成，牛肉面出餐的口味并不依赖厨师，可以做到标准化。门店只需保留 4 道简单的制作工序：拉面、煮面、放汤和浇头。这无疑能让出餐速度变得更快。拉制一份面，经验丰富的师傅仅需 10 秒钟，行业的平均水平也在 30 秒左右。出餐效率高，翻台效率也会很高，坪效也会相应提高，这也是新兴牛肉面品牌产品普遍 SKU 极简化的原因。而标准化、数字化正是新兴连锁餐饮企业发展的方向。

近年来，腾讯已将目光瞄准线下餐饮领域。此前，腾讯曾连续参与和府捞面的两轮投资，本次入股马记永是腾讯再次"参战"面食赛道。除了面食赛道，在咖啡茶饮领域，腾讯参投了喜茶、Tims 中国和 Algebraist 代数学家；此外，腾讯还投资了热卤品牌盛香亭。腾讯投资这些餐饮新消费品牌，盯上的不仅仅是眼前的新品牌，更多的是他们背后的数据和年轻消费者。

（三）同程旅行收购美豪酒店

2022 年 8 月 15 日，上海美豪商业管理有限公司发生股权变更。最新工商信息显示，同程旅行 CEO 马和平成为美豪商业的法定代表人，同程旅行关联公司青岛好享住投资有限公司持股 32%，天津天健诚达企业管理合伙企业（有限合伙）持股 20%，苏州龙悦天程创业投资集团有限公司持股 17%，3 家公司共计持股 69%。青岛好享住投资有限公司与苏州龙悦天程创业投资集团有限公司均为同程旅行关联公司艺龙 100% 持股，这意味着同程旅行控制了上海美豪商业管理有限公司 49% 的股权。同时，马和平持天津天健诚达企业管理合伙企业（有限合伙）99% 股权。

上海美豪商业管理有限公司拥有美豪酒店管理业务及美豪旗下所有酒店品牌的所有权，包括美豪雅致、美豪丽致和美丽豪等，整体以加盟店为主要业务形态，是一家轻资产酒店管理公司。而美豪直营的 20 余家重资产直营酒店则归属于上海美豪酒店管理股份有限公司，公司目前运营有连锁酒店品牌雅致、丽致和 R HOTEL，五星酒店品牌美嘉豪、四星酒店品牌美丽豪、轻奢酒店品牌东方新丽和精选酒店品牌怡致。同程控股美豪商业后，美豪股份依旧保持独立，这些直营店部分将通过加盟美豪商业品牌的方式运作。

公开资料显示，作为一家 17 年的老牌酒店集团，美豪酒店集团拥有七大酒店品牌，在 2021 年时已经布局 100 城超 300 家门店，并计划未来 5 年扩展至全国超 200 座核心城市。据中国饭店协会发布的《2022 中国酒店集团及品牌发展报告》，美豪酒店集团以开业 173 家酒店、2.3 万间客房排中国酒店集团第 21 位。

同程在住宿产业链上布局由来已久。2021 年 12 月 9 日，同程艺龙成立艺龙酒店科技平台，目前，艺龙酒店科技平台已涵盖美程酒管、艺龙酒管、珀林酒管、安程酒管、良程酒管、爱电竞酒管、日本艺丽酒管、雅之程酒管等多家酒管公司，以及旅智科技、艺龙智慧布草、同驿科技、艺同凡享、艺方好物等住宿赋能中台。截至 2022 年 6 月，艺龙酒店科技平台开业酒店总数突破 400 家、签约酒店总数超 600 家。此前，同程投资的酒管公司、酒店品牌以经济型和中端为主，美豪酒店则在中高端酒店市场具有一定影响力，此次投资美豪酒店，可以补足艺龙酒店科技平台旗下高端品牌缺失的遗憾。

（四）宝立食品收购厨房阿芬剩余 25% 股权

2022 年 10 月 9 日，上海宝立食品科技股份有限公司（以下简称"宝立食品"）发布公告称，公司与控股子公司厨房阿芬少数股东王妙妙、姜章分别签署股权转让协议，分别以 5100 万元、1275 万元收购两人各自持有的厨房阿芬 20%、5% 股权，交易价格合计为 6375 万元。同时，厨房阿芬与空刻网络少数股东杭州热浪品牌策划有限公司签署协议，以 3500 万元的价格收购后者持有的空刻网络 10% 股权。

宝立食品的主营业务为食品调味料的研发、生产和销售，主要产品包括复合调味料、轻烹解决方案和饮品甜点配料等，其产品主要销往肯德基、麦当劳等头部快餐品牌。厨房阿芬作为宝立食品子公司，其主营业务为轻烹解决方案类产品的销售，目前主要资产为持有的空刻网络股权。2021 年，厨房阿芬实现营业收入 4.98 亿元，实现归母净利润 1313.55 万元；2022 年第一季度，厨房阿芬实现营业收入 1.55 亿元，实现归母净利润 628.55 万元。而空刻网络主营业务为轻烹解决方案类产品的销售，主要产品为空刻意面，并主要通过天猫商城、京东、拼多多等互联网平台以及团购、线下体验店等多元化渠道开展方便食品的销售。公司的核心品牌"空刻""Airmeter"在消费者群体中享有较高的知名度。公告显示，2022 年"6·18"期间，空刻意面全渠道销售额破亿元，是天猫、抖音、京东 3 个平台意面类目第 1 名，也是天猫、抖音方便速食类目第 1 名。

此次交易完成后，厨房阿芬将成为宝立食品全资子公司，厨房阿芬对空刻网络的直接持股比例也将从 70% 上升至 80%，厨房阿芬另通过杭州空刻品牌管理合伙企业（有限合伙）间接持有空刻网络 3% 股权。显而易见，本次收购将有利于宝立食品加强对厨房阿芬、空刻网络的控制，以进一步整合资源、完善组织架构、提高集团内各主体间的协同效应。此外，通过收购厨房阿芬发力 C 端市场，新增线上自营等面向个人消费者的轻烹食品销售渠道，宝立食品初步实现了 B、C 两端双轮驱动。

（五）满记甜品并购新茶饮品牌"小满茶田"

满记甜品与新茶饮品牌"小满茶田"完成合并。同时，满记甜品母公司智港集团也宣布完成新一轮战略融资，由知名餐饮集团和新消费独角兽公司联合领投。合并后的"新满记"将开设新业态门店，以及推出"新甜品"概念。"新满记"的掌舵者是"小满茶田"创始人刘子正，他将出任智港集团总裁及满记甜品联席 CEO。

"小满茶田"是北京新火新搽网络科技有限公司旗下车厘子主题茶饮品牌，成立于 2019 年，是国内车厘子制茶开创者，主打以车厘子为代表的"高价值感"杯装鲜果茶饮，目前仅开设了 16 家门店。而满记甜品创始于 1995 年。这场新茶饮与传统港式甜品的联姻，似乎投射着甜蜜潮流的"新旧更替"。

2005 年，满记甜品在上海开设了第一家门店。在最初的 3 年里，满记甜品只开设了 6 家门店。直到 2007 年，满记甜品第一次尝试将甜品店开设在上海港汇恒隆的零售区，为逛街的消费者提供一个休憩场所。当时，在中国，购物中心开始取代百货成为商业体建设的潮流，满记甜品规模迅速扩张。自 2010 年开始，满记甜品进入高速发展期。2011 年，满记甜品店铺数量增长率达 100%。目前，满记甜品在内地和中国香港、新加坡拥有近 300 家全直营门店，年收入近 10 亿元。但这与满记甜品巅峰时期的近 500 家门店相比，或许颓势已显。大众点评显示，目前北上广深 4 个一线城市中，满记甜品的门店数量分别约为 23、55、6、12 家，满记甜品另外约 2/3 的门店则散布在全国各地，不少渗透至常熟、镇江、慈溪等城市。在一众新茶饮、蛋糕、烘焙等新消费品牌的夹击下，如今的满记甜品，可能早就称不上新鲜了。

成立了 27 年的满记甜品，产品、品牌皆面临老化问题。而"小满茶田"成立不到 3 年的时间，但靠着"车厘子"和"杯装甜品"两大卖点，迅速在社交平台走红。在小红书上，其招牌产品"车厘子炸弹"是不少人拍照打卡的重点对象。此后，"小满茶田"陆续推出以贵价水果如"晴王青提"等为卖点的系列产品，产品客单价在 30 元左右。满记甜品和"小满茶田"合并是一个比较大胆、冒险的"重组手术"，以此延长满记品牌的生命周期。满记所在的甜品赛道与"小满茶田"所在的新式茶饮赛道在近几年边界逐渐模糊。新式茶饮品牌正通过加料、卖欧包等方式逐渐蚕食传统甜品店的市场。满记甜品变成"新满记"，面临的仍然是这个市场，而市场已是红海，留给品牌的增长空间已大不如前，且"新满记"未来还将面临融合的挑战。

（六）锦江酒店收购 WeHotel 的资产

2022 年 11 月 24 日，锦江酒店公告与锦江资管、锦江资本、西藏弘毅签署了《股权转让协议》，锦江酒店拟以协议转让方式收购锦江资管（45%）、锦江资本（10%）、西藏弘毅（10%）持有的 WeHotel 合计 65% 股权，交易价格为 8.502 亿元，锦江资管交易标的转让价格为 58860 万元，锦江资本及西藏弘毅交易标的转让价格为 13080 万元。收购完成后，锦江酒店将持有 WeHotel 75% 股权，联银创投持有 19% 股权，国盛投资持有 6% 股权。

WeHotel 成立于 2017 年 2 月 16 日，主营业务为中央预订系统（CRS）、入住通（PMS）、企业大客户管理系统、结算通、一键入住等新一代数字技术、产品、服务和系统解决方案；为集团及各产业板块提供数据治理与"云、数、网、安"基建底座建设等一系列数据规范和信息安全防御体系；通过自主研发的企业商旅管理平台，为逾 10 万家企业和集团提供优质卓越的企业差旅管理技术服务。2020 年、2021 年和 2022 年上半年 WeHotel 营业收入分别为 2.84 亿元、2.33 亿元和 1.04 亿元，归母净利润分别为 -1421.60 万元、1074.73 万元和 795.93 万元，净利率分别为 -5.0%、4.6% 和 7.7%。

并购完成后，锦江旗下现有酒店未来均可加入 WeHotel 平台，WeHotel 负责锦江会员生态体系建设，统一锦江会员线上入口、统一锦江会员积分规则、统一建设锦江会员管理系统。此次并购将提高锦江酒店中央预定渠道收费和会员直销比例带来的收入，降低运营成本。直销渠道占比提升有利于减少 OTA 平台佣金费用、降低销售费用。2021 年，锦江酒店销售费用率为 7.8%，相比华住 5.0% 和亚朵 5.8% 的水平仍有进一步优化空间。除了已上线的"豪华经典酒店子会员计划"和覆盖锦江酒店旗下近 40 个中端及经济型酒店品牌的"优选酒店子会员计划"外，后续公司还将有步骤地上线锦江国际集团下属旅游、客运、美食等产业板块子会员计划，逐步完成锦江酒店会员在各板块及海外酒店线上线下渠道的权益共享和积分互通。集团子会员权益互通能够为会员带来差异化的权益体验，促进会员流量在生态体系内的流通互导。截至 2022 年第三季度，锦江酒店有会员 1.82 亿人，在行业内具有较明显优势，更加丰富的权益能够提高会员的黏性，带来更多复购，未来锦江酒店会员黏性有望进一步提升。

（七）朗诗绿色生活收购北海朗润商业管理有限公司

2022 年 12 月 16 日，朗诗绿色生活（01965）全资附属公司——朗鸿（南京）企业管理有限公司拟分别向南京朗郡商业管理有限公司及濠旺集团有限公司收购北海朗润商业管理有限公司的 99% 及 1% 股权，代价为 2.017 亿元。收购完成后，北海朗润商业管理有限公司将成为朗诗绿色生活的间接全资附属公司。

同日，目标公司（为其自身及代表目标集团其他成员公司）与上海朗诗寓（为其自身及代表上海朗诗寓集团其他成员公司）订立经营及管理框架协议，据此，目标集团成员公司将向上海朗诗寓集团成员公司提供公寓长期租赁经营及管理服务。

北海朗润商业管理有限公司开拓长租公寓市场多年，目前其已布局北京、上海、广州、深圳、南京、杭州、成都等十几个一线及强二线城市，服务人数已超过 30 万人，多年来积累了丰富的长租公寓运营管理经验，树立了朗诗寓这个优质的长租公寓品牌，培育了轻资产长租公寓委托运营管理业务模式。而朗诗绿色生活作为一家拥有多年物业管理经验的企业，具备了强大的物业管理能力和技术支持，两家公司的业务优势互补。

通过收购事项，朗诗绿色生活将收购朗诗寓"长租公寓委托运营管理业务"，直接将其培育成熟的长租公寓运营管理核心能力注入集团，扩展集团的业务及服务边界，使集团的业务体系更加丰富和饱满，为集团增加新的利润增长点，符合公司及其股东的整体利益。随着年轻人消费观念和生活方式的不断变化，无论是从政策端还是从市场端来看，长租公寓市场的潜力都是巨大的，特别是在一线和新一线城市，长租公寓委托运营管理业务的发展具有广阔的空间。

（八）奈雪的茶收购乐乐茶 43.64% 股权

2022 年 12 月 5 日，奈雪的茶发布公告宣布已签署对乐乐茶主体公司上海茶田餐饮管理有限公司的投资协议，以 5.25 亿元收购乐乐茶 43.64% 股权。投资事项完成后，乐乐茶将成为奈雪的茶的联营公司，并将继续维持独立经营，即乐乐茶仍将保持"品牌不变""团队不变""运营不变"。

奈雪的茶成立于 2015 年，目前业务板块包括"现制茶饮"、"奈雪茗茶"及"RTD 瓶装果茶"等。2021 年 6 月 30 日，奈雪的茶正式在港交所挂牌上市，成为"新茶饮第一股"。投资事项完成后，奈雪的茶将在门店拓展、供应链、数字化与自动化、内部管理等方面对乐乐茶提供支持。

2016 年 12 月，乐乐茶首家门店落地上海五角场万达，以"现制茶饮+欧包+第三空间"的经营模式出道。截至 2022 年 3 月，乐乐茶全国门店数量为 99 家，其中上海门店数量最多，为 54 家，北京有 8 家。乐乐茶已成为现制茶饮行业头部企业之一，尤其在华东地区有较好的品牌实力和消费者认知。在持续深耕华东地区，进一步辐射华中、华北和二三线城市的布局方针下，乐乐茶正筹备启动"LELECHA FRESH"门店计划，以 60 平方米的店铺、更轻量级的店型、更少的投资，以及更快的投资回报周期，优化人工成本、门店动线和产品结构。

投资事项完成后，奈雪的茶在门店拓展、供应链、数字化与自动化、内部管理等方面的优势将赋能乐乐茶，帮助其业务规模实现进一步增长，进而为公司及股东提供良好的投资回报。此外，投资事项也将有助于进一步优化行业竞争环境，降低公司未来门店拓展、运营等方面的成本。此次奈雪的茶投资乐乐茶，是行业 2022 年"重量级"的投资，是茶饮头部军团的重塑整合，新式茶饮行业正处于长期主义阶段，逐步进入强者恒强的"洗牌期"，而"强强联合"更能放大品牌效应。

（九）未来好宿和易宝支付旗下平台小星球转转合并

2022 年 11 月，未来好宿完成数千万 A 轮融资，本轮融资仍由易宝支付旗下基金领投，并获得多家民宿品牌跟投。同时，未来好宿和易宝支付旗下平台小星球转转宣布合并，双方将联合推出全新品牌"未来星球"，在组织团队、资源互补、营销服务等领域实现全方位整合。战略合并后，未来好宿创始人、CEO 盖书华将任全新品牌"未来星球"CEO，易宝支付合伙人、小星球转转创始人韩棋将作为新品牌董事、战略顾问继续支持未来星球的发展。

未来好宿创立于 2020 年 9 月，作为会员制精品民宿预订平台，平台专注于中产家庭出行服务领域，通过会员制方式为用户提供高性价比的周边度假产品。目前，平台用户已超过百万人，合作近 500 个民宿品牌。小星球转转是易宝支付于 2021 年孵化创立的，定位为"一站式旅行生活分享平台"，目前已接入景区门票、酒店民宿、旅游度假、亲子研学等优质资源，有数十万名"球长达人"与用户。

从业务来看，未来好宿主营业务是民宿，依靠中低频产品起家，而小星球转转平台聚焦于门票、景点、好物等高频产品侧且优势突出。高频业务和低频业务的有机结合，可以达到优势互补。合并完成后，全新品牌"未来星球"将继续扎根乡村精品民宿，以村做布局，形成民宿集群品牌，让乡村的市场活起来。在乡村振兴的政策红利下，乡村旅游前景无比广阔。双方合作战略升级后，将充分发挥各自优势，加快产品创新和行业拓展的步伐，给商家和消费者创造更多价值，助力乡村经济发展。

（十）平安云厨控股九橙餐饮

2022 年 6 月，平安云厨宣布完成对知名团餐企业九橙餐饮的战略控股，此次战略控股投资完成后平安云厨创始人、CEO 高明将兼任九橙餐饮董事长、总裁。

平安云厨成立于 2018 年，聚焦校园团餐细分市场，率先提出以"吃什么，做什么"的全新校园餐饮模式取代传统团餐"做什么，吃什么"的模式，并以科技、营养、数字智能为核心，打造"科学就餐，精准营养"校园餐饮服务平台，赋能传统团餐企业数字化转型升级，打通校园场景壁垒，开拓传统团餐企业新业务，引领团餐行业变革。同时，平安云厨还推动校园餐饮"线上+线下"双升级，为学校营养教育提供平台，培养学生健康饮食观念，实现科学、营养就餐，让每个孩子吃好。截至 2022 年 6 月，平安云厨已获得国家高新技术企业、专精特新等国家级认证，并已完成 3 轮战略融资，为全国 20 余省份千余所学校提供校园科技团餐整体解决方案。

九橙餐饮成立于 2008 年，主要为世界 500 强企业、重点机关事业单位及学校提供餐饮综合服务，业务涵盖中央厨房运营、机构内部餐厅委托管理等。资料显示，九橙餐饮拥有 25 亩自建工厂，中央工厂统采统配，并拥有冷链预包装全系列资质、高标准食品安全实验室等，是中国餐饮业团餐十大知名品牌、中国团餐百强企业、中国领先供应链龙头企业。

平安云厨控股九橙餐饮是团餐领域的"新老联姻"，意味着其科技团餐业务进一步从校园到社会，从 B 端到 C 端投射能力的增强。作为科技餐饮服务平台，平安云厨集团将在继续增强自身科技、营养、数字智能等产品创新能力的同时，充分发挥九橙餐饮强大的中央厨房及线下运营能力，全面整合传统团餐与团餐信息化优势，深入探索全新的科技团餐模式，开启业务升级之路。

四 典型并购案例：华润啤酒收购金沙酒业 55.19% 股权

（一）交易概述

2022 年 10 月 25 日，华润啤酒发布公告称，其间接全资附属公司华润酒业控股拟以 123 亿元的总价收购贵州金沙窖酒酒业有限公司（以下简称"金沙酒业"）55.19%的股权。公告显示，华润方面和金沙酒业的交易分成两部分，先是以增资形式认购金沙酒业 4.61%股权，总对价约为 10.27 亿元，再从原股东手中购买金沙酒业 50.58%的经扩大股本，总对价约为 112.73 亿元。2023 年 1 月 10 日，华润啤酒收购金沙酒业 55.19%股权的交易已完成交割，后者成为间接非全资附属公司。华润啤酒首席执行官、华润雪花啤酒（中国）有限公司董事长侯孝海出任金沙酒业董事长和法定代表人。原金沙酒业党委书记、董事长张道红任金沙酒业副董事长。

（二）并购背景及动因

作为亿万规模的重点央企之一，华润已然是当前国内"巨无霸"级的多元化民生央企，其业务横跨六大板块、覆盖超 26 个行业、承载着 2000 家企业、汇聚了超过 37 万名员工。在啤酒业务板块，华润以"蘑菇战术"在 10 年时间一跃成为中国啤酒市场"领头羊"，随后，在高端战略的引领之下，华润啤酒从"并购之王"变身"利润之王"，并在 2021 年，净利润首次超过青岛啤酒。经过 20 多年的连续并购，华润啤酒成为中国第一大啤酒企业。而金沙酒业地处赤水河流域酱香白酒集聚区——金沙产区，是贵州最早的国营白酒生产企业之一，积累了丰富的经验，在国内市场树立了优质的白酒品牌形象。2021 年，金沙酒业旗下"摘要"和"金沙回沙"双品牌价值合计 1036.45 亿元，居中国白酒第 12 位、中国酱酒第 3 位。2021 年 10 月底，金沙酒业年产 3 万吨基酒扩能项目—期工程 5000 吨投粮扩产，年产能升至 2.4 万吨。待 3 万吨工程全部完成后，金沙酒业将具备年产 5 万吨基酒的产能和 20 万吨的储酒产能。

华润在白酒业的布局基本上是"1+N"布局。"1"指要有一个全国的龙头企业或者龙头品牌，"N"指有数家区域龙头企业和品牌。早在 2013 年，华润投资建设华润雪花啤酒（海拉尔）有限公司满洲里分公司，将原海威啤酒厂啤酒罐装生产线改为白酒生产线，先后研制出满洲里纯粮白酒，百年满洲里三年、五年等 20 多款新品白酒。自 2018 年以来，华润集团一直以投资的方式布局白酒赛道。2018 年 2 月，华润旗下华创鑫睿入股山西汾酒，目前，华创鑫睿持有山西汾酒 11.38% 股权，成为汾酒第二大股东，帮助汾酒实现快速破局和发展。2018~2020 年，山西汾酒实现营业收入 93.8 亿元、118.8 亿元和 139.9 亿元，同期归母净利润分别为 14.67 亿元、19.39 亿元和 30.8 亿元。统计数据显示，2018~2022 年，华润在汾酒的投资最终盈利超 360 亿元。2020 年，华润集团正式成立公司推进"啤酒+白酒"业务，由华润雪花啤酒有限公司 100% 控股的华润酒业控股有限公司在海口成立，正式宣告华润集团将以华润雪花啤酒为控股平台推进白酒领域的业务。2021 年 8 月，华润联合鼎晖投资与山东景芝酒业达成战略合作，成立景芝白酒，并获得景芝白酒 40% 股权。2022 年 6 月，华润接受阜阳投发持有的金种子集团 49% 股权，成为金种子集团第二大股东，并在金种子集团的 7 个董事席位中获得 5 席。现如今，随着华润酒业收购金沙酒业 55.19% 股权一案最终完成，2023 年 1 月 10 日，金沙酒业的投资人发生变更，变更后华润酒业控股有限公司将持股 55.19%，为控股大股东。

从投资景芝白酒、参股金种子酒，再到如今控股金沙酒业，华润方面在白酒领域已投入数百亿元，在浓香、酱香、芝麻香等多种香型的白酒都有布局，酒业生态圈可谓日臻完善。

（三）交易述评

2022 年 10 月 25 日华润啤酒发布收购公告，2022 年 12 月 7 日华润酒业收购金沙酒业股权案已获得重庆市市场监督管理局的无条件批准。从宣布收购到收购完成，仅历时 2 个多月。这也是迄今为止，白酒行业最大的一桩并购案。华润啤酒与金沙酒业的资本重组是一个强强联合的项目，一方面，华润啤酒作为央企执行国家投资战略，以消费振兴经济、以消费拉动内循环为主的双循环。另一方面，华润啤酒拥有遍布全国的啤酒分销网络、销售团队和快速消费品行业经验。而金沙酒业拥有较高的酱香酒产能和金沙摘要品牌。虽然啤酒和白酒产品本身有所不同，但在销售渠道、生产工艺、销售模式、信息化、成本管控、工厂管理、渠道建设、产品组合等方面依然有很多共通之处，两者合作是资源互补，能产生协同效应。因此，"啤酒+白酒"双赋能还有很大的空间。

参考文献

王小伟：《餐饮业进入"双主场"时代》，《证券时报》2022年12月2日。

王玮：《同舟共济渡难关，求新务实谋发展——2022年旅游住宿业年终盘点》，《中国旅游报》2023年1月5日。

刘佳昊、来有为：《以工业化、数字化带动我国餐饮业高质量发展》，《中国发展观察》2022年第10期。

栾立：《白酒并购升温　出手的多是"业外人"》，《第一财经日报》2023年3月1日。

专题篇
Special Topic Reports

B.13
2022年中国上市公司并购重组分析

吴夏倩*

摘　要： 本报告回顾梳理了 2022 年中国 A 股上市公司收购和重大资产重组整体情况。2022 年全国共披露 137 单重大资产重组方案，产业类并购成为市场主旋律。各板块共审核上市公司重大资产重组方案 51 单，虽有小幅回升，但也难掩逐年减少的趋势。2022 年上市公司完成控制权变更的数量为 165 单，控制权交易维持高位运行，正逐步成为 A 股资本市场并购重组的重要形式。以 A 控 A 为代表的产业内强强联合持续增加，要约收购数量出现小幅回升。

关键词： 上市公司　收购　重大资产重组　控制权

---

* 吴夏倩，法学硕士，上海证券交易所工作人员，主要研究方向为证券法、信息披露、公司治理。

一 2022年A股上市公司重大资产重组情况

（一）重大资产重组情况概述

2022年全国共披露137单重大资产重组方案，其中，审核类重组80单，非审核类重组57单，共涉及交易金额4004亿元。分板块来看，沪市主板公司共披露56单重大资产重组方案，交易金额2362亿元；科创板共披露5单重大资产重组方案，交易金额31亿元。深市主板公司共披露重大资产重组方案50单，交易金额1413亿元；创业板披露重大资产重组方案26单，交易金额198亿元。重大资产重组主要呈现三个特点。

一是并购标的回归实体本源。基于同行业、上下游整合的重组占比近七成，以产业整合为目的的重组逻辑已成为市场主旋律，上市公司跨行业并购冲动得到较大程度抑制。

二是估值溢价回归理性水平。据深交所数据，标的公司评估增值率中位数降至69.82%，较2021年的145%，大幅下降，已连续4年下降，重组方案进一步回归成熟和理性，"三高"问题持续改善。

三是所处行业以制造业为主。137单方案中涉及制造业76单，占比55.47%，其中，化学原料和化学制品制造业（9单）、计算机、通信和其他电子设备制造业（9单）以及专业设备制造业（8单）居于前列。

（二）审核类重大资产重组情况分析

2022年，A股全板块共审核上市公司资产重组方案51单（共50家公司，其中两单方案涉及同一家公司），审核通过46单，否决5单，整体过会率90%。尽管较2021年有小幅回升，但也难掩上市公司重大资产重组交易日渐减少的趋势。

1. 审核情况

2022年，中国证监会上市公司并购重组审核委员会（以下简称"证

监会并购重组委"）共召开会议 27 次，审核主板上市公司资产重组方案
41 单，审核通过 36 单，否决 5 单，整体过会率 88%（见图 1）；创业板并
购重组委员会共召开会议 5 次，审核创业板上市公司资产重组方案 8 单，
审核通过 8 单，整体过会率 100%；科创板并购重组委员会共召开会议 2
次，审核科创板上市公司资产重组方案 2 单，审核通过 2 单，整体过会率
100%（见图 2）。

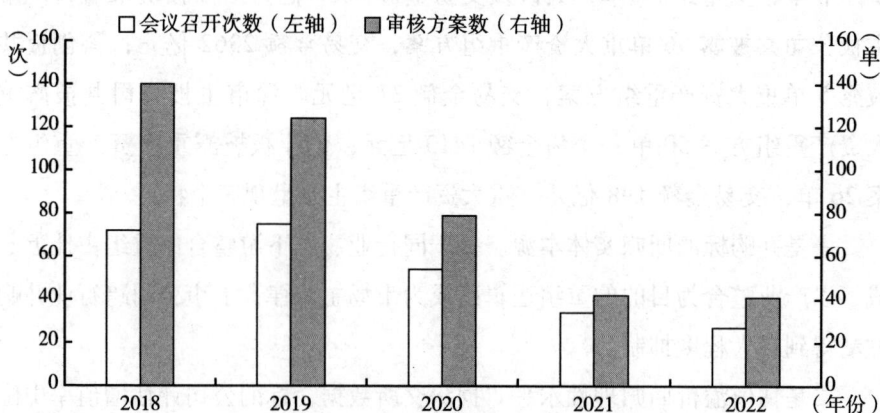

图 1　2018～2022 年中国证监会上市公司并购重组审核委员会
会议频次和审核方案数

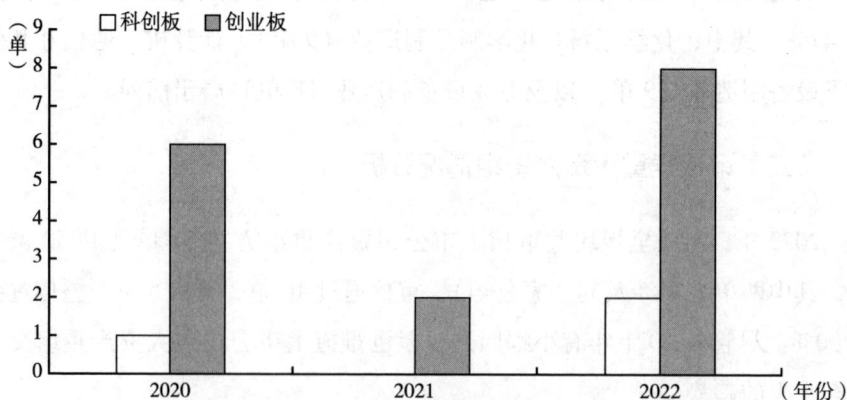

图 2　2020～2022 年科创板、创业板审核方案数统计

2022年，证监会并购重组委否决了5家上市公司重组申请，除1单因关联交易问题导致上市公司独立性存疑被否外，其余4单方案均与标的资产相关，主要原因为交易完成后标的资产运营存在较大不确定性，未充分说明并披露交易标的资产评估增值率较高的合理性和定价公允性，以及未充分说明交易不存在损害上市公司股东合法权益的情形。

此外，2022年审核类重大资产重组终止或撤回案例共51单，终止或撤回时间点主要集中在重组预案披露后但草案披露前，仅10单是在受理后终止或者撤回。在注册制背景下，重组双方的市场博弈更加充分，市场约束机制更加有效，盲目并购、"三高"并购逐渐降温，提升了重组交易的整体质量。

2. 重组类型

在50家上市公司中，国资上市公司28家，占比为56%，从数量上看依旧是重大资产重组的主力。从类型来看，23单为收购控股股东或其他关联方资产，2单为吸收合并，2单为收购控股子公司少数股权，1单为收购第三方资产。国资在市场化重组方面更加谨慎，同时反映出国资战略性重组和专业化整合持续向纵深推进。

民营上市公司尽管在数量上不占优，仅占比44%，但在市场化重组中，占据绝对地位。从类型来看，6单为收购控股股东资产，3单为收购参股公司，3单为收购控股子公司少数股权，7单为收购第三方资产，3单为重组上市。

3. 交易规模

上会审议的50单审核类重组项目（同一方案二次审议不重复计算）中，18单交易规模在10亿元以下，15单交易规模为10亿（含）~50亿元，8单交易规模为50亿（含）~100亿元，9单交易规模为100亿元及以上。57单非审核类重组项目中，有50单披露了交易作价。其中，29单交易规模在10亿元以下，19单交易规模为10亿（含）~50亿元，1单交易规模为50亿（含）~100亿元，1单交易规模在100亿元及以上。审核类重组项目交易规模明显大于非审核类重组项目（见图3）。

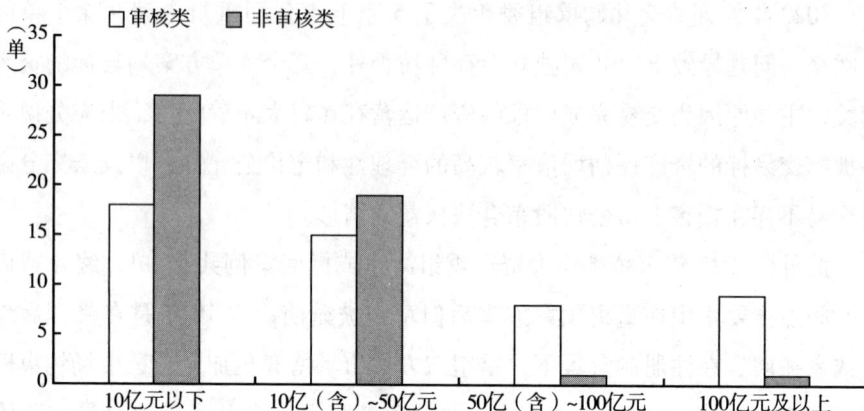

图3　2022年已披露交易作价重组项目的交易规模

二　2022年A股上市公司收购市场情况

（一）上市公司控制权变更情况

自2019年起，上市公司控制权变动数量始终维持在150单以上，上市公司控制权交易维持高位运行，并正逐步成为A股资本市场并购重组的重要形式。主要原因在于：一是2019年《国有企业改革三年行动计划（2020—2022年）》发布后，国资监管体制从"管企业"向"管资本"转型，国资战略性重组和专业化整合持续推进。同时，部分有资金实力的国资机构频频出手，国资收购上市公司数量居高不下。二是上市公司估值呈现结构性分化，一二级市场价格出现局部倒挂，小市值上市公司数量变多，上市公司收购成本显著下降，为产业资本"抄底"上市公司提供较多机会。三是"去杠杆"叠加疫情影响，加速部分企业风险出清，上市公司及其控股股东的破产重整数量明显上升。特别是随着各项法规的完善，资本市场对于上市公司破产重整的认知更趋于认同，上市公司破产重整正在趋于常态化。

2022 年，上市公司完成控制权变更的数量为 165 单①，相比 2021 年略有下降。主要原因在于：一是随着注册制渐次铺开，以及"退市新规"落地，"壳公司"正在加速离场，具有产业价值的上市公司成为市场主流；二是多数上市公司 2022 年市值存在一定下滑，上市公司实控人存在观望情绪，等待市值修复；三是部分前期被收购的上市公司，面临业绩增长乏力、协同效应待考等现实困难，收购方对标的资产越来越挑剔。

165 单控制权变更中有 59 单通过国有股权无偿划转、一致行动安排或解除、表决权安排或解除、继承、离婚等非交易方式实现控制权变更；剩下106 单系通过协议转让、间接收购、破产重整、司法拍卖等交易方式完成控制权变更（见表 1）。

表 1　2022 年上市公司控制权变更原因

单位：单，%

类别	具体原因	数量	占比
交易方式控制权变更	破产重整	24	14.55
	司法拍卖	15	9.09
	协议转让	20	12.12
	协议转让+其他方式	33	20.00
	非公开发行	3	1.82
	发行股份购买资产	3	1.82
	间接收购	7	4.24
	二级市场增持	1	0.61
非交易方式控制权变更	一致行动安排或解除	28	16.97
	表决权安排或解除	12	7.27
	国有股权无偿划转	9	5.45
	继承	8	4.85
	离婚	1	0.61
	管理层变动	1	0.61

① 根据 Wind 数据库统计，不包含在没有任何交易安排或事实发生的情况下，仅对实际控制人进行重新认定的案例。另外，根据中国上市公司协会《上市公司并购重组年度报告（2023）》，2022 年上市公司收购（完成控制权变更）案例数量为 152 单。

（二）交易类上市公司收购情况分析

1.交易方式

一是控制权转让的主流收购方式，逐渐由以协议转让方式为主，向协议转让结合表决权委托、表决权放弃、锁价定增等多种方式并用转变，有8单方案在协议转让外，还合并使用了两种以上方式。

二是破产重整和司法处置已成为控制权变更的重要方式，涉及36单方案，其中，上市公司破产重整10单，上市公司控股股东破产重整14单，重整投资人通过破产重整程序进行收购的数量增长明显[1]。

三是二级市场举牌收购几乎销声匿迹，仅有1单通过二级市场买入完成控制权转移，且该单方案有特殊之处，前期已通过司法拍卖成为第一大股东，二级市场买入只是巩固控制权的手段。

四是2020年再融资新规实施以来，锁价定增被更丰富地运用在控制权交易中，其中，3单使用定增方式取得控制权，7单使用定增方式巩固控制权。

2.收购方分析

收购方属国资的有36单，占比近1/3，扣除5单上市公司原控股股东也属国资后，国资收购非国资控股上市公司的交易数量为31单，占比近30%。相较于往年，国资收购非国资控股上市公司的势头有所减弱，更趋于谨慎，把更多注意力放在优化存量上。分地域来看，山东、广东、浙江三地国资较为活跃，分别收购了9家、7家和5家上市公司，央企收购4家上市公司，其余省份均不超过2家。

收购方属民企的有45单，值得注意的是，其中仅3单被收购前为国资控股上市公司。从被收购上市公司市值来看，国资收购的中位数为46.79亿元，平均值为67.50亿元；民企收购的中位数为31.67亿元，平均值为45.95亿元（见图4）。

---

[1] 2022年上市公司控股股东破产重整案例数量激增，主要系海航集团、北大方正和清华紫光破产重整在2022年尘埃落定，分别涉及4家、4家和2家上市公司。

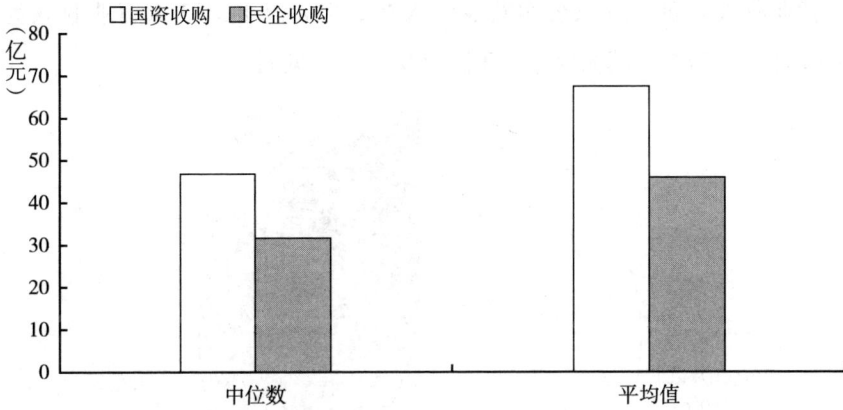

图4 2022年被收购上市公司市值规模

另外，有25单在收购完成后，变为无实际控制人的上市公司。

3. 被收购方分析

市值方面，54家被收购上市公司市值规模为20亿（含）~50亿元，占比过半，11家市值规模在20亿元以下，23家市值规模为50亿（含）~100亿元，18家市值规模在100亿元及以上（见图5）。

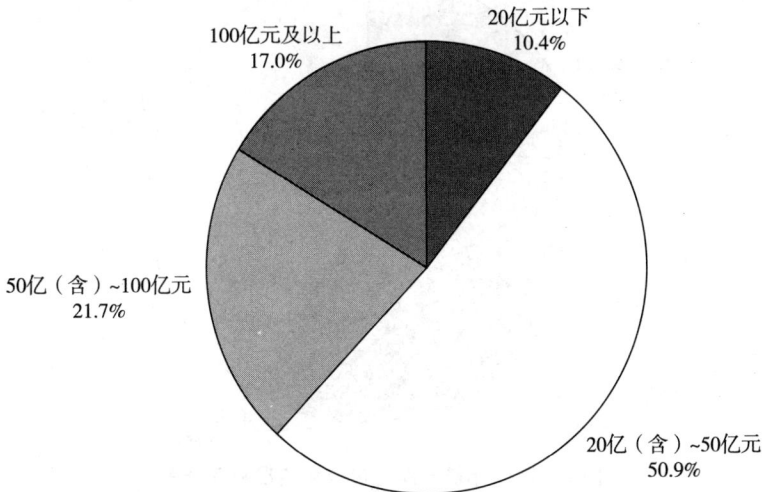

图5 2022年被收购上市公司市值规模分布

营业收入方面，13 家公司营业收入在 3 亿元以下，33 家营业收入为 3 亿~10 亿元，59 家营业收入在 10 亿元及以上（见图 6）。

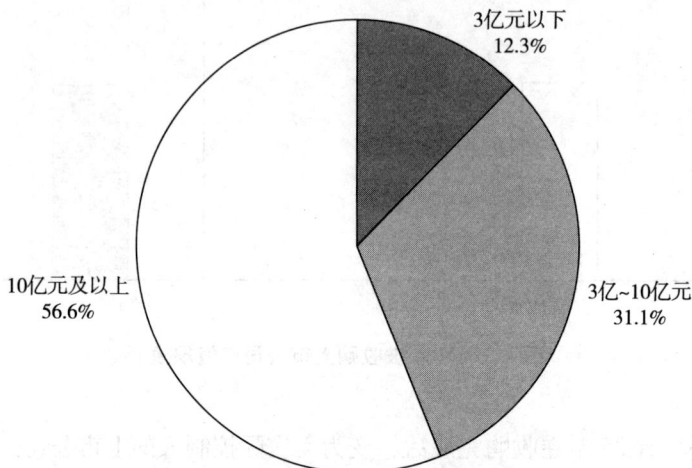

图 6　2022 年被收购上市公司营业收入分布

实现利润方面，44 家公司利润为负，13 家实现利润 0~0.5 亿元，13 家实现利润 0.5 亿（含）~1 亿元，35 家实现利润在 1 亿元及以上（见图 7）①。

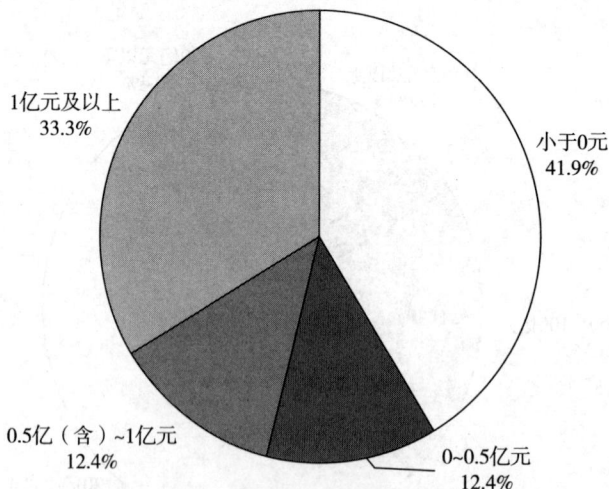

图 7　2022 年被收购上市公司实现利润分布

---

①　截至 2023 年 7 月 31 日，＊ST 交昂未披露 2022 年报，此处未列入统计。

总体来看，仅 8 家公司营业收入低于 3 亿元且净利润为负，多数公司为具有产业价值的制造业公司。

（三）A 控 A 交易情况

以 A 控 A 代表的产业内强强联合持续增加，2022 年完成的控制权交易中，"A 控 A"的交易数量增加至 8 单。"A 控 A"交易数量增加，原因是一级市场上的优质资产减少，以及二级市场上估值的分化，反映在并购市场上，就是大市值公司并购小市值公司的动力增强。

8 单"A 控 A"交易分别为中联重科（000157）收购路畅科技（002813）、物产中大（600704）收购金轮股份（002722）、紫金矿业（601899）收购 ST 龙净（600388）、格力电器（000651）收购盾安环境（002011）、广汇能源（600256）收购合金投资（000633）、长飞光纤（601869）收购博创科技（300548）、中国铝业（601600）收购云铝股份（000807），以及华润三九（000999）收购昆药集团（600422）。

此外，港股上市公司东风集团（00489）通过协议转让+要约收购方式取得东风汽车（600006）的控制权；京东集团（09618）通过间接收购方式取得德邦股份（603056）的控制权。

值得注意的是，按照首次披露口径，2022 年"A 控 A"交易数量将达到 14 单，有 6 单在年内未完成控制权转移，有 1 单后续终止。

（四）要约收购

2022 年首次披露要约收购案例共计 13 起，与 2020 年和 2021 年相比有小幅回升，但仍低于 2018 年和 2019 年。从结构来看，A 股 12 起、B 股 1 起。A 股案例中，沪市 6 起，深市 6 起。从要约收购的类型来看，8 起为自愿的部分要约，3 起为被动的全面要约，2 起为主动的全面要约。从收购价格与公告日前 30 个交易日每日加权平均价格的算术平均值比较来看，有 6 起为溢价收购，平均溢价率 33.65%，剔除 1 起极值后，平均溢价率为 18.37%，5 起为平价收购，2 起为折价收购（见表 2）。

表2　2022年上市公司要约收购案例

序号	股票代码	股票名称	首次披露日	要约方式	要约股份数量（万股）	要约收购股份占比（%）	收购价格（元/股）	提示性公告日前30个交易日每日加权平均价格的算术平均值（元/股）
1	000810	创维数字	2022年9月26日	全面要约	50450.36	43.86	14.82（其间每股派发现金红利0.2元）	15.02
2	600882	妙可蓝多	2022年10月10日	部分要约	2707.19	5.25	30.92	30.92
3	600605	汇通能源	2022年9月17日	部分要约	1031.41	5.00	19.28	9.18
4	002336	人人乐	2022年8月11日	全面要约	10728.20	24.38	5.88	5.98
5	300070	碧水源	2022年7月27日	部分要约	40721.08	11.24	6	5.02
6	200152	ST山航B	2022年6月15日	全面要约	14079.60	35.20	2.62	2.62
7	600006	东风汽车	2022年5月31日	部分要约	50200.00	25.10	5.6	5.04
8	600865	百大集团	2022年5月26日	部分要约	3200.00	8.50	11.39（其间每股派发现金红利0.2元）	11.59
9	002088	鲁阳节能	2022年4月27日	部分要约	12586.32	24.86	21.73	15.5
10	601177	杭齿前进	2022年3月26日	部分要约	7997.19	19.99	8.13	8.13
11	603056	德邦股份	2022年3月12日	全面要约	27710.95	26.98	13.15	10.87
12	002813	路畅科技	2022年3月11日	部分要约	2859.60	23.83	21.67	26.31
13	002408	齐翔腾达	2022年11月14日	全面要约	145869.37	51.31	7.14	7.135

2022年民营企业并购分析

王大鹏*

摘　要： 2022年，民营企业表现依旧坚韧。民营企业的并购活动是民营经济发展的晴雨表，2022年民企并购在延续过往特征的同时呈现新的特征。随着全球供应链体系的重构，产业并购成为潮流，虽然数量有所下降，但围绕产业链上下游的合并整合成为更多民企的选择。国家的产业政策对民企并购具有风向标的作用，绿色"双碳"领域近年来并购热度不减。重新被定义为支柱产业的房地产业也将通过并购逐步走出困境。专精特新作为强链补链的重要抓手，将为并购市场注入新的势能。2022年作为国企改革三年行动的收官之年，国企与民企的混改也迎来新的热潮。虽然海外并购遇到明显挑战，但民企扛起了中资海外并购的大旗。

关键词： 产业并购　混改并购　海外并购

2022年，举世瞩目的中国共产党第二十次代表大会胜利召开，指明了未来5年迈向中国式现代化的航向。2022年，中国经济面临需求收缩、供给冲击、预期转弱的三重压力。外部环境动荡不安，俄乌冲突震惊世界，让本已脆弱的全球经济再受重创；美元加息不止，欧日等主要经济体货币"跌跌不休"，通货膨胀不止，经济滑向衰退，需求锐减；

---

* 王大鹏，法学博士，金融学博士后，中国电子工业科学技术交流中心副主任、副研究员，主要研究方向为产业金融、科技创新、并购重组等。

中美博弈未见转机，双方脱钩之势愈演愈烈。中国以宏观审慎的政策，用投资扛起了经济增长的大旗，避免了欧美通胀的冲击，但面临需求不足的难题；同时，资产负债表收缩，经济缓慢重启。中国的民营企业面临复杂多变的内外部环境，依旧展现顽强生命力。2022 年末，我国市场主体总数近 1.7 亿户，同比增长 10.03%，日均新设市场主体 2.4 万户。民营企业的"56789"重要作用和对于经济的重要价值无需赘言，民营企业的并购活动作为民营经济发展的晴雨表，其阴晴冷热对整个宏观经济同样重要。本文在回顾 2022 年民营企业并购情况的基础上，展望未来民企并购发展之路。

一 产业并购地位凸显

并购重组是整合企业资产、优化资源配置的重要手段。2022 年上市公司的并购数量和交易金额，虽然与 2021 年相比有所卜滑，但产业并购依旧是并购的主题核心，占比不断增加。根据中国上市公司协会发布的《上市公司并购重组年度报告（2023）》，2022 年上市公司披露并购重组方案数量和累计交易金额分别为 2972 单和 1.74 万亿元，分别比上年下降 10.88% 和 2.21%。但是围绕产业链上下游延伸以及同行业之间的产业并购不降反增，占比高达 77.06%，成为 2019 年以来的最高值。与此同时，资本市场"A 并 A"渐成常态。数据显示，2022 年 A 股市场共披露 15 起"A 并 A"交易，数量处于近 5 年高位。"A 并 A"的底层逻辑就是通过产业并购彰显协同效应。随着注册制的全面实施，A 股上市公司的"壳"价值不断降低，这有助于上市公司之间实现优势互补和产业资源的有机结合，提升行业整体的景气度。

围绕数字经济产业的并购是 2022 年的热点。从国际来看，1 月微软以 687 亿美元收购动视暴雪，4 月马斯克以 430 亿美元收购推特，5 月博通以 610 亿美元收购威睿，这成为 2022 年金额最大的三笔并购交易。在数字经济的催动下，ICT、云计算、大数据、人工智能领域的并购日益频繁。以半导体为例,虽然2022年以来行业处于下行周期,面临着市场需求萎缩、供应过剩和价格竞争加剧等挑战,但半导体领域的并购依旧活跃。盖其原因,一是并购整合本即优胜劣汰的重要方式,行业下行周期正好也是行业洗牌的时刻,行业龙头借此提高市场份额;二是半导体行业中,技术创新尤为关键,虽然处在下行周期,但是龙头企业往往会逆周期加大研发力度,以期在未来市场中占据更大主动权;三是对未来行业的长期看好。

生物医药行业并购频繁,有机构预计,未来3~5年,并购交易可能占据医疗健康产业交易数量的1/3左右。其背后的逻辑是受到前些年生物医药投资市场火爆的影响。随着近两三年的沉浸,生物医药企业的估值逐步恢复常态,更多的医药民营企业期望通过并购退出,产业即将进入"并购整合"的大时代,皓元医药、九强生物、博腾股份等公司的并购交易正在印证这样的趋势。纵观全球跨国药企的发展史,无一不是通过并购和整合发展而来。以日本药企武田为例,其通过大大小小的收购成为全球知名的跨国药企。乳业并购整合同样提速,在行业竞争愈发激烈、拓展难度日益加大的市场环境下,近年来国内各大乳企纷纷开启了并购模式,而深耕地方的区域龙头品牌则通过合作、入股等多种方式进行"合纵连横",新希望乳业与现代牧业、奥亚集团、寰美乳业之间的并购整合即是代表。除了市场环境的竞争,国家的产业政策、复杂多变的全球政治经济形势、科技的创新与突破,对产业并购同样影响颇大,甚至成为年度产业并购的决定性力量。

二　新能源行业并购增加

在"双碳"目标下,中国的新能源产业快速崛起,并在全球格局中占据了重要的一席之地。2022年,新能源领域备受关注的话题莫过于锂价的狂飙。受益于此,锂矿上市公司业绩纷纷创下新高。例如,2022年天齐锂业实现净利润241.25亿元,同比增幅达10.6倍;赣锋锂业实现净利润205

亿元，同比增长近 3 倍。上游的高利润和高溢价，让下游电池厂商和车企承压。为了确保产业链安全可控，提升议价能力，下游市场延伸产业链条，进而带动了上游原材料领域产能的增加和并购的活跃。根据普华永道的报告，2022 年锂电池产业链并购交易金额达 2122 亿元，同比增长近 130%，交易数量也达到了 272 笔，同比增长 100%。在这些交易中，民营企业的活跃度超越以往，成为并购交易的主要驱动力之一，无论是交易数量还是交易金额，都占据了重要的位置。

除了上游矿产的收购，新能源赛道的中下游并购活跃度同样在 2022 年有了显著的提升，包括动力电池及电堆、膜电极和质子交换膜等核心部件，以及新能源汽车领域。以新能源汽车为例，新能源汽车产业蓬勃发展，但新能源汽车企业"小、散、多"，行业集中度仍需提升，中国新能源汽车产业进入了竞争发展与结构调整并重的新时代。除此以外，光伏、风能、储能等清洁能源赛道在 2022 年也迎来了勃发，资本投资竞相关注，应用场景不断拓宽。展望未来，新能源产业链整合加剧，民企投资因灵活快速，无论是在横向并购扩大业务规模上，还是在纵向并购进行全产业链布局上均将发挥重要作用。

三 房企并购政策利好不断

房地产对中国经济的影响力不言而喻。有学者统计，在 GDP 贡献率上，房地产消费、投资对 GDP 的贡献率估算在 18.9% 左右，若考虑对上下游行业的拉动作用，房地产行业对 GDP 的贡献率预计在 20%~30%；在财政贡献度上，房地产行业贡献了政府综合财力（一般公共预算与政府基金预算之和）的近 40%。始于 2020 年秋季的房地产调控，无论是"三道红线"还是集中供地，政策的目标指向均是切断土地与金融的联系，中国房地产行业各项指标急转直下。自 2021 年末开始，救市政策频出，鼓励金融机构稳妥有序开展并购贷款业务。进入 2022 年，民营房企依旧承压，居民预期未发生大幅扭转，导致改善效果偏弱。与此同时，民营房企海外融资渠道受阻，纷纷向三大评级机构提出申请撤销评级。2022 年 11 月 11 日，中国人民银行和中国银保监会联合发布《关于做好当前金融支持房地产市场平稳健康发展工作的通知》，释放了强烈的"救市"信号。这是中国人民银行和中国银保监会在房企大规模出险一年多来，首次就房地产融资问题出台专门性文件。2022 年 11 月 28 日，中国证监会宣布松绑房企并购重组及配套融资。

房企在 A 股市场的股权融资坎坷多年，从 2010 年中国证监会要求房地产公司 IPO 和再融资，都需要征求国土资源部意见，开发行为需要住建部进一步检查认定，到 2016 年中国证监会修订《重大资产重组管理办法》，收紧重组上市，再到 2018 年中国证监会暂停 A 股房企定增融资。不过这些限制房企股权融资的做法失去了使公司治理和财务报表更透明、接受公开市场监督的机会，导致房企长期依赖影子银行融资、民间融资、供货商融资、员工集资等表外融资形式，本来为了降低风险的举措却导致了可能更高的隐性风险。2016 年，恒大尝试与深深房并购重组，不过历经 4 年最终流产，随后不到一年，恒大爆发债务危机。中国证监会放开并购闸门之后，房企并购明显增多，仅在 2022 年 12 月，重点房企就涉及 48 笔并购交易，披露交易金额的有 32 笔，交易对价总计约 528 亿元，环比大幅增长 72.4%。

为了拯救房地产业，中国人民银行、中国银保监会、中国证监会等多部门频频出手，信贷、债券、股权"三箭齐发"，全面支持优质房企融资，纾困方向也从"救项目"转换至"救项目与救企业并存"。"房地产是国民经济的支柱产业"这一论述再次出现在官方表态中。房地产支柱产业的定位出现在中央文件中最早可追溯到 2003 年，此后房地产业迎来了 20 年的高速发展。此次重提"支柱"，意在"稳定"，支柱不能大幅摆动。

四 专精特新将受并购关注

"专精特新"的概念最早可追溯到 2011 年，到 2018 年，工信部提出要在全国范围内开展专精特新"小巨人"企业培育工作，专精特新的概念逐步获得社会的关注，各省份也纷纷开展了相关的培育工作。因为专精特新定位于中小企业，所以大部分是民营企业。与此同时，各地探索支持创新中小企业的时候出现了标准不统一、服务不精准、发展不平衡等问题，各地自行制定标准，各成体系。为了统一规范专精特新企业的培育，2022 年 6 月 1 日，工信部印发《优质中小企业梯度培育管理暂行办法》，将优质中小企业划分为创新型中小企业、"专精特新"中小企业、专精特新"小巨人"企业三个层次。其中，专精特新"小巨人"企业位于产业基础核心领域和产业链关键环节，创新能力突出、掌握核心技术、细分市场占有率高、质量效益好，是优质中小企业的核心力量，国家的培育目标是 1 万家左右。截至 2022 年底，全国已经培育了专精特新"小巨人"企业 8997 家。

从资本市场上看，2022 年新上市的企业中，"专精特新"中小企业占了 59%，到 2022 年底，累计有接近 1300 家"专精特新"中小企业登陆 A 股市场，包括独立上市或者作为上市公司的子公司，占 A 股上市企业总数的 27%。这一方面说明，专精特新企业在基础领域深耕细作，充分体现专业化、精细化、特色化、新颖化的发展特点；另一方面表明大量的专精特新企业还是未上市公司，登陆资本市场的专精特新企业仅为全部专精特新企业的 2%，这为资本留下了充足的空间，企业并购整合空间巨大。

2022 年 5 月 12 日，工信部等 11 个部门联合印发《关于开展"携手行动"促进大中小企业融通创新（2022—2025 年）的通知》，提出要促进大中小企业创新链、产业链、供应链、数据链、资金链、服务链、人才链全面融通，这些融通必然少不了并购重组的方式手段。

五 国企民企混改迎来热潮

2022 年是国企改革三年行动的收官之年，《国有企业改革三年行动计划（2020—2022 年）》明确提出，要积极稳妥深化混合所有制改革，因此 2022 年也是检验国有企业混改成色的关键时期。据不完全统计，2022 年中央和地方层面发布的专门针对混改的文件约 10 个。作为国企混改的重要决策支撑，这些政策文件从过去关注混改顶层设计、施工图，转向以改机制、聚焦某一产业为主，呈现持续深化、行业专注的特点。例如，2022 年 4 月，国家发展改革委办公厅印发《关于做好新能源领域增量混合所有制改革重点推进项目工作的通知》，成为首份针对具体行业产业的混改指导意见。从地方政府来看，北京、浙江，以及山东的日照、济宁等地围绕党建、混改后评价、混改差异化管控等发布政策指导意见。从混改的领域来看，以科学研究和技术服务业的项目最多，这是在科技自主创新的大背景下，促进科技成果转化的结果。制造业的混改项目也非常多，主要集中在新能源、电子、材料、环保、装备、汽车、电力、军工等领域。

2022 年的混改还有一个值得关注的现象，即混改后登陆资本市场的企业数量有了显著的增长。混改是一项系统性、长期性工程，并非一蹴而就，需要久久为功、扎实经营。一家企业从混改到敲锣上市是很难在一两年内完成的。2022 年混改企业上市增多，恰恰是前几年混改成果的积累和储备。展望未来，随着混改实践的深入、经验的总结，将会有越来越多的案例涌现。

六　民企渐成海外并购主力

受地缘政治、全球经济等因素影响，中国企业海外并购遇到明显挑战。根据普华永道发布的《2022 年中国企业并购市场回顾与 2023 年前瞻》数据，2022 年中国并购交易总额跌至 4858 亿美元，较 2021 年下降 20%，为 2014 年以来的最低水平。中国企业真正意义上的出海并购始于 2010 年，要晚于海外投资，这主要是因为相较于海外投资，海外并购更需要占据项目的主导权。从国别来看，虽然中美关系未见好转，但美国依旧是并购标的的主要国家，2022 年达到 111 次，远超其他国家。相较而言，新兴市场国家的并购项目规模相对较小。从交易选择上看，成熟市场的企业更受青睐。从行业分布上看，医疗健康、先进制造、企业服务、电商零售和游戏行业为并购的主要领域。

从并购主体来看，民营企业成为海外并购的主力。据 IT 桔子数据，国内 CVC、产业资本占海外并购主体的 89%,剩下 11% 为中国的 VC、PE 机构。从并购数量来看,腾讯投资是最活跃的中国资方,华为、阿里巴巴则紧随其后。这些主体都是活跃的民营企业,它们在国企出海受困的情况下,扛起中资海外并购的大旗。虽然 2022 年国内并购交易数量持续下降,但随着经济的恢复,各地企业纷纷"出海"寻找项目与机会,海外并购定会迎来新的机遇。

B . 15
中国并购基金发展分析

陈宝胜*

摘　要： 国外并购基金的发展与美国历史上的并购浪潮紧密相关，全球并购基金规模显著增长，而近年来国外并购基金的投资及退出均有所下降。中国的并购基金领域经历了著名国际并购基金进入中国、本土并购基金出现、本土并购基金加速发展以及各类型并购基金出现四个阶段。2022 年，中国的私募股权基金总体规模不断扩大，市场前景看好，管理机构的管理和运作更加规范。中国并购市场的活动日趋频繁，掀起了第六次并购浪潮。对于中国并购基金而言，未来发展面临的机遇和挑战并存，总体上，我国并购基金相较于西方发达国家的并购基金在私募股权投资基金中的占比还较低，仍有较大的增长潜力。

关键词： 并购基金　投资　私募股权投资

一　中美并购基金的发展概况

（一）美国并购浪潮中并购基金的作用

分析美国并购基金发展历程可以看出，其和美国历史上出现的并购

---

* 陈宝胜，博士，复旦大学兼职硕士研究生导师，主要研究方向为产业整合、并购重组、资本运作、基金投资等。

浪潮紧密联系，这从美国历史上 5 次并购浪潮的过程和特点可见一斑（见图 1）。

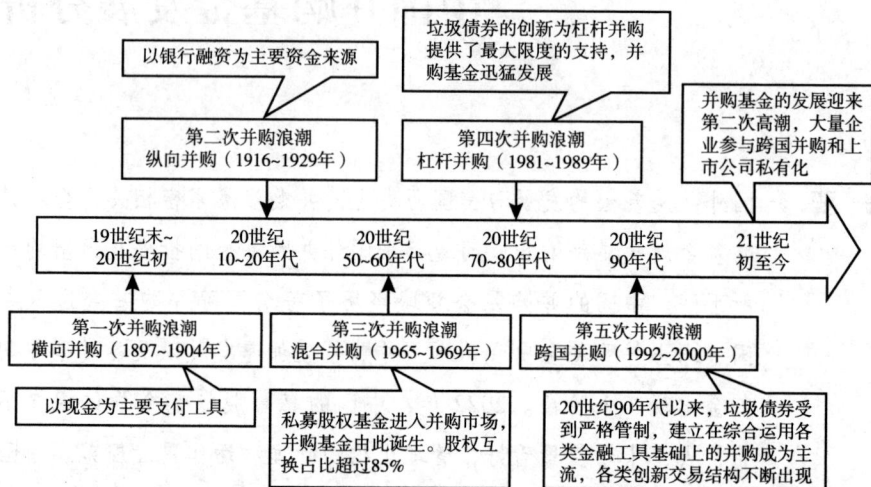

图 1　美国历史上 5 次并购浪潮的过程和特点

资料来源：陈宝胜、毛世辉、周欣《并购基金实务运作与精要解析》，中国法制出版社，2018。

并购基金是美国并购活动中最重要的推动者之一，其发展和杠杆并购模式及债务融资工具创新密切相关。并购基金本身不为相应的债务融资提供担保，而是以并购标的资产和未来现金流作为融资担保。

并购基金是专业化的金融机构投资者，资金规模相对较小，充分利用外部资金和金融创新是其最大优势。伴随市场风险和宏观经济变动及投资者风险偏好调整，并购基金所利用的外部资金主体也相应发生了变化：初期以银行贷款为主，之后保险资金和银团贷款以低成本优势及合作契约优势对银行贷款形成竞争。20 世纪 80 年代，垃圾债券以较低的成本和较大的规模成为并购基金最重要的资金来源。美国多家知名的大型并购基金都是在这个时期先后设立并蓬勃发展起来的。

美国主流并购基金除了实施大规模的杠杆并购交易之外，也会帮助目标公司实施管理层收购。20 世纪 70 年代以来，已经有较多的企业集团前期因为业务多元化发展不佳，从而希望卖掉控股的业绩较差的公司。同时，这些业绩较差公司的管理层则认为，如果能够从这些企业集团中独立出来发展，并且管理层被授予良好的激励政策，那么这些下属企业仍然可以取得突出的业绩。

KKR 集团创始人之一的科尔伯格研究出杠杆并购模式，可以帮助企业管理层积极参与其中：充分促进具有丰富经验的企业管理层一起实施杠杆并购，让这些有能力提升企业价值的管理层持有一定股份，进而促进并购方与企业管理层的有效合作，提升管理层的管理效率，增强公司的盈利能力。

2000 年后，并购基金的发展迎来第二次高潮，大量企业参与跨国并购和上市公司私有化活动。在此过程中，并购基金参与上市公司私有化的方式，主要是帮助上市公司控股股东或主要股东对流通在外的股份进行要约收购，从而实现上市公司私有化；进行资产重组和管理提升后，再选择对目标资产估值较高的上市地点重新上市。

20 世纪 80 年代，美国并购基金大规模经营杠杆收购业务，KKR、黑石、凯雷、TPG 都是这一时期发展壮大的。这些典型的并购基金在发展过程中也逐渐发生变化。一方面，并购基金的并购操盘策略从以控股型并购为主转变为控股型和参股型并重，特别是在这些并购基金进入中国、印度及其他新兴市场后，对参股型并购的运用越来越多；另一方面，在并购业务之外，部分领先的投资机构还开拓了房地产基金、对冲基金、债券基金等其他领域的基金业务，成为综合性的资产管理集团。

（二）中国并购基金的成长阶段

海外资本市场中，并购基金在企业并购市场发挥着重要作用。伴随中国经济快速发展，2000 年以来，中国并购基金也开始成长起步，而且在发展中越来越受到国内资本市场的追捧与重视。

1. 阶段一：海外并购基金开始拓展中国市场（1999~2000年）

海外并购基金拓展我国市场，标志性事件是凯雷和 Navis 于 1999 年在我国创建了 3 只外资并购基金，在此之后，海外并购基金不断进入中国拓展市场，实施了一些并购活动。而同时，作为新兴事物，其发展也促进了中国本土并购基金的成长。

2. 阶段二：海外并购基金在中国快速发展，中国本土并购基金进入萌芽阶段（2003~2004年）

中国本土并购基金萌芽于 2003 年创建的弘毅投资，在此阶段，正在进行的大量国企改革带来了诸多并购机会。基于市场需求，中国本土并购基金与海外并购基金一起，开展了一系列关于国企改革的并购，如美国新桥基金并购深发展、弘毅投资并购苏玻集团等。

3. 阶段三：中国并购基金步入快速发展时期（2006~2009年）

2006~2009 年，共有 36 只并购基金在中国创建，如天堂硅谷在 2006 年创建了鲲诚基金，次年中信并购基金和厚朴基金相继成立。这一阶段，由于并购基金陆续成立、数量不断上升，并购基金所参与并购交易的次数和影响力也陆续攀升，出现了一些比较有影响力的案例，如中联重科联合弘毅投资，以及海外的曼达林基金和高盛公司，组团实施了对意大利 CIFA 的并购。

4. 阶段四：中国市场涌现各类并购基金（2010年至今）

2010 年以来，由于不断深入的经济结构调整与新兴产业发展，中国并购活动日渐频繁，并购基金数量也相应地不断增加。同时，各地方政府也通过引导基金，积极参与实现市场化决策的并购基金。在这一发展阶段，并购基金的组织形式和投资理念也实现了快速发展（见图 2）。

按并购基金的核心运作模式分类，目前市场上的并购基金分为 6 类：传统并购基金、"PE+上市公司"并购基金、A 股并购基金（PMA）、嵌入式并购基金、海外并购基金和"敌意收购"并购基金。

在这些类型中，总体上"PE+上市公司"并购基金比较契合中国并购现状和未来发展趋势。一方面，上市公司通过与私募股权投资（PE）机构协同，能够实现双方优势互补，共同发挥资本运作的整合力量；另一方面，这类基金在成立之初就能够围绕上市公司的战略发展方向进行布局，从而有着明确投资方向、畅通退出渠道以及较短投资周期的优势。

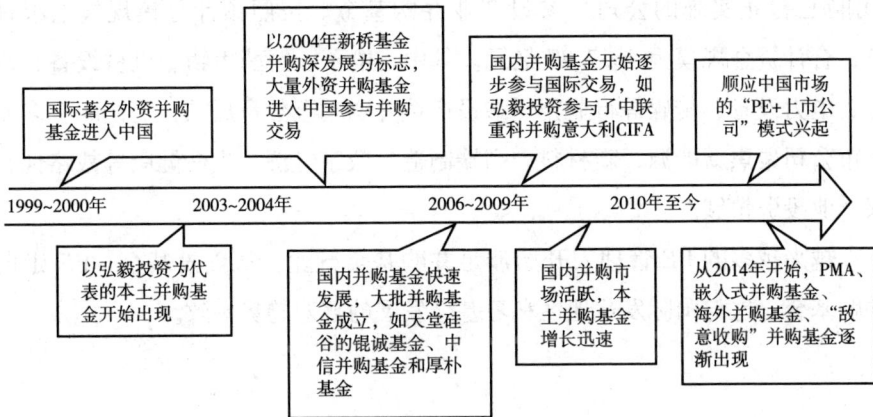

图 2　中国并购基金发展历程

资料来源：陈宝胜、毛世辉、周欣《并购基金实务运作与精要解析》，中国法制出版社，2018。

（三）2022年中国并购基金的发展情况

中国证券投资基金业协会发布的数据显示，2022 年中国私募股权基金总体规模不断扩大，共有私募股权及创投基金管理人 1.43 万家，管理基金 5.09 万只，存续基金规模达 13.77 万亿元，市场前景看好。PE 机构的管理和运作更加规范，并出现了较多头部机构。

在国家政策的支持下，更多类型的机构取得 PE 基金管理人牌照，银行、保险、证券、信托等大型金融机构加入股权投资的竞争市场，PE 参与主体更加多样化，也给市场带来了更多的投资资本和资源。

而政府引导基金已成为市场化基金的重要组成部分，根据投中研究院数据，截至 2022 年末，各级政府共成立 1531 只政府引导基金，自身规模累计达 27378 亿元。2022 年，政府引导基金进一步加快投资步伐，设立数量为 94 只，自身规模为 2712 亿元。截至 2022 年末，新设政府引导基金数量和自身规模均超过 2021 年，呈现稳步回升态势。

按同花顺统计数据，截至 2022 年 12 月 31 日，共有 389 家上市公司

（剔除已停止实施的公司）参设产业并购基金。按照预计募集规模上限计算，合计资金规模为4657.27亿元。其中，电子、医药生物、机械设备、汽车、电力设备、传媒等行业公司参设产业并购基金数量居前；而同时，多家上市公司聚焦新能源、新材料、高端制造、数字经济、生命健康等战略性新兴产业投资领域。

越来越多的PE管理人开始涉足并购基金行业，从创投基金、PE走向并购基金，这与国际发达地区私募基金发展的普遍趋势一致。

二　中国并购基金发展面临的机遇与挑战

（一）中国并购市场的活动日趋频繁

根据普华永道发布的《2022年中国企业并购市场回顾与2023年前瞻》，2022年，中国并购交易数量为11719项，与2021年相比减少了8%；2022年中国并购交易金额下跌至4858亿美元，为2014年以来的最低水平，较2021年下降了20%（见图3）。以交易量统计，中国并购市场占全球并购市场的比例约为22%；以交易额统计，中国并购市场占全球并购市场的比例约为15%，总体上，中国已经成为全球并购市场越来越重要的参与方。并购交易随着中国经济转型升级和战略推进而蓬勃发展。

根据中国上市公司协会发布的《上市公司并购重组年度报告（2023）》，2022年中国上市公司共披露并购重组方案2972单，较2021年减少10.88%；累计交易金额达1.74万亿元，较2021年减少2.21%。并购重组已成为资本市场支持实体经济发展的重要方式。

相较于发达国家，中国在并购方面还属于发展初级阶段，而中国上市公司已成为国内并购市场的核心力量，主要原因是上市公司在融资与支付方面有着较大的优势。总体而言，根据交易目的不同，上市公司并购重组主要有三种类型，即整体上市、借壳上市与产业并购。比较明显的趋势是，中国上

並購交易金額 ——— 並购交易数量

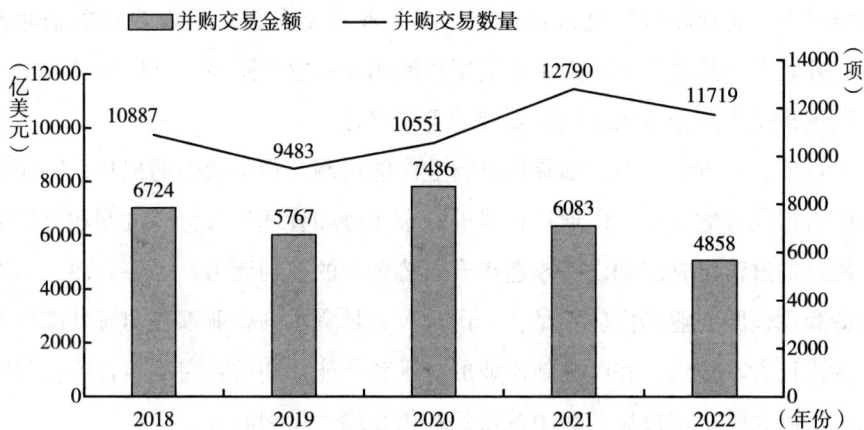

图3 2018~2022年中国并购交易金额和数量

资料来源：普华永道。

市公司已逐步发展为以产业并购为主来开展相关并购活动。

产业并购是以产业整合和产业价值提升为目的的资产重组与并购，具体是指以上市公司为主体进行行业或上下游产业的资产收购、重组行为，包括产业链的横向和纵向并购，也存在产业跨界并购，主要特征为市场化。近年来，此类并购交易越来越频繁，是上市公司实现成长的重要途径之一。产业并购能给上市公司带来更多的利润增长，反映在二级市场上则表现为股价和市值的提升，从而进一步推动上市公司进行更大规模、更高质量的产业并购。毫无疑问，产业并购将成为未来中国上市公司并购的主流。

（二）第六次并购浪潮发展

目前，中国经济已进入转变发展方式、提升发展速度、转换增长动力、调整经济结构的重要阶段，习近平总书记以"腾笼换鸟，凤凰涅槃"的"两只鸟论"，强调了"结构调整、方式转变"的核心要点及战略目标。

现阶段，客观而言，中国大多数企业的发展规模还较小，行业集中度也较低，企业的发展潜力和前进速度还较慢。在这种情况下，面临市场压力和

219

竞争对手，企业较难通过自身积累实现产业转型升级。而反观跨国企业发展，并购无疑是世界500强企业实现快速崛起的重要路径，可以预见，未来并购也将是中国企业实现快速发展的重要路径。

目前，一方面，中国面临部分行业产能过剩、竞争激烈的现状，行业竞争中占据优势的企业可以通过自身的资金优势和管理优势整合过剩和落后的产能，通过输出管理和设备改造提升弱势企业的盈利能力；另一方面，高端制造和现代服务业的供应不足，中国具有充足资本的企业都在向海外高技术产业进行资本输出，并购高新产业的技术和产能，期望在完成整合后将其引入需求巨大的中国市场，为中国市场提供高端产品和服务。

因此，行业整合、产业升级以及产融结合将是中国并购市场发展的主要方向，也是核心机会所在（见图4）。

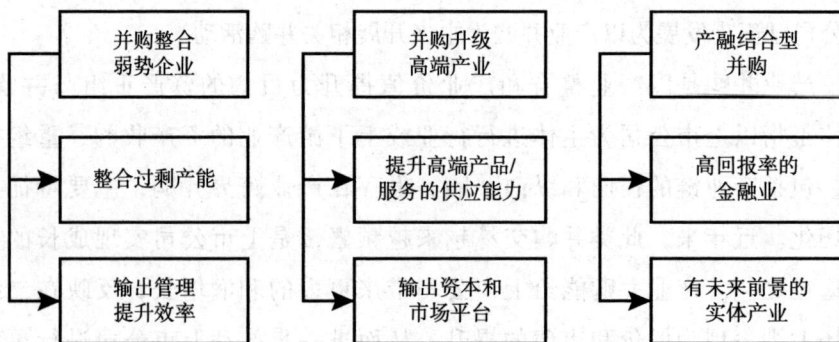

并购整合 弱势企业	并购升级 高端产业	产融结合型 并购
整合过剩产能	提升高端产品/ 服务的供应能力	高回报率的 金融业
输出管理 提升效率	输出资本和 市场平台	有未来前景的 实体产业

图4　中国并购市场的发展方向

三　并购基金收购案例

（一）传统并购基金案例

1. 传统并购基金特点分析

（1）主要运作方式

传统并购基金通过控股或较大比例参股目标企业，后续帮助目标企业实施管理改善、业务整合、机构重组等,从而提升目标企业的核心内在价值,然后通过各类途径实现退出来获取基金收益。

(2)突出特点

我国传统并购基金和海外并购基金的运作思路较为一致,在并购基金赢利路径上,都是坚持长期产业投资,在此过程中协助企业实现价值增长。

2.代表案例:高瓴资本联合鼎晖投资并购百丽国际

2017年7月25日,高瓴资本、鼎晖投资以及百丽集团的执行董事于武、盛放组成的财团作为要约方,以6.3港元/股的价格收购百丽国际全部已发行股份,收购总价为531亿港元,较百丽国际停牌前最后交易日的收市价5.27港元/股溢价约19.54%。百丽国际正式私有化,从港股退市。

上述财团成员共同成立并购基金Muse Holdings Inc.,下设两层子公司用于收购百丽国际。交易完成后,高瓴资本持有百丽集团56.81%的股份,鼎晖投资旗下SCBL公司持有12.06%的股份,于武及盛放等百丽集团管理层出资组成的智者创业有限公司持有31.13%的股份(见图5)。

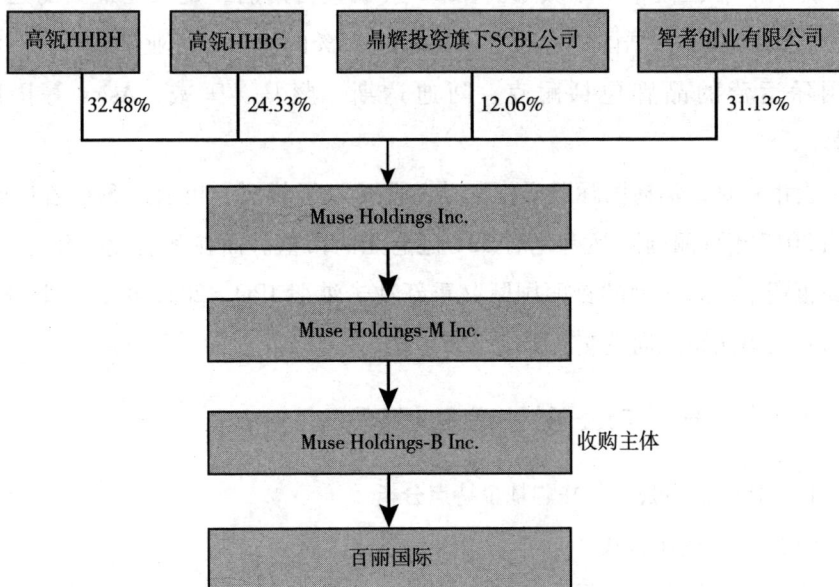

图5 百丽国际私有化后的股权结构

经过多年的扩张，百丽集团的经营业绩趋于稳定。由于整体行业性的问题以及品牌老化、销售渠道等因素，百丽国际股价持续低迷。百丽国际退市前营业收入为 417 亿元，利润为 35.55 亿元。

要约收购百丽国际的现金出资为 453 亿港元，其中 280 亿港元为美国银行提供的并购贷款，剩余 173 亿港元由高瓴资本和鼎晖投资等组成的财团提供。

在高瓴资本、鼎晖投资等收购方看来，百丽国际拥有非常良好的现金流，年度净利润超过 30 亿元，符合作为杠杆收购对象的基本要求。

一方面，百丽国际的业务本身存在可以提升的空间；另一方面，百丽国际运动服饰业务具有独特的价值，并可以运作分拆在中国香港上市。因此，在百丽国际私有化之后，高瓴资本就开始分拆百丽国际，将滔搏国际从中独立出来，并开展品牌更新、管理改善和效率改进等系列活动。

2019 年 6 月，分拆自百丽国际的体育用品经销商滔搏国际向港交所提交招股申请，拟赴香港主板上市。

2019 年 10 月 10 日，滔搏国际在港交所实现上市。员工约 4 万人的滔搏国际，在中国近 270 个城市有 8300 余家直营门店，是中国最大的运动鞋服直营网络，占据国内运动鞋市场超过 15% 的份额，行业排名第一。滔搏国际运营的品牌包括耐克、阿迪达斯、彪马、匡威、Asics 等国际品牌。

上市首日，滔搏国际股票收盘时每股报 9.25 港元，市值达 574 亿港元，已超 2017 年百丽国际私有化时 531 亿港元的市值。而在私有化 5 年之后，由高瓴资本操刀转型的百丽国际又重新冲击港股 IPO。2022 年 3 月 16 日，百丽时尚集团正式向港交所提交上市申请。

（二）"PE+上市公司"并购基金案例

1. "PE+上市公司"并购基金特点分析

（1）主要运作方式

该类并购基金，主要是由 PE 机构联合上市公司（或关联人）成立，一起参与基金管理，创建并购基金，进而以此上市公司的核心产业链或未来发展方向为战略投资重点。

（2）突出特点

该类并购基金成立之初，就有着明确的战略投资方向和顺畅的并购退出渠道，因此可以实现较短的投资周期，退出较为方便。在这种模式下，PE机构和上市公司联手，发挥各自优势，能够协同产业和资本，总体上具有较好的整合运作能力。

2.代表案例：爱尔眼科设立并购基金

作为眼科专科医院的龙头企业，爱尔眼科于2014年首次设立并购基金，2017年上半年爱尔眼科注入9家并购基金医院，为其带来营业收入4.35亿元，净利润达6871万元，实现了业绩的超预期增长。通过"PE+上市公司"并购基金的运作，爱尔眼科全资子公司拉萨亮视进一步稳固了眼科专科医院的行业龙头地位。

2018年10月27日，爱尔眼科全资子公司拉萨亮视公告拟以自有资金1.9亿元投资湖南亮视长星医疗产业管理合伙企业（有限合伙）（以下简称"亮视长星"）。亮视长星基金总规模为10亿元，经营期限5年（见图6）。

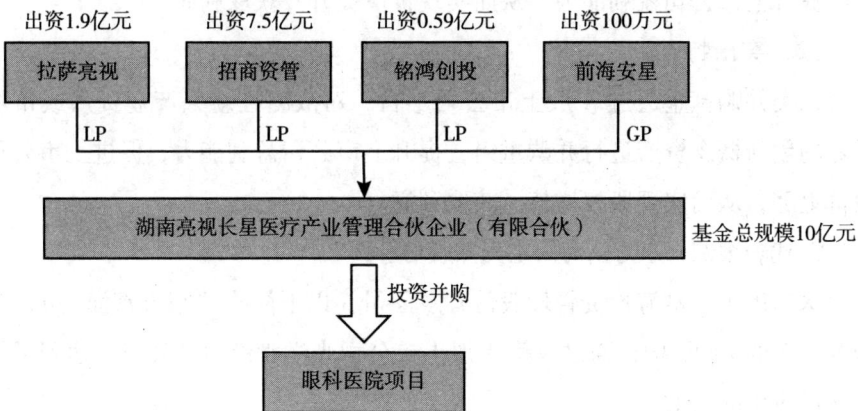

图6　亮视长星并购基金结构

从2014年开始，爱尔眼科先后参与设立了前海东方、湖南中钰、南京安星、亮视交银、亮视长银、亮视长星、亮视晨星7家专门用于收购医院资产的并购基金。这 7 家并购基金预计募资总额为 72 亿元，而爱尔眼科预计自身投资金额为 12.68 亿元，占总募资额的 17.61%。

截至 2022 年 12 月 31 日，爱尔眼科品牌医院、眼科中心及诊所在全球范围内共有 816 家。其中，中国内地 698 家（上市公司旗下 363 家、产业并购基金旗下 335 家）、中国香港 8 家，海外布局眼科诊所突破 110 家，包括美国 1 家、欧洲 96 家、东南亚 13 家，与上市之初相比已经有了数十倍的发展。爱尔眼科通过参与筹建并购基金，围绕自身战略发展方向，获得更多市场资金，支持网点快速扩张，同时规避并购风险，为上市公司后续可持续发展储备了足够的潜在项目。

（三）PMA 案例

1. PMA 特点分析

（1）主要运作方式

该类并购基金首先通过受让、二级市场交易等方式控股上市公司，进而重新明晰上市公司的战略目标与路径，注入受市场欢迎的战略性新兴产业资产，提升上市公司盈利能力，从而实现价值提升并获取利润。

（2）突出特点

该类并购基金通过 A 股上市公司平台，对战略性新兴产业资产或市场看好的创新概念资产进行并购重组，提升上市公司盈利能力，促进上市公司股价上涨，从而实现股权增值，获取利润。

2. 代表案例：东方富海入主光洋股份

深圳市东方富海投资管理股份有限公司（以下简称"东方富海"），为国内著名的 PE 机构，通过收购 A 股上市公司光洋股份的母公司，达到了控制光洋股份的目的。

光洋股份主营业务为汽车精密轴承研发、制造与销售，近年来的业绩表现平平。特别是 2018 年，汽车产业整体业绩欠佳，光洋股份出现上市后的首度亏损，实现营业收入 13.5 亿元，净利润 -9040.36 万元，同比分别下降7.24% 和 849.80%。

常州光洋控股有限公司（以下简称"光洋控股"），为光洋股份的控股股东。2018 年 11 月，东方富海及其关联方与光洋控股的 3 名自然人股东签署了股权转让协议。原股东将持有的光洋控股 100%股权转让给深圳富海光洋股权投资基金合伙企业（有限合伙）（以下简称"富海光洋基金"）和深圳市东方富海创业投资管理有限公司（以下简称"富海创业投资"）。

2019 年 8 月之后，富海光洋基金分批次引入了扬州市江都区政府投资引导基金有限公司、扬帆新材、程上楠和沈林仙等数名有限合伙人（见图 7）。

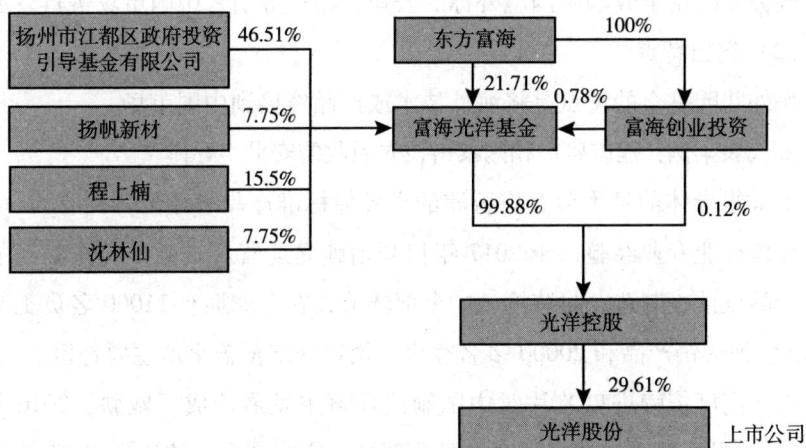

图 7　富海光洋基金的出资结构

其中，富海光洋基金支付 11.99 亿元并购 99.88%的光洋控股股份，而富海创业投资收购 0.12%的光洋控股股份。光洋控股 100%的股权，对应上市公司光洋股份总股本的 29.61%。并购完成后，富海光洋基金间接持有29.58%的光洋股份股权。2019 年 6 月 29 日，光洋股份公告，实际控制人变更为富海光洋基金。

在国内资本市场，由 PE 机构控制上市公司控制权的情况并不多见。比较引人关注的案例有 2015 年九鼎集团间接收购上市公司中江地产，并注入昆吾九鼎 100%股权，九鼎集团将 PE 业务注入中江地产，上市公司更名为九鼎投资。

富海光洋基金方面表示，购买上市公司控股股东股权是认可光洋股份的发展理念和业务战略，未来将结合自身资源，基于上市公司平台，不断改善资产质量，提高盈利能力，促进上市公司持续成长。

（四）海外并购基金案例

1. 海外并购基金特点分析
（1）主要运作方式
该类并购基金收购中国境外标的公司，将业务引入中国市场进行发展。
（2）突出特点
海外并购基金的特点是将海外技术或产品嫁接到中国市场。

2. 代表案例：建广资产和闻泰科技先后收购安世半导体

安世半导体前身为荷兰恩智浦的半导体标准产品事业部，拥有60多年的半导体行业专业经验，于2017年初开始独立运营。安世半导体覆盖了半导体产品设计、制造、封装测试的全部环节，在全球拥有11000名员工，有10000多种热销产品和20000多名客户，销售网络覆盖全球主要地区。

由于高度依赖进口芯片对中国制造业自主发展造成了威胁，2016年6月14日，恩智浦半导体标准产品事业部被建广资产和智路资本以27.5亿美元收购。除了设计部门，该交易还包括恩智浦位于荷兰的工业技术设备中心，位于英国和德国的两座晶圆制造工厂和位于中国、菲律宾、马来西亚的3座封测厂，以及标准产品业务的全部相关专利和技术储备，并由该业务独立产生了安世半导体公司。

建广资产是一家专注于集成电路产业与战略性新兴产业投资并购的资产管理公司，它设立了合肥裕芯作为境内出资方，与境外的智路资本组成了海外并购实体裕成控股，继而收购安世半导体（见图8）。

据报道，当时智路资本管理的基金投入4.5亿美元，建广资产管理的基金投入约16.3亿美元，合计20.8亿美元全部投资到裕成控股。建广资产管理基金中，出资人包括京运通、闻泰科技、东山精密等多家上市公司或其实

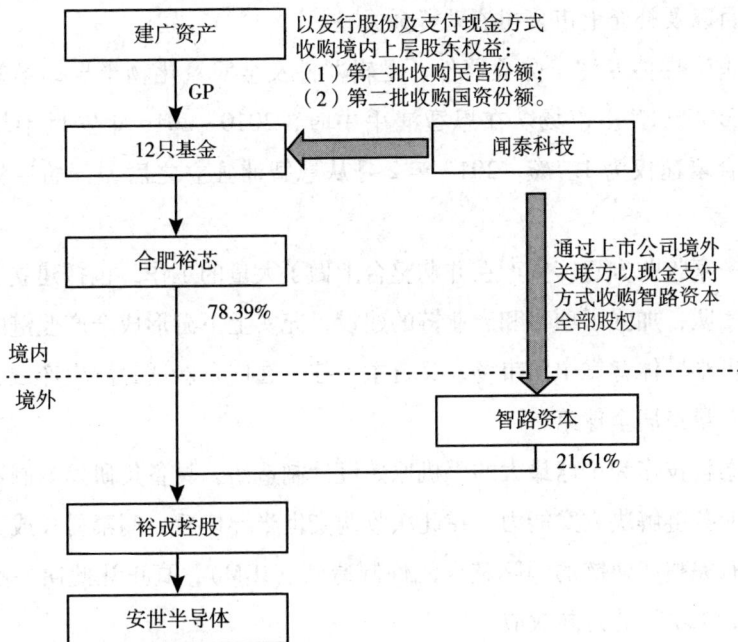

图8 建广资产和闻泰科技先后收购安世半导体的出资结构

际控制人，以及合肥市建设投资控股（集团）有限公司。

由于安世半导体是全球领军的半导体器件供应商，建广资产完成对安世半导体的收购后，引来了银鸽投资、旷达科技、东山精密、闻泰科技等多家上市公司对其进行竞购。在各方产业资本的竞标中，最终以闻泰科技为主的联合体胜出。

2019年3月，闻泰科技发布公告，拟以发行股份及支付现金的方式收购安世半导体的部分上层股东权益份额，并购对价267.9亿元人民币，相当于间接持有安世半导体74.46%的权益比例。2019年6月，该次交易获得中国证监会的核准，并于2019年12月正式实施。

2020年4月，闻泰科技发布公告，拟通过发行股份及支付现金的方式收购剩余的上层股东权益份额，并购对价63.3亿元人民币，获得安世半导体23.77%的权益比例，交易完成后总计持有安世半导体98.23%的权益比例。同时，闻泰科技发行股份募集配套资金，主要用于安世半导体在中国设立新项目以及补充上市公司流动资金。

安世半导体专注于分立器件、逻辑器件及金属氧化物半导体场效应晶体管（MOSSFET）市场。在恩智浦手中时，2010~2016年安世半导体的营收复合增速仅为1.1%，2017年2月从恩智浦独立之后，开始逆势高速增长。

第一家收购方建广资产在并购整合上做了大量的工作，包括建立了完备的高管团队，加强了项目和产业链的建设，充实上下游形成全产业链的竞争力。安世半导体背靠中国市场，又自主可控，在广东新增封测生产线，2018年生产总量稳居全球第一。

闻泰科技作为全球最大的手机原始设计制造商，具备集研发与制造于一体的全业务链解决方案能力。在此次收购安世半导体后，闻泰科技成为中国唯一拥有完整产业链的国际整合元件制造商（IDM），真正让此次并购交易产生"1+1>2"的协同效应。

（五）"敌意收购"并购基金案例

1. "敌意收购"并购基金特点分析

（1）主要运作方式

该类并购基金通常在未经目标公司董事会允许的情况下，开展收购活动，在收购过程中，并不在意对方是否同意而强行推进。

（2）突出特点

该类并购基金通常以上市公司为敌意收购对象，由于收购过程往往会动用大量资金，因此一般会涉及较大金额外部融资。目前，国内"敌意收购"行为主要是以控制上市公司为目的的战略性投资。

2. 代表案例：美年健康"敌意收购"爱康国宾

2014年4月9日，中国民营预防医疗服务提供机构爱康国宾成功登陆纳斯达克证券交易所，IPO募资规模达1.53亿美元。与此同时，爱康国宾以公开发行价格向中投旗下的投资机构发行4000万美元的私募配售。由此，爱康国宾成为中国健康体检行业第一家上市公司。

2014 年 11 月，美年健康以 36 亿元人民币的对价收购慈铭体检，成为行业第一，并在 2015 年 3 月以 55 亿元人民币的对价成功借壳江苏三友。

美年健康基于行业整合的目的，向爱康国宾发起"敌意收购"，最终爱康国宾被云峰基金私有化。整个"敌意收购"过程分为以下六步。

第一步：爱康国宾实际控制人启动私有化，美年健康却展开"敌意收购"。

2015 年 8 月 31 日，爱康国宾董事长兼 CEO 与相关基金一起（以下简称"内部买方团"），向爱康国宾提出愿意以 17.80 美元每份美国存托股份（ADS）的价格（相当于每股 35.6 美元）私有化。

然而，美年健康提出拟以更高价格对爱康国宾进行要约收购。2015 年 11 月 30 日，江苏三友（即美年健康）主导的买方团，向爱康国宾董事会提出，以 22 美元每份 ADS 的价格私有化，相比内部买方团报价高出 23.6%。

第二步：爱康国宾董事会通过"毒丸计划"。

2015 年 12 月 2 日，"毒丸计划"由爱康国宾董事会表决通过。

第三步：美年健康应对"毒丸计划"两次提高报价。

2015 年 12 月 15 日，美年健康买方团提出，将以 23.50 美元每份 ADS 价格，全现金收购所有普通股和 ADS。该收购价格比内部买方团报价高出 32.0%。

2016 年 1 月，阿里巴巴、中国人寿等企业加入内部买方团，从而联合构建新的内部私有化买方团。

之后，美年健康买方团进一步提出，可以以 25 美元每份 ADS 价格，全现金收购所有普通股和 ADS。该收购价格比内部买方团报价高出 40.4%。

美年健康买方团在原买方成员的基础上新增了上海源星胤石股权投资合伙企业（有限合伙）、上海赛领资本管理有限公司和海通新创投资管理有限公司。

第四步：美年健康与爱康国宾在私有化报价之外的"斗争"。

除了启动"毒丸计划"，爱康国宾还在其他领域对美年健康展开狙击，意图阻止美年健康的恶意收购，包括如下几个方面。

一是举报在美年健康担任销售职务的前爱康国宾员工泄露爱康国宾商业机密。

二是向商务部实名举报美年健康涉嫌违反《中华人民共和国反垄断法》，同时向中国证监会与交易所举报美年健康在信息披露方面存在披露不实的问题。

三是向法院递交关于双方的知识产权诉讼等。

第五步：云峰基金开展私有化报价。

2016年6月6日，爱康国宾公告，接到云峰基金发出的私有化报价函，对方愿意以每份ADS20～25美元的价格，全现金收购100%爱康国宾股权。该报价上限与美年健康最新一次报价相同。

2016年6月8日，美年健康公告，鉴于爱康国宾私有化进程的最新变化，公司参与的买方团综合考虑各方面的因素，决定不再向爱康国宾特别委员会呈递有约束力的收购要约，公司亦决定退出买方团，也就是"敌意收购"爱康国宾行动停止。

第六步：云峰基金、阿里巴巴联合爱康国宾创始人再次报价，最终爱康国宾董事会接受交易价格。

云峰基金首次报价后，爱康国宾私有化进程搁置了很长时间。2018年3月，爱康国宾公告，云锋基金与阿里巴巴联合牵头的买方团，提出了全现金收购计划，表明愿意收购爱康国宾的所有A类、C类普通股，以及ADS，提议收购价为每份ADS20美元。

在此次私有化之前，爱康国宾董事长张黎刚、副董事长何伯权两人合计持股比例是25.6%。虽然持股比例不高，但是两人持有的表决权比例高达43.1%（包含C类股）。

2019年1月，爱康国宾宣布私有化完成，私有化价格最终定为每份ADS20.60美元（即41.20美元/普通股）。私有化主体为IK Healthcare Holdings Limited及其全资子公司IK Healthcare Investment Limited。

参考文献

成思危主编《中国风险投资实务运作与创新发展》，民主与建设出版社，2003。

张陆洋、崔升、肖建：《创业—组合投资理论与实务》，复旦大学出版社，2010。

张陆洋：《风险投资发展国际经验研究》，复旦大学出版社，2012。

陈宝胜、毛世辉、周欣：《并购重组精要与案例》，中国法制出版社，2017。

陈宝胜、毛世辉、周欣：《并购基金实务运作与精要解析》，中国法制出版社，2018。

张磊：《价值》，浙江教育出版社，2020。

〔美〕苏世民：《苏世民：我的经验与教训》，赵灿译，中信出版社，2020。

刘东波：《基于 Pre-IPO 项目下的我国私募股权基金风险浅析》，《商业经济》2012年第 6 期。

郑振龙、陈志英：《现代投资组合理论最新进展评述》，《厦门大学学报》（哲学社会科学版）2012 年第 2 期。

伍旭川、刘学：《金融科技的监管方向》，《中国金融》2017 年第 5 期。

B.16
新能源行业并购分析

俞铁成　杨淇茗　田雪雯*

摘　要： 2022 年，我国新能源行业投资并购交易延续高速增长的特点。从细分领域来看，新能源汽车的发展及渗透率的提高，带动了其核心部件动力电池板块交易的活跃，在行业及资本的重点关注下，动力电池产业将会在技术、产能、供应链、渠道等多个维度展开竞争，行业整体将持续高速发展；光伏、风电产业近年来由于疫情以及地缘政治原因出海受阻，未来可能需要面对更复杂、更具挑战性的国际市场；储能则是随着电力市场的改革，有望在工商业侧及户储侧获得更好的发展，吸引投资并购市场的关注；氢能则是由于国产化替代进程的加速，在工业、化工及电网领域得到重视，虽然目前还未形成成熟完善的产业链，但未来有望带来巨大的发展空间。

关键词： 新能源　动力电池　光伏　储能　并购

一　近年来新能源行业的发展状况及政策梳理

清洁能源是我国能源供应体系的重要分支。2020 年 9 月，我国在第 75 届联合国大会上提出了在 2030 年前碳达峰、2060 年前碳中和的目标。而随

---

* 俞铁成，广慧并购研究院院长、广慧投资董事长、上海金融文化促进中心副理事长，著有《并购陷阱》等；杨淇茗，广慧投资执行董事，曾就职于普华永道、凯石资本，擅长股权投资与企业并购咨询；田雪雯，广慧并购研究院总监、广慧投资副总裁，拥有多年海外工作经验，摩根大通集团企业与投资银行部前高级分析师。

着我国"双碳"目标的提出，政府层面也相继出台了一系列相关的政策（见表1），促使新能源行业进入了高速发展的轨道。

表1 2019～2022年国家层面新能源行业重要政策整理

时间	政策	相关内容及目标
2019年6月	《关于全面放开经营性电力用户发用电计划的通知》	明确全面放开经营性电力用户发用电计划,支持中小用户参与市场化交易,健全全面放开经营性发用电计划后的价格形成机制,切实做好规划内清洁电源的发电保障工作
2021年2月	《关于推进电力源网荷储一体化和多能互补发展的指导意见》	明确分级规划实施兼网荷储一体化,分类推进多能互补,构建清洁低碳、安全高效的能源体系,提升可再生能源开发消纳水平
2021年5月	《关于2021年风电、光伏发电开发建设有关事项的通知》	制定发布各省级行政区域可再生能源电力消纳责任权重和新能源合理利用率目标,积极推动电、光伏发电项目建设和跨省区电力交易;各省(区、市)完成年度非水电最低消纳责任权重所必需的新增并网项目,由电网企业实行保障性并网,2021年保障性并网规模不低于9000万千瓦
2021年5月	《关于2021年可再生能源电力消纳责任权重及有关事项的通知》	围绕实现2025非化石能源占一次能源消费比重提高至20%左右的目标,在2020年消纳责任权重完成情况评估的基础上,研究提出了各省(区、市)2021年可再生能源电力消纳责任权重和2022年预期目标
2021年7月	《关于加快推动新型储能发展的指导意见》	明确提出,到2025年实现新型储能装机规模达3000万千瓦以上,到2030年实现新型储能全面市场化发展
2021年7月	《关于进一步完善分时电价机制的通知》	更好引导用户削峰填谷、改善电力供需状况、促进新能源消纳,为构建以新能源为主体的新型电力系统、保障电力系统安全稳定经济运行提供支撑
2021年12月	《"十四五"能源领域科技创新规划》	在储能技术方面,研发长寿命、低成本、高安全的锂离子电池,研发钠离子电池、液态金属电池、钠硫电池、固态锂离子电池、储能型锂硫电池、水系电池等新一代高性能储能技术
2022年6月	《"十四五"可再生能源发展规划》	加强可再生能源前沿技术和核心技术装备攻关。加强前瞻性研究,加快可再生能源前沿性、颠覆性开发利用技术攻关。重点开展并研发储备钠离子电池、液态金属电池、固态锂离子电池、金属空气电池、锂硫电池等高能量密度储能技术。推进大容量风电机组创新突破
2022年7月	《工业和信息化部办公厅关于印发2022年第二批行业标准制修订和外文版项目计划的通知》	我国首批钠离子电池行业标准《钠离子电池术语和词汇》(2022-1103T-SJ)和《钠离子电池符号和命名》(2022-1102T-SJ)计划正式下达。主要起草单位包括中国电子技术标准化研究院、中国科学院物理研究所、中科海钠、宁德时代新能源科技股份有限公司、深圳市比亚迪锂电池有限公司

资料来源：笔者根据公开资料整理。

二 新能源行业细分领域并购概况

2022 年，我国新能源行业在不考虑相关基础设施及电站建设的情况下，投资并购已披露交易总金额合计 2760.3 亿元，相比 2021 年涨幅达到 67.4%，交易量为 397 笔，同比增加 23.3%。新能源行业可大致分为动力电池产业，光伏、风电产业，储能产业，氢能和燃料电池产业这四大细分行业，其中动力电池产业的交易最为活跃，交易金额占比达到 92%（见图 1），交易量占比则为 70%（见图 2）。

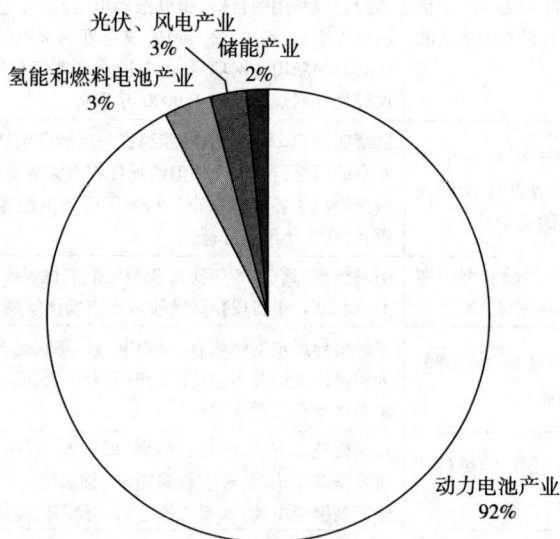

图 1 2022 年我国新能源行业并购交易金额占比

资料来源：CVSource、德勤咨询、广慧并购研究院。

（一）动力电池产业并购交易概况

动力电池产业一直是新能源行业的核心组成部分，2022 我国动力

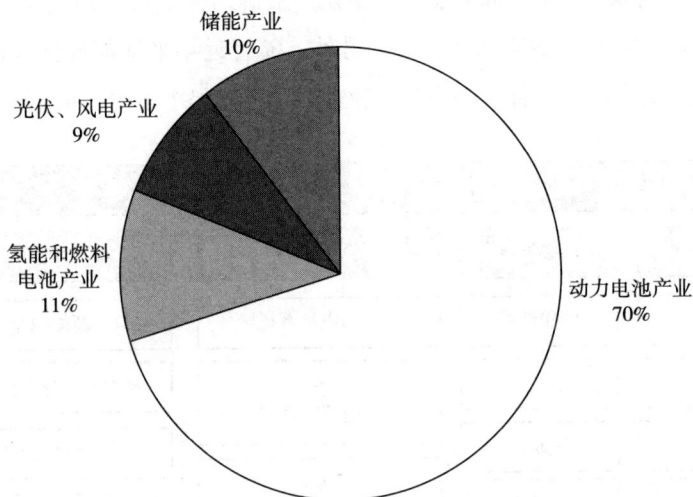

图2　2022年我国新能源行业并购交易量占比

资料来源：CVSource、德勤咨询、广慧并购研究院。

电池产业并购交易金额达到 2547.5 亿元（仅含已披露交易金额），同比增长 69.3%；并购交易数量达到 279 笔，同比增长 18.7%（见图3）。

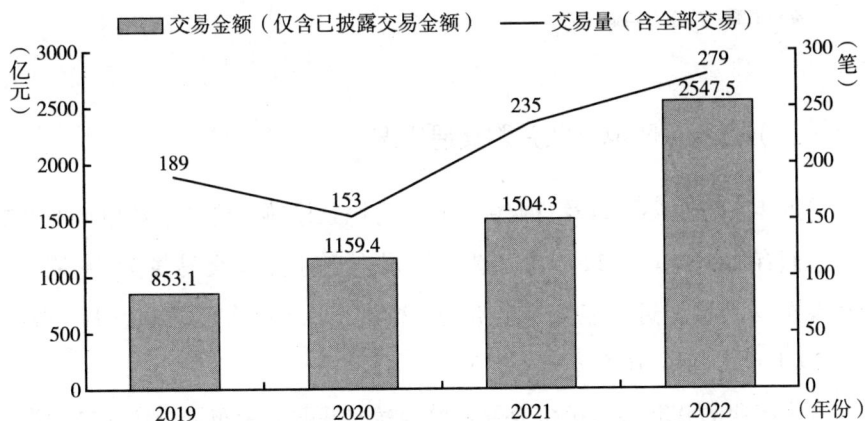

图3　2019~2022年我国动力电池产业并购交易金额及交易量

资料来源：CVSource、德勤咨询、广慧并购研究院。

从动力电池产业的分布来看,上游矿产资源与核心材料的交易热度最高,集中在锂矿、镍矿、钴矿和锰矿等。另外,随着近年来新能源汽车的渗透率不断提高,动力电池的梯次利用与回收项目同样获得了市场的关注(见图4)。

上游		中游	下游
矿产资源	核心材料	系统集成	终端应用
锂矿	磷酸铁锂	动力电池系统	新能源车
镍矿	三元材料	BMS 电池管理系统	梯次利用与电池回收
钴矿	锰酸锂		充换电站开发
锰矿	钛基材料	EMS 能量管理系统	设备销售
石墨矿	铝箔铜箔	换电设备	运营维护
钛矿	电解液	充电桩	电池检测服务
	隔膜		

图4 我国新能源动力电池产业链

资料来源:广慧并购研究院。

(二)光伏、风电产业并购交易概况

受近年来宏观环境以及行业供需错配等因素影响,光伏、风电产业并购交易金额有所缩减。2022年全年光伏、风电产业并购交易量为34笔,与2021年的交易量相近,但交易金额为72.7亿元(仅含已披露交易金额),相比2021年下降了31.0%(见图5)。

光伏产业的并购多为扩张业务规模的横向并购或者布局全产业链的纵向并购,交易热点还是产业链中游的电池片相关标的(见图6)。而风电产业则由于抢装带来的市场竞争加剧,盈利水平有所下降,并购交易主要集中在风电主机等产业链中游环节(见图7)。

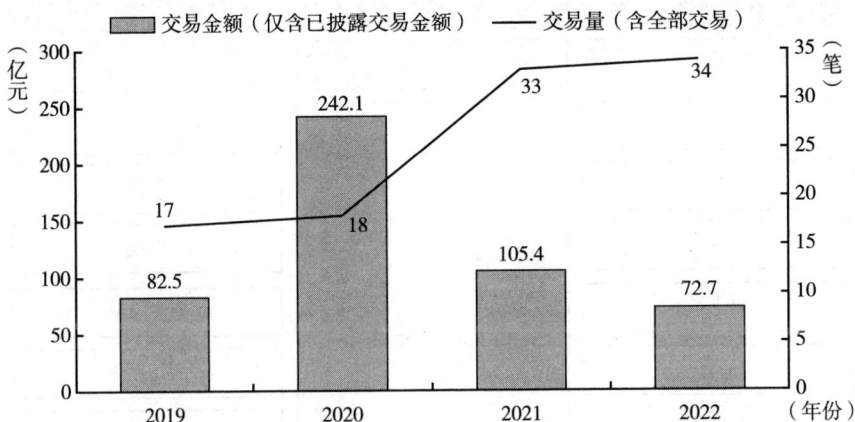

图5　2019～2022年我国光伏、风电产业并购交易金额及交易量

资料来源：CVSource、德勤咨询、广慧并购研究院。

上游	中游	下游
原材料	电池片、组件、辅材	电站及后市场
硅料	电池片	EPC及运维服务
硅片	光伏玻璃	汇流箱
银浆	背板	逆变器
EVA粒子	EVA胶膜、边框、焊带等	光伏支架

图6　我国新能源光伏产业链

资料来源：广慧并购研究院。

（三）储能产业并购交易概况

储能赛道近年来发展迅速，国内储能项目的招标量大幅增长，根据中关村储能产业技术联盟提供的数据，2022年我国新增投运的新型储能项目装机规模达到6.9GW/15.3GWh，超过了过去10年累计的装机量。而从并购交易来看，2022年储能产业已披露的并购交易金额达到43.8亿元，同比增长142%，交易量有41笔，同比增长156%（见图8）。

上游	中游	下游
零部件	风电主机	风电机组

叶片		EPC及运维服务
发电机		整机
轮毂		电缆
变流器	风电主机	防腐涂料
轴承		测风系统
齿轮箱		防雷设备
机舱		
塔筒		

图7　我国新能源风电产业链

资料来源：广慧并购研究院。

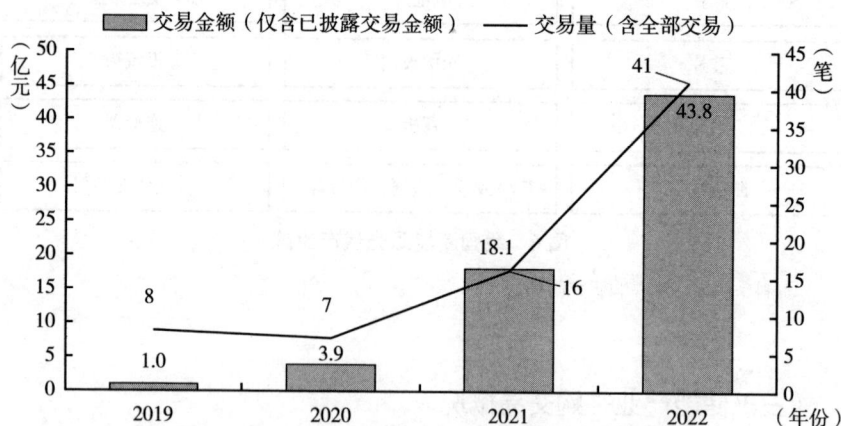

图8　2019～2022年我国储能产业并购交易金额及交易量

资料来源：CVSource、德勤咨询、广慧并购研究院。

储能产业的并购交易主要集中在中游的系统集成环节，储能集成商因为自身在产业链中的资源和运营优势向上下游延伸（见图9）。此外，上游的钠离子电池、液流电池等新型储能电池技术也在吸引资本布局。

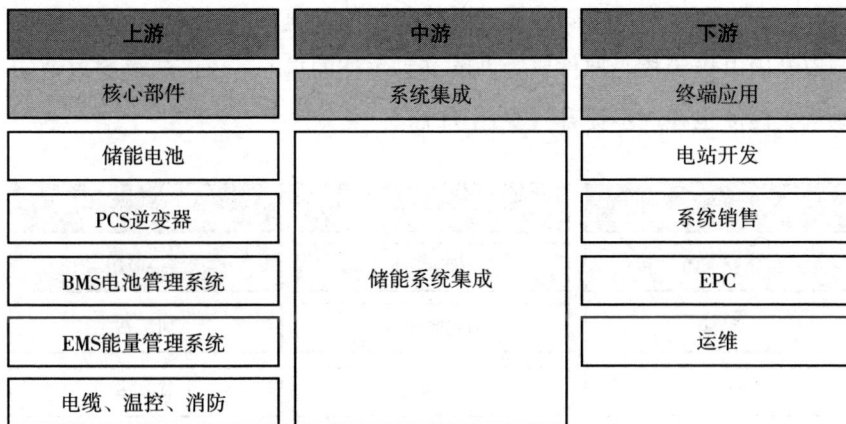

图9 我国新能源储能产业链

资料来源：广慧并购研究院。

（四）氢能和燃料电池产业并购交易概况

随着近年来氢能技术的成熟以及整体产业的推进，氢燃料电池的应用场景得到了进一步的开发，2022年并购交易迎来了爆发，全年交易金额达到96.3亿元，同比增长350%；交易量为43笔，相比2021年没有太大的增长（见图10）。

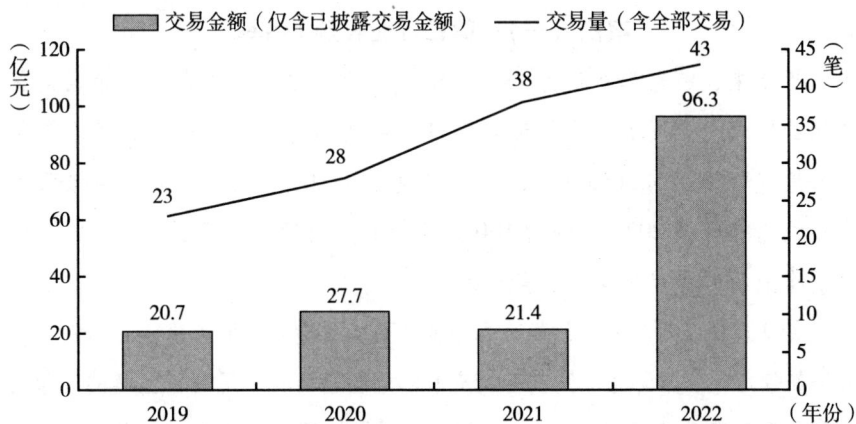

图10 2019~2022年我国氢能和燃料电池产业并购交易金额及交易量

资料来源：CVSource、德勤咨询、广慧并购研究院。

从产业链角度来看，随着国产替代脚步的加速，氢燃料电池系统、电堆领域以及膜电极等核心部件成为并购交易关注的重心。下游氢燃料电池的应用场景关注度也在逐步提升（见图 11）。

上游	中游	下游
氢能资源	核心部件	终端应用
制氢	氢燃料电池	加氢站
运氢	电堆	氢能车
储氢	膜电极	

图 11　我国新能源氢能产业链

资料来源：广慧并购研究院。

三　2022年新能源行业并购案例概览

（一）2022年动力电池产业并购案例

案例（一）：赣锋锂业收购 Lithea

近年来，随着锂在动力电池和储能电池领域的大力发展，市场对锂资源的需求急剧增加。国信证券经济研究所预计，全球锂资源需求年均复合增速有望达到30%以上，市场规模将从2020年的约40万吨碳酸锂当量快速提升至2025年的约160万吨碳酸锂当量。市场规模的不断扩大吸引企业纷纷布局锂矿、锂盐资源。

赣锋锂业是世界领先的锂生态企业，业务贯穿锂资源开发、锂盐深加工及金属锂冶炼、下游锂电池制造及废旧电池综合回收利用等价值链的各重要环节，企业锂矿资源遍布全球多个国家及地区，同时拥有"卤水提锂"、"矿石提锂"和"回收提锂"产业化技术；锂化合物、金属锂产能居全球前列。

Lithea 公司主要从事收购、勘探及开发锂矿业权，旗下的主要资产 PPG 项目是位于阿根廷萨尔塔省的锂盐湖项目，包括 Pozuelos 和 Pastos Grandes 两块锂盐湖资产，目前持有已办理完成的采矿/勘探许可证 25 个。PPG 项目主要产品为含锂盐湖卤水生产的碳酸锂，主要作为生产锂电池正极材料的原材料。测算 PPG 项目资源量合计达 1106 万吨碳酸锂当量。

经过多轮协商，最终赣锋锂业以 9.62 亿美元，约合人民币 64.6 亿元收购 Lithea 公司 100% 的股份，本次交易完成前，公司未持 Lithea 公司的股权。该收购总对价包含 Lithea 公司全部股权价值及公司将承担的 Lithea 公司相关债务的价值。

赣锋锂业在本次并购过程中对 Lithea 公司及其持有的 PPG 锂盐湖项目进行了充分的资源、技术、财务、法律等各方面的尽职调查，同时参考了阿根廷锂盐湖项目中若干家可比项目资源量、品位、产能等情况，认为两个锂盐湖有很高的储量、质量和产能扩张潜力，属于阿根廷锂盐湖项目中的优质项目，乐观估计，PPG 项目每年可带来约 5 万吨碳酸锂产能。

赣锋锂业此次收购的目的非常明确，通过收购 Lithea 公司，进一步锁定锂生态系统的关键资源——锂矿所有权，扩大碳酸锂这一锂电池关键原料的产能。赣锋锂业规划在 2025 年前形成不低于 30 万吨碳酸锂当量的供应能力，以应对市场对锂资源的火爆需求。通过收购上游锂矿公司，赣锋锂业进一步加强上游锂资源布局，通过垂直整合，获得稳定的锂供应，有利于提高公司的资源自给率和盈利弹性，进而加强公司的核心竞争力。

资料来源：Wind 数据库、国信证券经济研究所、每日经济新闻。

案例（二）：西部黄金收购三家锰矿企业

除了锂资源，作为三元锂电池的正极材料，镍、钴、锰三种金属的需求也随之增加，这使得上游锰矿、钴矿和镍矿等新能源矿产的投资并购热度也不断上涨。2022年，行业围绕正极材料上游矿产资源，发生多笔大额交易。

西部黄金（601069）是目前西北地区最大的现代化黄金采选冶企业，矿产金产量位列全国前十，拥有集矿山勘探、开采、选矿、冶炼、精炼、销售于一体的完整产业链。公司拥有哈图金矿、阿希金矿和哈密金矿等主要黄金生产矿山。

被收购标的为阿克陶百源丰矿业有限公司（以下简称"百源丰"）、阿克陶科邦锰业制造有限公司（以下简称"科邦锰业"）、新疆蒙新天霸矿业投资有限公司（以下简称"蒙新天霸"）三家公司。百源丰、蒙新天霸、科邦锰业同属于矿产资源开发行业。百源丰主营锰矿开采与销售等业务，拥有4个采矿权、5个探矿权。蒙新天霸主营矿业投资、锰矿开采等业务，拥有1个采矿权、1个探矿权。科邦锰业主营电解锰、锰矿石加工和销售以及锰铁合金产品等业务。

西部黄金拟通过发行股份方式，以26.14亿元收购百源丰、科邦锰业和蒙新天霸100%的股权。本次交易完成后，百源丰、科邦锰业和蒙新天霸将成为西部黄金全资子公司。本次交易以2021年9月30日为评估基准日，采用收益法和资产基础法两种方法对标的资产进行评估，科邦锰业、百源丰、蒙新天霸资产增值率分别为39.43%、485.5%、2053.98%。

该交易设计了业绩对赌，业绩承诺方承诺科邦锰业、百源丰于2022年、2023年、2024年实现的合计税后净利润分别不得低于33130万元、26206万元和30805万元；蒙新天霸于2022年、2023年、2024年、2025年实现的税后净利润分别不得低于-348万元、-726万元、2980万元、5354万元。

西部黄金收购这三家公司筹划已久，早在 2017 年西部黄金就曾计划收购百源丰 51%的股权和科邦锰业 51%的股权，但因标的公司矿业权评估未完成、权属证照未办理、环保影响等，收购搁浅。2019 年 8 月，西部黄金控股股东新疆有色收购了百源丰、科邦锰业 65%的股权。西部黄金表示经控股股东转手，是为了提前锁定潜在收购机会，等待更好的收购时机，待标的资产各项条件成熟后，公司再启动收购程序。

百源丰和蒙新天霸所持有的锰矿资源具有储量大、品位高、易开采等优势；科邦锰业具备成熟、高效的电解锰生产能力，生产技术水平较高。该并购交易可改变西部黄金业务结构单一的问题，由单一的"黄金采冶"进阶为"黄金+锰矿"采冶双主业，优化了公司产业结构，实现在锰矿领域的布局，为公司带来新的发展动力。

同时，锰矿业务与公司现有黄金业务具有明显不同的业绩周期，将在一定程度上平抑公司业绩波动，增强盈利能力的稳定性。

资料来源：Wind 数据库、《证券时报》。

案例（三）：索通发展收购欣源股份

2022 年，电池新能源产业的爆发，吸引不少企业通过并购快速入局，延伸触角，在新能源动力电池产业链上、中、下游寻求新的业绩增长点。索通发展收购负极材料公司欣源股份就是一个典型的案例。

索通发展于 2003 年成立于德州市，是一家专业从事铝用预焙阳极的研发、生产和销售的高新技术企业，索通发展是世界最大的独立商用预焙阳极生产企业，2021 年国内市场占有率超过 10%，也是中国首家预焙阳极出口企业，连续 14 年出口排名第一。公司目前拥有山东德州/滨州、甘肃嘉峪关、重庆綦江、云南曲靖 5 个生产基地 7 家工厂。产品出口至欧美、中东、东南亚、大洋洲、非洲的十几个国家。随着国家提出碳达峰碳中和，索通发展经营业绩呈上升态势。2020年与2021年，公司的归母净利润分别同比增长147.64%与189.64%，实现净利润2.14亿元和6.20亿元。

欣源股份主营业务为锂离子电池负极材料产品以及薄膜电容器的研发、生产加工和销售。公司目前已形成粗碎、粉碎、造粒、分级、石墨化、成品筛分等负极材料一体化生产工序，主要产品为人造石墨负极，并为客户提供石墨化、一体化等代加工服务。目前，欣源股份客户包括杉杉股份、贝特瑞、江西紫宸、国轩高科等头部企业。2019年、2020年和2021年，欣源股份分别实现归母净利润3053.1万元、4462.61万元和8120.49万元。

2022年9月，索通发展拟通过发行股份及支付现金的方式以11.4亿元对价购买薛永、三顺投资、梁金、张宝、谢志懋、薛占青、薛战峰、张学文合计持有的欣源股份约94.97%的股份。本次交易中，欣源股份整体估值为12亿元，较其账面净资产溢价332.59%。收购完成后，欣源股份将成为索通发展的控股子公司。

索通发展在收购前就已开始对负极领域进行布局。2022年4月，索通发展宣布拟投资7.2亿元，建设年产20万吨锂离子电池负极材料一体化项目首期5万吨项目，进入锂电池负极赛道。本次对欣源股份的收购正是索通发展战略升级中的关键一步，通过并购快速扩大在锂电负极领域的布局，实现"预焙阳极+锂电负极"双引擎发展。

索通发展收购欣源股份并非盲目跨界，欣源股份的石墨负极和索通发展的预焙阳极均属于碳材料，石墨负极材料和预焙阳极的原材料均主要为石油焦、煤沥青等，索通发展石油焦年采购量达300万吨，采购议价能力强，采购成本有一定优势。收购完成后，双方可以共享采购资源，利用上市公司石油焦集中采购、全球采购的优势，提高欣源股份的采购议价能力，降低成本，增强盈利能力。其次，石墨负极和预焙阳极在生产设备、生产工艺等方面存在相通之处，可以协同发展。再者，欣源股份本身是拥有成熟的技术储备、完善的客户渠道和较强盈利能力的优质标的，能够帮助索通发展快速打造新的利润增长点，增强公司整体实力和市场竞争优势，带来更大的发展空间。

资料来源：Wind 数据库、索通发展股份有限公司官方网站、《证券时报》。

案例（四）：普利特收购海四达电源

2022 年，除了上游的矿产资源、锂电核心材料，新能源动力电池中下游，如锂电池系统、BMS、EMS、换电、电池回收等领域的并购投资也非常活跃。

上海普利特复合材料股份有限公司（002324）（以下简称"普利特"）成立于 1999 年，主要从事电子材料、高分子材料、橡塑材料及其制品等高性能材料的生产和销售。汽车领域是公司产品最大的应用领域，公司成为宝马、奔驰、大众、通用、福特、克莱斯勒、长城、吉利、比亚迪、长安、奇瑞等车企的重要合作伙伴。

海四达电源成立于 1994 年，是专业从事三元锂、磷酸铁锂的锂离子电池及其系统等的研发、生产和销售的新能源企业，拥有动力和储能电池领域完整的研发、制造能力，并建有国家级博士后科研工作站，拥有一支涵盖产品研发、工程设计、测试验证、制造等领域的 200 多人的研发团队。2021 年，海四达电源营业收入为 18.53 亿元，净利润为 1.02 亿元，盈利能力较强。2022 年第一季度，海四达电源营收为 5.62 亿元，净利润为 4570.74 万元。

2022 年 6 月，普利特拟以支付现金的方式，以约 11.41 亿元对价，购买海四达集团所持海四达电源约 79.79% 的股权，海四达电源整体估值为 14.3 亿元，并且本次股权转让完成后，普利特有权向海四达电源增资不超过 8 亿元，用于海四达电源两个项目的投入：年产 2GWh 高比能高安全动力锂离子电池及电源系统二期项目和年产 12GWh 方型锂离子电池一期项目（年产 6GWh）。本次股权转让及未来增资 8 亿元完成后，最终普利特将持有海四达电源 87.04% 的股权，成为海四达电源的母公司。

汽车是普利特产品最大的应用领域，业务领域相对集中，因此，近年来普利特也在寻求在其他领域的拓展，而新能源是重要的战略发展方向。通过收购海四达电源，普利特快速切入锂电池、储能业务赛道，新增锂离子电池业务，形成"新材料+新能源"双主业运行的经营模式，实现战略转型升级。

借助普利特的上市公司平台、资金、人才、股东及客户等资源优势，海四达也能更好地拓展客户、开展业务、整合双方资源。普利特可以为海四达电源引入优质新能源汽车客户，充分发挥协同效应。

资料来源：Wind 数据库、上海普利特复合材料股份有限公司官方网站、《证券时报》。

（二）2022年光伏、风电产业并购案例

案例（一）：京能国际收购晟阳光伏新能源项目

2022 年 12 月 12 日，北京能源国际控股有限公司（以下简称"京能国际"）公告宣布，以人民币约 4.52 亿元收购阳光电源集团旗下的凤台县晟阳新能源发电有限公司（以下简称"晟阳新能源"）全部股权，获得安徽省淮南市凤台县一座 150MW 光伏发电站的控制权。

晟阳新能源成立于 2016 年 11 月 17 日，主营业务为新能源电站投资、建设和运营，是阳光电源股份有限公司凤台县顾桥镇顾桥矿采煤沉陷区 150MW 水面光伏电站项目的实施主体。该电站于 2017 年开始施工，并于 2019 年实现全容量并网，年发电量约为 1.53 亿 KWh，减少二氧化

碳排放 13.53 万吨，是国内较早且规模较大的一批水上光伏项目之一。

京能国际主要从事发电站等清洁能源项目开发、投资、运营及管理业务，共持有 125 座发电站，总并网装机容量约为 5.6GW。通过这次并购，京能国际可以拓展在光伏领域，尤其是在安徽区域的业务规模。同时，京能国际在凤台县还有安徽两淮领跑者光伏电站项目，装机容量为 100MW，通过并购可以实现两座电站的集中管理与规模运营。

资料来源：Wind 数据库、北京能源国际控股有限公司官方网站。

案例（二）：凯盛新能源收购台玻福建

凯盛新能源股份有限公司（以下简称"凯盛新能源"）2022 年 9 月 14 日公告宣布，以 4.22 亿元收购台玻福建光伏玻璃有限公司（以下简称"台玻福建"）100% 的股权。收购完成后，台玻福建将更名为凯盛（漳州）新能源有限公司。

台玻福建注册于 2006 年，主营业务为太阳能光伏玻璃生产制造。收购前，台玻福建是台湾玻璃工业股份有限公司（以下简称"台玻集团"）全资子公司，是台玻集团主要的光伏玻璃生产基地，2022 年日产能为 650 吨。2022 年台玻集团逐步清理旗下亏损产业，而上半年台玻福建净利润为 −1011 万元。通过出售非核心业务台玻福建，台玻集团可以改善集团利润表现。

凯盛新能源，原名洛阳玻璃股份有限公司，注册于 1996 年，主营业务为技术玻璃制品制造。凯盛新能源从 2015 年开始剥离原本主营业务普通浮法玻璃与硅砂，转型制造新能源光电玻璃。通过收购台玻福建全部股权，凯盛新能源可以有效地扩大新能源光伏玻璃产能，发挥协同效应和规模效应。2022 年，凯盛新能源通过一系列整合和并购，实现光伏玻璃日产能 4650 吨，新能源光伏玻璃业务收入占比 93.3%。

资料来源：Wind 数据库、凯盛新能源股份有限公司官方网站。

案例（三）：漳州发展收购国昌茂

2022年1月19日，福建漳州发展股份有限公司（以下简称"漳州发展"）公告宣布，以0元收购漳州国昌茂新能源有限公司（以下简称"国昌茂"）。收购后，漳州发展以80%的股权比例履行出资义务，共承担4800万元。

国昌茂于2021年7月注册成立，主营业务为太阳能发电技术服务。收购前，国昌茂与福建福欣特殊钢有限公司（以下简称"福欣钢"）签订了《屋顶光伏发电协议》，国昌茂租赁福欣钢约15万平方米的建筑屋顶20年，并在其上建设15MW光伏并网电站（最终实际并网装机容量为20MW），电站发电优先供福欣钢使用。租赁期间，福欣钢按照所在地国家电网向企业结算电价的73%向国昌茂支付光伏电费，而国昌茂使用福欣钢屋顶、场地产生的租金则用27%的电价优惠抵销。

漳州发展是1994年注册成立的国有企业，目前业务仍以汽车销售为主。2022年，漳州发展开始进行业务结构调整，引入了新能源业务。业务主要集中于光伏产业，通过并购光伏项目以及与其他新能源公司合作，在新能源领域产生营业收入1.27亿元，全部光伏电站建成后可实现年均总发电量约3600万度，节约标准煤约1.1万吨，减少排放氮氧化物约380吨、二氧化碳约3.03万吨、二氧化硫约495吨。

资料来源：Wind数据库、福建漳州发展股份有限公司官方网站。

（三）2022年储能产业并购案例

案例（一）：同力日升收购天启鸿源

2022年3月19日，国内电梯部件龙头企业江苏同力日升机械股份有限公司（以下简称"同力日升"）宣布拟通过支付现金的方式以24000万元收购天启鸿源 33.76% 的股权（增资前股权比例），并以整体交易作价 71080 万元对天启鸿源增资 25000 万元，此次股权转让及增资完成后，公司将合计持有天启鸿源 51% 的股权，天启鸿源即成为同力日升控股子公司。2022 年 5 月该并购交易完成。

同力日升的主营业务为传统的机械部件制造，包括扶梯部件、直梯部件和电梯金属材料等三大类别。公司的客户非常均衡地覆盖了全部的电梯头部企业，满足整梯制造企业的"一站式、多样化"采购需求，产品具备较强的市场竞争能力。

天启鸿源的主要业务分为两类，一类为储能系统集成业务，另一类为新能源电站开发业务。天启鸿源核心管理团队在新能源电站开发、储能系统集成及微电网领域拥有超过 10 年的经验，成功交付国内外多个风、光、储及微网大型项目，团队参与承建的储能项目规模已超过 1.5GWh。同时，天启鸿源完全自主掌握 3S（PCS、BMS、EMS）技术，并在此基础上开发出行业独特的天启 AI 智能模块，以"3S 技术+AI 智能模块+均衡技术"形成智能组串式储能解决方案，在储能系统集成技术上具有先发优势。

同力日升 2020~2022 年营业收入分别为 17.38 亿元、22.82 亿元、21.78 亿元，毛利率分别为 17.14%、14.38%、14.94%。我国城镇化率已达到较高水平，电梯制造行业将进入成熟期，公司传统电梯部件业务面临天花板较低、增速放缓的情况，同力日升收购天启鸿源可以开辟第二增长曲线。同时，天启鸿源的储能及电站业务对现金流要求较高，同力日升的收购可以为天启鸿源提供稳定的现金支持。此外，同力日升在硬件领域丰富的制造经验有助于提升天启鸿源的储能系统制造能力，两者形成业务协同。

资料来源：Wind 数据库、江苏同力日升机械股份有限公司官方网站。

案例（二）：美的集团收购科陆电子

2022年5月24日，国内领先的综合能源服务商深圳市科陆电子科技股份有限公司（以下简称"科陆电子"）发布非公开发行A股股票预案：美的集团股份有限公司（以下简称"美的集团"）将以现金方式认购科陆电子本次非公开发行的全部股票；同时，美的集团与科陆电子的控股股东深圳资本集团签署了《表决权委托协议》和《股份认购协议》，深圳资本集团拟将其持有的科陆电子1.26亿股（占协议签署日科陆电子总股本的8.95%）以人民币6.64元/股的价格协议转让给美的集团，并将标的股份对应的表决权在过户前委托给美的集团。按发行上限测算，本次发行完成后，美的集团将持有上市公司29.96%的股份及表决权，成为上市公司控股股东。此后，该交易于2022年10月18日通过国家市场监督管理总局的反垄断审查，并于2022年12月5日完成深圳资本集团转让科陆电子8.95%的股份给美的集团的过户登记，而美的集团认购科陆电子的非公开发行股票预计将于2023年完成。

科陆电子是国内领先综合能源服务商，业务板块主要包括智能电网、储能和综合能源管理。智能电网业务是公司的核心基础，核心技术是高精度量测技术、电力系统保护控制技术和一二次融合技术，为智能电网建设提供产品服务和系统解决方案；储能业务主要包括储能系统集成及PCS、BMS、EMS等核心单元；综合能源管理业务采用现代科技及互联网技术，为用户提供节能和能效监测等服务。2022年公司智能电网业务营收较2021年增幅仅为3%，而储能业务营收增幅为198%，综合能源管理业务则减少了13%。可见，储能业务是科陆电子未来主要的营收增长来源。

美的集团在储能领域早已有所布局。2020年3月，美的集团收购了合康新能，其核心业务为工业变频器、新能源及节能环保，其中新能源业务主要为分布式光伏和户用储能。2021年10月，美的集团发布了绿色战略，围绕"绿色设计、绿色采购、绿色制造、绿色物流、绿色回收、绿色服务"六大支柱打造全流程绿色产业链，为中国及至全球的碳达峰碳中和做出贡献。而科陆电子在电力及储能领域多年的积累将进一步完善美的集团在储能领域的产品及技术储备，打造一整套成熟的"光伏+储能"解决方案体系。

对于科陆电子而言，美的集团的收购将给公司带来多方面的业务协同。首先，美的集团的品牌和渠道优势可以帮助科陆电子拓展更多的储能应用和市场；其次，美的集团强大的供应链优势可以提高科陆电子的核心芯片及原材料的采购和议价能力；最后，美的集团丰富的智能制造经验和品质控制能力可以降低科陆电子的生产成本，提高产品竞争力。

资料来源：Wind 数据库、深圳市科陆电子科技股份有限公司官方网站。

（四）2022年氢能和燃料电池产业并购案例

案例（一）：氢晨科技收购擎动科技

2022年5月13日，燃料电池电堆头部企业上海氢晨新能源科技有限公司（以下简称"氢晨科技"）宣布，通过换股方式全资收购专业催化剂和膜电极供应商苏州擎动动力科技有限公司（以下简称"擎动科技"）。基于前期合作中体现出的显著协同作用，双方达成共识，氢晨科技将通过换股形式收购擎动科技100%的股权。擎动科技将成为氢晨科技的全资子公司，并继续相对独立地运营。根据第三方信息测算，估计交易价值过亿元。

氢晨科技、擎动科技是临港管委会、临港集团、申能集团等战略布局和投资的高科技企业。通过申能能创、临港科创投、上海自贸区基金的前期投资，上海国资成为两家高科技企业的第一大股东。此次并购正是国资牵头的对产业链上下游环节头部企业的资源整合。高工产研氢电研究所（GGII）调研数据显示，氢晨科技 2021 年国产电堆出货量排名前十，擎动科技 2021 年国产第三方膜电极企业出货量排名前五，接下来，两家公司将共同建立起从催化剂、膜电极到电堆的一体化协同开发体系。

成立于 2017 年的氢晨科技，基于上海交通大学科研团队 10 余年的技术积累，累计投入超 1 亿元的研发经费，开发了 H2 系列电堆，累计交付 1000 套。并于 2022 年开发了新一代 H3 技术和 230kW 电堆。经上海机动车检测中心检测，在功率密度上达到了 6.2kW/L 的国际领先水平，超过国际头部公司丰田 Mirai2 的 128kW 和 5.4kW/L 的水平。

成立于 2016 年的擎动科技，自主研发和生产高性能、长寿命的催化剂和膜电极，于 2017 年自主开发出第一款产品并持续迭代，产品各项技术指标已达到国内领先水平。国内已有 20 余款使用擎动催化剂和膜电极的燃料电池车辆入围工业和信息化部公告目录，并有 400 余辆投入运营。

膜电极是燃料电池电堆的"芯片"，是氢能转化为电能的反应场所，占电堆成本的 60% 以上，其三大核心材料催化剂、气体扩散层、质子交换膜长期被国外垄断。擎动科技是国内少数自主研发、设计、生产催化剂，并将其批量搭载至膜电极上的燃料电池核心关键材料的制造企业。在产业生态上，上海拥有氢能"制—储—运—加"、燃料电池及零部件全产业链，正在培育"一环""六带"的氢燃料电池汽车产业创新生态。

资料来源：Wind 数据库、高工产研氢电研究所、艾邦氢能源技术网。

案例（二）：华电重工收购通用氢能

2022年5月27日华电重工临时董事会同意：为加快推进氢能业务关键技术研究及核心装备开发，实现氢能业务快速起步和发展，以现金24979万元通过受让股权及增资扩股相结合的方式持有深圳市通用氢能科技有限公司（以下简称"通用氢能"）51%的股权。

通用氢能成立于2018年。主要从事质子交换膜燃料电池关键材料的开发与生产，拥有氢能燃料电池核心材料产品气体扩散层、质子交换膜及催化剂的生产配方、生产工艺、核心技术。通用氢能将建成国内首条连续化气体扩散层成品生产线，建设世界首条连续化DMD与质子交换膜生产线，及催化剂和膜电极生产线，主打燃料电池气体扩散层、质子交换膜、催化剂和膜电极产品等，并进行相关产品的多元化，满足各类燃料电池车、无人机、轨道交通、电站等要求。2020年通用氢能在深圳市坪山区投资1000万元，生产质子交换膜和气体扩散层，规模分别为10000m^{2}和100000m^2。截至2022年5月，通用氢能拥有30项专利，其中发明专利21项。

华电重工是央企中国华电集团的控股子公司，是中国华电科工集团有限公司的核心业务板块及资本运作平台、中国华电集团公司工程技术产业板块的重要组成部分，在物料输送工程、热能工程、高端钢结构工程、工业噪声治理工程和海上风电工程等方面提供工程系统整体解决方案。2021年公司营收为103.3亿元，实现归母净利润3.03亿元，总资产为106.65亿元。

早在2009年，华电重工即着手从事氢能相关业务；2012年成立煤化工事业部，主要从事焦炉煤气制氢、PSA变压吸附提氢、高压氢气管道输送、煤焦油加氢等业务；2020年根据发展规划以及市场需求成立氢能事业部，聚焦氢能相关工程设计和电解水制氢设备领域。2020年12月23日，华电重工与通用氢能正式签署战略合作协议，双方未来将围绕燃料电池核心材料及核心零部件的开发生产与应用开展深度合作，共同推进氢能与燃料电池的商业化进程。华电重工本身有电解槽业务，而碳纸是 PEM 电解槽的关键材料，华电重工投资收购通用氢能是下游设备向上游进发，将关键材料的研发控制在手中。

2022 年 6 月发布的《"十四五"可再生能源发展规划》，提出推进可再生能源发电制氢产业化发展，打造规模化的绿氢生产基地。电解槽占电解制氢系统总成本 50% 以上，技术壁垒高、附加值高、产值规模大，预计 2025 年国内市场可达百亿元规模，2030 年超千亿元。华电重工背靠华电集团，有望持续受益大股东赋能：2021 年，承担华电集团四川泸定电解水制氢装置项目；2022 年，取得内蒙古华电包头市达茂旗 20 万 kW 新能源制氢工程示范项目制氢站部分。此外，通用氢能具有气体扩散层及质子交换膜生产能力，产业链布局持续扩张。

资料来源：Wind 数据库、民生证券研究院。

四　总结及新能源行业发展趋势分析

2022 年中国新能源行业并购交易披露金额达 2760.3 亿元，交易量达 397 笔，在过去 3 年内保持高速增长状态，连年达成历史新高。

从 2022 年新能源行业的并购交易状况以及政策、技术、业内访谈等多方面信息分析来看，各大细分领域的发展趋势总结如下。

动力电池产业并购发展趋势：2022 年动力电池产业内部并购多为纵向并购，企业通过并购向上游延伸，抢占重点原材料资源，保障原材料的供应与控制成本。同时，锂电池产业链上游的金属矿产资源企业，如锂矿、锰矿、镍矿等企业则积极开展横向并购、跨境收购，在全球范围内进行行业整合。2022 年，与锂电池相关的跨行业并购频繁出现，企业通过并购切入新能源景气赛道，构建锂电池产业链相关业务，借此为企业带来新的业务机会和利润增长点。

光伏、风电产业并购发展趋势：光伏和风电行业未来的发展重心将会集中在提高效率以及降低成本上，能在众多竞争中率先获得效率与成本优势的企业将在不断叠加的竞争中建立核心优势，而为了达到上述目标，光伏和风电企业会趋于一体化，产业链上的整合将进一步加剧，其中既有旨在加大业务规模、提高产业链话语权的横向并购，也有为了产业链完整性而进行的纵向并购。此外，未来跨境并购的市场交易也将逐步展开，我国光伏和风电企业在海外产能的扩张也将成为趋势。

储能产业并购发展趋势：2022 年储能市场的火热吸引了许多上市公司扎堆进入，方式包含投资并购、成立合资子公司等。既有千亿白马的延伸布局，如美的集团，也有细分传统行业龙头的跨界布局，如同力日升。随着新能源发电装机量的提升以及电力市场化改革的进一步深入，工商业电价的峰谷价差将进一步拉大，从而提升工商业储能的经济性。而工商业储能这个潜力无限的大市场也让更多企业找到了储能产业的切入点。随着越来越多传统行业公司的主营业务发展进入瓶颈期，针对储能产业的跨界并购将变得更为活跃。

氢能和燃料电池产业并购发展趋势：在国内外强利好政策的引导下，结合过去数年的发展，市场进入新一轮提速期，主要表现为优势资源的整合。从投资领域来看，中游氢燃料电池系统融资仍是氢能板块的绝对主流，上游储、运、加以及制氢赛道热度初显，产业资本着重投资头部装备企业，业内领头企业竞争优势较为明显，新能源耦合制氢应用场景未来可期。未来应用场景多元化，特别是工业、化工及电网的应用值得期待，国产化替代进程加速，企业竞争加剧，国内企业有望依靠市场容量优势形成的成本优势，探索国际市场。

热 点 篇
Issue Reports

B.17
人工智能领域的发展现状
与并购趋势分析

王文瑞　聂孟依[*]

摘　要： ChatGPT 的面世标志着人工智能行业已进入"iPhone 时刻",人
工智能技术已经成为人类社会技术进步的新驱动。全球产业界纷
纷抢滩布局,从投融资及并购数据来看,国内目前处于行业快速
发展期,国内人工智能行业的投融资活跃度高企,2021 年融资
金额达到约 4130 亿元,2022 年受经济大环境的影响,国内人工
智能行业股权投资数量及金额出现下滑,但分季度来看 2022 年
第四季度的投资活跃度出现复苏;国内人工智能产业的投资/并
购方主要由专业投资机构、互联网大公司、人工智能软/硬件大
公司等组成,阿里巴巴、腾讯、字节跳动及小米等大公司布局已
久,后期这些大公司会成为行业并购的主力军。从全球来看,英

---

* 王文瑞,湘财证券研究所 TMT 组分析师,主要从事半导体领域研究;聂孟依,湘财证券研究
所医药组助理分析师,主要从事医疗领域研究。

特尔、苹果、瑞萨公司、IBM 等已通过并购强化自身在人工智能领域的布局，随着人工智能行业的竞争加剧，预期全球范围内IT 大公司的并购数量会不断上行。

关键词： 人工智能　投融资　并购

一　人工智能技术正在引领新一轮产业变革

人工智能是指通过机器学习和数据分析的方法模拟人类的智能行为规律，使机器具有模拟、拓展人类智能的能力，辅助人类完成以往只有人类才能够胜任的工作任务。

蒸汽机、发电机、互联网等革命性技术曾在人类工业历史长河中闪耀光辉，如今人工智能正成为推动人类进入智能时代的决定性力量。全球产业界充分认识到人工智能技术引领新一轮产业变革的重大意义，纷纷抢滩布局，同时人工智能技术是世界主要发达国家提升国家竞争力、确保国家安全的重要保障之一。

（一）人工智能产业几经浮沉，行业进入奇点时刻

1956 年夏，麦卡锡、明斯基等科学家首次提出"人工智能"（Artificial Intelligence，AI）概念，标志着人工智能学科的诞生。1956 年至今，科技工作者在人工智能这条充满未知的道路上孜孜不倦地探索，推动这一技术持续发展。人工智能技术的发展可以分为研究探索、应用推广、技术飞跃三个阶段。

研究探索阶段：1956 年至 20 世纪 70 年代。人工智能的概念提出后，第一阶段的研究核心是让计算机具备逻辑推理能力，一批令人瞩目的研究成果相继出现，如 1960 年开发的"通用解题器"程序、1966 年诞生的初代聊天机器人等，这些初期的突破性研究进展掀起人工智能发展的第一个高潮。

然而，由于所在时代计算能力不足，受限于当时较低的内存和处理速度，早期人工智能的诸多科研探索最终很难应用于实际场景，人工智能的发展在20世纪六七十年代一度走入低谷。

应用推广阶段：20世纪70年代至21世纪初。20世纪70年代，专家系统的出现为人工智能行业的发展带来了新的生机，专家系统通过收集整理人类专家的知识，将知识存储于计算机中形成知识库，20世纪80年代专家系统已经广泛应用于机器故障诊断、生产控制、工程设计等多个领域；专家系统的诞生和落地应用标志着人工智能已从理论研究走向实际应用。专家系统应用推广期间发生了1997年IBM国际象棋电脑深蓝（Deep Blue）战胜国际象棋世界冠军的轰动性事件，但在此阶段人工智能技术的发展依旧缓慢，落地应用效用欠佳。

技术飞跃阶段：21世纪初至今。2006年，Hinton提出了深度学习神经网络，标志着人工智能高速发展的第三阶段的开始。在这一阶段，大数据和云计算等信息基础技术的发展为人工智能技术的快速发展奠定了基础。受益于基础技术的支撑，机器学习技术飞速发展，在多个领域实现了产业化落地应用，图像、语音识别、智能驾驶、智能家居等市场渗透率持续提升，ChatGPT、百度文心一言等人工智能语言大模型的面世标志着人工智能技术发展进入了奇点时刻。

总体来看，对于人工智能产业，技术升级是发展的原动力，目前人工智能处于加快探索、不断完善的阶段。放眼未来，人工智能技术和应用发展的核心技术集中在算法、算力和数据三大层面，随着数据中心等基础设施性能的不断提升，计算效率持续提高会推进新算法的涌现及大模型预训练模型的迭代演进提速，人工智能产业的发展有望提速。算力提升，类脑芯片、存内计算、量子计算等依旧是人工智能技术快速发展阶段的重点探索方向。

（二）人工智能应用广泛，在社会生活的各个领域引导变革

人工智能产业链由基础层、技术层和应用层组成（见图1）。基础层是

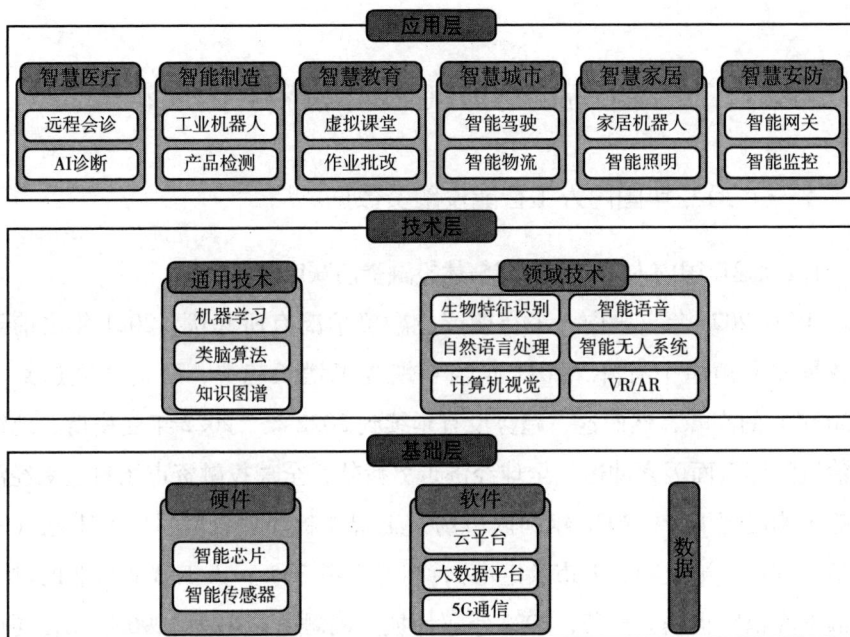

图1　人工智能产业链

资料来源：上海市人工智能技术协会：《2021年人工智能行业发展蓝皮书》、火石创造：《2022年人工智能行业融资报告》。

人工智能的产业基础，主要提供硬件、软件和数据支持。其中最核心的硬件是智能芯片，是人工智能的算力基础，此外智能传感器用于获取外部数据，是实现"感知+控制"的基础硬件；软件设施主要由大数据平台、云平台等构成。

技术层主要包括通用技术和领域技术，通用技术有机器学习、类脑算法等，领域技术有生物特征识别、自然语言处理等。技术层是人工智能产业的重点领域，众多行业巨头和独角兽均在此布局。

应用层是人工智能技术面向特定领域需求形成产品或解决方案的场景，近年来对于人工智能的应用探索，多围绕智慧医疗、智能制造、智慧教育、智慧城市、智慧家居、智慧安防等，其中如远程会诊、工业机器人、智能驾驶、虚拟课堂、家居机器人等都是近几年产业和资本重点关注的热门应用领域。

二 人工智能行业2022年投资并购现状

（一）2022年国内人工智能投融资数据

1. 2022年国内人工智能领域整体投融资活跃度有所下降

2017~2021年，国内人工智能产业融资情况有所起伏，2021年之前融资数量和金额稳中有降，2021年当年恢复了增长趋势，融资金额达到了4130亿元的高峰，然而这一趋势没有延续到2022年。2022年受疫情、地缘政治风险等负面因素冲击，全球经济走势疲软，全球投融资市场热度受经济走势影响出现下滑。2022年国内市场人工智能板块融资数量为971起（不包括拟收购、被收购、上市及定增），同比下滑33%；人工智能行业的融资金额下降幅度也较为显著，2022年累计披露的融资金额为1096亿元，同比下降73%（见图2）。

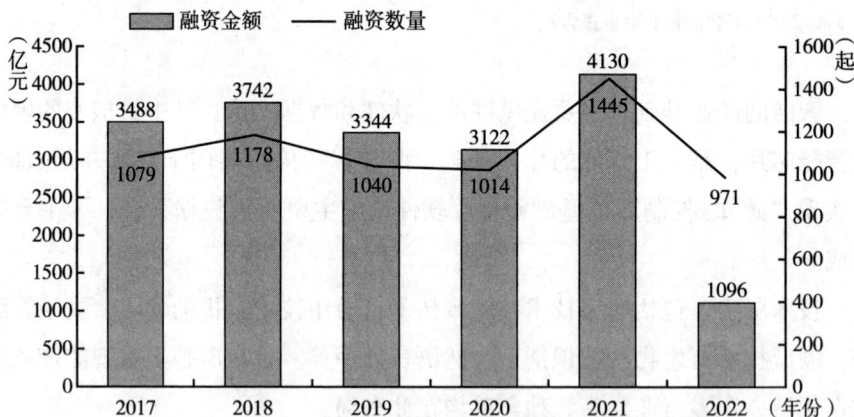

图2　2017~2022年中国AI行业融资情况

资料来源：火石创造：《2022年人工智能行业融资报告》、湘财证券研究所。

按时间来看，2022年第一季度人工智能行业的整体融资数量达到289起，融资金额达407亿元，占全年融资金额的37%，是四个季度中占比最高的，其中 3 月成为人工智能行业全年中投融资活动最为活跃的月份，融资数量和金额都居于全年首位。下半年投融资活跃度相对较低，融资总成交金额仅占全年的 39%（见图 3）。

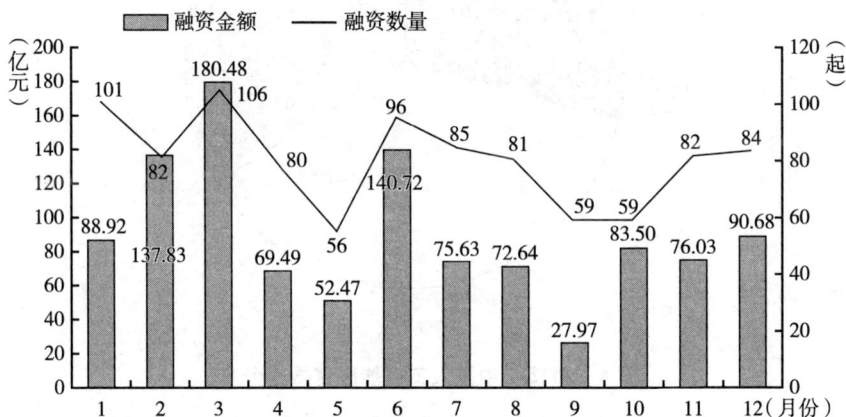

图 3　2022 年 1～12 月中国 AI 行业融资情况

资料来源：火石创造：《2022 年人工智能行业融资报告》、湘财证券研究所。

2. 人工智能产业步入成长期，北上广地区融资活跃度最高

从单笔融资的交易金额来看，2022 年人工智能产业的投融资交易以千万级和亿级为主，二者占比均超过 1/3，大额交易占比高（见图 4）。而融资轮次方面，处于 A 轮至 C 轮融资的成长期项目数量占比较大。其中，A 轮融资数量最多，共 391 起，占总数量的 40%；融资金额方面，2022 年 B 轮融资金额最高，共 303.80 亿元（见图 5）。结合融资金额和轮次数据，可以看出，我国人工智能产业成长期投资的占比已经超出了早期投资，且项目融资金额处于较高水平，这体现了国内人工智能领域的产业发展和投资偏好已经度过了早期阶段，步入成长期，并逐渐成熟。

按地域划分，2022 年全国人工智能融资数量较多的三个地区分别是北京、广东和上海，占比分别为 22%、20% 和 19%（见图 6），其中北京全年融资数量最高，达 210 起，而融资金额则是上海最高，全年融资金额为 227.63 亿元，占全国的 21%（见图 7）。

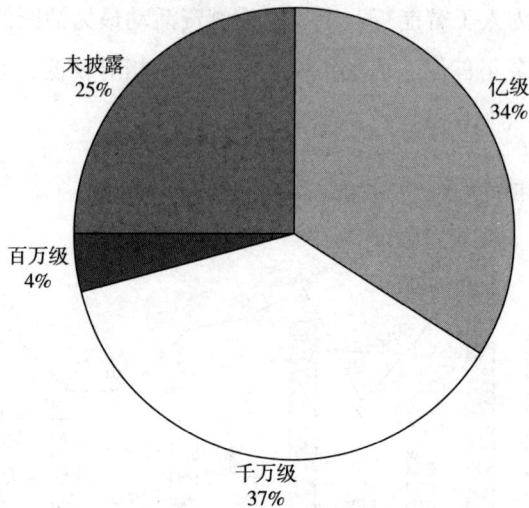

图 4　2022 年中国人工智能融资数量分布

资料来源：火石创造：《2022 年人工智能行业融资报告》、湘财证券研究所。

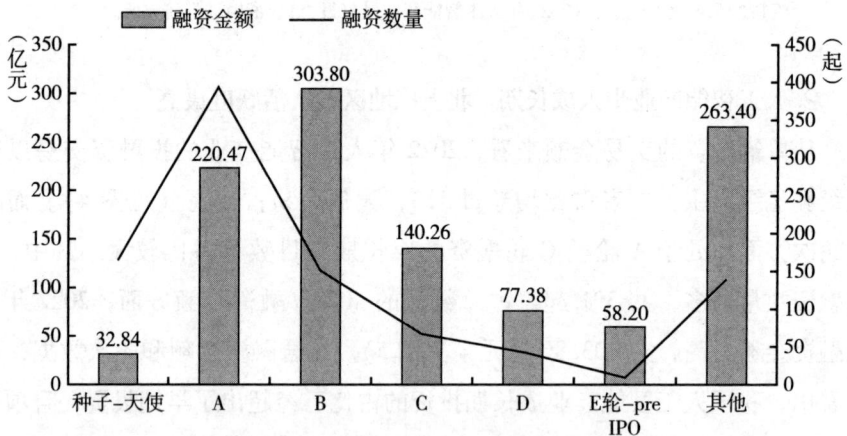

图 5　2022 年中国人工智能融资轮次分布

资料来源：火石创造：《2022 年人工智能行业融资报告》、湘财证券研究所。

3. 技术层投资热度高，下游应用场景中智能机器人、智能驾驶等是重点开发领域

在 2022 年的近千起人工智能投融资交易中，占比最高的是技术层的计

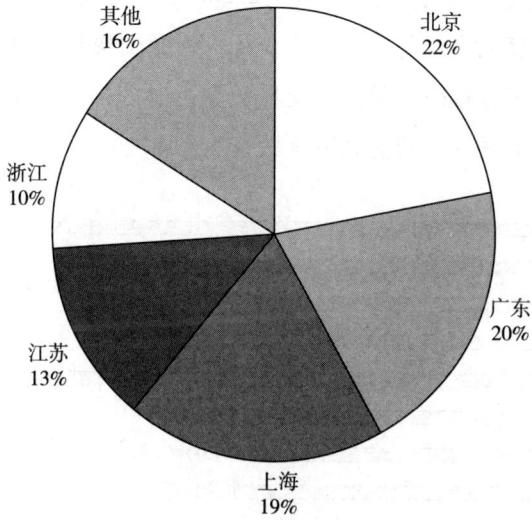

图6　2022年中国人工智能融资数量地域分布

资料来源：火石创造：《2022年人工智能行业融资报告》、湘财证券研究所。

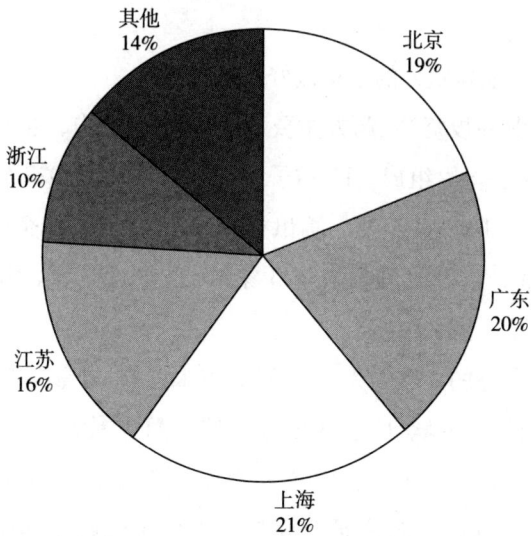

图7　2022年中国人工智能融资金额地域分布

资料来源：火石创造：《2022年人工智能行业融资报告》、湘财证券研究所。

算机视觉领域，交易数量占全产业的 12.26%。具体应用场景方面，由于智慧生活相关技术蓬勃发展与应用逐渐普及，智能机器人和智能驾驶项目在人工智能应用层投资领域较受关注，交易数量占比分别达到 9.89% 与 7.52%，紧随其后的是智能医疗、智能制造领域（见图8）。

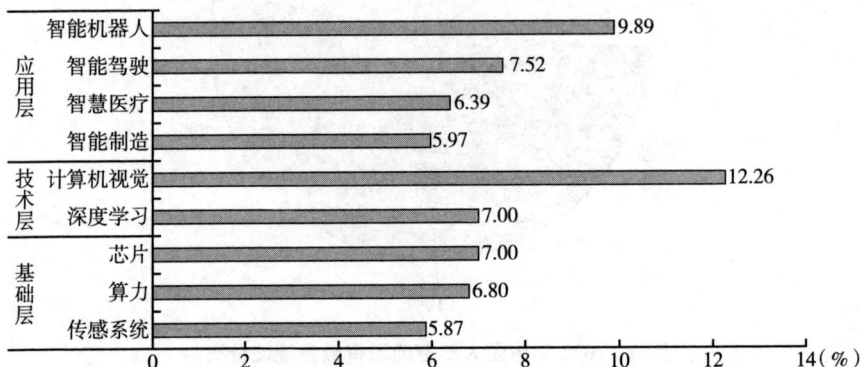

图8 2022年中国人工智能产业投资热点领域交易数量占比

资料来源：IT桔子：《2022年中国人工智能投融资分析报告》、湘财证券研究所。

4. 国内市场产业投资方的投资偏好分析

人工智能产业的投资/并购方主要由专业投资机构、互联网大公司、人工智能软/硬件大公司等组成。IT桔子统计数据显示，2022年互联网大公司中，百度共投资了4家AI企业，腾讯投资了7家国内AI企业，阿里巴巴参投了2家AI企业，字节跳动投资了3家AI企业，小米集团投资了8家AI企业，美团投资了5家AI企业。

各企业根据自身的业务及发展布局的需求，在AI领域的投资布局重点各异。如百度的投资/并购涉及AI业务风控、AI智能决策、"AI+工业互联网"、数据智能服务、AI计算芯片等多领域；腾讯在AI领域的投资涵盖了家庭服务机器人、AI视觉芯片研发等与腾讯现阶段或远期业务能形成协同的行业。阿里巴巴的投资涉及机器视觉、自动驾驶、人工智能机器人、AI芯片等，涵盖了AI的底层硬件、软件及终端应用等多领域。字节跳动在人工智能产业的投资则侧重于应用端的产品，如在企业服务、汽车、AR、机器人等行业的应用。小米集团则根据自身的业务布局，聚焦于智能家居和智能汽车行业的投资。美团自 2020 年以来就聚焦于自动驾驶、机器人板块的投资。IT 桔子统计数据显示，2020 年至 2022 年 12 月，美团已投资了 6 家应用于各领域的机器人企业及 5 家智能驾驶企业。上海电力、国投能源等公司则以智慧能源服务商为主要投资标的。

（二）2022年全球人工智能投融资数据

1. 2022年全球人工智能领域整体投资/并购金额显著下滑

2022 年受经济低迷叠加疫情冲击影响，全球人工智能领域的投资热度下降。《2023 年人工智能指数报告》的统计数据显示，2022 年全球人工智能领域的投资金额（包括合并/收购、少数股权投资、私募股权投资和公开发行）出现了近 10 年来的首次下滑，2022 年投资金额为 1895.9 亿美元，同比下滑 31.3%（见图 9）。

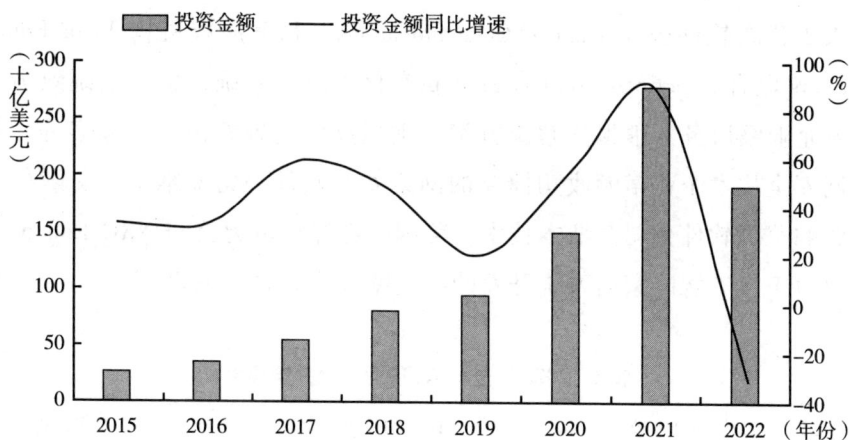

图 9　2015~2022 年全球 AI 行业融资情况

资料来源：Stanford HAI "Artificial Intelligence Index Report 2023"、湘财证券研究所。

2022 年全球市场内 AI 领域的并购金额也出现了较为显著的下滑，2022 年全球 AI 行业并购金额为 833.5 亿美元，同比下滑 30.3%（见图 10）。

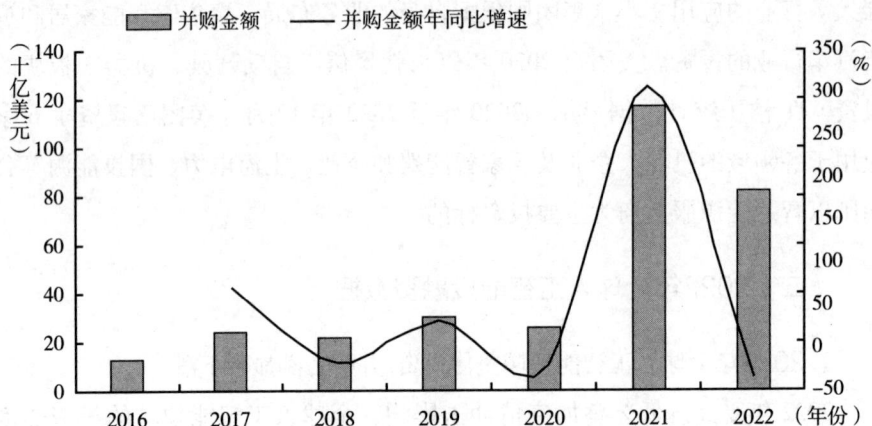

图10　2016~2022年全球AI行业并购情况

资料来源：Stanford HAI "Artificial Intelligence Index Report 2023"、湘财证券研究所。

2. 全球人工智能行业收并购大事件梳理

2022年全球范围内，人工智能行业五大并购事件如下。微软并购美国人工智能软件公司 Nuance Communications。私募股权机构 Vista Equity Partners 联合 Evergreen Coast Capital 私有化了思杰系统，思杰系统致力于开发企业级服务器虚拟化解决方案、虚拟桌面基础架构解决方案等。互联网安全技术企业诺顿收购捷克的网络安全软件公司爱维士。艾默生电气收购美国软件公司艾斯本技术。美国头部绿色电力公司 NRG Energy 收购致力于人工智能家居系统开发的维文特智能家居（见表1）。

表1　2022年全球AI行业五大并购事件

收购方	被并购公司	被并购公司简介	并购金额
微软	Nuance Communications	美国人工智能公司，从事语音识别软件、图像处理软件及输入法软件研发、销售	197亿美元
Vista Equity Partners & Evergreen Coast Capital	思杰系统（Ctrix System）	全球领先的以及最值得信赖的应用交付基础架构解决方案提供商。产品包括企业级服务器虚拟化解决方案、Web应用交付解决方案、虚拟桌面基础架构（VDI）解决方案等	165亿美元

续表

收购方	被并购公司	被并购公司简介	并购金额
NortonLifeLock（诺顿）	爱维士（Avast）	捷克跨国网络安全软件公司,研究和开发计算机安全软件,机器学习和人工智能	58.7亿英镑（约合人民币526亿元）
艾默生电气	艾斯本技术	美国软件公司,化学工业领域知名流程模拟、先进控制和供应链管理优化软件公司,主导产品 aspenONE 软件解决方案广泛应用于石油和天然气、化工、工程和建筑、制药等行业	60亿美元
NRG Energy	维文特智能家居（Vivint Smart Home）	1999年成立于美国,主要从事智能家居和安全系统的销售、安装、维修和监控	28亿美元

资料来源：Stanford HAI"Artificial Intelligence Index Report 2023"、湘财证券研究所。

三 案例分析

（一）国际市场案例——英特尔公司收购 Granulate 云解决方案公司

2022年4月,以色列人工智能优化软件开发公司 Granulate 云解决方案公司被英特尔以6.5亿美元收购。英特尔此笔收并购旨在提升自身计算机运算性能,同时降低基础设施和云成本。

Granulate 云解决方案公司成立于2018年,该公司致力于开发有助于提高计算性能并更高效地处理工作负载的优化层。Nylas 在部署 Granulate 软件后,节省了35%的 CPU 资源或总体计算开支,包括提高 CPU 利用率和缩减响应时间。

2021年,英特尔与 Granulate 合作开发英特尔工作负载优化器（Intel Workload Optimizer）,英特尔旗下的自动驾驶技术公司 Mobileye 使用该负载优化了基于云的自动驾驶系统和技术,包括自动驾驶地图系统、人工智能应用程序及摄像头等模块。同时受益于 Granulate 的工作负载优化器，Mobileye 完成任务的速度提升了 45%；AWS 云实例成本降低 44.5%；创建新地图时间缩减 1/2；优化器仅 21 天便实现自主优化产生价值；安装后无须调试修改代码，降低了人力成本。英特尔收购 Granulate 之后，Granulate 面向英特尔的工作负载优化器还可以帮助企业扩展其云基础设施的功能，使企业降低云计算和数据中心的使用成本。据预测，到 2026 年全球云计算市场的估值将超过 1 万亿美元。在这样的背景之下，越来越多的企业将依赖云来开发和交付新产品和服务，而对优化的需求也将升级，从而为英特尔带来更高的收益。

（二）国际市场案例——苹果收购 AI Music

2022 年 2 月，苹果收购初创公司 AI Music，AI Music 的 Sympaphonic 技术可以提供适配不同场景的适合听众的动态音乐解决方案。苹果拟使用 AI Music 的新技术支持其音频产品。

人工智能在音乐领域的用途在于，根据使用者的需求，查找或生成用于特定场景的新音乐，在音乐人创作端可以提升音乐创作效率、为音乐人提供创意灵感，在客户使用端可以提升便捷度及准确性。如创作适配于游戏开发商、直播和企业的音乐；根据听到的音频源从其采样库中自动寻找合适的声音，参与人类音乐制作过程中的声音管理；根据使用者所在的特定场景，制作适配的音乐等功能。

AI Music 公司成立于 2016 年，公司的"无线音乐引擎"技术，可根据用户交互变化，自动调整播放的音乐。如在用户运动时可以根据用户的心跳改变音乐，适配使用者的运动强度。AI Music 的功能是通过使用免版税音乐和 AI 混音算法实现的。苹果收购 AI Music 之后，可能会应用于 Apple Music、Apple Fitness 等，优化客户的多场景音乐试听体验；同时可能将其应用于 iPhone 的视频、幻灯片的制作，按需生成适配幻灯片、视频主题的背景音乐。

（三）国内市场案例——阿里巴巴和美团联合投资法奥意威

国内人工智能领域公司处于成长阶段，国内人工智能巨头主要通过自研方式提升自身的市场竞争力，尚未进入横向收购扩大规模的时期，因此，我国人工智能领域以部分股权收购为主，公司兼并收购的案例较少。通过梳理发现，2022 年国内人工智能领域的并购事件都为部分股权收购模式，其中阿里巴巴和美团于 2022 年 3 月联合投资法奥意威（苏州）机器人系统有限公司较为惹人注目。

法奥意威（苏州）机器人系统有限公司（简称"法奥意威"）成立于 2019 年，致力于为行业提供便利的深度智能系统解决方案。公司现已经设计出控制器、自研减速机、伺服电机、电磁刹车、扭矩传感器等机器人核心部件及三款协作机器人。其中控制器内置 X86 架构 CPU，集成了 PLC、运动控制、EtherCAT 等设备，能够为多轴及逻辑自动系统提供控制能力；电磁刹车、扭矩传感器等则适合应用于机器人关节部分。公司的协作机器人可执行需要接近敏感机械的复杂性作业，从而降低员工的受伤风险并提升操作的精确度。公司的产品在 3C、制造、物流、汽车及食品医药行业都已有应用。2022 年 3 月的 B 轮融资由源码资本领投，阿里巴巴及美团龙珠共同参与，融资金额超 5000 万美元。

美团和阿里巴巴对法奥意威（苏州）机器人系统有限公司的投资并非纯粹的财务投资，而是与自身的业务布局相关，美团明确表示机器人是公司投资的关键垂直领域之一。协作机器人是国内人工智能领域融资表现亮眼的一类产品，能获得国内大公司关注的原因为协作机器人是一种被设计成能与人类在共同工作空间中进行近距离互动的机器人，可以替代人类完成重复性或重体力劳作、降低人类劳动风险、提高生产效率，应用领域广泛且落地性比较强。

四 行业发展趋势分析

2023 年 ChatGPT 的全球爆火引起了全市场对人工智能的关注，2023 年第一季度国内人工智能领域的融资金额出现增长，上海市人工智能行业协会的统计数据显示，第一季度人工智能领域的融资金额逆势上涨达 125.2 亿元，环比上升 19.3%。

从中长期来看，国内人工智能领域的投融资数量及并购数量会呈现持续上涨态势。人工智能是新一代信息技术的代表，将成为我国"十四五"期间推动经济高质量发展，建设创新型国家，实现新型工业化、信息化、城镇化、农业现代化的重要技术保障和核心驱动力之一。根据目前已发布的"十四五"规划，我国在人工智能领域的布局主要涉及以下几个方面。

突破核心技术，突破前沿基础理论和算法，研发专用芯片，构建深度学习框架等开源算法平台；并实现国内产业界在学习推理决策及图像图形、语音视频、自然语言识别模型等领域的创新和迭代。

打造数字经济新优势，以产业的融合应用与产业数字化转型为核心目标，形成数据驱动、人机协同、跨界融合、共创分享的智能经济形态；推进智能医疗装备、智能运载工具、智能识别系统等智能产品制造，推动通用化和行业性人工智能开发平台建设，在智能交通、智慧能源、智能制造、智慧农业及水利等多领域实现数字化转型及智能化应用落地。

根据"十四五"规划和市场需求的发展，预期国内人工智能行业的活跃度将持续提升，推动该领域的并购数量及金额呈现增长态势，其中智能专用芯片、深度学习模型领域的融资需求较高，智能医疗装备、运载工具及智能识别系统等应用端的融资数量增长或较为迅速，投资方预计仍以产业内大公司和大型投资机构为主力。

参考文献

中国信息通信研究院：《人工智能白皮书（2022 年）》，2022。

尚普研究院：《2022 年全球人工智能产业研究报告》，2022。

中国新一代人工智能发展战略研究院：《中国新一代人工智能科技产业发展报告 2023》，2023。

艾瑞咨询：《道阻且长，行而不辍——中国人工智能产业研究报告》，2023。

B.18
ESG 投资框架下的并购行业发展

李正威*

摘　要： 本报告通过对 2022 年 ESG 发展及 ESG 投资框架下的并购行业进行回顾与梳理，从多个视角研究了 ESG 投资框架下并购行业的发展。虽然 2022 年全球新签署 PRI 的企业数量较上年有所下降，ESG 投资在全球范围内出现一定程度的降温，但中国在 2022 年持续完善 ESG 相关政策，并且各上市公司对 ESG 报告的披露度有所上升。2022 年，中国并购行业稳步发展，并购数量与增速相较于上年均有所上升，但参与并购的上市公司的 ESG 表现整体出现了一定程度的下降。在中国的不同区域之间，参与并购的上市公司的 ESG 表现出现一定的分化，大体呈现东部、中部和西部依次下降的态势。按企业规模来看，中国上市公司的并购主要集中在大中型企业，参与并购的企业的 ESG 表现大体呈现大、中、小、微型企业依次降低的态势。并购中，中央国有企业的 ESG 表现优于外资企业，优于民营企业。2022 年，并购买方的 ESG 表现有所上升，而并购卖方的 ESG 表现有所下降。2021~2022 年，上市公司并购买方的 ESG 表现均略优于卖方的 ESG 表现。

关键词： ESG 投资　并购重组　绿色投资

---

* 李正威，湘财证券研究所金融工程部副经理，主要研究方向为金融工程、计量经济学、量化投资策略、ESG。

一 ESG 发展趋势分析

联合国责任投资原则组织（UN PRI）作为较早倡导负责任投资原则的组织以及 ESG 目标的积极推行者，对于全球范围内的 ESG 发展起到了重要作用。2022 年，全球共新增 785 家企业签署 PRI（Principles for Responsibility Investment），低于 2021 年 1078 家的新增企业数。分月份来看，2022 年 1 月、3 月与 7 月签署 PRI 的新增企业数较多，分别为 82 家、88 家与 84 家；而 2022 年 11 月和 12 月新签署 PRI 的企业数较少，分别只有 52 家和 30 家，仅为 2021 年同期的 54.17%和 32.26%。2022 年，仅 3 月新签署 PRI 的企业数多于 2021 年同期，其他月份新签署 PRI 的企业数均低于 2021 年同期水平（见图 1）。

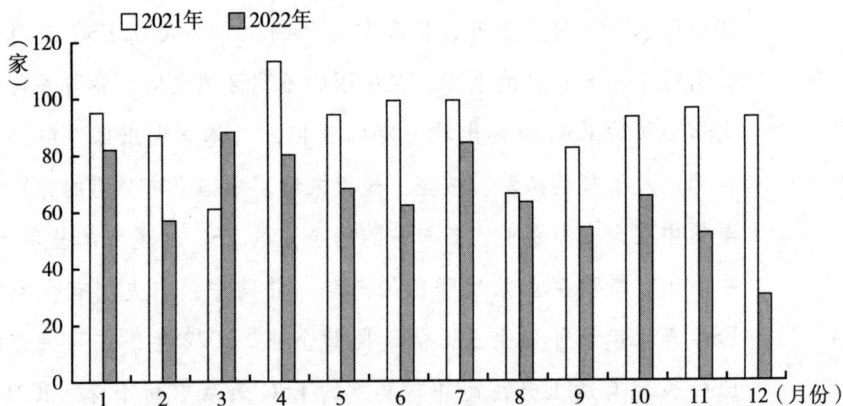

图 1 2021~2022 年全球新签署 PRI 的企业数

资料来源：UN PRI、湘财证券研究所。

2022 年，中国相继发布了一系列的 ESG 政策。2022 年 4 月 12 日，证监会发布了《碳金融产品》金融行业标准。该标准在碳金融产品分类的基础上，制定了具体的碳金融产品实施要求：一方面，明确了碳金融产品的分类和实施要求，保障碳金融产品有序发展；另一方面，通过填补碳金融领域的标准空白，推动了绿色金融标准体系的建设和完善。2022 年 7 月 29 日，中国绿色债券标准委员会发布《中国绿色债券原则》，对绿色债券进行了明确的定义，同时对绿色债券的募集资金用途、项目评估与遴选、募集资金管理和存续期信息披露四项核心要素进行了明确，对落实国家绿色金融发展战略、推动债券市场高质量发展具有重要意义。2022 年 11 月 14 日，中央国债登记结算有限责任公司发布了绿色金融领域企业标准《中债绿色债券环境效益信息披露指标体系》，对绿色债券所投项目应该披露的定量和定性指标进行了明确，同时对必选指标和可选指标进行了区分，进一步规范了绿色债券的信息披露标准。

上市公司作为重要的市场参与主体，其 ESG 表现备受关注，同时在一定程度上代表了 ESG 的发展趋势。根据中国上市公司协会所统计的数据，2022 年，中国有超 1700 家上市公司单独编制并发布了 ESG 相关报告，[①] 占比 34%，数量较 2021 年大幅增加；"A+H"、央企控股、主板上市公司发布率领先，银行、非银金融等行业 ESG 相关报告发布率超 80%。

（一）ESG 公募基金发展趋势

根据 Wind 数据库的统计数据，中国在 2022 年新发行了 107 只 ESG 公募基金，其中 3 月和 7 月的新发行数量较多，分别为 15 只和 14 只，占全年新发行数量的比重分别为 14.02% 和 13.08%；而 4 月和 5 月的新发行数量最少，均仅有 5 只。从 2022 年各月的 ESG 公募基金新发行份额上来看，7 月的新发行份额较多，达到 169.24 亿份，占全年新发行份额的比重高达 27.28%，说明相较于其他月份，2022 年 7 月新发行 ESG 公募基金数量与份额均处于前列（见图 2）。

（二）ESG 债券发展趋势

中国在 2022 年新发行了 1532 只 ESG 债券，较 2021 年增长 11.89%；发行规模为 2.60 万亿元，较 2021 年减少 2.36%。其中绿色债券发行规模最

---

① ESG 相关报告指上市公司在定期报告外单独发布的企业社会责任报告（CSR）、可持续发展报告和 ESG 报告等。

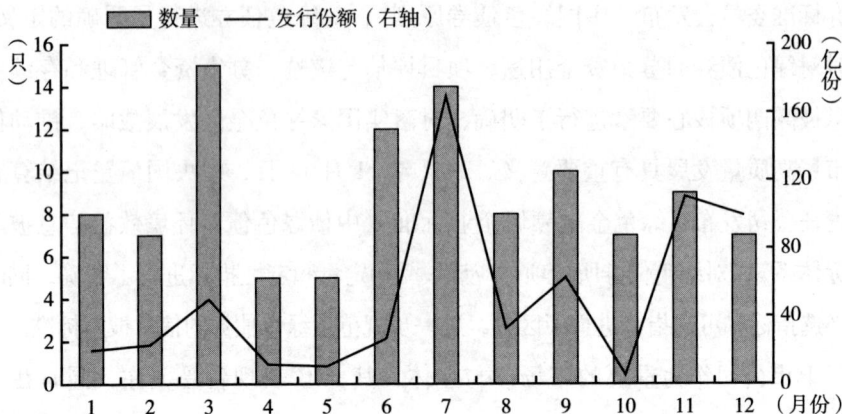

图2　2022年1~12月中国ESG公募基金新发统计

资料来源：Wind数据库、湘财证券研究所。

大，为17221.05亿元，占所有ESG债券发行规模的比重为66.35%；其次
为社会债券，发行规模为8096.10亿元，占比31.19%；可持续发展债券及
可持续发展挂钩债券发行规模较小，分别为24.50亿元和614.90亿元，占
比分别为0.09%和2.37%（见图3）。

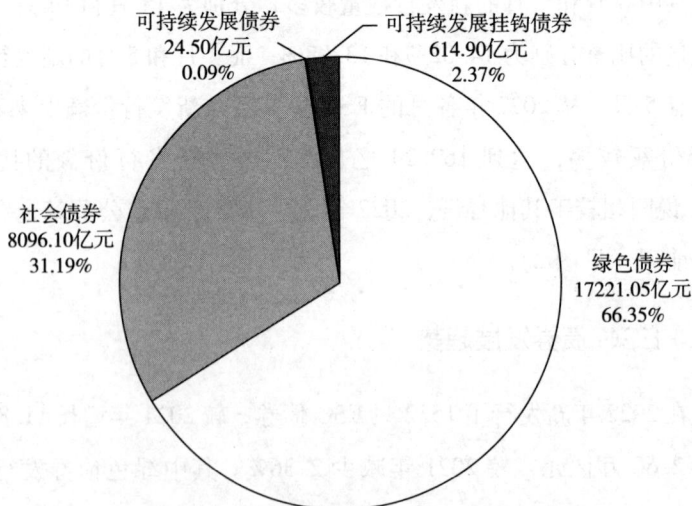

图3　2022年中国ESG债券发行规模及占比

资料来源：Wind数据库、湘财证券研究所。

（三）ESG 银行理财产品发展趋势

中国在 2022 年底共有 349 只 ESG 银行理财产品存续，其中包括 213 只纯 ESG 主题银行理财产品、84 只环境保护主题银行理财产品和 52 只社会责任主题银行理财产品，总数较 2021 年底增加了 182 只，年度增长率为108.98%（见图 4）。

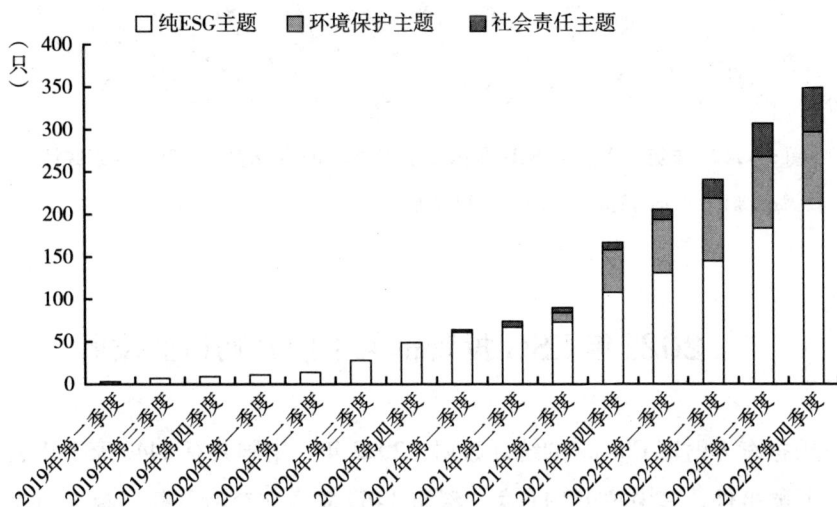

图 4　2019 年第二季度至 2022 年第四季度中国 ESG 银行理财产品存续统计

资料来源：Wind 数据库、湘财证券研究所。

（四）ESG 私募基金发展趋势

中国在 2022 年底共有 56 只 ESG 私募基金产品存续，其中包括 8 只纯ESG 主题私募基金产品、41 只环境保护主题私募基金产品和 7 只社会责任主题私募基金产品，总数较 2021 年底增加了 18 只，年度增长率为 47.37%（见图 5）。

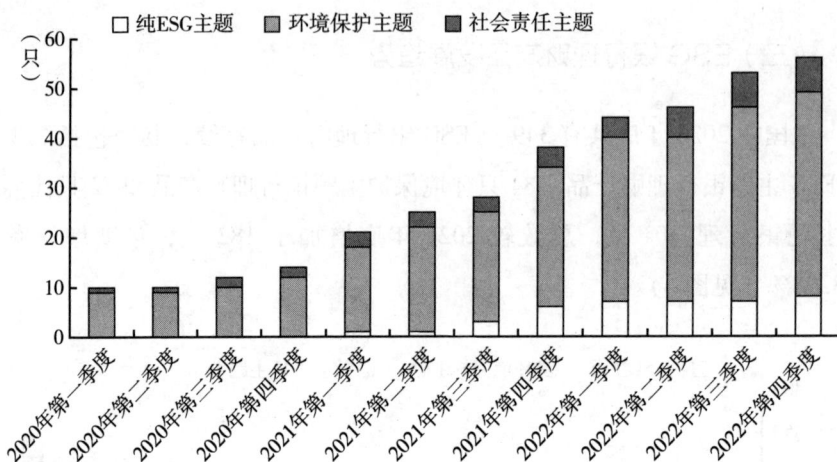

图 5 2020 年第一季度至 2022 年第四季度中国 ESG 私募基金产品存续统计

资料来源：Wind 数据库、湘财证券研究所。

二 2022年 ESG 投资框架下的并购行业发展

根据东方财富 Choice 的统计数据，2022 年，中国共有 2440 家上市公司发生并购事件，其中沪市 911 家、深市 1465 家、北交所及新三板上市企业 64 家，相较于上年增加了 328 家，增长率为 15.53%，相较于 2021 年 8.59% 的增长率，2022 年增长率有所上升。由于部分企业上市时间较短以及信息披露机制不够完善，还未给出相应的 Wind ESG 评级与评分，在 2440 家参与并购的上市公司中，有 2374 家上市公司有对应的 Wind ESG 评级，有 2378 家上市公司有对应的 Wind ESG 评分。其中，一共有 243 家上市公司的 Wind ESG 评级在 A 级及以上，占比为 10.24%，该比重相较于 2021 年的 11.92% 下降了 1.68 个百分点。2021 年和 2022 年占比较高的评级群体均为 BBB 级与 BB 级，二者占比之和分别为 81.08% 与 82.81%；BBB 级及以上的上市公司比重从 2021 年的 52.08% 下降到了 2022 年的 49.58%。整体来看，2022 年参与并购的上市公司数量上升显著，但其 Wind ESG 评级有所下降

（见表 1 和图 6）。①

对于参与并购的上市公司的华证 ESG 评级，2022 年大部分上市公司的华证 ESG 评级为 BB 级与 B 级，2022 年 B 级及以上的上市公司占比为 77.44%，相较于 2021 年的 69.04% 上升了 8.40 个百分点。这说明相较于 2021 年，2022 年参与并购的上市公司的华证 ESG 表现得到了一定的提升（见表 1 和图 7）。

2018~2022 年，中国参与并购的上市公司的平均 Wind ESG 评分依次为 6.00 分、6.02 分、5.99 分、6.05 分与 6.00 分，2022 年，参与并购的上市公司的平均 Wind ESG 评分均略低于所有 A 股的平均 Wind ESG 评分；2022 年，在所有 A 股的平均 Wind ESG 评分略有上升的背景下，所有参与并购的上市公司的平均 Wind ESG 评分下降幅度较为明显（见图 8）。

表 1　2021~2022 年我国参与并购的上市公司的 ESG 评级统计

单位：家，%

Wind ESG 评级			华证 ESG 评级		
ESG 级别	2021 年企业数及占比	2022 年企业数及占比	ESG 级别	2021 年企业数及占比	2022 年企业数及占比
AAA	0(0.00)	1(0.04)	A	18(0.87)	52(2.17)
AA	41(1.98)	33(1.39)	BBB	190(9.13)	286(11.93)
A	206(9.94)	209(8.80)	BB	584(28.08)	697(29.07)
BBB	832(40.15)	934(39.34)	B	644(30.96)	822(34.28)
BB	884(42.66)	991(41.74)	CCC	383(18.41)	368(15.35)
B	100(4.83)	189(7.96)	CC	131(6.30)	104(4.34)
CCC	9(0.43)	17(0.72)	C	130(6.25)	69(2.88)

说明：括号里面的数据为对应的占比，下同。
资料来源：东方财富 Choice 数据库、Wind 数据库、湘财证券研究所。

分地区来看，广东、浙江和江苏为 2022 年中国参与并购的上市公司数量排前 3 位的地区，数量均在 300 家以上，广东甚至达到了 424 家；而青海

---

① 东方财富 Choice 数据库，Wind 数据库。

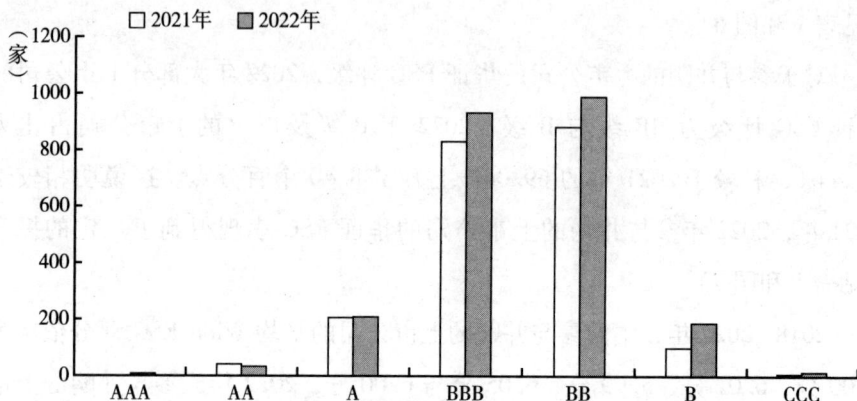

图6 2021~2022年参与并购的上市公司 Wind ESG 评级分布

资料来源：东方财富 Choice 数据库、Wind 数据库、湘财证券研究所。

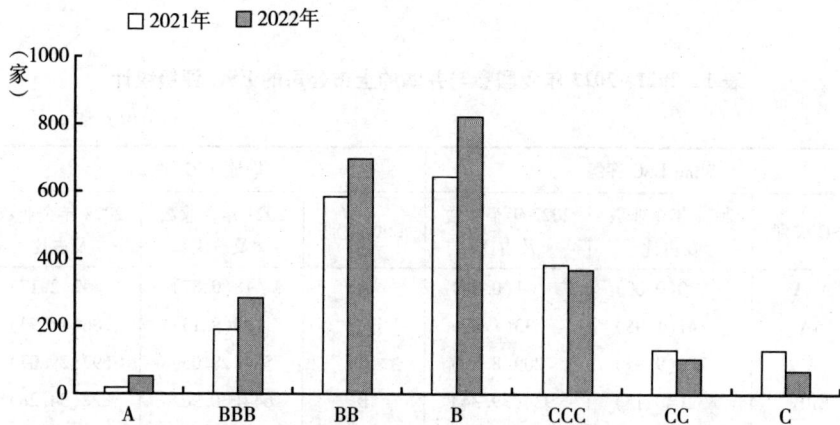

图7 2021~2022年参与并购的上市公司华证 ESG 评级分布

资料来源：东方财富 Choice 数据库、Wind 数据库、湘财证券研究所。

和宁夏为2022年参与并购的上市公司数量排后2位的地区，在不同地区之间呈现一定的分化。中国在2022年参与并购的上市公司的平均 Wind ESG 评分排前3位的地区分别为上海、天津与北京，而评分排后3位的地区分别为青海、甘肃和宁夏，在不同地区，参与并购的各上市公司的 Wind ESG 评级大部分集中在 BBB 级与 BB 级。参照国家统计局对东部、中部与西部的划

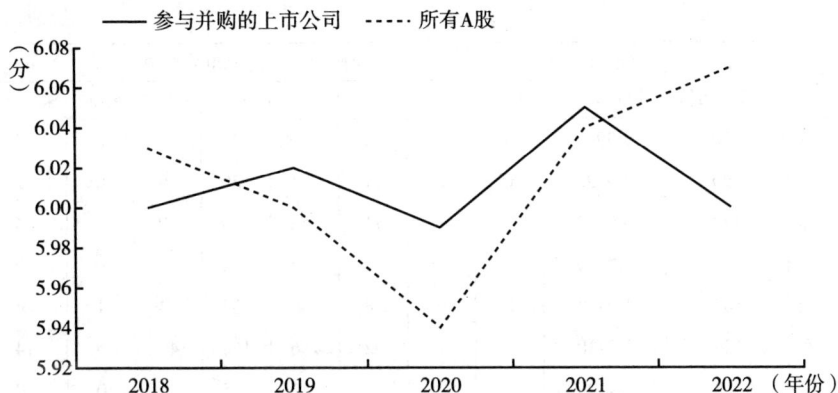

图 8　2018～2022 年中国参与并购的上市公司与所有 A 股平均 Wind ESG 评分

资料来源：东方财富 Choice 数据库、Wind 数据库、湘财证券研究所。

分标准，2022 年中国东部、中部与西部各地区参与并购的上市公司的平均 Wind ESG 评分分别为 6.0359 分、5.9702 分与 5.8589 分，大体上呈现东部、中部和西部依次降低的态势（见表 2）。

表 2　2022 年我国 31 个省份参与并购的上市公司的 Wind ESG 评级与评分

单位：家，分

省份	参与并购上市公司数	平均 Wind ESG 评分	对应评级下的上市公司数							
			AAA	AA	A	BBB	BB	B	CCC	未有评级
上　海	181	6.1980	0	1	26	71	74	5	1	3
天　津	23	6.1477	0	0	6	9	3	3	0	2
北　京	193	6.1033	0	5	24	73	69	18	0	4
河　北	34	6.0873	0	2	3	13	10	4	1	1
安　徽	84	6.0870	0	1	10	33	32	7	0	1
云　南	22	6.0773	0	1	2	10	7	2	0	0
河　南	50	6.0696	0	0	4	23	20	2	0	1
浙　江	329	6.0647	0	3	31	143	126	14	1	11
贵　州	20	6.0526	0	1	0	10	7	1	0	1
陕　西	37	6.0391	0	1	5	10	15	3	0	3
江　苏	306	6.0333	0	6	15	128	138	9	2	8

省份	参与并购上市公司数	平均 Wind ESG 评分	对应评级下的上市公司数							
			AAA	AA	A	BBB	BB	B	CCC	未有评级
江 西	50	5.9994	0	0	4	19	23	2	0	2
福 建	90	5.9798	0	2	7	31	39	9	0	2
山 东	129	5.9722	0	1	11	52	49	9	3	4
湖 北	63	5.9470	0	0	4	27	24	8	0	0
四 川	84	5.9458	0	0	8	30	37	4	1	4
广 东	424	5.9430	1	7	32	156	168	40	6	14
西 藏	8	5.9400	0	0	1	2	5	0	0	0
广 西	18	5.8776	0	0	1	6	8	2	0	1
湖 南	80	5.8399	0	1	5	22	43	8	0	1
海 南	14	5.8236	0	0	0	7	4	3	0	0
辽 宁	40	5.7468	0	1	2	11	17	6	1	2
重 庆	31	5.7452	0	0	1	12	13	5	0	0
新 疆	29	5.7148	0	0	1	9	15	4	0	0
山 西	16	5.7081	0	0	0	7	7	2	0	0
黑龙江	18	5.7067	0	0	3	4	5	6	0	0
吉 林	19	5.7026	0	0	2	5	10	1	1	0
内蒙古	15	5.6007	0	0	1	1	8	4	0	1
宁 夏	8	5.5800	0	0	0	2	5	1	0	0
甘 肃	19	5.5647	0	0	0	7	7	5	0	0
青 海	6	5.2950	0	0	0	1	3	2	0	0

资料来源：东方财富 Choice 数据库、Wind 数据库、湘财证券研究所。

按照国家统计局《统计上大中小微型企业划分办法（2017）》的划分依据，将参与并购的上市公司在企业规模上进行划分。从企业规模来看，2022年参与并购的上市公司中，大、中型企业的平均 ESG 表现要优于小、微型企业的平均 ESG 表现。参与并购的大、中、小、微型上市公司的 Wind ESG 评级均主要集中在 BBB 级与 BB 级；参与并购的上市公司的数量，大致也呈现大、中、小和微型企业依次减少的态势（见表3）。

表3　2022 年中国参与并购的不同规模的上市公司的 Wind ESG 评级与评分

单位：家，分

企业规模	参与并购上市公司数	平均 Wind ESG 评分	对应评级下的上市公司数							
			AAA	AA	A	BBB	BB	B	CCC	未有评级
大型	1817	6.0328	1	30	177	702	752	120	10	25
中型	567	5.9123	0	3	30	220	212	58	6	38
小型	52	5.5706	0	0	2	10	27	9	1	3
微型	4	5.4750	0	0	0	2	0	2	0	0

资料来源：东方财富 Choice 数据库、Wind 数据库、湘财证券研究所。

根据企业实际控制人信息，将参与并购的上市公司按公司属性进行区分。2022 年参与并购的上市公司主要有中央国有企业、地方国有企业、公众企业、外资企业、民营企业、集体企业与其他企业共 7 种类别。在参与并购的上市公司中，中央国有企业的平均 ESG 表现最好，其次为外资企业，公众企业的 ESG 表现优于民营企业与地方国有企业，而集体企业的 ESG 表现相对较差。所有企业类型中，民营企业的数量最多，整体占比高达 64.22%；其次为地方国有企业和中央国有企业，占比分别为 18.69% 和 7.21%；集体企业数量最少，占比仅为 0.41%（见表 4）。

表4　2022 年中国参与并购的不同公司属性的上市公司的 ESG 评级与评分

单位：家，分

公司属性	参与并购上市公司数	平均 Wind ESG 评分	对应评级下的上市公司数							
			AAA	AA	A	BBB	BB	B	CCC	未有评级
中央国有企业	176	6.2252	0	7	26	69	65	8	0	1
外资企业	75	6.0310	0	2	3	33	29	6	0	2
公众企业	139	6.0034	0	2	20	44	55	15	1	2
民营企业	1567	5.9921	1	19	113	637	600	123	16	58
地方国有企业	456	5.9248	0	3	45	144	227	35	0	2
集体企业	10	5.9122	0	0	2	2	4	1	0	1
其他企业	17	5.6429	0	0	0	5	11	1	0	0

资料来源：东方财富 Choice 数据库、Wind 数据库、湘财证券研究所。

根据新版申万一级行业分类标准，将参与并购的上市公司分为31个行业。分行业来看，机械设备、基础化工和医药生物行业在2022年参与并购的上市公司数量排前3名，分别为233家、201家和200家，占所有行业的比重分别为9.64%、8.32%和8.28%；排前3名的行业集中度为26.24%，排前5名的行业集中度为41.93%，呈现一定的行业集中度。

在ESG表现上，排前3名的行业分别为国防军工、钢铁和轻工制造，平均Wind ESG评分分别为6.3604分、6.3082分和6.3008分；排后3名的行业分别为房地产、建筑装饰和农林牧渔，平均Wind ESG评分分别为5.3250分、5.4024分和5.6002分，2022年各行业平均Wind ESG评分的极差为1.0354分，相较于2021年各行业1.8046分的极差，差异变小。值得注意的是，2022年参与并购的上市公司中仅有一家企业的Wind ESG评级为AAA级，该并购事件发生在社会服务行业（见表5）。

表5 2022年中国各行业参与并购的上市公司的Wind ESG评级与评分

单位：家，分

申万一级行业	参与并购上市公司数	平均Wind ESG评分	对应评级下的上市公司数							
			AAA	AA	A	BBB	BB	B	CCC	未有评级
国防军工	46	6.3604	0	2	8	18	14	3	0	1
钢铁	22	6.3082	0	1	4	6	9	2	0	0
轻工制造	75	6.3008	0	2	13	31	23	4	0	2
汽车	136	6.2821	0	2	14	85	31	2	1	1
医药生物	200	6.2404	0	5	29	95	55	15	0	1
计算机	146	6.2375	0	3	22	68	40	6	1	6
银行	11	6.2064	0	0	3	3	5	0	0	0
非银金融	34	6.1626	0	0	8	9	12	5	0	0
美容护理	10	6.1450	0	1	0	5	3	1	0	0
基础化工	201	6.0908	0	2	7	104	78	5	2	3
环保	58	6.0848	0	0	8	19	26	3	0	2
电子	195	6.0691	0	1	16	88	77	7	1	5
机械设备	233	6.0613	0	0	10	114	95	9	1	4
建筑材料	34	6.0444	0	0	5	13	13	3	0	0
电力设备	184	5.9538	0	3	16	56	91	11	0	7

续表

申万一级行业	参与并购上市公司数	平均 Wind ESG 评分	对应评级下的上市公司数							
			AAA	AA	A	BBB	BB	B	CCC	未有评级
食品饮料	61	5.9371	0	0	5	22	29	3	0	2
有色金属	77	5.9344	0	0	10	20	43	3	1	0
交通运输	68	5.8938	0	2	3	23	29	10	0	1
通信	55	5.8315	0	1	2	21	24	4	2	1
社会服务	34	5.7991	1	0	0	8	17	6	1	1
纺织服饰	41	5.7851	0	0	3	15	17	6	0	0
传媒	74	5.7842	0	1	4	21	40	5	0	3
家用电器	40	5.7795	0	0	4	10	23	3	0	0
商贸零售	53	5.7794	0	1	5	11	28	8	0	0
公用事业	68	5.7558	0	4	3	17	38	5	0	1
煤炭	18	5.6817	0	1	0	4	10	3	0	0
综合	16	5.6419	0	0	1	6	8	0	1	0
石油石化	20	5.6210	0	0	1	5	11	3	0	0
农林牧渔	56	5.6002	0	0	1	13	30	10	1	1
建筑装饰	96	5.4024	0	0	2	21	40	29	4	0
房地产	54	5.3250	0	1	2	3	32	15	1	0

资料来源：东方财富 Choice 数据库、Wind 数据库、湘财证券研究所。

　　针对参与并购交易的不同主体，将并购交易的参与方分为买方和卖方。2022 年，并购买方共有 1719 家，其中沪市 643 家、深市 996 家、北交所及新三板上市企业 67 家、香港上市企业 13 家。① 行业上主要为机械设备、基础化工以及电子行业。其中有 1642 家企业有对应的 Wind ESG 评级与评分。2022 年，并购交易的卖方共有 264 家，其中沪市 85 家、深市 169 家、北交所及新三板上市企业 6 家、香港上市企业 4 家，行业上主要为机械设备、电子与医药生物行业；有 255 家上市公司有对应的 Wind ESG 评级与评分。

　　2021~2022 年，并购交易的买方和卖方的 Wind ESG 评级主要集中在 BBB 级与 BB 级；买方的华证 ESG 评级主要集中在 BB 级与 B 级，而卖方的

---

　　① 当企业同时在沪市（深市）与香港上市时，统计为沪市（深市）。

华证 ESG 评级主要集中在 B 级与 CCC 级（见表 6 和表 7）。2022 年，在所有行业的并购买方 ESG 评分上，表现较好的行业为银行、非银金融和美容护理行业，而表现较差的行业为商贸零售、房地产和建筑装饰行业；在所有行业的并购卖方 ESG 评分上，表现较好的行业为国防军工、轻工制造和非银金融行业，而表现较差的行业为钢铁、美容护理和纺织服饰行业。2021 年与 2022 年，买方的平均 Wind ESG 评分分别为 6.0985 分与 6.1385 分，卖方的平均 Wind ESG 评分分别为 6.0403 分与 5.9824 分，2022 年并购买方的 Wind ESG 评分有所上升，而并购卖方的 Wind ESG 评分有所下降；2021~2022 年，买方的 ESG 表现均略优于卖方的 ESG 表现。

表 6　2021~2022 年中国参与并购买卖方上市公司的 Wind ESG 评级

单位：家，%

Wind ESG 评级	2021 年企业数及占比		2022 年企业数及占比	
	买方	卖方	买方	卖方
AAA	0(0.00)	0(0.00)	3(0.18)	0(0.00)
AA	25(1.92)	5(1.67)	22(1.34)	3(1.18)
A	128(9.84)	27(9.03)	149(9.07)	24(9.41)
BBB	537(41.28)	126(42.14)	677(41.23)	87(34.12)
BB	579(44.50)	130(43.48)	698(42.51)	109(42.75)
B	32(2.46)	11(3.68)	88(5.36)	31(12.16)
CCC	0(0.00)	0(0.00)	5(0.30)	1(0.39)

资料来源：东方财富 Choice 数据、Wind 数据库、湘财证券研究所。

表 7　2021~2022 年中国参与并购买卖方上市公司的华证 ESG 评级

单位：家，%

华证 ESG 评级	2021 年企业数及占比		2022 年企业数及占比	
	买方	卖方	买方	卖方
A	7(0.54)	0(0.00)	12(0.72)	0(0.00)
BBB	125(9.67)	23(7.74)	65(3.88)	9(3.53)
BB	431(33.33)	64(21.55)	474(28.30)	53(20.78)
B	421(32.56)	87(29.29)	897(53.55)	123(48.24)

华证 ESG 评级	2021 年企业数及占比		2022 年企业数及占比	
	买方	卖方	买方	卖方
CCC	206(15.93)	72(24.24)	213(12.72)	59(23.14)
CC	63(4.87)	26(8.75)	14(0.84)	11(4.31)
C	40(3.09)	25(8.42)	0(0.00)	0(0.00)

资料来源：东方财富 Choice 数据、Wind 数据库、湘财证券研究所。

三　ESG 并购案例

（一）紫金矿业收购 ST 龙净

2022 年 5 月 8 日，紫金矿业与龙净环保控股股东龙净实业及其各一致行动人签署控制权转让协议，紫金矿业拟通过协议转让方式收购 ST 龙净 15.02%的股权，作价 17.34 亿元；同时，以表决权委托及公司治理安排等方式拿下 ST 龙净控制权。交易完成后，紫金矿业通过直接持股和受托行使表决权方式总计持有 ST 龙净 25.04%的表决权，并获得 ST 龙净控制权。紫金矿业表示，交易完成后，公司将获得董事会过半数表决权，ST 龙净董事会会进行相应改组。

对于本次收购事件，紫金矿业表示，ST 龙净的除尘及脱硫烟气治理、工业废水及植被修复技术等领域与公司矿山、冶炼板块的环保治理业务产生协同效应；ST 龙净长期从事能源领域的技术攻关，拥有优秀的装备制造能力，可弥补公司在装备制造方面的技术不足。ST 龙净表示，公司在坚持可持续发展低碳环保产业的基础上，依托紫金矿业丰富的资源储备全力拓展新能源产业，并以"环保+新能源"业务双轮驱动为核心发展目标。本次收购有助于双方开展全方位的战略合作，实现客户储备、项目资源、技术研发、产品服务等多方面的战略协作，从而提高上市公司效率、提升上市公司价值。

紫金矿业收购 ST 龙净是 2022 年上市公司 ESG 投资框架下的典型并购案例。2022 年 3 月，紫金矿业发布了 2021 年度 ESG 报告，报告显示，紫金矿业 2021 年单位碳排放量为每万元销售收入 0.32 吨二氧化碳，同比下降了 9.50%，紫金矿业对 ST 龙净的收购，将会进一步提升紫金矿业的 ESG 竞争力，加快推进公司低碳转型。

（二）燎原环保收购瑞赛科6%的股权

江苏燎原环保在 2021 年 7 月 30 日召开的第三届董事会第四次会议中，审议通过了《关于公司支付现金购买资产暨重大资产重组的议案》等议案，交易具体方案如下：燎原环保拟同时向交易方南京科硕生化科技有限公司和山西美锦能源股份有限公司支付现金，购买其各自持有的山西瑞赛科环保科技有限公司 3.00% 的股权，交易价格均为 1150.00 万元，合计购买山西瑞赛科环保科技有限公司 6.00% 的股权，交易价格合计为 2300.00 万元。重组交易完成后，燎原环保对瑞赛科的持股比例由 45.00% 增加至 51.00%，从而取得瑞赛科的控制权。根据《重组管理办法》，此次交易购买资产的资产总额占燎原环保最近一个会计年度经审计总资产的 58.38%，本次交易购买资产的资产净额占最近一个会计年度经审计归属于挂牌公司股东的净资产的 85.00%。因此，此次交易构成重大资产重组。收购于 2022 年 3 月 25 日正式完成。

江苏燎原环保自 1995 年成立以来专注于焦化脱硫废液环保化处理及资源化利用领域，是一家专业从事焦化脱硫废液处理技术与应用的综合服务商，属于生态保护和环境治理行业。山西瑞赛科环保科技有限公司于 2016 年 8 月成立，主要从事 2-肼基-4-甲基苯并噻唑、2-氨基-4-甲基苯并噻唑及副产品的生产与销售，具有较强的技术力量和研发能力，其主要原材料之一硫氰酸氨，来源于燎原环保的焦化脱硫脱氰废液的资源化利用。

本次交易的标的公司瑞赛科主要从事焦化脱硫脱氰废液资源化利用的深度开发，属于焦化脱硫废液资源综合利用产业链的下游，能够拓宽硫氰酸盐的应用市场，符合燎原环保的战略发展布局。通过本次交易，燎原环保将实现产业链延伸，整合优质资源，有效提升公司的经营效益。本次交易完成后，燎原环保业务规模将进一步扩大，产业链布局愈加完善，业务类型及盈利模式更加丰富，有助于提升公司在行业内的综合竞争力。

（三）永泰能源收购汇宏矿业65%的股权

为进一步落实公司向储能行业转型发展规划，充分发挥公司在能源产业、技术、人才等方面的优势和海德股份在资产管理、资本运营等方面的优势，实现资源共享与协同发展，加快公司在全钒液流电池储能领域的全产业链发展，2022年8月30日，永泰能源与海德股份、新疆汇友集团、汇宏矿业共同签署了《收购协议》，永泰能源与海德股份拟通过共同投资设立的德泰储能收购新疆汇友集团持有的汇宏矿业65%的股权。

本次收购交易标的为汇宏矿业65%的股权，汇宏矿业主营业务为钒矿开采及冶炼，以敦煌市平台山钒资源开发为核心，后续通过补充勘探及对开采、冶炼设备进行更新和技术改造，汇宏矿业拥有的钒矿石资源量可达2490万吨，五氧化二钒资源量可达24.15万吨，五氧化二钒产能可达3000吨/年。

永泰能源通过与海德股份共同出资设立合资公司德泰储能收购钒矿资源公司股权，标志着永泰能源在落实国家碳达峰碳中和决策部署方面迈出了坚实的一步，将促进全钒液流电池储能技术进步与产业发展。本次收购钒矿资源公司股权，是为了进一步落实公司向储能行业转型发展规划，获取优质钒矿资源以及提升高纯钒冶炼技术，加快公司储能材料资源整合、提纯冶炼、储能新材料、电解液加工、电堆、装备研发制造和项目集成等全钒液流电池储能领域的全产业链发展，为新能源及传统电力系统提供全套储能解决方案，进一步增强公司核心竞争力，提升公司长期盈利能力，实现公司绿色低碳、高质量发展。

（四）华电能源定增收购锦兴能源51%的股权

2022年5月，华电能源拟向华电煤业发行股份购买其持有的锦兴能源51.00%的股权，本次交易完成后，锦兴能源将成为华电能源控股子公司。

华电能源所处行业为电力、热力、燃气及水生产和供应业，主要业务为向公司发电资产所在的区域销售电力产品和热力产品，以满足当地社会和经济发展的需求；此外，华电能源从事一定规模的煤炭生产销售业务。华电能源作为黑龙江区域电力供应和能源保障的重要支柱企业，发电装机容量占黑龙江省煤电装机容量的比例为25.89%，是为当地居民供热的主要热源，肩负东北老工业基地振兴和维护当地社会稳定的重要使命。公司拟通过本次交易改善自身资产结构，全面提升经营业绩及盈利能力，增强当地电力供应和能源保障能力，更好地为保障当地经济和民生做出贡献。

锦兴能源属于行业分类中规定的采矿业中的煤炭开采与洗选业，主营业务为煤炭开采、洗选加工、煤炭销售等。锦兴能源产品主要为华进精煤、华进混煤、华进3号煤。其中华进精煤主要作为下游焦化厂的炼焦配煤；华进3号煤主要作为下游电厂的动力煤，客户主要为大型国有电力能源企业下属电厂；华进混煤主要作为当地洗煤厂洗精煤。

通过本次交易，华电能源煤炭板块经营能力将得到较大程度的提升，煤炭板块成为华电能源重要的盈利来源，在助力企业更好地落实国家碳达峰碳中和战略的同时，进一步强化华电能源发电、供热、煤炭、工程"四位一体"的产业格局，提升可持续发展能力、抗风险能力以及后续发展潜力，为华电能源整体经营业绩提升提供保证。

四 ESG 投资框架下的并购行业展望

2022 年由于美联储加息及俄乌冲突等不利因素的影响，全球范围内的ESG 投资热度有所下降，在此低基数背景下，加上 2023 年国际形势有边际向好的趋势，2023 年全球范围内的 ESG 投资有望得到改善，预计 2023 年全球新签署 PRI 的企业数会有所上升。随着 ESG 相关政策制度的逐步出台与完善以及碳市场的建设，中国 ESG 投资将更加规范，与 ESG 相关的基金、债券及银行理财产品等金融工具有望得到进一步发展，同时与之相关的并购数量与并购规模有望进一步增长。

展望未来，企业在进行并购时，将会更多地将 ESG 纳入考量范围，企业的 ESG 表现有望成为并购的内在组成部分。在麦肯锡关于 ESG 的采访中，受访者表示愿意支付大约 10% 的溢价来收购一家在 ESG 方面拥有积极记录的企业。此外，研究机构 Sustainalytics 认为，ESG 表现良好的企业可能会为并购交易买方的财务成功做出贡献。通过并购，相关企业的 ESG 表现可能会对关联方或自身的战略转型起到一定的作用。

ESG 的发展如火如荼，也应警惕在并购过程中的潜在风险：第一，"漂绿"行为，主要体现在企业可能会夸大其未经证实的环保方面的成就，或某些企业利用相关政策及认定标准的缺失，以 ESG 的名义从事非绿色投资活动等；第二，认定标准不一致，不同国家或机构对 ESG 的认定标准及评价体系不统一，并且有些评价体系相差较大，会对并购过程中的 ESG 溢价产生分歧；第三，定量指标缺乏，目前 ESG 大部分衡量标准缺乏统一的定量指标，特别是 S 与 G 两个方面，定量指标的缺乏加上非强制性披露的特点，会给企业的 ESG 评价与比较带来困难。

参考文献

中国上市公司协会：《中国上市公司 2022 年经营业绩分析报告》，2023。

德勤：《ESG 并购投资：引领价值逻辑变革新航向》，2021。

B.19

元宇宙领域的并购现状与趋势展望

仇华 李杰*

摘　要： 2021 年是元宇宙"元年"，2022 年受新冠疫情、美联储加息、俄乌冲突等因素影响，全球经济低迷，元宇宙领域的投融资数量和金额出现明显下滑。不过，Meta、微软、腾讯、字节跳动等大公司在 2022 年依然推进了多起投融资事件。目前，元宇宙还处于数字孪生阶段的初级形态，但已经为互联网进一步发展打开了想象空间。元宇宙的两个细分领域 XR 和数字人落地较快，尤其是数字人，在 2022 年元宇宙领域投融资数量和金额均大幅下滑的背景下，依然保持了正增长。同时，元宇宙还快速融合并促进传统产业的升级，形成工业元宇宙、消费元宇宙、文旅元宇宙等不同的产业元宇宙。我国中央和地方政府 2022 年在元宇宙领域出台了一些相关政策。当然，元宇宙的发展也面临一些问题，如元宇宙领域的虚拟人权益、人工智能权益、数字财富等的确认问题。

关键词： 元宇宙　并购　产业元宇宙　数字孪生

一　元宇宙领域发展状况与趋势展望

2021 年是元宇宙"元年"，2022 年人类继续探索元宇宙如何落地，不断向虚拟世界迈进。元宇宙可以具体划分为数字孪生、数字原生和虚实共生

---

* 仇华，湘财证券研究所宏观策略部经理，主要研究方向为资本市场投资策略；李杰，湘财证券研究所电子行业分析师，主要研究方向为电子行业投资。

等三个阶段。

数字孪生，主要是建立现实世界的虚拟数字镜像。数字孪生相关技术的发展契合了我国当下传统产业以数字经济为转型升级方向的需求，因此获得广泛关注。数字原生，是在数字孪生的基础上，产生反向映射。例如，以大模型为基础的 ChatGPT，能够给出迎合人类需要的回答。虚实共生是元宇宙的终极形态，是走向脑机接口、用想象力创造价值的完美境界。

目前，元宇宙依然处在数字孪生阶段的初级形态，但其已凭借在参与感和互动性方面的优势为新一代互联网产业发展打开了想象空间。不过，元宇宙的发展是一个漫长的过程，目前主要是从落地较快的 VR/AR、数字人等技术范畴突破。元宇宙产业图谱见图1。

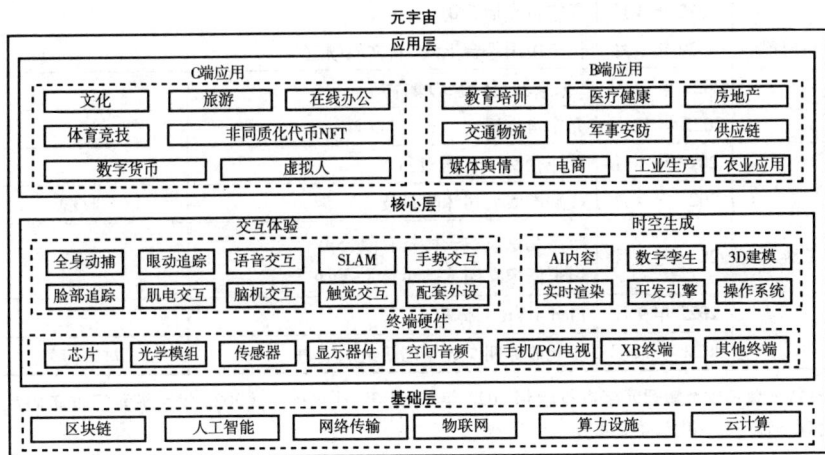

图 1　元宇宙产业图谱

资料来源：睿兽分析、湘财证券研究所。

（一）2022年元宇宙在中国加速落地

2021 年，国际互联网巨头纷纷投身元宇宙领域；2022 年，虽然疫情、俄乌冲突、美联储加息等事件拖累了整体经济，但我国元宇宙领域几大巨头依然在持续推进相关产品落地（见表1）。

表 1　2022 年我国元宇宙领域巨头布局状况

企业	时间	布局方向	备注
腾讯	2022 年 1 月	超级 QQ 秀	
	2022 年 6 月	光子宇宙平台,成立"扩展现实"部门	
	2022 年 9 月	《全真互联网白皮书》	
	2022 年 12 月	XR 微信小程序	
百度	2022 年 1 月	数字藏品平台	
	2022 年 2 月	AI 数字人希加加	人脸识别
	2022 年 3 月	"希壤"平台,宣传营销	
	2022 年 4 月	intel 科技体验中心	智能云技术
	2022 年 7 月	智能云数字人直播平台	
	2022 年 12 月	虚拟员工"Art 鹅"	
阿里巴巴	2022 年 3 月	投资消费级 AR 眼镜制造商 Nreal	投资
	2022 年 4 月	元宇宙直播营销	
	2022 年 8 月	淘宝中国平台上线"新文旅频道"	
	2022 年 11 月	"未来城"体验 3D 购物	
	2022 年 12 月	元宇宙直播间	
字节跳动	2022 年 1 月	上线社交 App 派对岛	
	2022 年 3 月	收购游戏公司沐瞳科技	收购
	2022 年 6 月	收购北京波粒子科技有限公司 虚拟偶像女团 A-Soul 入驻 Pico 平台	收购
	2022 年 9 月	Pico 4 VR 一体机	
	2022 年 12 月	游戏业务朝夕光年调整组织架构	进军海外

资料来源:成都鲸鲟元宇宙投融邦 2022 年 12 月 30 日发布的《2022 年巨头元宇宙布局盘点,未来路在何方》、湘财证券研究所。

　　我国中央和地方政府 2022 年在元宇宙领域出台了一些相关政策。工业和信息化部、教育部、文化和旅游部、国家广播电视总局、国家体育总局等五部门 2022 年 10 月发布《虚拟现实与行业应用融合发展行动计划(2022—2026年)》,要求通过 5 年时间,销售元宇宙终端 2500 万台以上,相关产业规模达到 3500 亿元。地方政府方面,北京、武汉、合肥、无锡、成都、厦门、广州、重庆、济南等地,在 2022 年先后公布重点发展元宇宙相关产业的政策文件(见表 2),并相继成立了长三角和广州地区的元宇宙产业联盟。

表 2　2022 年我国地方政府元宇宙相关政策

地方政府	时间	内容
无锡	2022 年 1 月	《太湖湾科创带引领区元宇宙生态产业发展规划》
武汉	2022 年 1 月	元宇宙写入《政府工作报告》
合肥	2022 年 1 月	元宇宙写入《政府工作报告》
成都	2022 年 1 月	元宇宙写入《政府工作报告》
北京	2022 年 2 月	《关于加快北京城市副中心元宇宙创新引领发展的若干措施》
厦门	2022 年 3 月	《厦门市元宇宙产业发展三年行动计划（2022—2024 年）》
山东	2022 年 3 月	《山东省推动虚拟现实产业高质量发展三年行动计划（2022—2024 年）》
广州	2022 年 4 月	《广州市黄埔区、广州开发区促进元宇宙创新发展办法》
重庆	2022 年 4 月	《关于重庆市渝北区元宇宙产业创新发展行动计划（2022—2024）》
济南	2022 年 12 月	《济南市促进元宇宙产业创新发展行动计划（2022—2025 年）》
浙江	2022 年 12 月	《浙江省元宇宙产业发展行动计划（2023—2025 年）》

资料来源：各地方政府网站、湘财证券研究所。

（二）元宇宙各类技术梯次发展

2022 年，元宇宙相关的六大技术处于持续快速发展过程，但各技术有其相对独立的发展空间，且发展程度各不相同（见表 3）。

表 3　元宇宙六大技术主要公司

技术	主要公司	备注
区块链（Blockchain）	腾讯、蚂蚁、浪潮、百度、京东	
交互技术（Interactivity）	科大讯飞、华为	
电子游戏相关技术（Game）	腾讯、字节跳动、网易	GPT 加速发展
人工智能（AI）	百度、阿里巴巴、商汤、腾讯	
网络及运算技术（Network）	华为、中国移动、中国联通、中国电信	
物联网（Internet of Things）	腾讯、百度、阿里巴巴	

资料来源：龚才春主编《中国元宇宙白皮书（2022）》、湘财证券研究所。

元宇宙相关的技术领域中，我国网络与运算技术处于全球领先地位，最具代表性的公司是华为。中国信息通信研究院的《全球 5G 专利活动报告

（2022 年）》显示，截至 2021 年底，华为的有效全球专利数量排名居前。而 2023 年在大模型基础上异军突起的 GPT，则标志着美国在人工智能领域继续领先全球。

（三）产业元宇宙逐步深化

互联网在发展过程中，通过"互联网+"的方式，带动了其他行业的发展。元宇宙的发展也推动了传统行业的转型升级。

工业元宇宙是元宇宙的重要应用场景之一（见表4），是在传统工业体系基础上，融合人机交互、数字化身等元宇宙要素，叠加新的社交模式、经济模式，构建而成的新型工业体系（见图2）。

表4　主要产业元宇宙发展重心问题归纳

产业元宇宙	发展内容	备注
工业元宇宙	生产可视化、数据追溯、故障点精确定位、远程操控等	
消费元宇宙	虚拟展览与虚拟拍卖；交互媒体与互动电影；虚拟表演与虚拟播音；NFT 数字音乐与数字剧本；虚拟精灵	
文旅元宇宙	在 C 端促进社交、文娱和消费等方面的多维综合形态，在 B 端促进创作、制造、服务、就业	
教育元宇宙	数字智能教师实现全时伴读个性化教育；沉浸式互动教学环境让深度学习更容易发生	
地产元宇宙	沉浸式购房体验；产线建模；入住感官体验	
农业元宇宙	实现农作物生长过程的数字仿真和动物发育的数字仿真、虚拟动植物生长状态高精度模拟、农产品溯源——产品全生命周期体验	
金融元宇宙	DeFi、NFT、数字藏品	数字人民币是中心化的

资料来源：龚才春主编《中国元宇宙白皮书（2022）》、湘财证券研究所。

消费元宇宙，指通过将元宇宙技术运用于商品生产、购买和服务等环节，为消费者带来体验创新、产品创新和营销创新，从而拓宽消费市场空间。体验创新方面，元宇宙的沉浸感、强交互性和社交性能够为品牌提供更丰富的营销触达方式和更广阔的互动体验空间；产品创新方面，元宇宙可以将现实

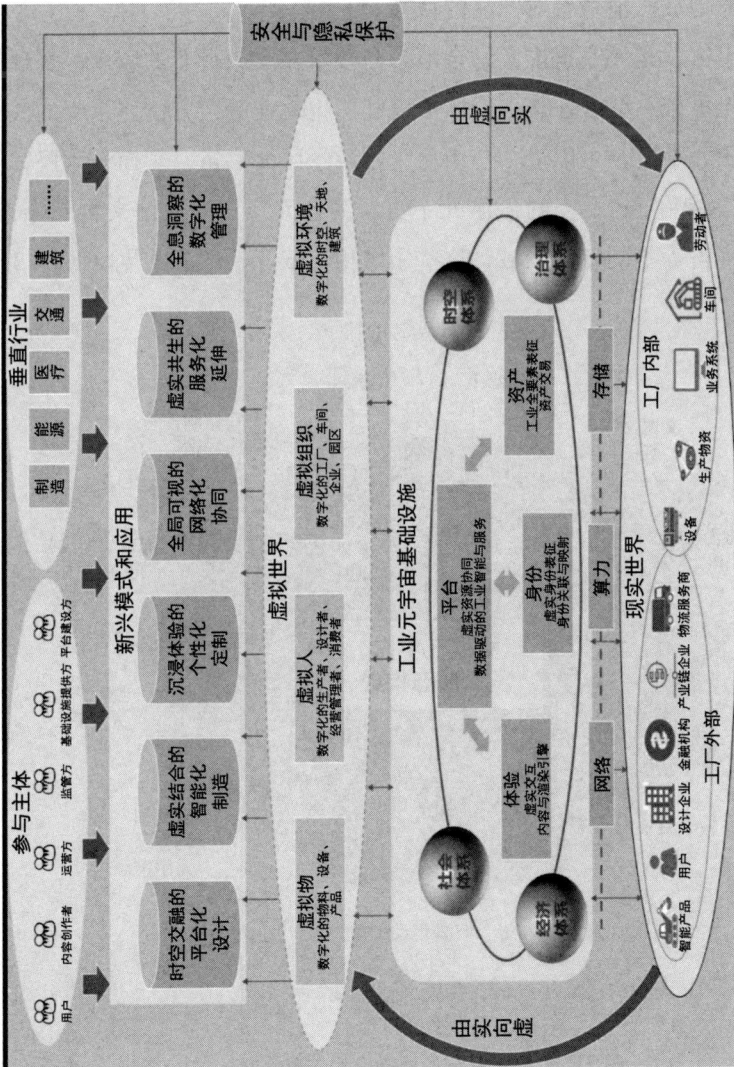

图 2 工业元宇宙概念框架

资料来源：中国信息通信研究院、工业互联网产业联盟 2023 年 3 月发布的《工业元宇宙白皮书》，湘财证券研究所。

世界的商品通过数字化技术转化为虚拟商品，同时，除物质层面的产品外，精神层面的消费产品也会越来越丰富；营销创新方面，元宇宙打破虚拟与现实的边界，商品信息和营销信息能够以立体、可视化、可交互的形式展现，更快速、全面地加深消费者对产品的认知。

文旅元宇宙，是元宇宙虚实融合形态与技术在文旅行业的应用，实现体验消费、文化承载、综合业态、全域覆盖和民生就业等全方位体系化的文旅数字化。文旅元宇宙，可以进一步衍化为旅游景区元宇宙、宾馆酒店民宿元宇宙、都市旅游元宇宙、乡村旅游元宇宙、演艺元宇宙、文博文物元宇宙、电竞游戏元宇宙等不同专业领域，这些领域相互依存、相互共生（见图3）。

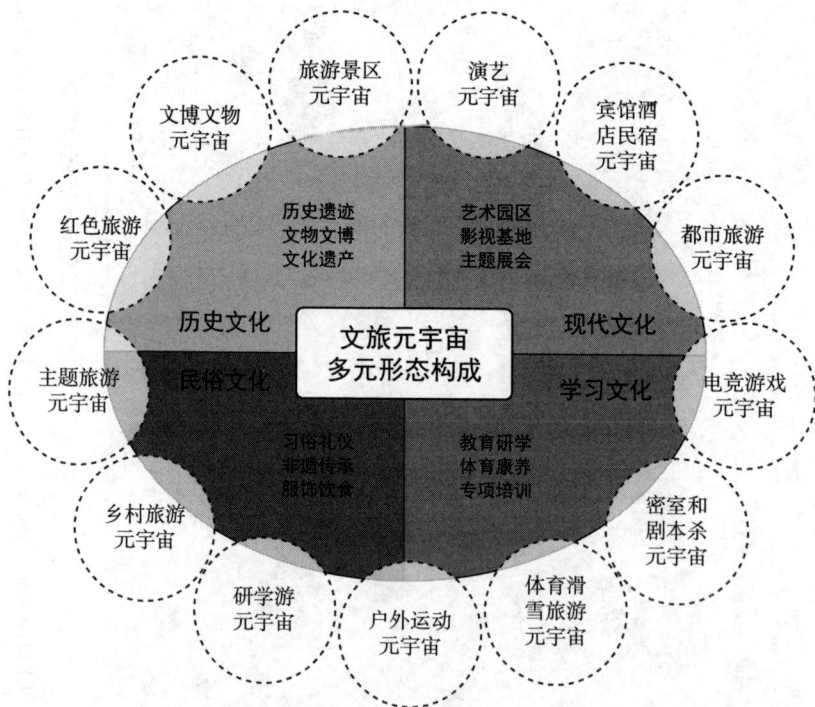

图3 文旅元宇宙多场景应用关联系统

资料来源：上海市创意产业协会 2023 年 3 月发布的《2023 中国文创文旅元宇宙白皮书》、湘财证券研究所。

二 元宇宙领域并购现状

（一）元宇宙领域2022年并购热度明显下降

2021 年，美国 Roblox 公司在纽交所直接上市和 Facebook 公司更名为 Meta Platforms 等事件，推动元宇宙领域投融资金额同比显著上升。但 2022 年，我国整体经济相对低迷，元宇宙领域投融资金额出现明显下滑：2022 年国内元宇宙相关领域公布的融资金额为 1070.74 亿元，与 2021 年的 2223.72 亿元相比下滑超过 50%（见图 4）。

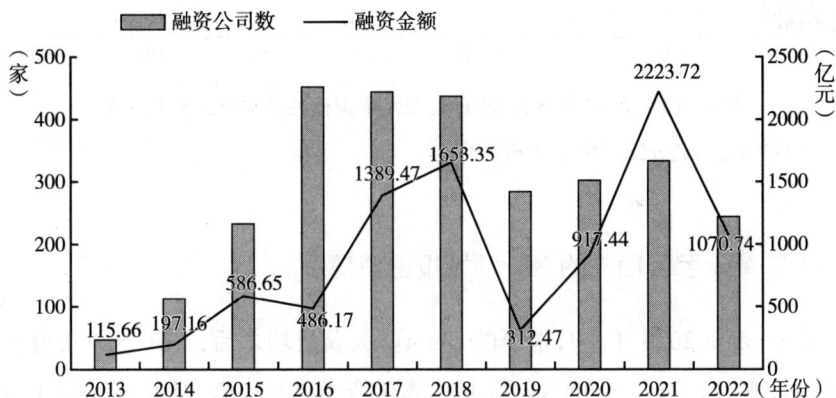

图 4　2013~2022 年我国元宇宙相关领域投融资状况

资料来源：睿兽分析、湘财证券研究所。

据睿兽分析数据，截至 2023 年 5 月 20 日，国内有 2033 家企业与元宇宙相关。其中，VR/AR 类企业最多，达 632 家；人工智能类企业位列第二，达 254 家；文化娱乐、区块链、企业服务、智能制造以及硬件等行业企业数量在 100~200 家区间（见图 5）。

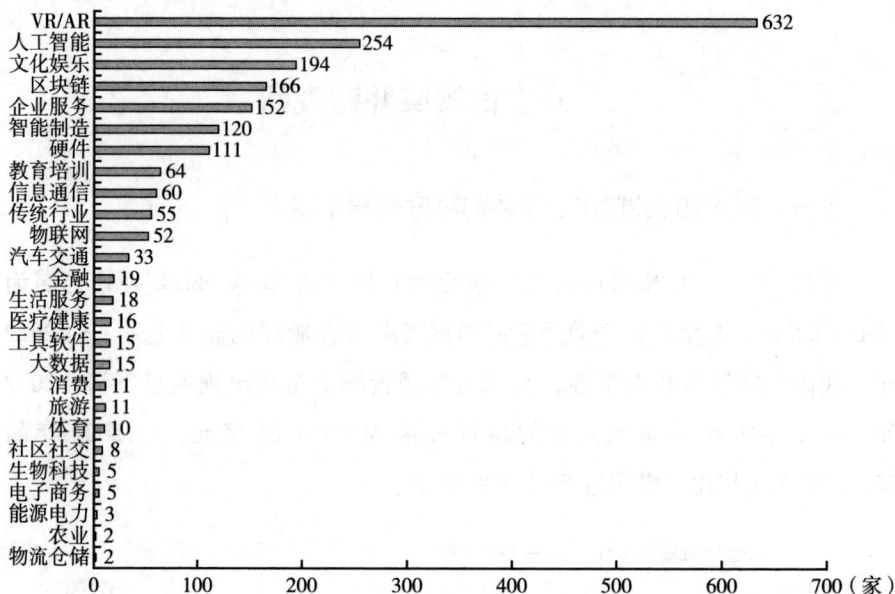

图5　截至 2023 年 5 月 20 日我国元宇宙相关公司行业分布状况

资料来源：睿兽分析、湘财证券研究所。

（二）元宇宙相关的 XR 领域投融资情况

自从 Meta 2020 年 9 月推出的 Quest 2 大获成功之后，XR 行业获得了很高的关注度，2021 年全球 XR 行业整体融资并购金额实现了 127.44% 的增长。但 2022 年疫情、俄乌冲突以及美国快速加息等事件给全球经济带来一定压力，2022 年全球 VR、AR 头显出货量同比分别下滑 8.06%、2.50%。2022 年 XR 领域融资并购金额为 491.7 亿元，同比下降 11.33%（见图 6）；相应的融资并购数量为 335 起（见图 7），平均单笔融资额为 1.5 亿元，同比下降 6.3%。

2022 年中国 XR 行业融资并购金额为 137.3 亿元，同比下降 23.9%。融资并购事件发生 132 起，同比增长 7.3%（见图 8）。2022 年海外 XR 行业融资并购金额为 354.2 亿元，同比下降 5.3%，融资并购事件发生 203 起，同比下降 6.0%（见图 9）。

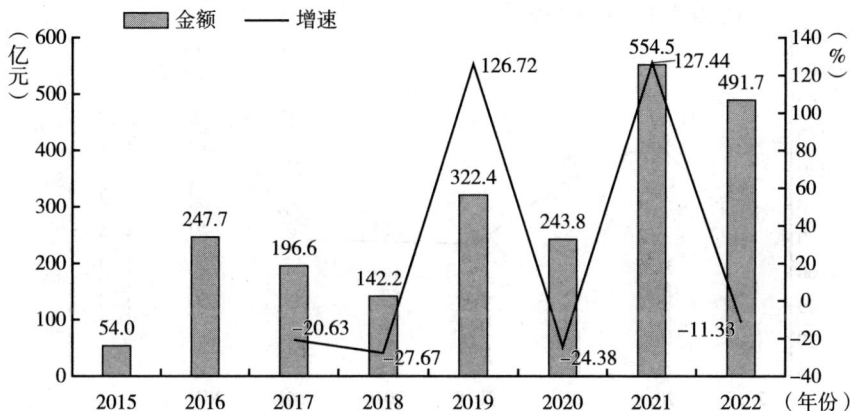

图6　2015~2022 年全球 XR 行业年度融资并购金额及增速

资料来源：VR 陀螺、湘财证券研究所。

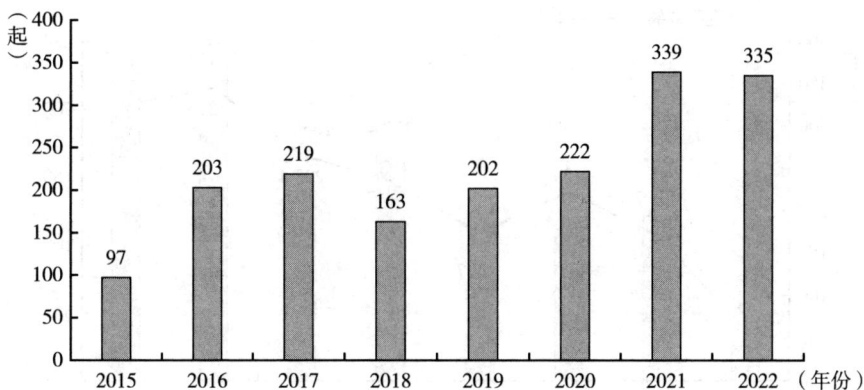

图7　2015~2022 年全球 XR 行业年度融资并购数量

资料来源：VR 陀螺、湘财证券研究所。

　　海外 XR 产业起步早，融资并购金额更高。2022 年海外 XR 行业融资并购事件多集中于内容（游戏为主）和行业应用（教育为主）领域，分别占融资并购数量的 34.48% 和 35.47%（见图 10）。与海外不同，中国 XR 行业融资并购事件多集中于内容（数字人为主）和硬件（AR 头显为主）的领域，分别占融资并购数量的 31.06% 和 39.39%（见图 11）。

　　细分来看，2022 年内容和行业应用是融资并购最活跃的板块，数字人、

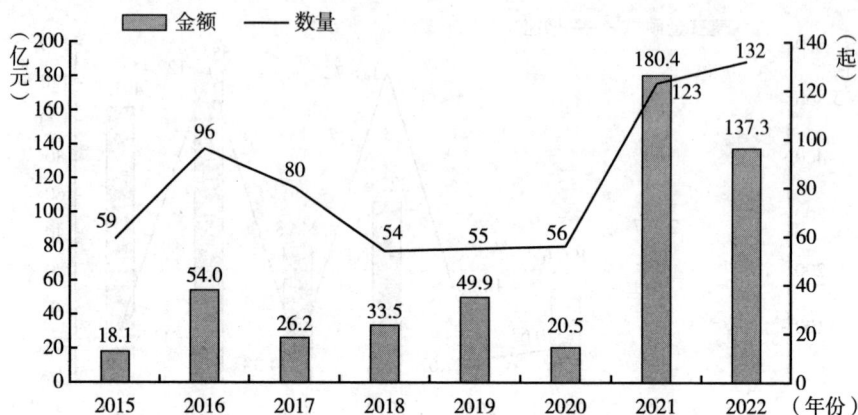

图 8 2015～2022 年中国 XR 行业年度融资并购情况

资料来源：VR 陀螺、湘财证券研究所。

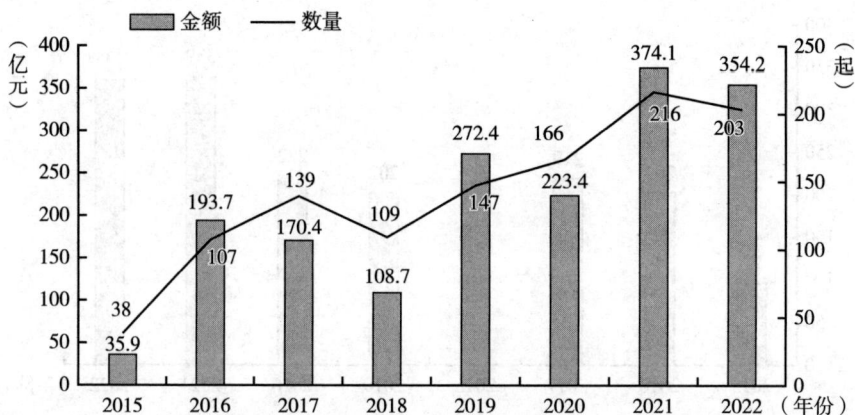

图 9 2015～2022 年海外 XR 行业年度融资并购情况

资料来源：VR 陀螺、湘财证券研究所。

游戏和 B 端教育受到资本的青睐，2022 年全球 XR 行业内容的融资并购事件共发生 111 起，较上年增长 44.2%，行业应用板块融资并购事件发生 99 起，除内容板块外，其他产业链关键板块均有小幅度下降（见图 12）。

2022 年 XR 行业软件板块融资并购金额达 179.9 亿元，较上年增长 99.0%，为增长最快的板块，随着硬件逐渐成熟，工具、底层软件生态也越

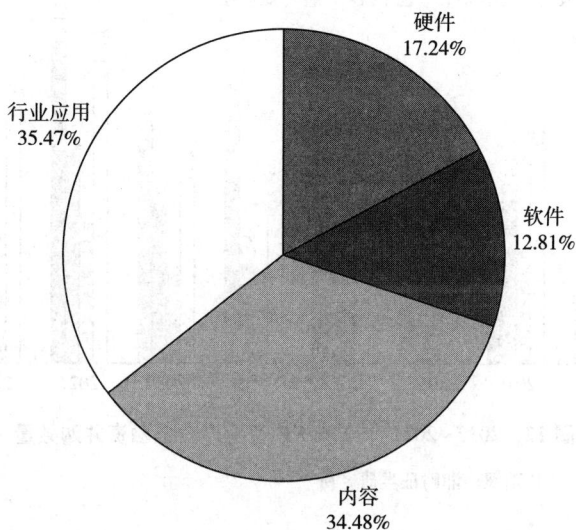

图 10　2022 年海外 XR 行业融资并购事件数量不同领域占比

资料来源：VR 陀螺、湘财证券研究所。

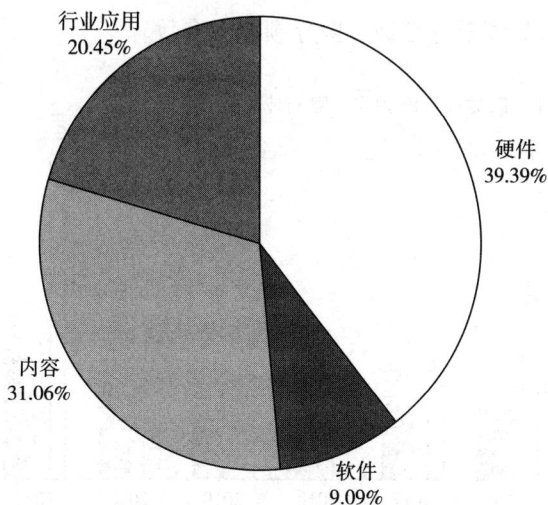

图 11　2022 年中国 XR 行业融资并购事件数量不同领域占比

资料来源：VR 陀螺、湘财证券研究所。

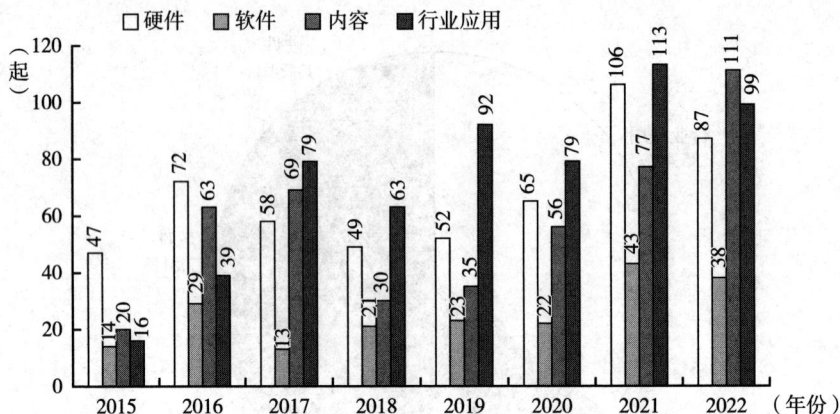

图12 2015~2022年全球XR行业产业链融资并购数量

资料来源：VR陀螺、湘财证券研究所。

来越受到重视，如AI内容创作、内容开发引擎、云染工具、编辑器等，都是目前资本热捧的重要板块。除软件之外，行业应用也增速较快，该领域融资并购金额达128.1亿元，同比增长18.61%。在软件和行业应用板块中，底层工具软件和B端教育培训、医疗领域占多数。

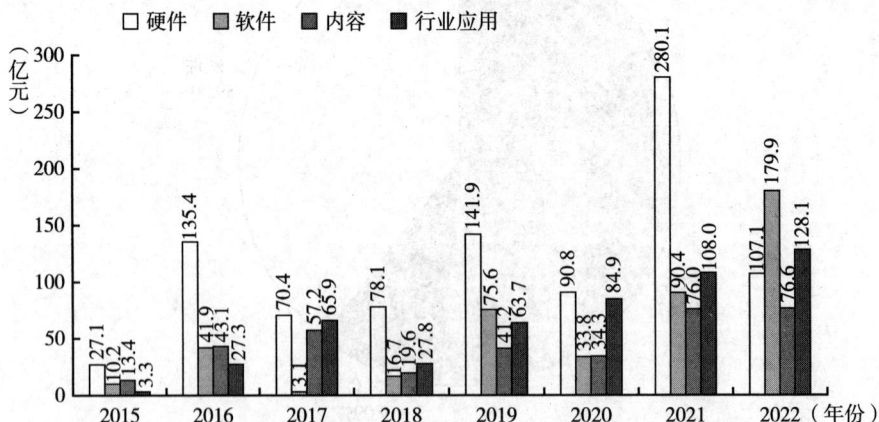

图13 2015~2022年全球XR行业产业链融资并购金额

资料来源：VR陀螺、湘财证券研究所。

（三）数字人领域投融资情况

数字人，是通过计算机手段创造出来的，是具有外貌、表演能力、交互能力等多重人类特征的综合产物。而早在20世纪80年代虚拟人概念就出现了，当时主要以手工绘制生成。2000年前后，由于传统手绘方式逐渐被CG动画、动作捕捉技术取代，虚拟数字产业发展步入快车道。数字人的划分情况见表5。

表5 数字人的划分（商业化和功能）

产品分类	内容/IP型	功能服务型	虚拟分身
产品定位	偶像，用于娱乐、科教等	数字员工，提供拟人化服务	虚拟空间的身份
应用代表	虚拟偶像，数字航天员、品牌代言人	虚拟主播、数字客服、数字专家	游戏身份
核心价值	虚拟IP/偶像的具象化	增强或辅助人工，提供自动化、智能化、标准化服务	虚拟空间的交互入口
核心竞争力	形象的艺术性 IP的打造和运营	智能交互能力	沉浸化、实时化
驱动方式	真人驱动	智能驱动/真人驱动	智能驱动/真人驱动
客户对象	B端需求为主	B端需求为主	C端需求为主

资料来源：慧博智能投研《数字人行业深度：驱动因素、竞争格局、发展趋势、产业链及相关公司深度梳理》、湘财证券研究所。

数字人在元宇宙概念兴起后，获得市场更多关注，成为元宇宙相关领域快速落地的重要细分领域。同时，数字人契合了我国发展数字经济的需求，在金融业、文旅业、服务业等领域的产业数字化过程中发挥了重要作用。2022年，我国数字人领域投融资事件发生55起，相关金额45.01亿元，同比增长16.12%（见图14）。在2022年元宇宙整体行业投融资大幅下滑的背景下，数字人是少数保持正增长的细分领域。

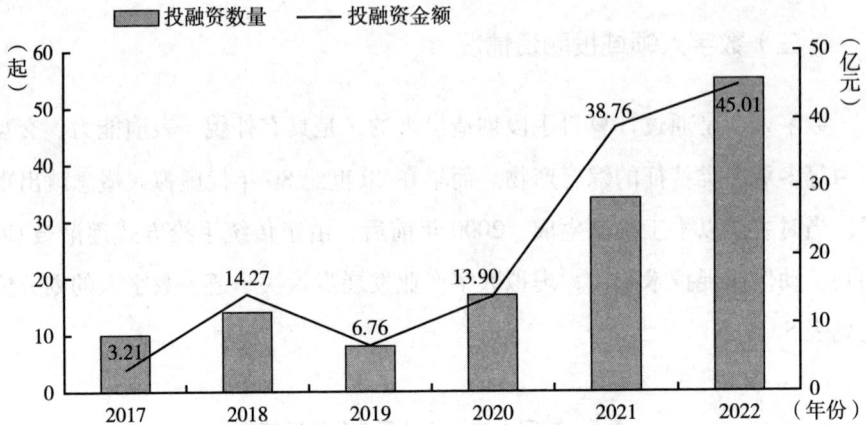

图 14　2017~2022 年我国数字人领域投资状况

资料来源：IT 桔子、湘财证券研究所。

三　重要案例分析

由于目前元宇宙领域的发展，还是大型企业占主导，本报告重点选择了美国的 Meta、谷歌和中国的腾讯、字节跳动，讨论这些元宇宙领域的重要公司在 2022 年的并购活动。

（一）国际案例1——Meta 收购 Within

2021 年 10 月，Meta 收购 Within（VR 健身应用 Supernatural 背后的工作室），并将 Supernatural 并入其 Reality Labs，但保持独立运作，同时继续在虚拟现实中创造健身、健康和社交体验，帮助人们以最快乐和最关联的方式实现其目标。

2021 年 12 月，美国反垄断监管机构介入了 Within 收购事件，并于 2022 年 7 月正式起诉 Meta，以寻求禁令阻止 Meta 收购 Within。2023 年 2 月，美国法院拒绝美国联邦贸易委员会禁止 Meta 收购 Within 的要求，允许 Meta 继续推进收购。当月，Meta 宣布正式完成对 Within 的收购。

Meta 收购 Within 主要用于开拓 VR 在健身领域的应用，扩展 VR 生态系统。这项交易成功后，Meta 将投入大量资源来发展 Supernatural。此外，收购 Within 可以帮助 Meta 拓展其 VR 客户群，并推动 Quest VR 头显融入用户的日常生活，通过增加人们使用设备的频率和规律性，构建稳定的营收来源。

（二）国际案例2——谷歌收购 Micro LED 显示屏公司 Raxium

2022 年 5 月 4 日，谷歌公司负责硬件及服务的高级副总裁 Rick Osterlo 宣布，谷歌收购了估值高达 10 亿美元的 Raxium。该收购完成后，Raxium 公司加入谷歌的硬件及服务团队，主要开发谷歌的消费级产品，进一步在硬件领域发挥其技术专长。预期谷歌将进一步开发基于 Micro LED 微显示技术的消费级 AR 智能眼镜。

Raxium 公司成立于 2017 年，生产的单片集成式 RGB Micro LED 微型显示器主要用于 AR 和 VR 头显。该公司的 Micro-LED 显示器技术处于全球开发最前沿，主要使用于 AR/VR 系统。

谷歌是 AR 设备眼镜的资深玩家，曾在 2012 年发布 AR 眼镜产品 Google Project Glass，但由于当时的技术不够成熟，且价格过高，最终谷歌于 2015 年停售消费者版 Google Glass。

2020 年，谷歌开始在智能眼镜领域进行收购，当年收购了加拿大智能眼镜公司 North。North 创立于 2012 年，开始主要研发支持手势控制操作的臂环设备 Myo，其 2018 年推出智能眼镜 Focals。此外，谷歌在 2021 年大量招聘 AR 人才，再次组建自身的 AR 设备和操作系统团队。

（三）国内案例1——腾讯收购心域科技

2022 年 1 月，腾讯公司关联公司林芝利创信息技术有限公司完成收购北京心域科技有限责任公司，持股 52.98%，同时心域科技注册资本由 100 万元增至 212.68 万元。

心域科技能够结合实时渲染及动捕技术帮助用户创造虚拟形象，帮助用户快速制作更多动画内容。公司对 AR/VR 的技术应用有足够的商业化经验和技术经验，团队核心成员针对 Avatar 方向共同研发了 4 年，经历了从 0 到 1 的紧密合作。公司对 AI 虚拟偶像方向相关基础均有一定的研究，例如 AI 表情驱动、动态捕捉、动作识别、语义识别、AR/VR 等均有产品化的成果。

数字人是元宇宙的关键基础技术，在元宇宙的未来构想中，一方面，任何真实世界的人都可通过虚拟化身进入虚拟世界开展生活社交活动；另一方面，如数字管家、虚拟偶像、虚拟员工等虚拟角色的存在，可使元宇宙世界更加丰富，激发无限可能。腾讯公司对心域科技的收购，是其在元宇宙领域的重要布局，强化了其对元宇宙核心技术的掌握。

（四）国内案例2——字节跳动收购北京波粒子科技

2022 年 3 月，字节跳动收购了北京波粒子科技有限公司。波粒子科技成立于 2019 年 8 月，2019 年末获得险峰 K2VC 的千万级天使轮融资；2020 年 9 月获得经纬创投、源码资本、知春资本投资的 A 轮融资。波粒子科技在 2020 年底顺利推出虚拟形象社交娱乐 App "Vyou 微你"，并在上线不到一年的时间里获得超百万用户量。

字节跳动收购北京波粒子科技，主要是为补齐其在虚拟形象技术方面的短板，快速布局元宇宙相关的社交应用赛道。比较而言，字节跳动的"VR社交"思路与 Meta 类似，都是先发力硬件设备再探索应用。

四 元宇宙发展存在的风险

元宇宙还处于发展初期，未来发展空间巨大。但元宇宙在经济体系、身份体系、治理体系三个维度上都与现实社会有本质差异。随着元宇宙相关技术的不断发展，元宇宙领域新事物必将不断涌现，需要不断微调现实社会的法律体系、社会架构，努力降低元宇宙与现实社会之间的冲突风险。

现阶段，元宇宙领域面临的问题或风险如下。第一，虚拟人的权益问题。元宇宙推动虚拟人发展，但虚拟人不是法律上的民事主体，其本身不享有人格权，所以，虚拟人与现实世界产生交互时，会衍生出人格权的相关问题。目前，最高人民法院已关注人工智能带来的人格权保护相关的法律问题。此外，虚拟人是否有隐私保护权、虚拟人的伦理问题也引起了社会的关注与讨论。

第二，人工智能生成内容及著作权问题。随着人工智能的快速发展，AI产生的智能数字内容、智能编辑内容，包括模仿创作，是否拥有著作权，还需要法规进一步明确。

第三，数字财富相关问题。目前，尚无立法明确数字财富的定义和范围。但数字财富又确实存在，尤其是具有交换价值的数字资产，包括虚拟货币、数字版权、可产生收入的网站及网页、线上游戏道具、数字艺术品等。数字财富相关的交易、传承，也需要有相应的制度规定。

第四，个体沉迷风险。元宇宙的发展，将进一步加剧堕落和沉迷风险。目前元宇宙相关的监管体系还未成型。而元宇宙的高度沉浸感容易使人迷失自我，沉溺其中无法面对真实世界，进而扭曲心灵，最终干扰现实社会秩序。

参考文献

魏炜等：《元宇宙 2023：硬件的"大"年》，2023。

速途元宇宙研究院：《中国产业元宇宙行业趋势研究报告（2023）》，2023。

广西产研院人工智能与大数据应用研究所有限公司：《AI&D 元宇宙空间技术底座白皮书（2022）》，2023。

中伦律师事务所：《元宇宙行业合规白皮书：虚无限，实有界》，2022。

清华大学：《元宇宙发展研究报告 3.0 版》，2023。

创客贴：《元宇宙行业发展趋势报告》，2023。

陀螺研究院：《2022 年全球 VR/AR 行业投融资报告》，2023。

《青亭网：2022 年 AR/VR 行业融资报告》，"青亭网"百家号，2023 年 1 月 18 日，https://baijiahao.baidu.com/s? id=1755362879764704290&wfr=spider&for=pc。

VR 陀螺：《揭秘：字节跳动收购团队布局 VR 社交的背后》，2023。

陀螺研究院：《2023 年全球虚拟数字人产业报告》，2023。

中国工商银行金融科技研究院、北京大学计算机学院元宇宙技术研究所：《银行元宇宙创新应用白皮书》，2022。

《青亭网：2022 年 AR/VR 行业融资报告》，"青亭网"百家号，2023 年 1 月 18 日，https：//baijiahao. baidu. com/s？id＝1755362879764704290&wfr＝spider&for＝pc。

B.20
新形势下跨境并购的趋势
与合规要点

姚约茜*

摘　要： 随着新冠疫情影响在世界范围的减轻，2022年全球并购交易开
始逐步回暖，尽管出现了一些新兴行业的并购，但中国企业跨境
并购交易仍存在明显下降。其原因在于疫情"后遗症"导致全
球经济处在较为不稳定的状态，企业对跨境并购交易更为谨慎。
因此，面对新形势，中国企业在找准投资方向的同时，应当通过
建立健全合规管理体系、建立合规文化等方式应对进入境外市场
时一些国家（地区）较为严苛的审查和监管，以及规避潜在的
风险。

关键词： 跨境并购　并购交易　合规管理

2022年全球经济迎来了一波前所未有的重塑浪潮。跨境并购作为企业
追求全球化扩张和市场竞争力提升的重要手段，具有举足轻重的作用。然
而，随着跨境并购活动的增加，合规管理问题日益凸显。在不同国家间复杂
多变的法律法规环境下，企业必须准确把握跨境并购的趋势，并高度重视合
规管理，以确保交易的顺利进行并避免潜在风险。

* 姚约茜，北京浩天（上海）律师事务所高级合伙人、管委会成员，上海律协国际投资Q委员
会委员，上海交通大学凯原法学院硕士研究生导师，主要研究方向为境内外投资并购、私募
基金、新经济、境内外复杂商事争议解决。

一 全球并购交易状况

随着疫情形势逐渐好转，全球经济逐渐恢复。但是 2022 年的全球并购交易数量和交易金额同比分别下降 17% 和 37%，各季度的并购交易数量出现明显下滑，尽管高于疫情前的水平，但显然低于 2021 年的高位。与 2021 年下半年相比，2022 年下半年的并购交易数量和交易额分别降低 25% 和 51%（见图 1）。

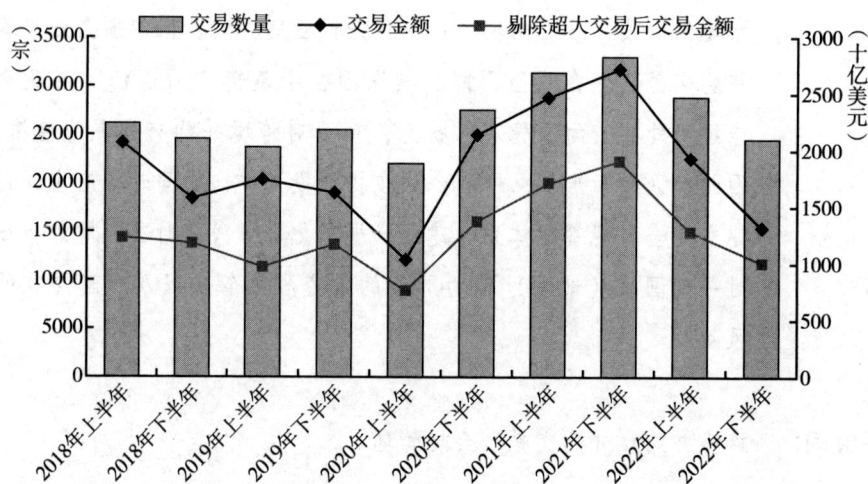

图 1　2018~2022 年全球并购交易数量和交易金额

资料来源：Refinitiv、普华永道分析、《2022 年全球并购行业趋势回顾及 2023 年展望》。

尽管疫情等多方面因素的"后遗症"仍在持续，但是全球不同区域的并购交易表现呈现明显差异，在亚太地区的印度、东南亚市场是 2022 年并购交易的活跃市场（见图 2）。美洲地区 2022 年并购交易数量和交易金额分别下降了 17% 和 40%，下跌迅猛（见图 3）。而欧洲、中东和非洲地区的并购交易数量和交易金额虽有所下降，但是其数据表现仍优于亚太及美洲地区（见图 4）。

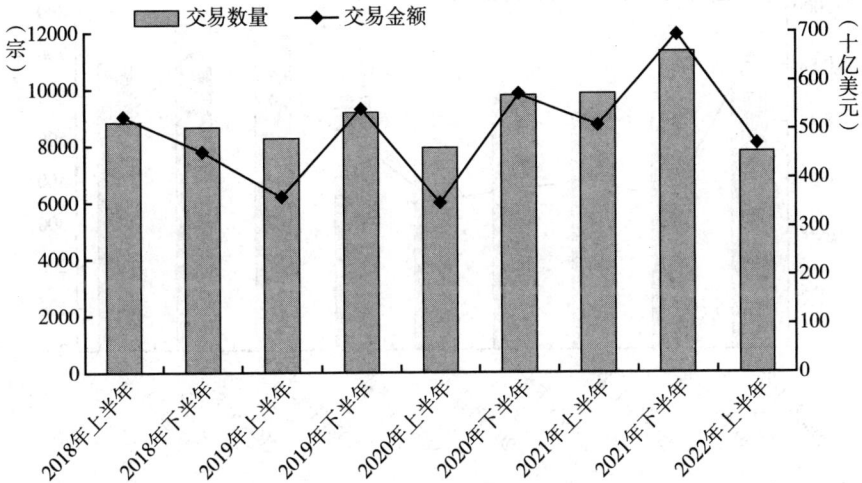

图2 2018~2022年亚太地区并购交易数量和交易金额

资料来源：Refinitiv、普华永道分析。

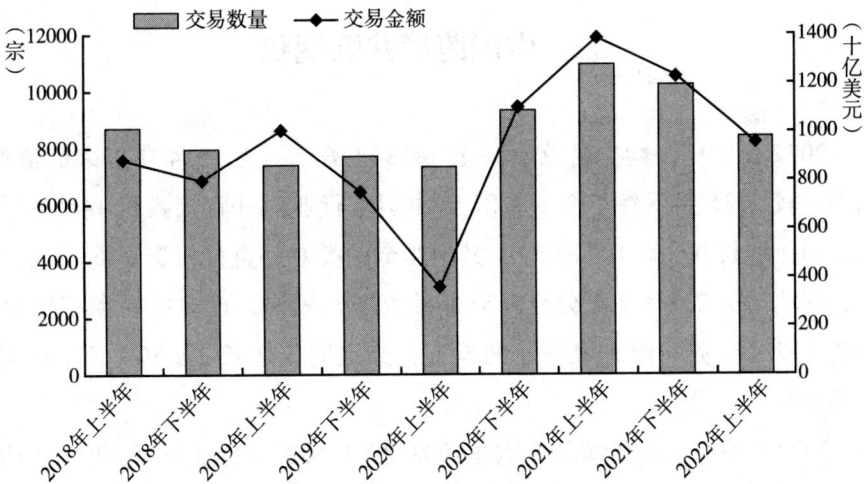

图3 2018~2022年美洲地区并购交易数量和交易金额

资料来源：Refinitiv、普华永道分析。

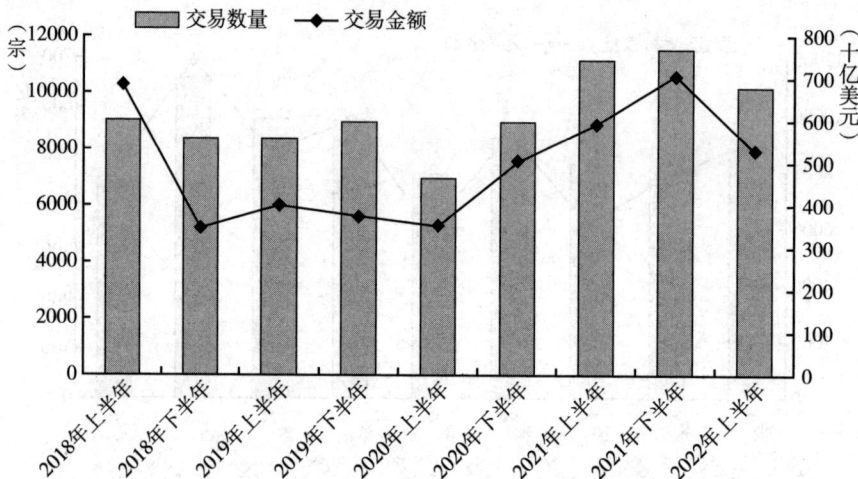

图 4　2018~2022 年欧洲、中东和非洲地区并购交易数量和交易金额

资料来源：Refintiv、普华永道分析。

二　中国跨境并购现状

2022 年中国并购交易总额跌至 4858 亿美元，为 2014 年以来的最低水平，较 2021 年下降 20%。2022 年中国全行业对外直接投资 1465 亿美元，同比增长 0.8%（见图5）。其中非金融类对外直接投资 1168.5 亿美元，同比增长 2.8%；部分行业对外投资增长较快，投向批发和零售业、制造业以及租赁和商务服务业的投资，分别同比增长 19.5%、17.4%以及 5.8%。

2022 年中企宣布的海外并购总额为 287 亿美元，同比下降 52%，创历史新低。交易数量为 507 宗，同比减少 6%（见图6）。

我国并购交易表现不佳的主要原因如下。

（一）不确定性增加

全球经济和政治环境的不确定性增加，导致企业在进行并购决策时更为

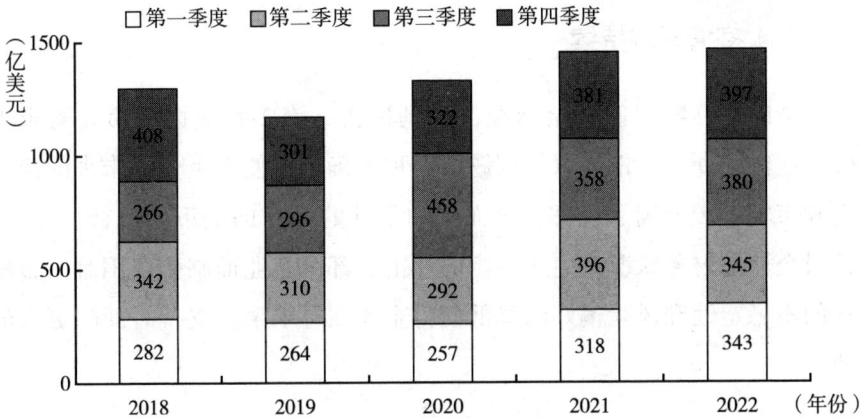

图 5　2018~2022 年中国对外直接投资额

资料来源：Refinitiv、Mergermarket、安永分析。

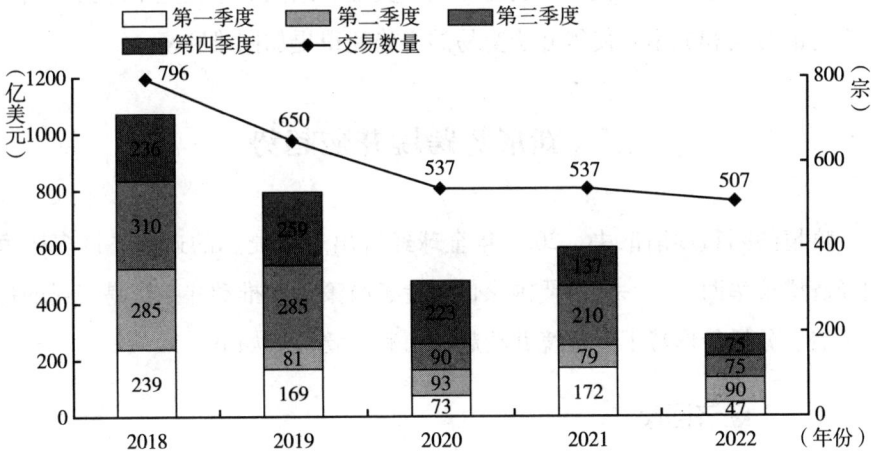

图 6　2018~2022 年中企海外并购金额及交易数量

说明：由于四舍五入，合计数未必与总数相等。

资料来源：Refinitiv、Mergermarket，包括香港、澳门和台湾的对外并购交易，数据包括已
宣布但尚未完成的交易，于 2023 年 1 月 4 日下载；安永分析。

谨慎。全球贸易摩擦、地缘政治紧张局势、疫情等因素给企业带来了较大的
风险和不确定性，使得企业对并购交易持保守态度。

（二）疫情影响持续

疫情的持续影响使得全球经济受到冲击，许多企业面临市场需求下降、供应链中断、产能受限等问题。这种不确定性使得企业对未来的经营环境和市场表现充满了疑虑，进而影响了并购交易的决策和执行。并且，疫情对企业的财务状况产生了一定的冲击，部分企业面临融资困难。金融市场的不稳定性和风险偏好的降低使得企业在寻求融资支持时面临更大的挑战。

（三）监管审查加强

许多国家（地区）对并购交易实施了更加严格的监管审查措施，尤其是涉及关键行业和关键技术的交易，例如美国、欧盟等。这些审查措施增加了交易的时间和成本，使得并购交易的实施变得更加困难和复杂。

三　新形势跨境并购趋势

疫情的阴霾逐渐散去，2023 年全球经济出现了复苏的迹象，许多国家的经济增长率回升，一些主要国家也出台了政策，以推动并购交易市场的持续发展。分析新形势下的跨境并购趋势，其主要特点如下。

（一）经济回暖

全球经济增长复苏为并购交易提供了更好的环境，并增强了企业扩张信心。企业开始寻求扩大市场份额、增强竞争力和实现战略增长的机会，寻求在新兴市场的发展机遇，例如沙特阿拉伯、泰国等地，从而推动全球并购交易的增长。

（二）技术驱动

科技创新和数字化转型仍然是并购交易的主要驱动力。许多交易涉及技术相关的行业，如半导体、人工智能、云计算等。企业积极寻找技术合作伙伴或收购具备先进技术的公司，以提升自身的创新能力和竞争优势。

（三）区域化并购

区域内的并购交易活动比跨境交易更为活跃。许多企业倾向于在本地市场进行并购，以巩固地区市场地位和扩大市场份额。受政策和监管环境变化的影响，区域化并购能相对降低风险，并在当地市场挖掘更大的潜力空间。

（四）可持续发展

环境、社会和公司治理（ESG）因素将在并购交易中获得更多关注。投资者和企业越来越注重企业的可持续性和社会责任，ESG 表现良好的目标公司更有吸引力。并购交易中的 ESG 考量包括环境影响、员工权益、治理结构等方面。

（五）国家安全审查

一些国家对于涉及关键行业和关键技术的并购交易实施了更加严格的安全审查措施。这是为了保护本国的国家利益和关键资产，避免不良外部影响。并购交易的完成可能需要通过日益严苛的国家安全审查程序，获得相关机构的批准。

四　境外并购合规要点

（一）解读《企业境外经营合规管理指引》

伴随着中国企业"走出去"进程的稳步推进，中国企业境外经营合规管理在国际化发展中的重要性日益凸显。针对企业境外经营合规管理方面的法律风险防范意识不强、合规管理体系不完善、合规管理人员配备不足、合规管理培训不够等问题，我国于 2018 年 12 月发布了《企业境外经营合规管理指引》（以下简称《指引》）。为推动我国企业更好地开展境外经营活动，加强境外经营合规管理，有效防范合规风险，《指引》共分八章，包括总则，合规管理要求，合规管理架构，合规管理制度，合规管理运行机制，合规风险识别、评估与处置，合规评审与改进，合规文化建设等内容。

1. 合规管理要求

《指引》的第二章主要根据适用情况的不同，对企业在对外贸易、境外投资、对外承包工程、境外日常经营的情况分别明确了相应的合规管理要求，具体包括以下四个方面。

（1）对外贸易中的合规要求

第六条规定，企业开展对外货物和服务贸易，应全面掌握关于贸易管制、质量安全与技术标准、知识产权保护等方面的具体要求，关注业务所涉国家（地区）开展的贸易救济调查，包括反倾销、反补贴、保障措施调查等。

（2）境外投资中的合规要求

第七条规定，企业开展境外投资，应全面掌握关于市场准入、贸易管制、国家安全审查、行业监管、外汇管理、反垄断、反洗钱、反恐怖融资等方面的具体要求。

（3）对外承包工程中的合规要求

第八条规定，企业开展对外承包工程，应全面掌握关于投标管理、合同管理、项目履约、劳工权利保护、环境保护、连带风险管理、债务管理、捐赠与赞助、反腐败、反贿赂等方面的具体要求。

（4）境外日常经营中的合规要求

第九条规定，企业开展境外日常经营，应全面掌握关于劳工权利保护、环境保护、数据和隐私保护、知识产权保护、反腐败、反贿赂、反垄断、反洗钱、反恐怖融资、贸易管制、财务税收等方面的具体要求。

2. 合规管理架构

《指引》第三章根据企业的决策、管理和执行的三个层级，划分合规管理机构，并注重合规管理部门与业务部门、其他监督部门的分工协作及与外部监管机构、第三方沟通协调。不仅明确了企业的合规管理架构的设置，还细分了各层级各部门的工作内容，以实现企业的合规管理。

3. 合规管理制度

《指引》第四章是基于企业合规情况制定的合规行为准则、合规管理办法、合规操作流程。

（1）合规行为准则

合规行为准则是最重要、最基本的合规制度，是其他合规制度的基础和依据，适用于所有境外经营相关部门和员工，以及代表企业从事境外经营活动的第三方。合规行为准则应规定境外经营活动中必须遵守的基本原则和标准，包括但不限于企业核心价值观、合规目标、合规的内涵、行为准则的适用范围和地位、企业及员工适用的合规行事标准、违规的应对方式和后果等。

（2）合规管理办法

企业应在合规行为准则的基础上，针对特定主题或特定风险领域制定具体的合规管理办法，包括但不限于礼品及招待、赞助及捐赠、利益冲突管理、举报管理和内部调查、人力资源管理、税务管理、商业伙伴合规管理等内容。

企业还应针对特定行业或地区的合规要求，结合企业自身的特点和发展需要，制定相应的合规风险管理办法，如金融业及有关行业的反洗钱及反恐怖融资政策，银行、通信、医疗等行业的数据和隐私保护政策等。

（3）合规操作流程

企业可结合境外经营实际，就合规行为准则和管理办法制定相应的合规操作流程，进一步细化标准和要求。也可将具体的标准和要求融入现有的业务流程，便于员工理解和落实，确保各项经营行为合规。

4. 合规管理运行机制

《指引》第五章结合了合规管理架构和合规管理制度，规定了合规培训、合规汇报、合规考核、合规咨询与审核、合规信息举报与调查及合规问责等合规管理运行机制。

5. 合规风险识别、评估与处置

《指引》第六章在定义合规风险的基础上，有效识别合规风险，形成合规风险评估与处置机制。

（1）合规风险

合规风险，是指企业或其员工因违规行为遭受法律制裁、监管处罚、重大财产损失或声誉损失以及其他负面影响的可能性。

（2）合规风险识别

企业应当建立必要的制度和流程，识别新的和变更的合规要求。企业可围绕关键岗位或者核心业务流程，通过合规咨询、审核、考核和违规查处等内部途径识别合规风险，也可通过外部法律顾问咨询、持续跟踪监管机构有关信息、参加行业组织研讨等方式获悉外部监管要求的变化，识别合规风险。

企业境外分支机构可通过聘请法律顾问、梳理行业合规案例等方式动态了解掌握业务所涉国家（地区）政治经济和法律环境的变化，及时采取应对措施，有效识别各类合规风险。

（3）合规风险评估

企业可通过分析违规或可能造成违规的原因、来源、发生的可能性、后果的严重性等进行合规风险评估，可根据企业的规模、目标、市场环境及风险状况确定合规风险评估的标准和合规风险管理的优先级。

企业进行合规风险评估后应形成评估报告，供决策层、高级管理层和业务部门等使用。评估报告内容包括风险评估实施概况、合规风险基本评价、原因机制、可能的损失、处置建议、应对措施等。

（4）合规风险处置

企业应建立健全合规风险应对机制，对识别评估的各类合规风险采取恰当的控制和处置措施。发生重大合规风险时，企业合规管理机构和其他相关部门应协同配合，依法及时采取补救措施，最大限度地降低损失。必要时，应及时报告有关监管机构。

6.合规评审与改进、合规文化建设

《指引》第七章和第八章明确了企业应当持续更新合规风险管理措施，改进合规管理体系，并推动企业合规文化建设。

《指引》为企业境外经营合规管理提供的基础性指导，以企业境外经营面临的"合哪些规""怎么合规"等实际问题为导向，指导企业统筹兼顾做好境外经营合规管理各项工作。换言之，在助力企业境外经营合规管理的同时，为企业面对瞬息万变的国际局势提供了合规文化建设的基石。基于此，企业在境外经营过程中，应当从以下方面进行合规管理。

其一，全面识别合规要求。企业应系统全面地识别合规要求，清楚合规要求对企业经营活动、产品和服务的影响，确保经营活动全流程、全方位合规。

其二，制定合规管理制度。企业可从合规行为准则、合规管理办法、合规操作流程三个层次，建立健全合规管理制度，作为合规管理的指引和依据。

其三，防范应对合规风险。企业应通过合规咨询、违规调查等内部途径或外部咨询等方式，有效识别各类合规风险，并依法采取恰当的控制和处置措施。

其四，健全合规管理架构。企业可结合发展需要，明晰内部各层级的合规管理责任，并根据业务性质、地域范围、监管要求等设置相应的合规管理机构。

其五，完善合规运行机制。企业应完善合规培训、汇报、考核、咨询、调查、问责等运行机制，将制度规定贯彻落实于工作实践中。

其六，持续改进合规管理体系。企业应持续跟踪监管政策变化，定期进行合规审计和管理体系评价，根据内外部环境变化动态调整管理制度和运行机制，保障合规管理体系稳健运行。

（二）解读《民营企业境外投资经营行为规范》

国家发展改革委、商务部、中国人民银行、外交部、全国工商联于

2017 年 12 月 6 日联合发布了《民营企业境外投资经营行为规范》（简称《规范》）。根据商务部发布的《国别指南》可以发现，企业的境外投资经营行为会受到政治环境、经济、劳动等多方面因素的影响，境外投资存在诸多风险，针对民营企业在境外投资中出现的违规经营、劳动纠纷、恶性竞争等情况，以及境外投资转移资产的问题，《规范》鼓励民营企业境外投资，对民营企业和国有企业"一视同仁"，推动民营企业境外投资经营行为合规化，以"着力提高企业创新能力、核心竞争力和国际化经营能力"。

《民营企业境外投资经营行为规范》主要从五方面对民营企业境外投资经营活动进行了规范和引导，其内容及意义如下。

1. 完善经营管理体系

民营企业要建立健全境外投资决策、授权管理、财务管理等内部规章制度，通过完善境外投资管理规章制度、开展绩效管理、加强财务监督、加强人才队伍建设等途径实现经营管理体系的完善。

境外投资往往面临多样化的挑战，如文化差异、语言障碍、跨国协调等。建立健全的经营管理体系，包括规范的流程、有效的决策机制和协调沟通机制，可以提高企业的协同作战能力，优化资源配置，增强对境外投资项目的监控和控制能力。境外投资涉及供应链管理、生产流程控制、服务交付等方面。通过建立质量管理体系、标准化操作流程和监控机制，企业能够确保产品和服务的一致性和稳定性，提升客户满意度。

此外，在境外投资经营中，市场需求和竞争环境可能发生变化，需要不断优化和调整经营策略。通过建立学习型组织、设立反馈机制和激励机制，企业可以鼓励员工持续学习、改进和创新，保持竞争优势。

2. 依法合规诚信经营

民营企业在境外投资时履行国内申报程序、依规承诺对外融资、开展公平竞争、履行合同约定、保证项目和产品质量、保护知识产权、消费者权益保护、依法纳税、维护国家利益，以及避免卷入别国内政。

依法合规经营有助于企业建立信任和良好声誉。合规经营表明企业尊重法律和道德规范，关注社会责任，并具备透明、诚信的经营行为。这将赢得当地政府、合作伙伴和消费者的信任和支持，提高企业在当地市场的声誉和竞争力。

依法合规经营可以帮助企业规避经营风险。合规性要求通常包括财务报告透明、税收合规、合同履约等方面的规定。遵守这些规定可以提高企业的经营效率，降低财务和税务风险，保障企业的合同权益，降低经营不确定性和损失。

3. 切实履行社会责任

鼓励民营企业在境外投资过程中加强属地化经营、尊重文化传统、加强社会沟通、热心公益事业、推动技术进步、完善信息披露等，以增进文化交流，树立服务社会的良好企业形象。

境外投资经营往往涉及不同文化、社会和价值观的碰撞。通过积极参与当地公益事业、尊重当地文化和价值观等方式，企业可以树立良好的企业形象，赢得当地社区和消费者的支持和信任。维护良好的声誉有助于企业在境外市场建立长期稳定的合作关系，提高市场竞争力，增强企业的社会影响力。

4. 注重资源环境保护

倡导民营企业保护资源环境、开展环境影响评价，按照境外规定申请环保许可，并对可能存在的环境事故风险制定应急预案，开展清洁生产，重视生态修复，增强资源节约、环境保护意识，遵守东道国环保的相关要求。

作为企业的一种社会责任，保护东道国的环境是企业应尽的义务。企业境外投资经营应该遵守当地的环境法规和标准，确保不对当地环境造成污染和破坏。这有助于企业树立良好的企业形象，增强企业的可持续发展能力，并得到当地政府和社会的支持。并且，保护东道国环境有助于企业与当地政府和社区建立良好的合作关系。通过采取环境友好的经营方式，企业可以获得当地政府的支持和认可，并与当地社区建立良好的沟通和合作关系。这可以为企业在当地市场的发展提供有利条件，创造共赢的局面，同时可以为企业在其他潜在市场上树立良好的口碑。

5.加强境外风险防控

敦促民营企业加强全面风险防控,加强法律风险防控,完善安全保障,针对潜在风险建立健全应急处置机制,做好境外安全事故发生后的处理工作。

加强风险防控可以帮助企业更好地预测、评估和应对这些风险,从而保障投资的安全和回报。通过制定有效的风险管理策略和措施,企业可以降低不确定性,提高投资的成功率,而且可以提高企业的投资决策质量。通过对潜在风险进行综合评估和分析,企业可以更准确地评估投资项目的可行性和潜在风险,避免投资错误和损失。

通过《民营企业境外投资经营行为规范》的实施,民营企业"走出去"将得到进一步规范,降低企业境外投资的潜在风险,实现企业境外投资经营活动的规范化和可持续发展。

(三)解读《中央企业合规管理指引(试行)》

2018年11月2日,国务院国有资产监督管理委员会颁布《中央企业合规管理指引(试行)》(简称《合规管理指引》),针对国有企业的合规建设提出新的刚性要求。其中,合规管理是指,"以有效防控合规风险为目的,以企业和员工经营管理行为为对象,开展包括制度制定、风险识别、合规审查、风险应对、责任追究、考核评价、合规培训等有组织、有计划的管理活动"。中央企业是指,"国务院国有资产监督管理委员会履行出资人职责的国家出资企业"。

1.合规管理职责

《合规管理指引》第二章从董事会、监事会、经理层等组织架构出发,明确各部门的合规管理职责,以及合规管理委员会的合规管理负责人和业务部门的合规人员等各主体的合规管理职责。

2.合规管理重点

《合规管理指引》第三章提出了对重点领域、重点环节、重点人员的合规管理。根据外部环境变化,分析央企经营的合规风险,注重加强市场交易、安全环保、产品质量、劳动用工、财务税收、知识产权、商业伙伴等重点领域的合规管理。并且，着重提出了加强制度制定环节、经营决策环节、生产运营环节等重点环节的合规管理。此外，还包括加强对管理人员、重要风险岗位人员、海外人员等重点人员的合规管理。

基于此，《合规管理指引》特别要求强化海外投资经营行为的合规管理，突出了对海外人员和海外投资行为的监督，进一步为央企"走出去"保驾护航。对于海外投资经营行为的合规管理，其中第 16 条特别规定："强化海外投资经营行为的合规管理：（一）深入研究投资所在国法律法规及相关国际规则，全面掌握禁止性规定，明确海外投资经营行为的红线、底线。（二）健全海外合规经营的制度、体系、流程，重视开展项目的合规论证和尽职调查，依法加强对境外机构的管控，规范经营管理行为。（三）定期排查梳理海外投资经营业务的风险状况，重点关注重大决策、重大合同、大额资金管控和境外子企业公司治理等方面存在的合规风险，妥善处理、及时报告，防止扩大蔓延。"

3. 合规管理运行

《合规管理指引》第四章关注合规风险的识别预警、应对、审查机制、问责以及合规管理评估，形成"从点到面"的合规管理机制，既有针对个别合规风险的识别处理机制，也有对整个合规管理体系运行状况的评价机制。

4. 合规管理保障

《合规管理指引》第五章是为完善合规管理体系提出的评价机制，提出了包括合规考核评价、合规管理信息化建设、合规管理队伍建设、合规培训、合规文化培育、合规报告制度建立等在内的合规管理保障，实现对合规管理体系的全面评价。

《中央企业合规管理指引（试行）》以中央企业为规制对象，通过建立合规管理体系规范经营行为、优化决策流程，提高资源配置效率，降低经营风险，能够及时应对潜在的合规风险。同时，有利于加强内部控制和审计，中央企业能够提高决策的透明度和合法性，减少腐败和不当行为的发生，确保国家资本的安全和有效运营。

2022 年 8 月 23 日国务院国有资产监督管理委员会颁布了《中央企业合规管理办法》，其从第一责任人、首席合规官、合规管理员等人员设置，合规运行机制中的有效性评价，合规建设经费预算，信息系统互通互联的加强等方面进一步完善了《合规管理指引》对中央企业合规管理体系的建设。《中央企业合规管理办法》在生效实施的同时，《合规管理指引》未被废止施行，后者在重点领域仍有继续适用的空间，从而提升合规管理工作的重要性。

综上所述，《企业境外经营合规管理指引》《民营企业境外投资经营行为规范》《中央企业合规管理指引（试行）》分别从不同类型企业的角度提出了对企业境外经营的合规要求，从而为企业开展境外投资构建合规管理体系提供了明确标准，提升企业境外投资的可持续性，降低相应的投资风险。

（四）跨境合规通行证之 ISO 37301 认证

为了帮助企业更好地管理合规事务，国际标准化组织（ISO）于 2021 年 4 月发布了 ISO 37301 认证标准。ISO 37301：2021《合规管理体系　要求及使用指南》，是一项针对企业合规管理体系的认证标准，旨在帮助企业建立和维护有效的合规管理体系，确保企业能够合规经营并降低合规风险。ISO 37301 认证的目的是为企业提供一个国际认可的框架，帮助其在合规管理方面建立信任和声誉，并向内外部利益相关者展示其合规管理体系的有效性。

1. ISO 37301 认证的原则和理念

ISO 37301 认证标准中提出了六大基本原则，即完整性、良好治理、匹配、透明、问责和可持续原则。ISO 37301 认证采用了 PDCA（Plan-Do-Check-Act）理念，这是一种质量管理和持续改进的方法论。PDCA 循环是一种经典的管理方法，用于实现企业的目标，并持续改进管理体系。

（1）Plan（计划）

在 PDCA 循环的第一个阶段，企业需要进行计划，包括制定合规政策、目标和计划，明确合规管理的方向和目标。在这一阶段，企业需要识别和评估与合规管理相关的风险和机会，制定相应的合规管理措施，并规划其实施过程。计划阶段的关键是确保合规管理的目标和措施与企业的业务活动和法律法规要求相一致。

（2）Do（实施）

在 PDCA 循环的第二个阶段，企业需要根据已有的信息，设计具体的方法、方案和计划布局，再根据设计和布局执行合规管理的计划，实施各项合规政策、程序和流程，在企业内部传达合规政策和目标，制定合规管理的操作指南和标准，并进行实际的合规管理操作。

（3）Check（检查）

在 PDCA 循环的第三个阶段，企业需要进行检查和评估，验证合规管理的实施情况和绩效水平，包括监测和测量合规管理的绩效指标，收集和分析合规信息，进行内部审核和管理评审，以评估合规管理的有效性和合规绩效。在这一阶段，企业需要识别合规管理中的问题和不足，并进行及时的纠正。

（4）Act（改进）

在 PDCA 循环的第四个阶段，企业需要采取改进措施，根据检查阶段的结果，纠正合规管理中的问题，并持续改进合规管理体系的效果，包括制定和实施改进计划，改进合规管理中的不足，并推动企业在合规管理方面持续改进。在这一阶段，企业需要循环反馈之前的计划、实施和检查阶段，不断优化合规管理的过程和结果。

2. ISO 37301的认证步骤

ISO 37301 的认证步骤大概涉及以下六个阶段。

（1）准备阶段

企业需了解 ISO 37301 认证的要求和原则，评估企业的合规现状，识别合规风险，并确立 ISO 37301 认证的目标和计划。

（2）策划阶段

企业需制定合规政策、目标和计划，建立合规管理体系的文件和记录，明确合规管理体系的企业结构和职责，制定内部控制措施，进行员工培训等。

（3）实施阶段

企业需在实际运营中执行合规管理体系的政策、目标和计划，监测和管理合规风险，落实内部控制措施，培育合规文化，确保合规要求得到合理满足，并不断改进合规管理体系。

（4）检查和审核阶段

企业需进行内部审核，对合规管理体系进行评估和审核，发现潜在问题并进行纠正和改进。此外，企业还需准备并接受外部认证机构的审核，以验证合规管理体系的符合性。

（5）认证阶段

认证机构将对企业的合规管理体系进行审核，确认其是否符合 ISO 37301 认证要求。如合规管理体系符合认证要求，认证机构将颁发 ISO 37301 认证证书，确认企业已经建立了有效的合规管理体系。

（6）持续改进阶段

获得 ISO 37301 认证并不意味着合规管理工作的结束，企业需要持续改进合规管理体系，不断提升合规管理效果，保持合规认证的有效性。

3. ISO 37301认证机构及业界现状

ISO 37301 认证发布至今，在全球范围内有越来越多的企业通过进行 ISO 37301 认证，来加强企业自身的合规建设，并进一步提高企业在国际上的竞争力。在中国，也有诸多大型企业作为"领军人"，借助 ISO 37301 进行企业内部合规管理体系的完善。

2022 年 1 月，BSI 为美的集团颁发 ISO 37301 合规管理体系认证证书，这是国内首张 ISO 37301 合规管理国际标准证书。

2022 年 3 月，中国质量认证中心为北京百度网讯科技有限公司颁发了国内互联网行业首张 ISO 37301 合规管理体系认证证书。

2022 年 9 月，SGS 为华发集团颁发 ISO 37301 合规管理体系认证证书，华发集团成为在大型综合集团管控治理所涉及的合规管理领域，全国首家通过《企业合规管理办法》和 ISO 37301 合规管理体系标准双标评审的大型综合性国有企业集团。

2022 年 9 月，中标合信（北京）认证有限公司为广东省能源集团有限公司颁发 ISO 37301 合规管理体系认证证书，广东省能源集团成为首家通过 ISO 37301 合规管理体系认证的省属国有企业。

2022 年 10 月，工商银行总行及下属 4 家境外机构获得 BSI 颁发的 ISO 37301 合规管理体系认证证书，这是 BSI 颁发的金融行业中国首例、全球首批的 ISO 37301 合规管理体系认证证书。

2022 年 12 月，中国质量认证中心为中建七局承建的孟加拉国某公路项目颁发了国内建筑行业海外工程建设项目首张 ISO 37301 合规管理体系认证证书。

2023 年 3 月，BSI 为浙江华友钴业股份有限公司颁发 ISO 37301 合规管理体系认证证书，这是 BSI 颁发的锂电材料行业全球首张 ISO 37301 合规管理体系认证证书。

表 1　ISO 37301 认证机构

认证机构	简介
英国标准学会（British Standards Institution，BSI）	BSI 是英国的国家标准机构，在全球 195 个国家/地区开展业务，涉及多个行业领域，包括建筑环境、能源、食品和零售、政府公共管理、医疗、信息和通信技术、制造业、运输等
通用公证行（Societe Generale de Surveillance S. A.，SGS）	SGS 创建于 1878 年，是目前世界上最大、资格最老的民间第三方从事产品质量控制和技术鉴定的跨国公司。在中国，SGS 的业务领域已全面覆盖到工业及建筑业、汽车、矿产、石化、农产及食品、纺织品及服装鞋类、电子电气、轻工家居、玩具及婴幼儿用品、生命科学、化妆品及个人护理产品、医疗器械等多个行业的供应链上下游
中国质量认证中心（China Quality Certification Centre，CQC）	CQC 是由中国政府批准设立、认证机构批准书编号为 001 号的质量服务机构，被多国政府和多个国际权威组织认可。CQC 的产品认证业务主要有国家强制性产品认证、CQC 标志认证、国家推行自愿性产品认证等
方圆标志认证集团（China Quality Mark Certification Group，CQM）	CQM 在原国家技术监督局批准组建的中国方圆标志认证委员会基础上发展演变而来，是集认证、培训、科研、政策研究、标准制定、国际合作于一体的技术服务机构
中标合信（北京）认证有限公司（CSCA）	中标合信（北京）认证有限公司（CSCA）成立于 2010 年，是为政府和企业提供标准化与合格评定服务的综合性技术机构，构建了国内认证、国际认证、节能低碳技术服务、标准化与品牌咨询四大业务板块

4. ISO 37301合规管理体系的搭建

ISO 37301 合规管理体系基本要素为合理的制度和程序、高层参与、风险评估、尽职调查、培训和沟通、监督与审核（合规监控体系）。

（1）合理的制度和程序

合理的制度和程序是 ISO 37301 合规管理体系的基石。在制度和程序的制定过程中，应该充分考虑企业的特点和风险，明确各个流程的责任人员和授权程序，并且要确保制度和程序的合法性、合规性和可行性。此外，还要确保制度和程序的持续性，随时更新和完善。这些制度和程序应当明确规定各类合规要求，包括法律法规、行业标准、公司政策等，并为员工提供明确的操作指引和流程，以确保合规要求得以遵守。

（2）高层参与

高层管理人员的参与是构建有效且成熟的合规管理体系的关键因素之一，他们的职责在于：确立并维护组织的价值观；确保制定和实施政策、流程和程序，以实现合规目标；确保及时了解合规事项，包括不合规的情况，并确保采取适当的行动；确保遵守承诺，不遵守承诺和不遵守承诺的行为得到适当的处理；确保合规责任酌情纳入工作说明；任命或提名一个合规职能部门；确保建立一项提出和处理问题的制度。

（3）风险评估

风险评估是 ISO 37301 合规管理体系的重要组成部分。风险评估包括：组织应在合规风险评估的基础上识别、分析和评价其合规风险；组织应通过将其合规义务与其活动、产品、服务和业务的相关方面联系起来，识别合规风险；组织应评估与外包和第三方流程相关的合规风险；组织应定期评估合规风险，并在情况或组织环境发生重大变化时进行评估；组织应保留有关合规风险评估和应对合规风险的行动的文件资料。

（4）尽职调查

尽职调查是确保企业合规的重要环节。企业合规部门应针对合规风险进行尽职调查，形成合规风险尽职调查报告，确保企业运作符合法律法规等要求，且没有潜在的合规风险。同时，还需要确保尽职调查的程序合规。

（5）培训与沟通

在 ISO 37301 合规管理体系中，应建立完善的培训和沟通机制，企业应从雇用时起，按组织确定的计划时间间隔，定期为相关人员提供培训，培训应当与人员的角色和人员所面临的合规风险相适应，评估有效性，定期审查。

同时，企业应建立有效的合规沟通机制，通过内部通知、会议等方式，将合规信息传递给员工，保证企业高层管理人员与员工之间的稳定沟通，并鼓励员工提出合规问题和建议。

（6）监督与审核（合规监控体系）

监督与审核是确保 ISO 37301 合规管理体系有效运行的关键环节，方式包括内部合规监察、自查自纠等。在监督方面，企业高层管理人员或员工在进行业务活动时，都应在其职责范围内进行可持续的管理与监督，检查每一项业务活动是否存在违规行为。在审核方面，企业的合规部门与审计部门相互独立地对企业活动中的违规行为进行审查，确保企业的合规管理体系在全球各地得到良好的贯彻执行。

通过监督与审核，企业可以及时发现合规问题和潜在风险，并采取相应的纠正和改进措施。监督与审核应当具有独立性、客观性和全面性，确保合规管理体系的有效运行和持续改进。

五 "一带一路"绿地投资

截至 2022 年 12 月，中国已与 150 个国家、32 个国际组织签署了 200 余份共建"一带一路"合作文件。2022 年 1 月至 11 月，中国对共建"一带一路"国家非金融类直接投资为 191.6 亿美元，同比增长 6.5%，占同期总额的 18.7%。[①] 高质量共建"一带一路"，打开了共建国家发展的新引擎，也

---

① 《数说共建"一带一路"2022》，中国一带一路网，2022 年 12 月 31 日，https://www.yidaiyilu.gov.cn/xwzx/gnxw/299772.htm。

构建了中国企业跨境并购的新蓝图。

作为"一带一路"倡议的重要组成部分，中国企业在境外的绿地投资项目日益多样化。绿地投资又称创建投资或新建投资，是指跨国公司等投资主体在东道国境内依照东道国的法律设置的部分或全部资产所有权归外国投资者所有的企业。绿地投资占中国对欧洲投资总额的50%以上，2022年中国对欧洲投资总额为79亿欧元，其中绿地投资总额为45亿欧元，宁德时代、远景动力以及蜂巢能源等中国龙头企业分别在德国、英国、法国及匈牙利等国家投资建厂。2022年绿地投资总额首次超越2008年以来的企业并购总额。

（一）绿地投资与跨境并购的对比

绿地投资和跨境并购是两种不同的投资方式，区别如下。首先，两者的范围不同。绿地投资指企业在国外新建项目或在现有项目上进行扩展，是一种直接投资方式，企业通过在目标国家建设自己的设施和资源来开展业务。而跨境并购是指企业通过购买或合并目标国家的公司或资产来进入国际市场或扩大其在国际市场上的业务。它涉及企业之间的交易和合作，通过收购或合并现有企业来获取市场份额、技术、品牌等资源。

其次，两者的风险和回报不同。绿地投资风险较高，因为企业需要从头开始建设项目，面临较大的市场风险、政策风险、运营风险等，其可能产生的控制权和回报也更多。而跨境并购风险和回报相对较平衡。企业在并购中面临整合风险、文化冲突、法律合规等挑战，但同时能够快速获得目标公司的现有资源、市场份额和客户基础。

再次，两者的建设周期和成本投入不同。绿地投资通常需要较长的时间和较高的成本。企业需要进行市场研究、选址、规划、建设等一系列过程，这需要耗费大量时间和资金。而跨境并购通常能够更快地进入新市场。企业可以通过收购或合并现有企业来获取已有的设施、资源和客户群体，从而节省时间和成本。

此外，两者的经营自主权不同。绿地投资能够使企业对项目和业务具有更大的经营自主权，可以根据自己的战略和需求进行决策和管理。而跨境并购通常需要与目标公司的管理层和股东进行合作和协商。在并购后的初期，投资者依赖被并购方的管理团队开展业务活动。

最后，两者的东道国限制不同。绿地投资需要符合当地的法律和监管规定，包括土地使用权、纳税、开发规划等方面的审查和审批。而跨境并购需要遵守被并购标的所在地的法律和监管规定，并且需要符合并购相关的限制条件。

绿地投资和跨境并购作为企业进入国际市场的投资方式，具有各自的优势和限制。企业在选择投资方式时应根据自身情况、市场条件和战略目标进行综合考虑。

（二）绿地投资合规风险识别

1. 东道国法律风险

不同国家对外国投资有不同的法律和法规，包括外国投资准入条件、投资审批程序、外资股比限制、国有土地使用权等方面的规定。企业需要确保其投资符合目标国家的法律要求，否则可能面临投资准入限制或罚款、诉讼等法律纠纷。

2. 土地权属和使用权风险

在进行绿地投资时，企业需要确保所购买或租赁的土地具有清晰的权属证明，并且拥有合法的使用权。否则，企业可能面临土地纠纷和争议，影响项目的进行和持续经营。

3. 劳动合规风险

在进行绿地投资时，企业需要遵守目标国家的劳动法和雇用法规定，包括与员工签订合法的劳动合同、遵守工时、工资、安全和健康等方面的法律要求。如果企业未能履行雇用法律义务，可能面临劳动纠纷、诉讼和罚款等风险。

4. 知识产权风险

绿地投资涉及技术和知识的转移及使用。企业需要确保其在目标国家的知识产权（如专利、商标、版权等）得到充分保护，以避免侵权和知识产权纠纷。此外，企业在技术转让和合作中也需要注意保护自身的核心技术和商业机密，避免知识产权泄露，以保护自身的技术和创新成果。

5. 反腐败和商业道德风险

部分共建"一带一路"发展中国家存在贪污、行贿和不正当竞争等问题。企业在进行绿地投资时，应遵守反腐败法律和商业道德准则，确保商业行为的诚信和透明性。违反反腐败法律和商业道德准则可能导致企业声誉受损、法律风险增加以及与当地政府和合作伙伴的关系恶化。

6. 税务合规风险

绿地投资涉及税务事项，包括企业所得税、增值税、关税等。企业需要确保在目标国家按照税法规定履行税务申报和缴纳税款的义务，否则可能面临税务罚款等法律纠纷，影响企业的日常经营。

综上所述，绿地投资的合规成本受到企业规模、行业特点和项目复杂性等因素的影响，企业在进行绿地投资时，应进行综合评估，并将合规风险的考量纳入投资决策。

（三）绿地投资合规风险应对

1. 法律尽职调查

通过全面的法律尽职调查评估绿地投资项目的法律风险，从目标国家的投资准入条件、法律法规等方面识别潜在的法律风险，帮助企业在风险评估基础上制定风险管理策略，评估投资决策的可行性。

2. 完善合规管理体系

企业可以通过编制合规手册，明确在绿地投资过程中应遵守的法律法规等的要求，包括风险识别、风险评估、风险控制和风险应对等方面。此外，企业应当开展合规培训，对员工进行法律意识和合规意识的教育，并采取相应的措施以增强法律抗风险能力。

3. 建立合规文化

企业应树立合规意识，将合规当作企业文化的重要组成部分。通过建立合规委员会、内部审计和监督机制等，加强对绿地投资合规的管理和监控。

（四）共建"一带一路"重要国家投资关注要点——沙特阿拉伯

中国作为全球化贸易的关键一环，和沙特阿拉伯之间的友好双边经贸合作也一直稳步前行。2022 年 12 月，习总书记亲赴沙特阿拉伯首都利雅得，签署并出席了《中华人民共和国政府和沙特阿拉伯王国政府关于共建"一带一路"倡议与"2030 愿景"对接实施方案》文本交换仪式，这也使沙特阿拉伯再次成为中国投资者"走出去"的视线焦点。由于沙特阿拉伯相对宽松的政治经济环境，以及其对外来投资者的一系列友好政策，现在，有越来越多的投资者选择将沙特阿拉伯作为投资着陆点。

1. 沙特阿拉伯外商投资准入

沙特阿拉伯于 2020 年通过了《外国投资法》（Foreign Investment Law）修正案。该修正案限制、禁止外国投资的领域范围明显缩小，外商投资门槛显著降低，如教育、通信、陆运和空运、空间运输、管道运输、电力服务等行业允许外国资本进入。沙特阿拉伯以当今世界发展潮流和当地需求为导向，在进一步缩小外商投资限制范围的同时，吸引外国投资者进入以推动当地产业多元化发展。

需要注意的是，外国资本在沙特阿拉伯进行任何投资活动均须由沙特阿拉伯政府发放永久性或者临时性的许可证。沙特阿拉伯投资总局应当在投资者提交文件后 30 日内对投资申请进行审查。若 30 日内未对投资申请采取行动，应当向投资者颁发许可证。外国投资者可以为不同的投资活动获得一个以上的许可证。并且，外国投资许可证须每年进行更新，续期申请须在到期日前 90 日内提交，沙特阿拉伯投资总局对续签期限具有相对自主决定权。如果持续违反《外国投资法》及其条例的相关规定，投资者将被撤销外国投资许可证。总体来看，沙特阿拉伯当局在对外国投资者发放外国投资许可证的行业领域、期限等方面呈现放宽趋势。根据沙特阿拉伯《外国投资法实施细则》的相关规定，发放外国投资许可证须满足下列条件。

（1）报批的投资项目不列在禁止外国投资进入的领域清单之内；

（2）产品规格、生产方式和生产原料应符合沙特阿拉伯标准，在没有此类标准的情况下，应符合欧盟、美国或日本标准；

（3）农业项目的投资规模不少于 2500 万沙特里亚尔（约 677 万美元）；工业项目的投资规模不少于 500 万沙特里亚尔（约 133 万美元）；其他项目的投资规模不少于 200 万沙特里亚尔（约 53 万美元）；

（4）管委会可根据投资项目所在地区、高科技项目或出口型项目的特点，降低对项目投资的最低投资规模要求；

（5）外国投资者不存在因违反本法的核心内容而遭受终审裁定处罚，或因金融或商业违法行为在沙特阿拉伯或其他国家被判刑的情形；

（6）如违反沙特阿拉伯签订的国际性和地区性协议则不予批准。

2. 沙特阿拉伯公司投资形式

2022 年 6 月 28 日，沙特阿拉伯通过了第 678/1443 号决定并颁布《新公司法》（The New Companies Law），在保留绝大部分原有公司形式（普通合伙、有限合伙、股份公司、有限责任公司）的基础上，删除了无限责任公司，并新增了简易股份公司（simplified closed joint stock company）。沙特阿拉伯依托资本市场特色，进一步完善公司法体系，从股份、股东大会、审计等诸多方面进行修改和优化，为外商资本进入沙特阿拉伯资本市场提供平等保护，以吸引外商投资。

3. 沙特阿拉伯优惠政策

（1）经济城

沙特阿拉伯政府目前已建设了 6 座经济城，分别为：拉比格经济城、麦地那经济城、吉赞经济城、哈伊勒经济城、塔布克经济城、阿赫萨经济城。这 6 座经济城有不同的模式、规划和分工，从科技、金融、贸易、能源、运输、旅游 6 个方面吸引外商投资，推动沙特阿拉伯的全面发展。向经济城投资的沙特阿拉伯国内外投资者可以享有以下政策性优惠。

贷款优惠：沙特工业发展基金最多可向投资者提供投资额 50%（不超过 6 亿沙特里亚尔）的 10 年期低息贷款。

土地优惠：土地年租金为 8 哈拉拉/米^2（1 沙特里亚尔为 100 哈拉拉），可分别用于厂房和住宅建设；租赁面积将视投资项目需要而定，并可以根据项目的后期发展情况申请扩大面积。

劳动力优势：可根据投资项目需要引进必要的劳务人员。

税收优惠：投资项目有需求，但沙特阿拉伯当地又无法满足需求的机械设备、原材料的进口免征关税。

（2）专属工业区

沙特阿拉伯目前有两大专属工业区，朱拜勒工业城和延布工业城。这两大工业城是沙特阿拉伯经济发展的支柱和象征，也是沙特阿拉伯非石油出口产品的重要产地。

（3）工业城

根据《对外投资合作国别（地区）指南沙特阿拉伯（2021 年版）》，沙特阿拉伯已建成的工业城有利雅得（1、2、3 期）、吉达（1、2、3、4 期）、达曼（1、2、3 期）、麦加、卡西姆（1、2 期）、阿哈萨（1、2 期）、麦地那、哈尔吉、苏黛里、扎尔夫、舒格拉、达尔马、哈伊勒、塔布克、阿尔阿尔、朱夫、阿希尔、杰赞、纳吉兰、巴哈（1、2 期）、塔伊夫、卡利耶特工业城等，均具有完备的基础设施。前述工业城的投资涵盖了工业、商业、服务业、科技、物流、住宅等领域，对落地在工业城的投资项目，沙特阿拉伯将根据工业城的具体位置提供不同的优惠政策，包括但不限于以下内容。

土地租用：工业用地的年租金为 1 沙特里亚尔/米^2；投资者可通过管委会官方网站提交土地租用申请，获批后于较短时间内即可获得相应的土地使用权。此外，投资者还可以租用已建好的厂房，享受服务用地的优惠价格。

项目融资政策：最高可达项目总额的 75%。

税收减免：可免除原材料进口关税及机械设备进口关税。

基础设施服务：沙特阿拉伯政府将为投资者提供必需的基础设施服务，同时，投资者可享受工业用电的优惠价格。

除了上述优惠政策外，当前沙特阿拉伯为进一步促进当地企业和外商投资企业的发展，也通过对现行其他规定进行修改的方式吸引外国资本进入。例如，沙特阿拉伯税务总局于 2022 年 12 月 2 日对《增值税法实施条例》进行修订，修改了适用零税率的情形，沙特阿拉伯政府也延长了税务特赦政策期限，诸多因素将可能影响企业的税务合规监管。

4. 沙特阿拉伯热门投资行业

（1）房地产与基础设施建设

房地产和基础设施建设是沙特阿拉伯最热门、最重要的行业之一。根据沙特阿拉伯《新闻日报》的报道，沙特阿拉伯于 2016 年提出"2030 愿景"后，针对基础设施和房地产行业持续发力，致力于将国家打造为世界上最大的建筑工地，并将在房地产和基础设施项目上投资 4.13 万亿沙特里亚尔（约合 1.1 万亿美元）。2022 年 12 月 9 日，在沙特阿拉伯举办的"中国—阿拉伯国家峰会"上，中沙两国签署了价值 293 亿美元的合作协议，达成了一系列共同推进沙特阿拉伯"2030 愿景"和中国"一带一路"倡议的计划。这对两国在能源及基础设施建设行业的合作来说是一个良好的开端。

沙特阿拉伯在基础设施建设领域主要采用的运作模式是 PPP（Public-Private Partnership）模式，即政府和社会资本合作，共同参与公共基础设施的建设。根据沙特阿拉伯的《私营机构参与法》（Private Sector Participation Law），PPP 模式应满足以下构成要素。合同期限为 5 年或以上。根据合同安排，私营机构承担包括以下 2 项或 2 项以上的工作：设计、建造、管理、运营、维护或融资（无论这些资产是政府还是私人持有，或两者兼有）。政府和私营机构之间存在定性和定量的风险分配。

PPP 合同的期限应由双方约定，一般情况下原期限、续期期限或延长期限不得超过自 PPP 合同签署之日起 30 年。但根据签订合同的权力机关的建议，核准部门可以批准：PPP 合同原始期限超过 30 年；通过延长期限或续签使总期限超过 30 年。

根据《私营机构参与法》，私营机构在经批准后有权向根据 PPP 合同提供商品和服务的受益人收取费用（合同应有相关条款），为国库征收与 PPP 合同相关的包括税收在内的公共收入（合同应规定将收入转移到国库的相关机制）以及根据合同规定，直接为其利益收取公共收入或部分公共收入。

（2）数字化与人工智能

沙特阿拉伯政府在"2030 愿景"中，将数字化与人工智能产业列为战略重点。为大力发展这一产业，沙特阿拉伯于 2019 年 8 月成立了数据和人工智能管理局（SDAIA），其主要职能是负责国家大数据与人工智能管理，监管国家数据管理办公室（National Data Management Office）、国家信息管理中心（The National Information Center）和国家人工智能管理中心（The National Artificial Intelligence Center），并负责协调和促进相关政策的实施。

在涉及数字化与人工智能领域的对外投资过程中，需要关注沙特阿拉伯对于知识产权的保护性规定，推进技术成果及时转化为专属性权利。沙特阿拉伯知识产权保护的法律法规主要包括《商标法》及实施细则、《著作权法》及实施细则、《海湾阿拉伯国家合作委员会专利条例》及其实施细则、《专利制度、集成电路布图设计、植物品种和工业品外观设计实施条例》和《强制专利许可的执行规则》等。

根据沙特阿拉伯相关法律规定，对于专利侵权的行为，专利委员会可以对侵权人做出不超过 10 万沙特里亚尔的罚款，累犯的处罚数额加倍。如果专利委员会认为侵权行为已经触犯刑法，应将案件转交申诉委员会，以启动刑事诉讼，在此情形下侵权人可能面临监禁。此外，对伪造、模仿注册商标等违法行为，可处 3 年以下监禁和/或 100 万沙特里亚尔以下的罚款。沙特阿拉伯对商标侵权的累犯规定了更加严厉的处罚措施，包括加倍罚款和监禁、暂停营业并公开判决书等。

除知识产权领域外，沙特阿拉伯于 2021 年 9 月颁布了《个人数据保护法》（The Personal Data Protection Law，PDPL）修正案，并于 2022 年 11 月就拟议修正案进行公众咨询，修正案涉及了允许在特定条件下将数据转移到沙特阿拉伯境外等，将进一步推动外商投资数字化与人工智能等产业的数据储存与转移。

（五）共建"一带一路"重要国家投资关注要点——新加坡

新加坡是一个位于亚洲中心的岛国，是世界上发展最快的经济体之一。

新加坡通过健全的金融和经济战略吸引外商投资，并营造了优质的贸易环境，成为全球金融中心。多年来，国内外投资者积极在新加坡开展投资活动，但在不同时期，投资者关注的主要问题不尽相同。近期，在新加坡开展投资活动出现了新的热门关注点。

1. 新加坡外商投资法律监管规定

（1）准入限制及投资监管

新加坡政府通过立法限制和许可制度这两种方式实现对外商投资的监督和控制。新加坡针对外商直接投资的限制措施较少，对大多数产业的外商投资准入、投资比例等未设限，但在某些行业领域存在限制性规定。在投资前，投资者需要在确定拟投资领域及拟投资项目的基本情况下，着重关注可能涉及的限制性规定。

对于有土地使用需求的投资者而言，需要关注新加坡在房地产领域的限制性规定。该类规定适用于某些类型的住宅物业，如空置土地、划为住宅用途的土地、有土地的住宅物业、公共住宅单位等，不适用于私有高层住宅综合体、工业和商业房地产。如果外国投资者意图转让、购买或收购平房、住宅用地、独立式住宅等，必须先获得新加坡土地管理局的批准。

对于投资某些特定行业的投资者而言，新加坡在广播行业、国内媒体、金融服务和银行业以及专业服务行业均设置了限制性规定。以广播行业为例，如果公司由外资控制，或外资持有公司49%以上的股份或投票权，则不会授予广播执照。此外，来自国外的资金用于资助广播公司拥有或经营的任何广播服务，需要事先批准。因此，对于拟投资存在限制性规定的行业的投资者而言，选择合资的方式可以在一定程度上降低准入难度，实现投资计划。

对于拟从事并购交易的投资者而言，需要重点关注以下主要法规。

《公司法》（Companies Act）。《公司法》第215条规定，投资者通过要约收购获得目标公司90%的股份时，需要强制收购持异议股东的股份，而第215A至215J项规定了合并事宜。

《证券与期货法》（Securities and Futures Act）。《证券与期货法》第八部分包含了与收购要约有关的内容。其中，第140条列出了与收购要约有关的违法行为：如果要约人实际上不打算提出收购要约，却发出通知或公开宣布其打算提出收购要约，属于违法行为；如果要约人没有合理的理由相信，在收购要约被接受或批准后其有能力履行义务，那么该要约人发出通知或公开宣布打算提出收购要约属于违法行为。

新加坡金融管理局根据《证券和期货法》第321条发布了《新加坡收购和兼并守则》（Singapore Code on Take-overs and Mergers，简称《收购守则》），其主要目标是在并购交易中公平对待所有股东。《收购守则》的一个基本要求是，被收购的公司的股东必须得到足够的信息、建议和时间来考虑和决定收购要约。虽然《收购守则》不具有法律效力，违反《收购守则》不会引起刑事诉讼，但可能会受到证券业委员会的处罚。

如果交易触及反垄断门槛，需要根据《竞争法》（Competition Act）进行反垄断申报。涉及某些受监管领域的公司的并购，如保险、银行和电信部门，由特定部门的立法进一步监管。

（2）外汇注意事项

新加坡的法定货币为新加坡元。新加坡无外汇管制，资金可自由流入流出，因此企业利润汇出无限制。新加坡还允许居民和非居民在境内外开立本币账户和外币账户，账户资金可自由兑换、划转。

需要注意的是，根据新加坡政府规定，旅客出入境新加坡时，如果携带总值超过2万新加坡元与不记名票据，必须依照法律规定如实申报全部数额。另外，新加坡当局对洗钱和恐怖主义的监管非常严格，受监管的机构的主要义务包括定期进行风险评估、对客户进行尽职调查、保持交易记录、及时报告可疑交易以及采取其他内控措施和程序。

（3）税收优惠

近年来，新加坡的企业所得税税率呈现下降趋势，逐渐成为十分具有吸引力的投资目的地。目前新加坡的企业所得税税率为17%，其中0~10000新加坡元的部分享受75%税收减免，10001-200000新加坡元的部分享受

50%税收减免，超出 200000 新加坡元的部分按照 17%征收企业所得税。

从 2020 纳税年度开始，在新加坡新设的企业可以在前 3 年享受税收优惠。新成立的公司如果符合以下条件，在前 3 个报税年度中，每年的第一笔 10 万新加坡元应税所得将被免除 75%的企业所得税：在新加坡注册成立；是新加坡的税务居民；有不超过 20 个股东，其中至少有一个是持有 10%以上股份的个人股东。100001～200000 新加坡元的部分可享受 50%的税收减免。剩余部分按 17%的税率缴纳企业所得税。

2. 新经济和硬科技出海者关注新加坡网络安全和数据保护规定

近年来，伴随着新经济和硬科技行业的发展，各国陆续出台数据保护及网络安全方面的法律法规。新加坡也不例外。新加坡数据保护基本法制框架立法主要由《个人数据保护法》（The Personal Data Protection Act）及《网络安全法》组成。其中，《个人数据保护法》关注个人数据权利的保护，而《网络安全法》关注机构的公权管理和行政执法。

2011 年，新加坡政府开始草拟 "数据保护法"，遏制过度采集个人数据的行为，保护个人数据不被滥用，并于 2012 年通过了《个人数据保护法》。《个人数据保护法》仅适用于新加坡境内采集或处理个人数据的私人机构，并不适用于公共机构以及代表公共机构收集、使用或披露个人数据的其他组织。此外，外国公司通过网站收集个人数据的行为也适用该法。该法规定了个人数据保护的一般规则，以及个人数据的收集、使用和披露规则，也明确规定了企业内部应有专人负责信息合规业务。此外，该法分别赋予个人两项数据权利，即数据获取权和更正权（the right of access and correction）。

新加坡议会于 2018 年通过了《2018 年网络安全法》（Cybersecurity Act 2018），该法主要涵盖了行政管理、关键信息基础设施、危机处置、网络安全服务许可制四个方面，是一部具有较强参考性和指导性的法律。《2018 年网络安全法》的主要内容见表 2。

表2　《2018年网络安全法》主要内容

	内容
行政管理	该法建立了由网络安全委员（commissioner of cybersecurity）负责，网络安全副委员（deputy commissioner）、网络安全助理委员（assistant commissioner）、网络安全专员（cybersecurity officers）协同配合的行政管理队伍
关键信息基础设施	设置了关键信息基础设施事前（网络安全审查制度、风险评估制度、演习制度）、事中（行政指令、业务守则和行为标准制度）、事后（实质性变更、网络安全威胁或事故报告制度、监管对象的上诉权利）三位一体的监管体系
危机处置	根据网络安全事件或风险的严重程度，赋予了网络安全有关部门不同程度的调查和预防权利。 有权侦查影响关键信息基础设施的网络安全事故。 有权对非关键信息基础设施的网络安全事故展开调查
网络安全服务许可制	建立了许可证专员及助理专员执法队伍，规范了网络安全许可证的授予、续签、撤销、暂停等程序。 规定了持证人满足准入条件、留存记录等义务。 赋予了不服行政决定的申辩和上诉权利

（六）共建"一带一路"重要国家投资关注要点——泰国

泰国作为"亚洲四小虎"之一，近年来的经济一直在稳步发展。国际货币基金组织（IMF）数据显示，2022年泰国人均GDP达到了7449美元，在东盟国家中排名第四。2016年，泰国正式提出"泰国4.0"战略和"东部经济走廊"发展规划，旨在依靠知识、科技和创新，将泰国经济转变为以高附加值为基础的创新和服务驱动型经济。

1.泰国外商投资准入

泰国通过《外商经营法》（Foreign Business Act）的附件清单一、清单二、清单三，对外国资本进入泰国市场分别进行了明确的禁止或限制。其中，清单一为禁止外商投资行业，包含新闻业、电台广播站或广播电视台业务，水稻耕作、种植园或作物种植，牲畜养殖业，林业和天然林的木材加工，渔业（只涉及泰国水域和泰国特定经济区的水生动物集聚），泰国药材的提取，泰国古董或国家有历史价值的物品的贸易和拍卖销售，制作或铸造佛像和僧钵，土地交易。清单二为限制外商投资的行业，主要是与国家安全或安保有关的业务，或对艺术、文化、传统、习俗和民俗手工工艺、自然资源和环境有影响的行业。

根据《外商经营法》第 14 条的规定，外商投资泰国涉及附件清单所列行业以外的行业，最低资本不少于部门规章（Ministerial Regulation）的规定，亦不得少于 200 万泰铢。而外商投资泰国涉及附件清单二、清单三所列的行业，最低资本不得少于 300 万泰铢，并且不得低于企业运营前 3 年年均预计开支的 25%。

在投资比例限制方面，作为法人的外国人投资附件清单二所列行业的，不能持有超过 60% 的股份。如有合理理由，经商务部部长会议批准后，可以提高持股比例，但最高持股比例仍不得超过 75%，且董事人数中不少于 2/5 的名额应为泰国国民。

2. 泰国营商合规

（1）设立主体类型

外国投资者与泰国国民均可以投资设立各种类型的商业实体。根据修订的《泰国民商法典》（The Thailand Civil and Commercial Code）等规定，外国投资者可以通过私人有限公司和大众有限责任公司、普通合伙企业和有限合伙企业等主体类型实现对泰国的股权投资，或者通过成立国际商务中心（International Business Center，IBC）、分支机构、分公司、办事处等形式来满足投资需求。

（2）设立流程

不同类型的商业实体，设立流程具有一定的差异。以外商投资者主要选择的实体类型私人有限公司为例，设立私人有限公司的发起人需要由年满 12 岁，能在登记申请书上签字的自然人担任。

设立私人有限公司，首先需要在线上向泰国商务部商业发展厅提出申请，发起人有责任确保申请设立的公司名称无论是在拼写还是在读音方面均不与已有的名称相同或相似。同时，该名称还应符合公司和合伙登记规则（Rule of Office and Partnership Registration）。如果申请设立的公司名称与已登记的公司名称不具有可识别性，则发起人可能需要对相关利益人承担赔偿责任，并应相应变更该公司的名称。

另外，发起人必须签署由泰国商务部商业发展厅发布的保留名称的通知，表示接受所有条款和条件并将其附在登记申请书之后。经泰国商务部商业发展厅审核后，由发起人于提出公司注册申请时提交。

对于注册资本的缴纳应注意，发起人必须在公司名称预先核准后30天内提交公司章程。公司董事必须在法定会议（Statutory Meeting）后3个月内签署并提交公司登记申请书，否则该会议将被视为无效，并须另行召开法定会议。每位发起人必须保留购买至少一股的权利，每股价值至少为5泰铢（无最低注册资本要求），并且所有股份必须在公司注册前购买。

在缴纳注册资本并完成以上程序后，须向商务部提交公司注册申请。如果公司的外国股东拥有少于50%的注册资本，或有外国授权董事，则需要银行出具证明每个泰国股东财务状况的证据（财务状况应与每个股东拥有的股份数量相一致）。

3. 新能源汽车主要优惠政策

泰国投资促进委员会（BOI）是直属泰国国务院的政府招商引资机构，负责制定投资鼓励优惠政策并为投资者提供协助服务。出海泰国的新能源车企可申请享受 BOI 制定的投资鼓励优惠政策，但需要满足相应的条件。

BOI 根据第 9/2565 号公告中规定的活动的重要性给予奖励，该公告是为了促进对国家发展有重要意义的行业投资，其中，A 组包括应获得企业所得税优惠、机械和原材料进口税优惠以及其他非税优惠的活动，B 组的奖励则包括机械的进口税优惠、用于制造出口产品的原材料或基本材料的进口税优惠以及其他非税收优惠政策。

根据 BOI 公布的奖励措施名录，在泰国生产电动汽车、纯电动汽车、插入式混合动力电动汽车、混合动力电动汽车和纯电动汽车平台，生产纯电动摩托车，生产纯电动三轮车和纯电动三轮车平台，生产纯电动客车或卡车和纯电动客车或卡车平台，生产电动自行车，以及电动汽车充电服务站项目均能享受相应的奖励。

而对于拟在泰国生产电动汽车、纯电动汽车、插入式混合动力电动汽车、混合动力电动汽车和纯电动汽车平台，并获取 BOI 优惠奖励的企业，需要具备以下条件。

提供项目总体综合规划。生产泰国内销的电动汽车须遵循如下标准和规定：UN R100 规定的电力传输系统安全标准；预防式安全标准（主动安全），至少配备防抱死刹车系统及电子稳控系统；汽车正面及侧面防撞击保护标准；汽车尾气排放欧洲第五代以上标准［仅限于混合动力电动汽车（HEV）及插入式混合动力电动汽车（PHEV）］等。纯电动汽车平台须包括储能系统、充电模块及前后桥模块。需立即投产，并且自获得证书之日起3年内，须启动电动车电池模组制造生产程序。电动汽车自生产之日起3年内须增加生产重要部件。对于混合动力电动汽车及插入式混合动力电动汽车，应依照项目要求，在电动汽车项目投产之日起3年内，至少生产两种额外的零部件。不允许延长机械进口期限（除非有充分的理由）。若总体项目的投资规模不低于50亿泰铢（不含土地成本和流动资金），且项目拥有自有供应商，能够生产纯电动汽车和/或纯电动汽车平台及其重要组件等，可享受优惠权益：插入式混合动力电动汽车产品，将享受 A4 组奖励措施；纯电动汽车和纯电动汽车平台产品，也可申请享受额外优惠权益；提高技术和研发能力和/或举办提升竞争力的高技术培训业务，将享受 A2 组奖励措施。根据投资规模，不含土地资金和流动资金的联合项目投资生产资金合计总额不少于50亿泰铢，可享受优惠权益：插入式混合动力电动汽车产品，将享受 A4 组奖励措施；纯电动汽车（BEV）产品和纯电动汽车平台，将享受 A4 组奖励措施。不为发展工业区的项目给予额外的优惠权益。若项目申请者获得投资优惠的行业类别为生产国际标准的节能汽车（Eco-car），则可将项目中所有电动汽车类别的统计数量作为实际生产量。所有用于泰国内销的电动汽车，须符合生产节能汽车行业类别的国际标准，并满足有关环保质量要求。

六　小结

我国企业跨境并购的规模总体呈扩大态势，出现了一些新兴的投向，除了传统行业外，半导体、新能源等行业也是跨境并购的热点领域。我国企业的跨境并购目标也日益多元，不仅包括审查和监管日益严苛的发达国家和地区，沙特阿拉伯、泰国等新兴市场也逐渐成为我国企业跨境并购的热门目的地。我国政府出台了一系列支持和引导企业跨境并购、绿地投资的政策，帮助企业应对各种挑战和潜在风险，在全球化格局中提高自身的国际竞争力。

B.21
区块链产业的并购重组机会
和价值展望

邓 迪 樊义鹏*

摘　要： 随着数字经济和虚拟现实技术的高速发展，元宇宙成为未来数字
经济的一个重要发展趋势，区块链技术作为这个数字世界中的重
要架构，将在这个领域发挥至关重要的作用。本报告对元宇宙和
区块链技术的关系进行了阐述，对区块链产业的并购重组机会和
未来趋势进行了详细的探讨和分析，并对相应的案例进行说明。
总之，通过并购重组，整个行业将迎来更大的机遇，并推动数字
经济发展和革新。

关键词： 区块链 元宇宙 数字经济 并购重组

随着虚拟现实技术、区块链技术的发展和应用，元宇宙逐渐成为近几年
数字领域的新热点。由于元宇宙是由虚拟现实环境、数字身份、数字资产等
构成的，而区块链的去中心化、不可篡改、公开透明等特性可以为元宇宙提
供可靠的交易和治理基础，因此，区块链成为元宇宙不可或缺的重要基础技
术之一，区块链产业与元宇宙领域之间的并购重组也吸引了许多企业和投资
者的关注和参与。

---

* 邓迪，太一集团创始人兼董事长，全联并购公会区块链专委会主任；樊义鹏，太一云技术股
份公司董事、总经理，主要研究方向为新金融科技企业融资并购。

一 区块链与元宇宙的关系

元宇宙是一个数字虚拟世界，通过虚拟现实技术、人工智能、数字资产等技术手段进行模拟和重建。由于这些技术的应用，元宇宙中的虚拟世界变得更加逼真、更加丰富和更加具有生命力，而区块链技术则可以提供更好的支持和保障，这两种技术的相互结合将为未来数字经济带来革命性的变革。从以下几个方面具体阐述区块链和元宇宙之间的关系。

（一）去中心化的数字世界

元宇宙是一个去中心化的虚拟世界，数字资产和区块链技术相结合，可以更好地实现去中心化交易和管理，为元宇宙内的虚拟资产和货币流程提供更好的安全保障。

（二）共识机制支持

在元宇宙中，虚拟现实的应用和交互过程会涉及虚拟货币的交易和管理问题。元宇宙是一个虚拟世界，虚拟货币交易的数量会逐渐增加，在这种情况下，区块链的分布式共识机制可以为元宇宙中的虚拟货币交易提供高效、安全、可靠的支持。

（三）去中介化的交易

由于元宇宙是一个去中心化的交互世界，因此区块链技术可以帮助解决在元宇宙中交易可能面临的中介费、不公开、不透明等问题，通过去中介化，使交易变得更加方便、公开、透明，并降低交易成本。

（四）改进数字身份验证和管理

元宇宙中的沉浸式体验和虚拟角色扮演等方式要求用户具有不同的身份，并需要对这些身份进行可靠的验证和管理。区块链技术可以加强身份验证和增进信任，提供更有力的保障，从而促进元宇宙身份验证和管理的发展。

二 元宇宙为区块链产业并购重组带来机遇和价值

元宇宙是目前数字经济发展的重要趋势之一，对区块链产业具有强大的推动作用。在元宇宙的背景下，区块链产业的并购重组面临前所未有的机遇，具有前所未有的价值，主要包括以下几个方面。

（一）拓展业务和应用场景

元宇宙是一个数字化的虚拟世界，其中包含了各种虚拟资产、社交网络、游戏应用等，涉及的领域非常广泛，从数字物品所有权到虚拟现实技术等，为区块链企业提供了更多拓展业务和应用场景的机会，也为并购重组提供了更多的选择。

（二）构建数字信任基础设施

元宇宙不仅需要优秀的虚拟资产和应用，还需要一个建立在信任基础之上的数字世界，而众所周知，区块链技术具有数据安全、隐私保护、不可篡改性等优势。通过并购重组，在元宇宙中构建信任基础设施，可以帮助加强元宇宙运营，增加用户黏性，增进运营商互信和业务合作等。

（三）优化数字身份验证和管理

在元宇宙中，虚拟角色扮演和虚拟所有权的交换深度依赖数字身份。区块链具有数字身份安全、可追溯性和高度信任的特点，在并购重组中获取与数字身份有关的技术和资源可能会加速元宇宙中的身份组织发展，从而构建更安全、更高效的身份验证和管理体系。

（四）加强智能合约技术研发

元宇宙中的多元化经济模型对智能合约技术提出了新的挑战。区块链企业可以通过并购重组获取更多的智能合约应用场景，进一步探索合约设计、运行机制、代码升级等方面的创新，提升智能合约的可扩展性和可靠性。

三　案例分析和未来趋势展望

随着元宇宙概念的兴起，越来越多的企业开始关注元宇宙与区块链的融合发展，并进入该领域进行投资和并购。

2020年2月，Animoca Brands以600万美元的价格并购了The Sandbox。The Sandbox是一个基于以太坊区块链的去中心化、基于虚拟现实技术的游戏世界和社交平台，Animoca Brands是一家专注于区块链游戏的企业，注重区块链技术和虚拟现实技术的融合。此次并购不仅加速了The Sandbox的发展，也使Animoca Brands获得了The Sandbox在元宇宙领域的核心竞争优势，并将Animal Crossing的游戏模式带到以太坊上，使Animoca Brands可以在区块链领域开展规模更大的业务，扩大了其在元宇宙和区块链游戏市场的份额。

2022年8月4日，太一集团宣布正式完成对火币集团旗下社交产品火信的收购，并于2023年3月正式在香港设立火信全球总部，致力于将火信发展为全球首个专注于Web3.0和元宇宙的社交平台。太一集团是专注于区块链技术研发和元宇宙产业落地的综合性科技集团，目前已经打造了灵境天坛、大唐灵境、灵境重庆等一系列文化和文旅元宇宙IP。火信是火币集团于2018年推出的一款垂直于区块链领域的即时通信社交平台，一上线便吸引了大量区块链用户入驻，月活达到百万，截至2022年7月火信平台累计注册用户超700万人，是目前行业内最知名的即时通信平台。此次收购，一方面推动火信拓展了应用场景，另一方面使太一集团的元宇宙生态更加完整。下一步，太一集团计划为火信引入数字藏品、Web3.0和元宇宙领域的核心企业和战略投资，进一步推动中国元宇宙基础设施的建设。

通过以上案例可以看出，在元宇宙的背景下，区块链与元宇宙行业正在加速融合，通过并购重组等方式拓展元宇宙相关技术和应用，增强自身的市场竞争力。元宇宙和区块链的结合，将推动数字经济的发展，同时促进更多的区块链企业加速进入元宇宙领域。总的来说，元宇宙和区块链的融合将创造出一种全新的数字世界，为用户提供更多的交互方式和商业机会。

　　未来随着这两个行业的不断发展和创新，还可能会出现更多的应用场景和可能性。第一，元宇宙的发展方向可能是更开放和更具创新性，更注重提高用户体验，以及加强虚拟世界与真实世界的连接；区块链的发展方向可能是更多场景的应用，以及提高商业价值和安全性。第二，元宇宙和区块链行业之间的合作也将会越来越紧密，这种合作可以提高数字资产的流通性和交易安全水平，也可以加强数字身份认证和去中心化管理。第三，元宇宙和区块链行业将会在未来继续进行技术创新，其中区块链方面可能会推出更智能的合约和更高效的共识机制，而元宇宙方面则可能会提高虚拟现实技术，提高用户交互体验。第四，元宇宙和区块链行业的发展还需要良好、完善的制度建设，政府需要加强监管，控制风险因素，确保行业的稳定发展，行业内部也需要制定规范和标准，保障用户权益和行业合法经营。

四　小结

　　元宇宙时代的到来使得区块链产业的并购重组具有更为广泛的应用前景和价值。在此背景下，区块链企业可以通过并购重组实现优势互补，并进一步加速行业的整合和发展。同时，元宇宙和区块链的融合将带动数字经济不断发展，为区块链行业带来无限机遇和想象空间。

　　未来，元宇宙的发展前景将会不断拓展，为区块链产业的发展带来新的机遇。耐心挖掘元宇宙应用场景，协同区块链技术，为区块链产业和元宇宙的相互融合打造出更具有创新性和更丰富的数字世界，需要区块链企业投入更多的精力和资本。科技持续进步和不断推陈出新，社会的需求也不断变化和扩展，这些因素将不断推动元宇宙和区块链产业向更广阔的领域和更高的维度进发，元宇宙和区块链产业的未来发展将不断创新。

案 例 篇
Case Studies

B.22
元隆雅图收购谦玛网络

王莎莎[*]

一 交易概述

2018 年 9 月 3 日，元隆雅图（002878.SZ）发布公告称，公司与谦玛网络 11 名股东签署股权转让协议，同意支付 2.09 亿元现金收购谦玛网络 60% 的股权。本次交易的业绩承诺人承诺谦玛网络 2018 年、2019 年、2020 年实现的扣除非经常性损益后归母净利润分别不低于 3200 万元、4000 万元、5000 万元。2018 年 11 月 28 日，元隆雅图发布公告称，已完成对谦玛网络 60% 股权的收购，并于 2018 年 11 月开始对谦玛网络合并报表。

二 并购背景

卖方谦玛网络是国内互联网新媒体广告行业的头部公司之一，主要为企

---

[*] 王莎莎，证券部董事会秘书、副总裁。

351

业客户提供基于创意内容和数据技术的互联网整合营销服务。其整合营销服务内容包括创意策划、内容制作、媒介关系运营、广告投放、数据分析及监测等。服务的客户涉及美妆、快消、金融、IT互联网、母婴、医药大健康、运营商等众多行业，其中核心客户包括欧莱雅、资生堂、娇韵诗、阿里巴巴、惠氏制药、美赞臣等知名企业。

买方元隆雅图是国内礼赠品行业第一家上市公司，也是全国工商联礼品业商会创始会长单位。元隆雅图以创意设计为核心，面向各行各业的国内外知名企业提供包括礼赠品、数字化营销服务在内的整合营销服务，同时为企业和消费者提供赛会特许纪念品、贵金属纪念品、IP文创衍生品等各类创意设计产品。元隆雅图服务的企业客户涉及快消、金融、IT互联网、通信、母婴、医药大健康等众多行业，其中核心客户包括阿里巴巴、腾讯、华为、中信银行、宝洁、美赞臣等知名企业。

从交易双方的业务结构和客户结构来看，元隆雅图和谦玛网络的主营业务同属于营销行业范畴，所覆盖的企业客户所处行业重合度较高，核心客户中也有一些共同的客户。同时，元隆雅图和谦玛网络的主营业务分属营销大类中的不同细分类别，元隆雅图侧重于实物产品的创意设计、生产、销售和渠道运营，谦玛网络侧重于互联网广告的创意策划、内容制作和线上媒介运营。双方在并购整合后可以实现较强的协同效应，打通实物和内容创意能力，共享客户资源，面向客户进行涵盖礼赠品和新媒体广告的整合营销全案服务，形成打通线上线下、"广告创意+产品设计"一体化的整合营销全案能力。

三　交易动因

在新媒体时代，专业的营销服务商不仅需要深刻理解客户，还需要通过数据更加深刻地分析消费者及其关注的社交达人，找到与消费者有效沟通的策略，据此进行创意和内容制作，并且进行相应的资源整合和技术开发，从而为客户提供全流程的整合营销服务。

谦玛网络拥有海量的新媒体资源数据库，数据库内容涵盖微信公众号、微博大 V 号、短视频、社交网站、论坛、移动 App 等各类平台或垂直新媒体，能够对接新媒体领域内领先的头部资源，通过创意策划设计广告内容、优选新媒体平台，帮助客户在新媒体上实现广告内容的有效投放，提升传播量、互动效果乃至引导销售转化。基于新媒体资源和业务经验，谦玛网络自主研发了"沃米优选"精准社交达人资源数据库，整合微信、微博、短视频、电商、明星、直播等各种达人数据，通过建立多个维度的标签系统深度分析和评估 KOL 的营销价值，帮助客户提升新媒体营销的品牌曝光度、互动效果，引导销售转化。

元隆雅图从 2014 年起开始运用 IT 技术手段为客户提供营销服务，数字化促销服务收入规模稳步扩大。随着移动互联网的发展，广告主对互联网新媒体营销服务的需求高速增长，客户更加青睐具备较强新媒体营销服务能力的整合营销供应商。在这种背景下，收购具备较强数据分析能力的新媒体营销服务头部公司谦玛网络，对于元隆雅图的业务发展有重要意义。

四 并购之后

谦玛网络在并购后高速发展，2018 年、2019 年和 2020 年分别实现净利润 3643 万元、4503 万元、6423 万元，完成了各年度的业绩承诺。元隆雅图在收购谦玛网络后业绩也快速增长，2018 年、2019 年和 2020 年分别实现归母净利润 9354 万元、1.15 亿元、1.63 亿元，同比增速分别为 31%、23%、42%。2022 年 6 月 6 日元隆雅图发布公告称，控股股东元隆雅图（北京）投资有限公司完成了对谦玛网络剩余 40%的股权的收购。

并购之后，元隆雅图与谦玛网络在客户资源、IT 技术资源、人力资源等方面实现共享和有机整合。通过收购谦玛网络，元隆雅图增强了互联网新媒体领域的营销服务能力，丰富了供应商资源库，强化了数据分析能力，进一步提升了整合营销服务能力，进而提升了盈利能力和抗风险能力。未来元隆雅图将持续夯实礼赠品和新媒体双主业，强化两大主业间的相互协同，推进产品和服务模式创新及高端化发展，发挥整合营销优势，保持主业稳定快速增长。

B.23
高科集团收购三特索道

王平 魏恒*

一 交易概述

2023 年 2 月 3 日，武汉当代城市建设发展有限公司（以下简称"当代城建发"）与武汉高科国有控股集团有限公司（以下简称"高科集团"）达成合作，并签署《股份转让协议》，高科集团收购当代城建发所持上市公司三特索道 2655.13 万股股份（占公司总股本 14.98%）。同时，当代城建发向高科集团出具了《表决权放弃承诺函》，不可撤销地放弃行使其在股权收购交割完成后公司剩余全部股份，合计 4756.34 万股股份（占公司总股本 26.83%）对应的表决权。本次权益变动完成后，高科集团将成为公司的控股股东，武汉东湖新技术开发区管理委员会将成为公司实际控制人。

二 收购背景

在此交易前，卖方当代城建发及其控股股东持有三特索道 7411.47 万股股份（占公司总股本 41.81%），并持有三特索道的实际控制权。此时，民营企业当代城建发面临资金回笼的需求，在 2022 年 4 月将直接和间接所持有的三特索道总股本的 31.25%股份质押给高科集团。

买方高科集团是武汉市委、市政府批准组建的大型国有资产管理公司，

---

* 王平，湖北楚民投控股有限公司总经理；魏恒，湖北楚民投控股有限公司投资经理。

是集资产营运与管理、高新技术产业投资、产业园区建设等于一体的国有企业集团，致力于打造多层次产业结构、多项目投资开发、多元化开放经营、全方位社会服务的高科技产业、优势产业和新兴产业竞相发展的经营格局。收购三特索道正是高科集团开发旅游行业的关键一步。

三　交易动因

上市公司三特索道自 2012 年以来，连续多年出现亏损或微盈，主要原因为公司旗下盈利项目前期处于建设期和培育期，周期较长，绝大部分在 2020~2022 年进入盈利期，但这 3 年在外部突发因素影响下，旅游行业极度低迷，三特索道股价、市值受到了严重影响，其控股大股东的资金回笼需求也日益增长。随着经济形势的复苏，我国居民消费能力的上升，旅游行业市场将持续扩大，对三特索道也是一个极大的机会。

近些年受外部因素影响，经济下行压力加大，三特索道大股东质押率居高不下，间接导致股价大幅下滑。同时，国有企业面临提升产业协同水平的任务。国资入主上市公司，通过直接控股相关上市公司打造产业布局，可以为民营企业纾困，同时解决上市公司股价低估问题。

四　交易内容

2023 年 6 月 13 日，三特索道发布公告称，已完成控股股东股份协议转让过户登记暨公司控制权变更和部分股份解除质押。当代城建发将所持上市公司三特索道 2655.13 万股股份（占公司总股本 14.98%）流通股以协议转让的方式转让给高科集团，转让价款合计 4.32 亿元，相当于每股 16.28 元。本次股权转让后，当代城建发持有的公司共计 2655 万股股份（占公司总股本 14.97%）解除质押。

《上市公司收购管理办法》中规定，通过协议转让方式，投资者及其一致行动人在一个上市公司中拥有权益的股份拟达到或者超过一个上市公司已发行股份的 5% 时，应当在该事实发生之日起 3 日内编制权益变动报告书，向中国证监会、证券交易所提交书面报告，通知该上市公司，并予公告。在同年 2 月，高科集团就已通过《详式权益变动报告书》完成了信息披露。

同时，当代城建发及其控股股东向高科集团出具了《表决权放弃承诺函》，不可撤销地放弃行使其在股权收购交割完成后公司剩余全部股份，合计 4756.34 万股股份（占公司总股本 26.83%）对应的表决权。

此外，双方在补充协议中约定：当代城建发及其控股股东放弃表决权期限为自本次股份收购交割日起 36 个月，但如表决权放弃期限届满，届时甲方持有目标公司的股份比例未满足，则表决权放弃承诺继续有效，直至高科集团持股比例满足如下要求：高科集团持有目标公司股份比例>当代城建发及其控股股东合计持有目标公司股份比例+5%。

五 收购之后

本次股份过户完成后，高科集团直接持有三特索道 14.98% 的股份。此外，受高科集团 100% 控制的武汉东湖新技术开发区发展总公司持有公司 6.07% 的股份，因此高科集团直接和间接合计持有上市公司 21.05% 的股份。当代城建发及其控股股东的持股比例则由 41.81% 降至 26.83%。同时，当代城建发及其控股股东出具的《表决权放弃承诺函》已生效，三方的表决权比例均变为零。根据《股份转让协议》的相关约定，后续将由高科集团改组三特索道董事会和管理层，武汉东湖新技术开发区管理委员会将成为公司实际控制人，上市公司性质已由民营控股上市公司变为国有控股上市公司。

本次合作，对于民营企业、上市公司、国有企业三方联动有深远的意义。上市公司股东、实控人更换为国资背景的国有企业，股价此前被低估的问题逐渐得到了解决。同时，民营企业实现了资金回笼，国有企业国有资产规模得以扩大，新的业务领域得以扩展，为实现产业协同提供了更有效的支持。

B.24
高瓴投资收购爱梦集团

鲍海峰　周冬梅　周思齐　吴　婷*

一　项目概况

2021年买方高瓴投资（以下统称"买方"）切入家居行业，于8月末完成对爱梦集团的控股收购。本次股权出售方为美元私募股权基金安宏资本。

标的公司爱梦集团是一家领先的品牌睡眠解决方案的服务商，也是中国最大的高端床垫提供商之一，旗下包括舒达、金可儿和卢浮百登三个在中国高端床垫市场占据领先地位的品牌。金可儿和舒达分别于1998年和2000年进入中国市场，发展稳健，持续保持增长态势，2018年，两家品牌合并成为爱梦集团。

普华永道在本次买方对爱梦集团的控股收购中，深入、全面地参与了一系列的交易，为客户提供了专业且全流程的咨询服务，协助买方最终完成此次收购。

二　团队服务

在本次交易中，普华永道提供多轮财务和税务尽职调查服务、交易架构税务咨询、交易文件审阅、交割审阅工作、支付对价调整以及其他协助性的

---

* 鲍海峰，普华永道中国内地及香港地区通信、媒体及科技行业交易服务主管合伙人；周冬梅，普华永道中国中部全球架构及并购交易服务主管合伙人；周思齐，普华永道中国美国税务咨询合伙人；吴婷，普华永道中国企业并购服务合伙人。

一体化交易支持服务，为此次交易成功完成保驾护航。

项目前期在信息受限以及时间紧迫的情况下，普华永道凭借丰富的行业经验和专业技能，迅速有效地识别财务和税务交易风险，并对各项风险进行充分提示。同时，协助买方完善收购协议，为其与卖方的条款谈判提出有价值的意见。

在项目后期阶段，参与买方投资团队与银行和保险公司就项目融资和保险安排的讨论，协助投资团队向银行和保险公司系统介绍了标的公司的主要情况，完成答疑。参与交易多方的各项沟通，包括与卖方财务顾问、律师团队、保险机构以及标的公司管理层和财务团队等各方的合作沟通，协助本次交易的完成。

在交割后，普华永道深入参与买方关于管理层激励计划安排的架构调整及设计的讨论，并从中国及美国税务角度提供了切实可行的税务咨询意见，特别是针对管理层激励计划相关协议条款涉及的潜在美国税务考量。

三　项目亮点

（一）交易战略层面：交易标的规模大、交易复杂，整体过程耗时长

本次交易为控股收购，标的公司规模大，交易复杂且耗时长（从 2021 年 5 月初开始至 2021 年 12 月）。为 2021 年消费行业中最受关注的交易之一。本次交易在多方面对交易并购以及消费行业具有巨大的推动作用，包括对爱梦集团在家居行业未来发展的促进作用等。

（二）交易服务层面：普华永道全程、深度参与交易

本次交易是并购型交易，且时间紧迫，买卖双方都是在投资领域、业界非常有经验的机构，意味着双方对于交易中的各种细节都有非常高的标准和要求。普华永道为买方在本次交易中提供了全流程的咨询服务，在信息受限且时间紧迫的情况下，凭借在并购交易领域的专业能力和丰富经验，在交易

各个阶段，提供有效且有针对性的专业意见，助力客户完成此项交易。

　　本次项目规模大、交易流程复杂、交易进程快速，普华永道在此过程中为客户提供切实有效的交易咨询服务，帮助投资人迅速识别重大的交易风险，提出有效可行的解决方案，成功展示了普华永道在并购服务领域丰富的行业经验以及专业能力。

B.25

ESR 引入战略合作伙伴，共同发展超甲级现代冻仓储存及物流设施

郑焕钊*

一 项目概况

ESR（1821.HK）是由新经济驱动的亚太区最大的不动产管理公司以及全球第三大上市地产投资管理公司。ESR 成功打造全面一体化的开发及投资管理平台，足迹遍布亚太区主要市场，包括中国、日本、韩国、澳大利亚、新加坡、印度、新西兰及东南亚，占亚太区地区生产总值 95% 以上，亦正不断扩大在欧洲及美国的业务覆盖面。截至 2023 年 6 月底，ESR 的总资产管理规模达到 1470 亿美元，ESR 作为亚太区最大的 REITs 发起人及管理人，总资产管理规模达 460 亿美元。

2022 年 8 月，ESR 全资附属公司以逾 52 亿港元成功承投香港葵涌物流地，该土地位于发展现代物流业之黄金地段。地理位置优越，道路网络四通八达，紧邻葵涌九号码头，可轻松往来于香港中心商业区、国际机场及内地边境。所有现代化仓库均汇聚于此。在过去的 20 年中，香港地区几乎没有新增整体冷库供应。ESR 香港葵涌项目地盘面积约 55245 平方米。ESR 打造地上 7 层和地下 2 层的变温冷库及恒温（多用途）现代化物流设施，楼面总面积约 14 万平方米，可服务于包括电子商务、第三方物流、航运公司和消费品牌等在内的多元化行业用户。该项目在规划和设计方面秉承 ESG 理念。精心打造屋顶花园式绿化景观，安装并利用太阳能光伏等可再生能源，

---

* 郑焕钊，普华永道中国香港企业并购服务合伙人。

两层地库为全车位配备电动汽车充电功能，将成为全香港最大的电动汽车充电空间，还设置了整栋循环水系统覆盖、包括景观区的循环灌溉系统。项目整体将达到 BEAM Plus & LEED 金牌认证品质。鉴于土地的高知名度及优越的位置，凭借 ESR 卓越的开发、建设和资产管理经验，该收购项目将为 ESR 带来战略价值，提升其全球主要门户物流市场之战略地位。

二　方案分析

普华永道对物流地产行业有深入的理解，并拥有丰富的收购、合并及联营的交易经验。对于该项目，普华永道主要提供了以下服务：价值分析、交易架构设计以及交易谈判支持。

价值分析：普华永道凭借对物流行业的深刻洞察，深入了解 ESR 于物流行业的专业领导地位，再配合其他专业团队的估算，对项目超过 100 亿港元投资的计划及项目完成后的回报进行价值分析，以发掘项目投资及回报为亮点，为 ESR 定制个性化交易咨询方案，寻找合适的战略合作伙伴。

交易架构设计：普华永道掌握本土税收政策和最新法规，为 ESR 提供本次联营交易投前及投后全面的架构筹划与设计，支持重要的交易决策。

交易谈判支持：鉴于项目的急迫性、保密性及复杂性，普华永道并购交易团队统领多方有效沟通，积极协调有关本交易的运营团队、法律团队及财务团队，为 ESR 提供风险管理及合作谈判支持，加速完成交易。

三　交易内容

（一）洞悉行业发展，建立良好的客户关系

普华永道一直致力与 ESR 建立良好的客户关系，了解管理层对公司长期战略发展的需求。除本项目外，普华永道曾提供交易尽调与税务咨询服务。作为现代物流地产的市场领导者，ESR 非常重视 ESG 发展。普华永道

关注到相关服务需求后，主动接触，为其提供 ESG 咨询服务，协助其建立全面的 ESG 制度，履行对可持续发展的承诺。普华永道秉持严谨、严格、认真的职业态度，长期服务 ESR，为双方建立信任打下了坚实的基础。

（二）关注客户需求，运用全球网络提供全面服务

普华永道自与 ESR 合作起，就长期与 ESR 保持紧密联系，时刻关注其战略动向及需求。在本次项目中，当了解到 ESR 希望引入战略合作伙伴的想法后，普华永道迅速做出反应，凭借对物流业并购机会的洞悉及其在并购、财务、税务等领域的专业能力和丰富经验，深入理解 ESR 对投资超大型项目的计划及投后回报预期。基于 ESR 的葵涌项目亮点，运用普华永道全球网络，主动发掘最佳合作伙伴以配合 ESR 项目，最终为 ESR 锁定多家符合需求的潜在合作伙伴。

（三）运用专业知识，促进合作实现双赢

在进行深度分析后，普华永道确定华懋集团为本项目的最佳合作伙伴。为实现双方共赢，在正式推介项目之前，普华永道交易团队深入发掘项目亮点，并就双方契合度进行了梳理。华懋集团具有成熟的建造经验，集中在住宅、写字楼、购物商场等传统领域，并未涉及现代化的物流地产。ESR 是领先的物流地产运营管理专家，葵涌项目是 ESR 在香港的第一个开发项目，基于对物流行业的独特深度理解和经验，与经验丰富的本地开发商合作，互相交流，优势互补，携手共赢。

各方是第一次合作，且都是在投资领域或业界非常有经验的机构，在沟通合作内容的过程中，对于交易中的各种细节提出高标准和严格要求。同时，本次交易时间紧迫，需 ESR 及华懋集团在指定日期前达成重大合作条款共识。普华永道在时间紧迫的情况下，充分聆听多方的意见，凭借在并购交易领域的专业能力和丰富经验，为 ESR 评估交易风险，提供有效且有针对性的专业意见。在多方团队产生异议时，协助各方明确并统一目标，引领各方团队有效沟通，寻找最优解决方案，协助 ESR 消

除交易障碍。同时，普华永道积极协调有关本交易的运营团队、法律团队及财务团队等，推进项目进展，助力双方顺利完成此项交易，实现双赢格局。

四　项目评述

在 ESR 收到香港政府函件并确认承投该土地后，普华永道洞悉物流业并购机会，了解不同客户对资金及投资物流行业的需求，成功协助 ESR 引入战略合作伙伴华懋集团，并成立合资经营企业以发展该甲级冻仓储存及物流设施。本次中标项目是 ESR 进入香港地区物流市场的首个自建项目，是其发展新经济地产平台过程中的重要里程碑，亦为华懋集团首度开拓物流业务。

普华永道在本次收购过程中，在紧张的时间表下为 ESR 提供了专业的全流程交易咨询服务，从多方面协助推进各方在 28 天内成功完成交易。在交易结束当天，合营公司成功支付香港特区政府约 47 亿港元的余款。

B.26

凯迪生态合并重整

吴立新　胡学成　韩星*

一　案情简介

凯迪生态环境科技股份有限公司（以下简称"凯迪生态"）成立于1993年，其股票于1999年在深圳证券交易所挂牌交易。2015年，凯迪生态通过向阳光凯迪等15家公司或自然人发股及支付现金，购买其持有的生物质发电、水电、风电以及林地资产合计154家公司股权，借此转为以生物质发电为主业。长期以来，凯迪生态疏于法人治理的完善，在后续的经营管理过程中，财务状况严重恶化，经营现金流无法维持正常经营活动，终至爆发债务危机，对各地金融生态环境造成了严重的破坏。

2021年3月10日，中铁信托有限责任公司以凯迪生态不能清偿到期债务为由，向湖北省武汉市中级人民法院（以下简称"武汉中院"）申请对凯迪生态进行破产重整。2021年3月15日，武汉中院做出（2021）鄂01破申14号《民事裁定书》，裁定受理凯迪生态重整，并于同日做出（2021）鄂01破12号《决定书》，指定凯迪生态清算组担任凯迪生态重整管理人。

2021年7月5日，管理人以凯迪生态与20家公司法人人格高度混同，

---

* 吴立新，金融学博士，律师，全联并购公会常务理事，天达共和资深合伙人，主持了具有重大影响的金融业风险处置工作和上市公司、大中型国有企业及其他型企业破产重整案；胡学成，中国华融资产管理公司业务管理部副总经理；韩星，天达共和高级合伙人，湖北省法学会破产法学研究会理事，事务所破产管理人负责人，主持了数十件破产案件的工作。

区分各关联企业成员财产的成本过高，如不实质合并重整将严重损害债权人公平清偿利益为由，向武汉中院申请将凯迪生态与 20 家公司实质合并重整。2021 年 8 月 4 日，武汉中院做出（2021）鄂 01 破申 35 号《民事裁定书》，裁定凯迪生态等 21 家公司实质合并重整，并于同日做出（2021）鄂 01 破 12 号之一《决定书》，指定凯迪生态管理人担任实质合并重整的 21 家公司管理人。

在各地政府的领导与支持下，在武汉中院的监督指导下，在金融债委会的积极作为下，管理人秉承市场化、法治化原则，依据《企业破产法》及相关法律法规的规定，协同审计、评估等中介机构，排除干扰、克服困难、高效有序开展重整程序中的各项工作。在充分考虑债权人、职工、原股东以及重整投资人等各方利益的基础上，制定重整计划，通过债权人分类调整、出资人权益调整等制定专门的债权清偿方案和企业经营方案，以期债权人尽快获得清偿、债务人早日脱困。

二 方案分析

（一）出资人权益调整方案

在重整程序中，为引入新的投资人或补偿债权人的利益，有时需要对出资人的权益进行一定的调整。实务中，出资人权益调整的主要模式有两类。一类是转让自身股权，具体又分为两种方式：一种是原股东将其全部或部分股权转让给投资人，此方式较为普遍；另一种是"债转股"，是指原出资人将全部或部分股权转让给债权人，使债权人成为债务人新的股东。另一类是增加或减少注册资本，常见方式为上市公司重整中的资本公积金转增股本。例如转增的股票不向原股东分配，而分别用于引入财务投资人、产业投资人及清偿债权。

在本案重整计划中，鉴于债务人不能清偿到期债务，且资产不足以清偿全部债务，整体已严重资不抵债，为充分保证全体债权人的合法权益，需要出资人和债权人共同做出努力，共同分担实现凯迪生态等 21 家公司重生的成本，因此要对出资人权益进行调整。其中，为体现大股东对重整程序应承担的责任及应有的支持，出资人权益调整安排第一大股东阳光凯迪无偿让渡其持有的凯迪生态股份，阳光凯迪一致行动人金湖科技无偿让渡其持有的凯迪生态股份。同时，丰都凯迪、永新凯迪、洪雅凯迪、勉县凯迪均为凯迪生态实际控制的公司，将其调整为凯迪生态全资子公司，由凯迪生态直接持有前述 4 家公司 100% 的股权。此种出资人权益调整有利于维护全体债权人的合法权益，实现各方利益最大化。

（二）债权分类及调整、受偿方案

根据《企业破产法》的相关规定，重整方案由投资人与债权人共同协调最后达到共赢结果。债权分类及调整、受偿对于平衡债权人利益是十分重要的。根据《企业破产法》第一百一十三条①规定，在优先清偿破产费用和共益债务后，职工债权、税款债权、普通破产债权按照顺序依次进行清偿，破产财产不足以清偿同一顺序的清偿要求的，按照比例分配。在实践中，主要是对普通破产债权进行分类调整受偿，提高普通破产债权的受偿率，从而推动重整计划草案的通过。

在本案中，基于生物质发电行业在生物质燃料来源及结算等方面存在行业特殊性，为确保债务人实现长期、稳定生产，进而保障重整计划顺利实施，燃料类经营债权按以下方式受偿：对债权金额低于 20 万元（含）的部分，在重整计划执行期内随时清偿。对债权金额高于 20 万元的部分，以每年形成的经营净现金流的 30% 清偿。对于其他普通破产债权，债权人可以选择以股抵债、现金打折、现金结合以股抵债清偿三种方式中的一种方式

---

① 破产财产在优先清偿破产费用和共益债务后，依照下列顺序清偿：（一）破产人所欠职工的工资和医疗、伤残补助、抚恤费用，所欠的应当划入职工个人账户的基本养老保险、基本医疗保险费用，以及法律、行政法规规定应当支付给职工的补偿金。（二）破产人欠缴的除前项规定以外的社会保险费用和破产人所欠税款。（三）普通破产债权。破产财产不足以清偿同一顺序的清偿要求的，按照比例分配。破产企业的董事、监事和高级管理人员的工资按照该企业职工的平均工资计算。

受偿。

本案中通过对普通破产债权的再分类，灵活提出受偿方案，最大限度地保护了各方债权人的利益诉求，同时最大限度地减少了对企业继续经营的影响，推进重整顺利进行，让企业获得新生。

（三）经营方案

关于破产重整的意义，一方面在于为企业清偿债务，避免破产清算，保护债权人利益；另一方面在于为企业调整经营方案，制定长期可行的扭转亏损、恢复清偿能力的经营方案，帮助企业真正获得重生。本案中，一是选择以股抵债的债权人可以以其持有的抵债股票或对应债权作为出资共同组建有限合伙企业，如果新成立的有限合伙企业成为债务人未来的主要股东，便可以依法完善与优化公司治理结构。二是在法院裁定批准重整计划之日起12个月内，管理人将公开招募重整投资人，同时积极推进凯迪生态转板和其他的证券化方式，为全体股东的退出提供更为顺畅的通道。若在前述期限内未能引入重整投资人，则所预留的全部股票将通过依法注销等方式处理。三是设立信托计划处置资产。为实现债务人资产变现价值最大化及满足转板要求，在重整计划执行阶段，由管理人牵头为适格债权人设立专项信托计划，以有序完成对非主营业务资产的处置变现工作。四是专注生物质发电业务，努力提升公司经营能力。通过优化体系、严格执行成本控制制度推动主业复工复产。

三　金融债委会制度简介与效能分析

（一）金融债委会制度简介

1. 历史沿革与发展

金融债委会系为提高金融服务实体经济质效、完善市场主体退出制度、维护金融机构债权人合法权益而成立的协商性、自律性、临时性组织。针对债务规模较大、存在困难的非金融债务企业，3家以上持有债权（含贷款、债券等）、管理的资产管理产品持有债权、依法作为债券受托管理人的银行保险机构和证券期货基金经营机构等（以下统称"金融机构"）可以发起成立金融债委会。①

2016年7月6日，中国银行业监督管理委员会办公厅发布《中国银监会办公厅关于做好银行业金融机构债权人委员会有关工作的通知》（银监办便函〔2016〕1196号），首次以规范性文件的形式对金融债委会做出规定，但该文件仅就银行业金融机构成立债权人委员会提出指导性意见。2017年5月10日，中国银行业监督管理委员会办公厅发布《中国银监会办公厅关于进一步做好银行业金融机构债权人委员会有关工作的通知》（银监办便函〔2017〕802号），进一步强调银行业金融债委会的工作重点及制度建设。

近年来，金融债委会在推动金融机构精准发力、帮扶遭遇债务危机的困境企业方面发挥了重要作用。另因受疫情和经济周期影响，当前大型企业债务重组和破产重整的情况时有发生，金融债委会在此过程中的角色及作用日益突出。2020年12月28日，中国银行保险监督管理委员会、国家发展和改革委员会、中国人民银行及中国证券监督管理委员会四部门联合发布《关于印发金融机构债权人委员会工作规程的通知》（以下简称《工作规程》），对金融债委会的成员覆盖范围、职责定位、债委会层级、联合授信制度、运作机制及与破产程序的衔接等制度进行了细化和优化，为金融机构在将来的债务重组中精准发力、分类施策提供了制度保障。相较于2016年1196号文所规定的银行业金融债委会制度，《工作规程》扩大了金融债委会的成员覆盖范围，将持有债权（含贷款、债券等）、管理的资产管理产品持有债权、依法作为债券受托管理人的银行保险机构和证券期货基金经营机构等纳入在内，做到了覆盖范围更广，更有利于金融机构债委会在债务重组中形成合力。

2. 金融债委会的职能

金融债委会制度的设立宗旨是提高金融服务实体经济质效，完善市场主

---

① 《金融机构债权人委员会工作规程》第二条。

体退出制度，维护金融机构债权人合法权益。为实现上述宗旨，《工作规程》明确了金融债委会的职能。

首先，在组建金融债委会方面，金融机构发现债务企业存在严重影响按约偿还债务情形的，应当积极推动组建及参加债委会，集体研究增加融资、稳定融资、减少融资、重组等措施。在实践中，为避免在企业债务危机爆发后个别金融机构单独追偿债权引发连锁反应，为企业债务危机的化解争取时间和空间，金融债委会成员通常通过签署债权人协议确定"一致行动原则"，确保债权金融机构形成合力，稳妥化解风险。

其次，在化解金融债务危机方面，金融债委会有权采取协议重组、协议破产重整的方式，对债务企业实施金融债务重组，具体包括与债务企业开展协商谈判，研究包括现金受偿比例、调整贷款利息、展期续贷、变更担保、市场化债转股、引入合格战略投资者等在内的金融债务重组方案。对于发展前景较好、风险可控且提出的新资金需求有充分理由的债务企业，为支持其正常运营活动，金融债委会可以通过联合授信、组建银团贷款或封闭式融资等方式给予支持。

最后，在金融监管及打击逃废债方面，金融债委会可以请求银保监会及其派出机构、中国人民银行及其分支机构、证监会及其派出机构等金融管理部门和发展改革部门予以协调，请求银行业协会、保险行业协会、证券业协会、证券投资基金业协会、期货业协会、银行间交易商协会等自律组织给予积极支持和配合。对于逃废金融债务企业，金融管理部门、自律组织依法对其采取警示措施，要求其限期纠正，及时将有关信息通报会员单位，并通过适当形式与国家有关信用信息平台实现信息共享，金融机构可采取不予新增融资、视情况压缩存量融资等措施实施惩戒，对逃废金融债务企业依法依规进行失信惩戒。

（二）本案中金融债委会的效能分析

1. 推动重整计划草案的通过与实施

在凯迪生态案件中，凯迪集团的金融债权人于 2018 年 6 月成立金融债委会，其债权人协议约定一致行动原则，具体为：本协议生效后，各债权人应保持一致行动，协议任何一方不得单方面或联合其他方以及本协议以外的其他方与债务人，就其债权有关事宜达成除本协议以外的不利于资产和债务处置的任何协议。除经金融债委会同意外不得单独或联合其他方以及本协议以外的其他方对债务人提起诉讼或申请保全、执行等法律措施、处置债务人资产（包括但不限于变卖、拍卖、扣划以及向人民法院提出对债务人进行破产重整或破产清算的申请等）。基于一致行动原则，金融债权机构形成了一个"联合体"，确保债务企业在债务重组至破产重整阶段，整体债务风险处于可控范围。

在进入破产重整程序后，管理人长期未能招募到战略投资人或财务投资人，企业无新的偿债资源。在此情形下，金融债委会积极与主要债权人协商商定，在债权清偿方面，债权人有权选择以股抵债、留债或两方式组合清偿；在出资人权益调整方面，通过资本公积金转增股本及调整出资人权益方式，获得偿债资源及为战略投资者预留股份，最终达成自救式重整方案。在金融债委会的积极推进下，武汉中院最终裁定确认了上述重整草案。

2. 确保重整主体决策及治理机构正常运行

凯迪生态破产重整经营方案中，凯迪生态未来主要股东是以股抵债债权人组建的有限合伙企业，而该有限合伙企业主要由金融债委会成员组成。该方案避免了企业无实际控制人的弊端，确保在凯迪生态破产重整计划执行过程中，决策机制能够正常运行，进而保障重整计划顺利实施。

3. 搭建各债权人及政府间的沟通桥梁

凯迪生态金融债委会自成立以来一直与其他主要债权人、地方政府、法院以及破产管理人保持着良好沟通，就重大事务提出意见及建议，确保债务重组、破产重整事务有序推进。在金融机构债权人内部，金融债委会成员通过签署债权人协议形成自律性约束机制，采取一致行动，避免单个金融机构采取追偿措施引发连锁反应，最终导致企业丧失重整价值及重整成功的可能性，对于挽救困境企业发挥了重大作用。

四　结语

　　凯迪生态作为国内生物质发电行业电厂数量最多的企业，在原料采购方面涉及众多农户，因非正常拖欠燃料采购款，在各地引发了不同程度的社会矛盾，对各地政府造成了巨大的维稳压力。为化解由凯迪生态债务危机所引发的系统性风险，武汉市人民政府成立专项工作小组；同时，在中国银监会湖北监管局、湖北省人民政府金融管理领导小组办公室等部门的协调下，主要金融机构债权人依法成立金融债委会，制定债务风险应急预案，稳定预期、稳定支持、一致行动，共同推进凯迪生态债务危机化解工作。在此过程中，金融债委会成员作为凯迪生态主要债权人，能够对凯迪生态未来的发展走向产生重大影响。若金融机构债权人各自为营，为尽早获得清偿而争相采取追偿手段瓜分凯迪生态现存资产，凯迪生态可能会因资金链彻底断裂、不具备继续经营的条件而无法进入破产重整程序，进而彻底丧失重生机会，其他债权人及广大农户的利益将无法得到保障。若没有金融债委会在凯迪生态破产重整中发挥协调作用，政府及法院作为公权力机关，就无法强力介入企业的生产经营及干涉债权人的行权主张，危机企业自身在丧失商业信誉及资金保障的情形下亦无法进行自救，极有可能走向破产清算而归于消亡，广大债权人的利益无法得到保障。

　　由此可见，金融债委会作为债权人以及其他债权人与政府、法院之间的沟通桥梁，积极响应政府专班的倡导及指示，尽最大可能承担金融机构的社会责任，努力推动凯迪生态进入破产重整程序并进行关联企业实质合并破产，后续继续推进重整计划草案的制定、通过与实行，避免企业陷入治理僵局或走向"砸锅卖铁"式的破产清算；秉持可持续发展原则，努力帮助企业恢复经营以期形成新的偿债资源，使全体债权人的利益能够获得最大程度的保障。金融债委会制度与运行为困境企业的重生提供了新的启示与路径。

B.27
以整体收购模式实现"存续式"重整：
智广芯控股收购紫光集团

吴黛*

一 交易概述

近年来，紫光集团因不断并购、不断扩张其在集成电路产业链的业务版图，财务出现了资不抵债的危机。为解决危机，2021年7月16日，北京第一中级人民法院（简称"北京一中院"）裁定紫光集团进入司法重整，公开发布招募战略投资者公告，共7家意向投资人（及联合体）报名并提交有报价约束力的投资方案。经过数月的方案比选，战略投资人采用"存续式"重整模式，紫光集团多年积累的产业布局和核心技术得以完整保留。

2022年7月11日，紫光集团及下属公司发布公告称，紫光集团根据相关法律法规及《重整计划》的约定，完成了公司股权及新任董事、监事、总经理的工商变更登记手续。原股东清华控股有限公司及北京健坤投资集团有限公司全部退出，战略投资人智路建广联合体设立的控股平台北京智广芯控股有限公司承接紫光集团100%的股权，紫光集团股权顺利完成交割，这标志着司法重整执行阶段的工作全面进入收官环节，紫光集团进入全新的发展阶段。紫光集团告知债权人于2022年7月12日一次性足额支付剩余的现金清偿款项，2022年7月13日前相应资金陆续到达债权人账户。

---

* 吴黛，金融学硕士，求思咨询高级行业顾问，主要从事ICT咨询、企业募投研究咨询工作，主要研究方向为金融风险、并购风险等。

二　并购背景

紫光集团是清华大学旗下的高科技企业，成立于 1988 年，现已形成以集成电路为主导，从芯片到云服务的高科技产业生态链，旗下业务主要包括芯片研发设计、芯片制造、芯片封测、服务器、存储、交换机、基础平台与网络平台、终端应用等完整的产业链。

自 2013 年开始，紫光集团开始在集成电路产业链进行大规模的布局。自 2013 年起，紫光集团先后收购展讯通信、锐迪科微电子、新华三，并计划收购法国智能芯片元件制造商 Linxens 等。紫光集团将展讯通信、锐迪科微电子打包合并成立紫光展锐，使其一跃成为全球排在高通和联发科之后的第三大手机芯片公司。紫光集团还曾计划收购镁光、西部数据、SK 海力士及间接收购闪迪。2016 年 7 月，紫光集团还与国家集成电路产业投资基金、湖北集成电路产业投资基金、湖北省科技投资集团共同出资组建"长江存储"，负责实施国家存储器基地项目，其中，紫光集团占股 51.04%。

与此同时，紫光集团斥巨资在国内建厂。紫光集团在武汉的存储项目总投资 240 亿美元，在成都的存储项目总投资达 240 亿美元，在南京的集成电路基地（一期）项目投资 105 亿美元，整个项目总投资预期高达 300 亿美元，广州芯片制造基地的计划投资高达 1000 亿元。

这一系列的大并购、大举措使得紫光集团迅速完成在集成电路产业链的大布局，可是频繁的收购扩张、短贷长投也使得紫光集团爆发了严重的债务危机。截至 2020 年 6 月 30 日，紫光集团的总资产为 2966 亿元，总负债规模则达到了 2029 亿元，资产负债率达到 68.4%。连续数个到期债务实质违约，短债长投的恶果凸显。2021 年 7 月，紫光集团被北京一中院裁定破产重整。

三　交易动因

2021 年 7 月 16 日，北京一中院根据债权人申请，依法裁定紫光集团进入司法重整。2021 年 12 月 13 日，紫光集团破产管理人与智路建广正式签署投资协议，并公布了重整方案。2022 年 1 月 14 日，北京一中院裁定批准重整计划并终止重整程序，执行阶段开始。根据重整计划，重整执行的期限为 6 个月，为 2022 年 1 月 14 日至 7 月 14 日。

股权结构变更前，紫光集团实控人为中华人民共和国教育部，变更后，股权由 10 家公司按照认缴出资分配。股权结构显示，承接股权的智广芯最大股东为建广广铭，持股 20.22%，河北联合电子持股 9.11%，重庆两江建广持股 7.10%。其余股东包括珠海智广华、智投汇亦以及智广昌等（见图1）。智路建广联合体是包括国有资本在内的市场化、多元化持股平台。国有出资人涵盖了广东国资、湖北国资、河北国资等多家主体。这种分散化股权结构可以避免一家股东独大，也有利于紫光集团未来发展吸纳更多元的力量和资源，时刻保持创新和稳健发展。国有资本成为新紫光集团的主要出资主体和受益主体。

四　交易内容

2022 年 7 月 11 日，紫光集团及下属公司发布公告，根据《重整投资协议》的约定，智广芯作为本次重整战略投资者搭建的投资平台，将出资 549 亿元受让紫光集团 100% 的股权并取得紫光股份控制权。

由智路资本和建广资产作为牵头方组成的联合体拟参与紫光集团本次重整投资，智路资本和建广资产现作为联合体的牵头方以及未来搭建的投资平台的普通合伙人、智广芯作为乙方指定的为实施本次投资搭建的投资平台，代表战投联合体与紫光集团管理人签署协议。战投联合体拟通过其搭建的战投投资平台现金出资 549 亿元整体承接重整后的紫光集团 100% 的股权，战投联合体支付的现金对价将用于向重整企业债权人进行现金清偿及支付各项重整费用，重整企业剩余债务通过重整企业自有资金、股票抵债以及留债方式进行清偿。

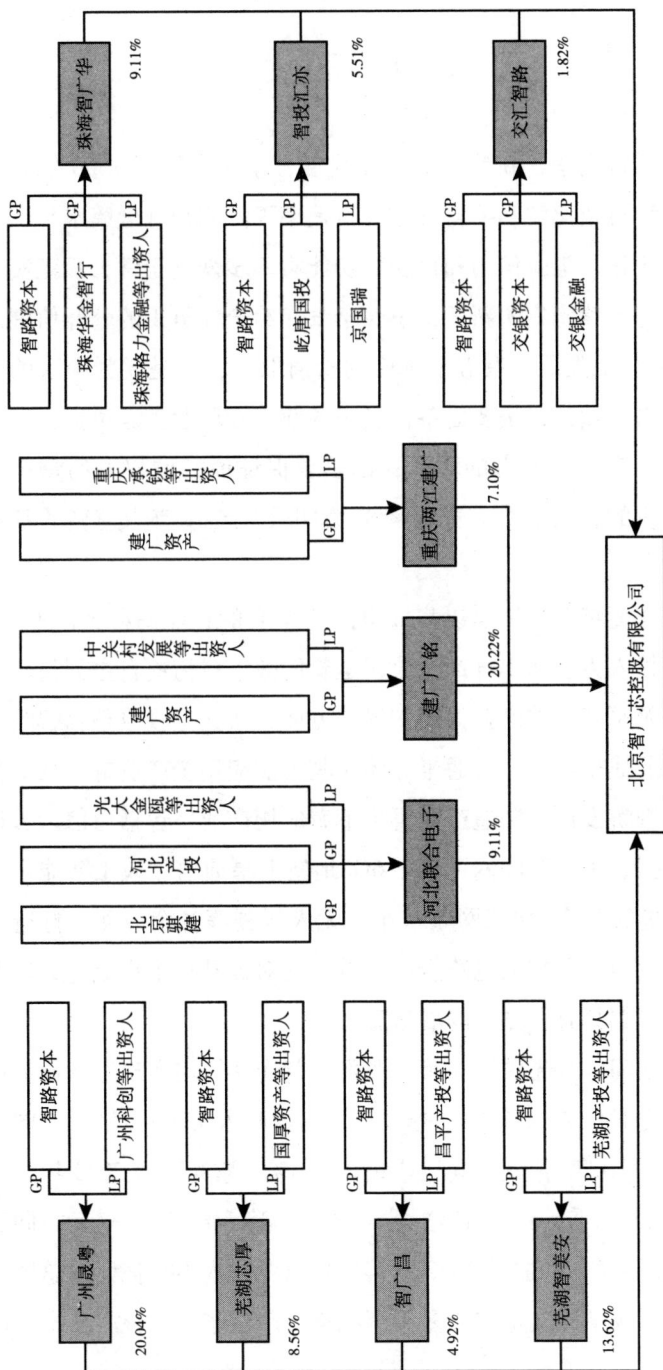

图 1　智广芯拟搭建的控制关系结构

资料来源：紫光股份公告《详式权益变动报告书》。

五　并购之后

　　紫光集团重整执行完毕，新紫光交接完成后，紫光集团近 1500 亿元巨额债务均得到了平稳有效化解和妥善安排，负债率下降到合理健康水平，资产结构也得到全面优化，集团信用和再融资功能将逐步恢复正常，真正实现全面纾困，轻装上阵。紫光集团新任董事长李滨在给全体员工的公开信中表示，"紫光集团下一步的发展，有五个维度的价值取向，一是要为国家的新兴科技产业发展做出贡献；二是要为各位员工的前途和职业生涯负责；三是要保护现有投资人、广大投资者的利益；四是要保证原有债权人的资产安全；五是要承担相应的社会责任。这是紫光集团今后工作应当遵循的基本原则"。

　　新紫光集团一方面将继续聚焦以集成电路为核心的智能高科技产业链，加大核心科技研发投入力度和提升产业公司运管能效，成为更自主创新、更国际化的数字经济领军高科技产业集团；另一方面也将充分吸收整合智路建广联合体带来的产业战略资源，打通半导体及其智能应用全产业链，从上游材料与设备产业到中游设计与制造产业再到下游应用产业，包括通信、云计算、物联网、大数据、工业互联网、5G、6G/地轨卫星通信、人工智能、机器人、无人机、新能源汽车/智能网联汽车、无人驾驶等各个方面，打造最为完整的半导体产业布局和集成电路全产业链，这对提升整个集成电路产业链乃至产业全面升级都具有全方位的战略意义。

　　紫光集团重整期间，紫光国微、紫光股份、紫光展锐均实现经营业绩逆势增长。其中，紫光股份 2023 年第一季度实现营业收入 153.42 亿元，同比增长 13.58%，净利润 3.72 亿元，同比增长 35.26%。紫光国微 2023 年第一季度实现营业收入 13.41 亿元，同比增长 40.83%，净利润 5.31 亿元，同比增长 63.91%。紫光展锐主动披露 2022 财年实现营业收入 140 亿元。总体看来，紫光集团顺利完成了此次重整，多年所积累的产业布局和核心技术得以完整保留。

六　案例评价

并购重整是企业解决自身债务问题的一种方式，并购重整指的是企业基于自身的经营战略考虑对股权、资产、负债进行的收购、出售、分立、合并、置换等活动，表现为资产与债务重组、收购与兼并、破产与清算、股权或产权转让、资产或债权出售、企业改制与股份制改造、管理层及员工持股或股权激励、债转股与股转债、资本结构与治理结构调整等。《企业破产法》规定了企业破产的三种基本程序，即清算、重整与和解。就目的与价值取向而言，破产清算程序侧重于保障债权人权益，破产重整程序侧重于挽救债务人以保障其继续营业的可能，破产和解程序侧重于维护债权人与债务人之间的意思自治。

紫光集团希望通过执行并购重整程序以完整保留自身的产业布局和核心技术。紫光集团是我国 TMT 领域有较大影响力的千亿级高科技企业，是"芯云"科技产业的龙头企业。尽管资不抵债，但仍具重整价值，本次司法重整有效整合了投资人、债权人和债务人之间的要素资源。通过此次司法重整，紫光集团实现了纾难解困与赋能重生的双重效能，得以涅槃。

B.28

大型水电资产的估值：长江电力注入
乌东德水电站和白鹤滩水电站

吴 黛[*]

一 交易概述

"十四五"期间，中国长江电力股份有限公司（简称"长江电力"）密切围绕国家战略，不断注入水电资产，实现了装机规模的快速扩大。2022年6月30日晚间，长江电力发布公告，确定了收购三峡金沙江云川水电开发有限公司（简称"云川公司"），云川公司是乌东德和白鹤滩两座水电站的运营主体，对价804.84亿元，交易规模列A股历史第三。10月29日，长江电力注入乌东德和白鹤滩两座世界级水电站的方案正式敲定。该并购项目是"西电东送"的重大工程，重组完成后，长江电力装机容量将提升57.5%至7179.5万千瓦，进一步实现装机规模的跃迁。

二 并购背景

中国长江电力股份有限公司是由中国长江三峡集团有限公司作为主发起人设立的股份有限公司，创立于2002年9月，2003年11月在上交所主板IPO上市。2020年9月，长江电力发行的"沪伦通"全球存托凭证在英国

---

* 吴黛，金融学硕士，求思咨询高级行业顾问，主要从事ICT咨询、企业募投研究咨询工作，主要研究方向为金融风险、并购风险等。

伦敦证券交易所上市交易。长江电力主要从事水力发电、投融资、抽水蓄能、智慧综合能源、新能源和配售电等业务，经营区域覆盖中国、秘鲁、巴西、巴基斯坦等多个国家，是中国最大的电力上市公司和全球最大的水电上市公司。

电力行业是国民经济发展的重要先行行业，是经济快速发展的先导行业。我国将构建新型能源体系上升为国家战略，支持绿色能源发电的政策密集发布，从《"十四五"能源领域科技创新规划》到《"十四五"现代能源体系规划》，再到《"十四五"可再生能源发展规划》等，均明确提出建设新型能源体系的分阶段发展目标。

此次并购正是长江水电积极践行构建新型能源体系的国家战略的重要举措。本次并购的标的是云川公司，云川公司是乌东德水电站和白鹤滩水电站的运营主体，其中乌东德水电站为世界第七大、中国第四大水电站；白鹤滩水电站为仅次于三峡工程的世界第二大水电站。乌东德水电站和白鹤滩水电站装机容量分别为1020万千瓦和1600万千瓦，本次交易完成后，长江电力控股总装机容量增加至7179.5万千瓦，增长57.5%，运行管理世界十二大水电站中的5座。

三　交易动因

本次重组将使长江电力装机规模实现进一步的跃迁，综合盈利能力实现进一步提升。此次重组后，长江电力拥有葛洲坝、三峡、向家坝、溪洛渡、白鹤滩和乌东德等长江干流6座水电站的全部发电资产，在梯级调度方面可由"四库联调"变为"六库联调"。根据披露的数据，白鹤滩和乌东德年平均发电量分别为611亿千瓦时和389亿千瓦时。根据德邦证券的估算，白鹤滩和乌东德电站整体年利润量为97.51亿元，EPS整体增厚达21.41%。

四 交易内容

2022 年 6 月 30 日，长江电力发布公告，确定了收购三峡金沙江云川水电开发有限公司，对价 804.84 亿元。2023 年 1 月 10 日，长江电力以发行股份及支付现金的方式购买云川公司，云川公司正式成为长江电力全资子公司。

云川公司是三峡集团旗下的水电开发公司之一，其股权由 4 个股东持有，三峡集团、三峡投资、云能投、川能投分占 40%、30%、15% 和 15%。在基准日 2022 年 1 月 31 日，云川公司股权的评估值为 804.84 亿元。评估结论采用资产基础法作为结果，根据披露资产基础法主要依据水电站枢纽工程量、移民补偿工作量及各自价格标准等资料。

根据披露的公报，长江电力拟向不超过 35 名特定投资者以非公开发行股份方式募集配套资金，募集资金总额不超过 160.97 亿元。现在确定的 3 个投资者是云川公司的 3 个股东，长江电力将向三峡集团、云能投、川能投分别发行 4.61 亿股、2.30 亿股、2.30 亿股用以支付重组的部分对价，发行价确定为 18.27 元/股。

五 并购之后

"乌白"电站注入成功后，长江电力再添发展新动力。并购"乌白"两座世界级水电站后，长江电力实现了"六库联调"，这有利于长江电力做大做强水电业务，突出水电主业，巩固世界水电巨擘的市场地位。同时，借此契机，长江电力还将推动智能水电站、智慧梯调建设，研究建立数字流域和数字水电，深入掌握流域梯级巨型水电站群在多条件下安全稳定运行规律，不断优化精益运行策略，提高水电站诊断运行、流域检修等核心能力和智能化管控水平，加强风险管控和应急能力建设，确保梯级水电站群安全、可控、在控，实现高效优质的安全稳定运行。目前长江电力运营管理的乌东德、白鹤滩、溪洛渡、向家坝、三峡、葛洲坝 6 座梯级电站，构成了世界最大清洁能源走廊，有效保障了长江流域防洪、航运、补水和生态安全，为我国经济社会绿色发展提供了强劲动能。

另外，并购"乌白"两座水电站也是长江电力积极践行 ESG 的重要举措，该并购案的长期投资价值凸显。2022 年 12 月，长江电力 ESG 管理案例获批 2022 年 A 股上市公司最佳实践案例。从 ESG 评级结果来看，截至 2023 年 1 月 18 日，富时罗素 ESG 评级体系下，长江电力在 16 家电力公司中排第 1 名，嘉实 ESG 评级体系下，长江电力在 47 家电力公司中排第 6 名，长期投资价值凸显。

乌东德和白鹤滩水电站与长江电力下属电站均处长江干流，此次交易也是为了解决长江电力与三峡集团同业竞争的问题。这些水电站主要位于长江干流和长江上游金沙江，通过开展流域梯级水库联合调度，可以发挥梯级枢纽综合效益。长江电力世界最大水电上市公司的地位将变得难以撼动。

六　案例评价

并购交易中评估标的资产价值可采用收益法、成本法、市场公允价值法等多种方法，具体采用哪种方法需结合标的资产的历史业绩、未来预测、同行对比、资产负债等数据分析，此外还需识别标的资产存在的各类风险，并对相应的风险进行估值。资产基础法是一种成本法，其能够更客观更准确地反映企业价值，适合以资产为主导的企业，企业资产状况较好时，采用资产基础法更具优势。

例如，本次交易中，长江电力委托中企华对云川公司 100% 的股权进行了评估，评估过程中中企华就采用了资产基础法。截至 2022 年 1 月 31 日评估基准日，云川公司 100% 股权的评估值为 8048382.79 万元，账面价值为 5681869.37 万元，增值额为 2366513.43 万元，增值率为 41.65%。这一评估结果反映了云川公司作为大型水电站投资运营主体的优势，如高质量、高效益、低碳清洁等，也考虑了云川公司所面临的风险，如巨额债务、监管变化、市场竞争等。此外，在确定交易价格时，长江电力还与三峡集团等交易方进行了充分协商，并参考了同类水电站收购案例。此次并购的标的云川公司的价值得到了相对合理的估算。

B.29

战略布局第三代半导体领域：国星光电成功收购风华芯电

吴 黛*

一 交易概述

2022 年 8 月 12 日，佛山市国星光电股份有限公司（简称"国星光电"，股票代码 002449）发公告称，拟以 2.69 亿元收购广东风华芯电科技股份有限公司（简称"风华芯电"，股票代码 002449）99.87695% 的股权。2022 年 11 月 29 日，国星光电发布《关于收购广东风华芯电科技股份有限公司股权暨关联交易的进展公告》，称风华芯电工商变更登记手续已完成，并取得广州市市场监督管理局颁发的营业执照，国星光电持有芯电 99.87695% 的股权。此次并购将有助于国星光电快速切入化合物半导体封测环节，前瞻布局第三代半导体领域，实现半导体领域补链强链。

二 并购背景

第三代半导体产业是数字经济的重要组成部分。相较于第一代及第二代半导体，第三代半导体具有更宽的禁带宽度、更高的击穿电场、更高的热导率、更高的电子饱和速率及更优的抗辐照能力，更适合制作高温、高频、大功率及抗辐照器件，广泛应用于射频通信、雷达、卫星、电源管理、汽车电

---

* 吴黛，金融学硕士，求思咨询高级行业顾问，主要从事 ICT 咨询、企业募投研究咨询工作，主要研究方向为金融风险、并购风险等。

子、工业电力电子等领域。未来几年将是第三代半导体产业发展的关键期，很多厂商纷纷布局第三代半导体行业，第三代半导体同样是国星光电前瞻布局的重要方向之一。为加速推进第三代半导体产业化发展，国星光电已成功推出三大类产品线；国星光电全资子公司国星半导体则是国星光电布局上游外延芯片的主要抓手。

国星光电成立于 1969 年，注册资本 6.2 亿元，是广东省属国有独资重点企业广晟集团的控股上市公司，国星光电专业从事研发、生产、销售 LED 及 LED 应用产品，是国内第一家以 LED 为主业首发上市的企业。国星光电现已成为我国 LED 封装行业的龙头企业，在全球 LED 封装行业占据重要地位。

风华芯电成立于 2000 年，是一家专业从事半导体分立器件及集成电路研究、开发、生产、销售的国家级高新技术企业，主要从事半导体分立器件和集成电路的封装测试业务。经营布局方面，风华芯电采用标准化和定制化服务相结合的经营模式，可为市场提供包括 TO、SOT、SOD、SOP、QFN/DFN 在内的 5 大封装系列分立器件及集成电路产品。应用领域方面，风华芯电的产品广泛涵盖计算机、通信电信、消费电子、工业自动化系统、汽车电子等领域。目前，风华芯电已与多家国内外知名厂商建立了合作关系。

三 交易动因

近年来，国星光电积极进行第三代半导体功率电子、微波射频器件方向的技术储备，同时，国星光电的全资子公司国星半导体在化合物半导体芯片领域也具有一定的产业基础。产品方面，国星光电已推出了 SiC 模块、GaN 器件、SiC 功率分立器件及模组等产品系列，并实现了小批量产出货。

风华芯电专门从事半导体分立器件及集成电路研发、生产和销售，是集成电路封测领域的专业企业。收购风华芯电是国星光电布局 LED 业务的重要一环。除了收购风华芯电，国星电子还积极进行多项布局。2022 年 10 月 10 日，国星光电发布公告称，拟通过现金方式购买东山精密全资子公司盐城东山 60% 的股权。盐城东山是东山精密旗下负责研发、生产、销售 LED

显示器件、LED 背光源的子公司。2022 年 10 月 28 日，东山精密宣布拟以 205 亿日元（约人民币 10 亿元）作为基础定价，向 JDI 收购其持有的苏州晶端 100%的股权。收购完成后，东山精密将增加车载显示业务。国星光电在第三代半导体行业的业务版图不断扩展。

四　交易内容

2022 年 8 月 12 日，国星光电发布《关于收购广东风华芯电科技股份有限公司股权暨关联交易的公告》称：佛山市国星光电股份有限公司为抢抓行业发展新机遇，发挥资源优化配置效应，结合公司"十四五"规划关于拓展第三代半导体产业的布局，拟以 26881.93 万元收购广东风华高新科技股份有限公司（简称"风华高科"）持有的广东风华芯电科技股份有限公司 99.87695%的股权，以实现国星光电在半导体领域补链强链，做强第三代半导体业务。本次交易完成后，国星光电持有风华芯电 99.87695%的股权，风华芯电将纳入国星光电合并报表范围。

2022 年 11 月 29 日，国星光电发布《关于收购广东风华芯电科技股份有限公司股权暨关联交易的进展公告》称：同意协议收购广东风华高新科技股份有限公司持有的广东风华芯电科技股份有限公司 99.87695%的股权。

五　并购之后

并购之后，国星光电将充分发挥国星半导体和风华芯电的产业优势，强化协同效应，拓宽纵深布局，全力支撑国星光电打造半导体封测产业的链主地位，力争在制造业当家中"打头阵"，推动新一代电子信息产业集群高质量发展，实现半导体领域强链补链的目的。

国星光电在 LED 半导体芯片及封装领域的技术研发能力和市场开拓能力将助推风华芯电快速发展。同时，利用风华芯电在半导体封测领域的技术与市场优势，国星光电可进一步拓展第三代半导体的业务范围。

收购风华芯电后，双方将在第三代半导体业务上相辅相成，并使得国星光电实现从硅基封测到第三代半导体封测全覆盖、实现从 LED 封测向半导体封测的跨越。未来，随着国星光电与风华芯电持续在业务上进行联动，风华芯电的经营业绩有望逐步释放，而国星光电的经营业绩及综合盈利能力也将充分受益。

六　案例评价

当前，全球半导体行业正处于产业格局重塑的关键时期，新材料驱动的半导体发展新战略地位日益提升。在我国努力实现"双碳"目标的大背景下，第三代半导体是支撑经济智能、绿色、可持续发展的中坚力量，因此发展第三代半导体产业对我国综合国力持续提升、国民经济绿色发展具有重要意义。我国鼓励信创领域的企业在补短板的同时，持续筑长板、建优势。在这样的大背景下，很多企业加紧布局第三代半导体产业链，以保证自身能在领域内获得更大的发展优势。而战略并购逐渐成为半导体企业获取创新技术与专业人才、提升市场地位的重要手段之一。

战略并购是指并购双方（即并购方和标的方）以各自核心竞争优势为基础，立足于双方的优势产业领域，通过优化资源配置的方式，在适度范围内强化主营业务，从而达到产业一体化协同效应和资源互补效应，资源整合后实现新增价值的目的。国星光电通过并购风华芯电等企业实现其战略布局，为实现自身的长期战略获取更深厚的技术基础和人才积累。

B.30
REITs 正式登场：建设银行
设立住房租赁基金

吴 黛[*]

一 交易概述

2022 年 9 月 23 日，中国建设银行发布公告称：拟出资设立住房租赁基金，基金募集规模为 300 亿元。建行以自有资金认缴人民币 299.99 亿元，建行子公司建信信托下属的全资子公司认缴 0.01 亿元。国内金融支持住房租赁市场，已经形成了一个成熟的模式：地方国资与中国建设银行旗下的建信住房租赁基金共同成立地方性住房租赁基金。通过成立地方性住房租赁基金的模式，收购住宅地产、商业地产等不动产，改造为租赁住房或者市场化长租房，可以通过 ABS 等方式实现退出，如果未来房地产投资信托基金（Real Estate Investment Trusts，REITs）模式成熟，那么通过 REITs 的方式退出是最好的选择。

二 并购背景

中国建设银行设立 300 亿元住房租赁基金意味着我国 REITs 正式登上舞台。REITs 是一种以发行收益凭证的方式募集特定多数投资者的资金，由专门投资机构进行房地产投资经营管理，并将投资综合收益按比例分配给投资

---

* 吴黛，金融学硕士，求思咨询高级行业顾问，主要从事 ICT 咨询、企业募投研究咨询工作，主要研究方向为金融风险、并购风险等。

者的一种信托基金。近年来，随着我国房地产市场由繁盛转向低迷，我国适时推出 REITs。

近 20 年，我国的房地产市场飞速发展，商品房销量屡创新高。2020 年和 2021 年在高基数效应下，商品房销售面积分别实现了 2.6% 和 1.9% 的正增长，房地产市场火热，国家调控的主基调是"房住不炒"，对房地产融资以限制为主，没有推出 REITs，不动产相关的金融产品发展速度相对较缓。在 2022 年底，我国房地产进入相对的低迷期，我国政府对于房地产融资也相应地从限制转向支持，此时推进 REITs 已时机成熟。REITs 的产品兼具金融及不动产的双重属性，可以作为二者协调的纽带之一。

三　交易动因

2022 年 10 月，二十大报告再次强调租赁的重要地位，各地方也持续密集出台各项支持政策。中国人民银行、银保监会起草了《关于金融支持住房租赁市场发展的意见（征求意见稿）》，旨在加强和改善针对住房租赁市场的金融支持与服务。近年来，中国建设银行通过设立住房租赁基金探索股权投资，加大住房租赁贷款投放力度，支持住房服务子公司进行专业化管理运营，积极参与公募 REITs 试点，逐步建立起了住房租赁全流程服务闭环。中国建设银行作为国内最早开办住房金融业务的银行，始终紧跟国家住房制度改革步伐，于 2017 年将住房租赁确定为全行战略，主动创新金融产品，积极培育租赁市场，助力纾解群众安居的痛点难点问题，多渠道探索新形势下住房制度改革的新模式新路径，取得了良好的战略创新引领和综合社会效应。

四　交易内容

2022 年 9 月 23 日，中国建设银行发布公告称：拟出资设立住房租赁基金，基金募集规模为人民币 300 亿元。建行以自有资金认缴人民币 299.99

亿元，建行子公司建信信托下属的全资子公司认缴 0.01 亿元。

根据公告，该基金暂定名为"建设银行住房租赁基金（有限合伙）"，基金类型为"有限合伙型基金"，拟注册地在北京市，经营范围是"以私募基金从事股权投资、投资管理、资产管理等活动"，投资期限/基金期限暂定为 10 年，到期评估是否存续。

基金的目标定位及投向为通过投资房企存量资产，将其改造为租赁住房，增加市场化长租房和保障性租赁住房供给，探索租购并举的房地产发展新模式。基金的运作机制为基金建立规范的治理结构，设立合伙人会议、理事会、投资决策委员会、审计监督委员会、专家咨询委员会，负责决策基金战略、重大事项、项目投资、内部监督和专业咨询，并委托基金管理机构负责基金日常经营管理。

五　并购之后

2022 年 10 月 19 日，"建信住房租赁基金（有限合伙）"完成市场监督管理部门登记注册并取得营业执照。2022 年 10 月 24 日，"建信住房租赁基金（有限合伙）"已根据《中华人民共和国证券投资基金法》和《私募投资基金监督管理暂行办法》等法律法规的要求在中国证券投资基金业协会备案。

2023 年 1 月 16 日，建设银行与万科集团签署了合伙协议设立"建信住房租赁基金（有限合伙）"与万科集团合作子基金"建万（北京）住房租赁投资基金（有限合伙）"。该子基金规模为 100 亿元，其中，建信住房租赁基金（有限合伙）认缴出资额不超过 79.99 亿元。该子基金目标定位和投向与母基金一致，专注于投资万科及其下属子公司、关联方及其他房企自持存量资产，用于租赁住房。双方将通过子基金在长租公寓领域共同参与市场化投资，充分发挥"产融结合"的优势，以资产收购、股权投资、经营权购买等方式投资万科集团及双方认可的其他市场化主体持有的住房租赁项目。

2023 年 2 月 28 日，中国建设银行发布公告称，"建信住房租赁基金（有限合伙）"普通合伙人及基金管理人拟变更为建信住房租赁私募基金管理有限公司，为中国建设银行控股子公司建信信托有限责任公司的全资子公司。此外，中国建设银行拟与北京保障房中心有限公司、北京首都开发控股（集团）有限公司、北京大兴投资集团有限公司三方或下属主体共同出资设立子基金，基金规模为 50 亿元，其中住房租赁基金认缴规模不超过 34.99 亿元。本次基金的运作模式为通过投资房企存量资产，将其改造为租赁住房，增加市场化长租房和保障性租赁住房供给，探索租购并举的房地产发展新模式。待项目成熟稳定后，可以通过公募 REITs 等市场化转让方式退出。本次基金初期主要投向有望纳入保障性租赁住房范畴的房企自持住宅和商办物业两类资产，并根据项目区位、产业发展、租赁需求、未来可获得的租金收入等因素来综合评估项目价值。根据公开资料，本次基金获批后，发布会现场成功签约 10 余个项目；截至 2022 年 11 月 8 日，本次基金重点推进项目 20 余个，涉及项目资产总规模超 100 亿元。

六　案例评价

现阶段，我国房地产行业正处在转型期，租赁市场的发展需要长期资本的介入，作为房地产行业重要的融资工具，国内首批 REITs 试点已成功登上舞台发挥募集资金的作用。REITs 不仅可以盘活存量资产、扩大有效投资，其在服务资本市场发展和资产管理体系建设方面的作用更值得各方关注。REITs 通过将不动产进行证券化并且公开上市的方式，联通不动产市场与金融市场，该方式不仅为投资者提供了一种重要的资产配置标的，也发挥着资产定价和基础设施建设的锚定作用，为我国完善金融体系、转变经济结构、实现共同富裕等深层次变革提供助力。未来，REITs 不仅将为中国资产管理市场的发展提供助力，也将在中国金融改革和经济高质量发展中发挥更大作用。中国建设银行设立住房租赁基金为 REITs 登上我国金融市场拉开了帷幕。

附　录　廿载风华茂　奋楫扬帆行 *

——全联并购公会成立 20 周年大事记

2023 年，恰逢全联并购公会（CMAA）成立 20 周年。作为全国工商联直属的唯一金融属性行业商协会，全联并购公会在 2002 年开始筹备成立，2003 年正式向全国工商联提出申请，2004 年经全国工商联批准成立，2012 年在民政部登记注册。

2003~2023 年是中国经济一路向前、快速腾飞的 20 年，公会随着中国经济的快速发展和民营经济的发展壮大迅速成长，见证了中国并购市场从无到有、由小而大的发展历程，见证着我国并购行业的飞速成长，岁月磨砺，始得玉成，展现了"政企桥梁、并购家园、行业先锋"的价值和力量。当前，以习近平同志为核心的党中央坚持"两个毫不动摇"，民营经济发展环境越来越好，全联并购公会在习近平新时代中国特色社会主义思想指引下，在中央统战部和全国工商联的坚强领导下，深入贯彻党的二十大精神，认真落实党中央关于发展民营经济的工作要求，致力于推动中国并购市场规范成熟，通过聚焦金融服务，赋能民营企业高质量发展。

现在，全联并购公会已成为拥有 200 多家机构会员、4000 多名个人会员和 20 多个专委会的全国性行业商协会。公会拥有丰富的智库资源和专业金融服务优势，连续多年编辑出版《中国并购报告》，出版几十册并购著作和教材，完成近万名并购交易人才的培训。在建言献策方面，每年全国"两会"公会都提出专业提案，多次受邀参加全国人大财经委、中财办、最

---

* 内容整理：常芳、张菁。

高人民法院、最高人民检察院等部委召开的座谈会，与中国人民银行、中国银保监会（现国家金融监督管理总局）、中国证监会、国家发改委等部委保持沟通，并与全国 10 余个省市地方政府、金融监管部门签署战略合作协议。20 余年里，公会每年举办数十场品牌活动，与中国并购市场一起成长，也组织了一系列境内外并购活动，参与各类并购法规的建立与完善。20 余年间，公会悉心善尽社会责任，非常时期担起非常之责，在抗击新冠疫情、助力乡村振兴、助推脱贫攻坚、为企业纾困等方面做了大量工作，展现了"不忘初心、自觉履责、勇于担当"的并购行业和公会整体形象。

　　一个时代，一群人，一路走来，立于改革潮头，书写时代华章，以敢为天下先的闯劲和拼劲，筚路蓝缕、造福社会。20 余年公会史，讲的是发展，述的是改革，启示的是当下，烛照的是未来。正是因为融入中国赛道、百年航程，才让公会"与祖国共命运、同时代共发展"的模样越发鲜活，才让公会敢为人先、勇立潮头的精神更加昂扬。下面，以一组大事记回顾全联并购公会和业界同人共同走过的 20 余年，一起感受时代前行的澎湃潮声。

2001年

　　2 月　在中国社会科学院的支持下，《中国并购报告》正式出版，王巍、康荣平主编，著名经济学家茅于轼教授作序。这是中国第一部以并购为主题的年鉴，获得巨大社会影响，十几位作者成为中国并购业最早的参与者，也推动了社会团体的筹备。连续出版 20 余年的《中国并购报告》成为全联并购公会的重要标志之一。

2002年

　　9 月　中国社会科学院世界经济与政治研究所、中欧国际工商学院、中国并购交易网三家联合发起设立了全球并购研究中心，中心挂靠中国社会科学院世界经济与政治研究所，刘吉担任主席，余永定担任主任，王巍担任秘书长。

10 月 28 日　由全球并购研究中心召集的中国并购联盟恳谈会在北京中国社会科学院大楼 15 层会议室召开，参加会议的代表共有 16 人，代表着14 家专业机构，与会代表就中国并购联盟设立的有关问题进行了讨论，初步确定联盟的基本原则和组建框架。国务院发展研究中心金融研究所所长夏斌担任召集人，王巍担任秘书长。

2003年

4 月 19 日　中国并购联盟发起人大会在上海召开。翌日，在上海中欧国际工商学院召开的首届中国并购年会，拉开了中国并购年会的启程序幕，年会主题为"并购时代的领袖价值"。刘吉院长邀请到上海市市长韩正、著名经济学家吴敬琏参加首届年会。夏斌代表 21 家中介机构宣读了并购机构的诚信宣言。

10 月 11 日　全联并购公会筹备组向全联会员部提出成立全联并购公会的申请。

2004年

4 月 24 日　全联并购公会召开发起人大会，会上筹备组成员葛明介绍了全联并购公会筹备情况。会后，全体成员参加了下午由全联并购公会（筹）主办的第二届中国并购年会，年会主题：产业整合时代的领袖视野。中欧国际工商学院执行院长、全球并购研究中心主席刘吉，中国社会科学院世界经济与政治研究所所长余永定，国务院发展研究中心金融研究所所长夏斌，全球并购研究中心秘书长王巍等嘉宾出席。

6 月　全国工商联办公厅发布《关于同意成立全国工商联并购公会的批复》文件。王巍担任首任会长，夏斌、葛明、徐耀华担任副会长。

9月2日 全联并购公会参加在香港召开的"北京产权市场论坛暨跨境产权交易推介会"。徐耀华副会长发表演讲，同期宣布香港分会成立。

11月10~15日 全联并购公会应邀参加在日本大阪举行的日中经济研讨会，王巍会长发表重要演讲，代表团与参会业界人士进行了广泛的交流。15日，代表团出席在日本东京举办的"利用M&A的对华投资——中国的视点、日本的视点"专题研讨会，王巍会长和谢思敏常务理事分别发言。之后，代表团还拜会了野村证券和东京证券交易所。

2004年 全联并购公会开始主持评选"中国十大并购人物"和"中国十大并购事件"。

2005年

1月 银河证券总裁朱利担任全联并购公会首任轮值主席，银河证券副总裁汤世生任轮值秘书长。轮值主席单位任期内连续组织了全联并购公会理事机构在北海公园、颐和园和香山等地举办并购恳谈活动，建立了独特的团队文化。

1月 全球并购研究中心并入全联并购公会并承担公会的研究与战略发展职能。公会聘请中欧国际工商学院名誉院长、全球并购研究中心主席刘吉出任荣誉会长。

1月24日 全国政协副主席、全国工商联主席黄孟复，全国工商联直属会员商会会长瞿怀明等会见王巍、朱利、王东明、葛明等全联并购公会负责人，鼓励全联并购公会创新发展，开拓国际业务。

4月13日 王巍会长主笔由全球并购研究中心发布白皮书《跨国并购对国家经济安全的影响》，引起业界广泛关注和大讨论。

4月28日 由全联并购公会主办的第三届中国并购年会在北京召开，年会主题：全球并购的中国机会与价值。中央统战部原副部长，全国工商联党组书记、第一副主席胡德平到会演讲并为刘吉荣誉会长颁发证书。

6月 全联并购公会作为民间组织代表出席经济合作与发展组织

（OECD）在巴黎举行的跨国公司行为准则讨论会，王巍发表主旨演讲，成为国际投资委员会专家成员。同期，受法国金融集团 BNP Paribas 的邀请参加了在意大利、荷兰和英国的系列路演，推广中国并购市场。

7 月 28 日　"2005 年长三角并购论坛之后股权分置时代并购重组的机遇与挑战"大型论坛在上海国际会议中心召开。同期宣布全联并购公会上海办事处成立，费国平常务理事担任主任。

10 月 25 日　由全联并购公会、日中经济协会联合主办的"第二届日中并购论坛"在日本大阪国际会议中心召开。夏斌副会长、张克理事率全联并购公会代表团参加，并在大阪和东京发表演讲。

2006年

2 月 6 日　全联并购公会通过全国工商联向"两会"提交"关于建立国家经济安全体系的建议"的提案，成为"两会"大会提案，获得高度重视。商务部和中国人民银行专门邀请公会座谈，征求意见。

3 月 17 日　中国人民银行和全联并购公会共同组织的"关于中国公司债券市场发展有关问题"的研讨会在中国人民银行总行召开。中国人民银行副行长吴晓灵主持会议，中国人民银行行长助理马德伦、办公厅主任李超、货币政策司司长张晓慧以及金融市场司、条法司、金融稳定局、研究局、征信管理局等主要司局领导 20 余人出席了研讨会。全联并购公会王巍会长等负责汇报有关情况。

4 月 12 日　全联并购公会常务理事会召开会议，会议通过招商证券董事长宫少林担任第二任轮值主席，招商证券副总裁兼董事会秘书郭健任轮值秘书长。会议决定聘请朱利任并购公会荣誉会长，同时建立业务发展与审计委员会、会员发展与治理委员会、并购技术与规则委员会、专业提案与维权委员会。

4 月 15 日　由全联并购公会主办的第四届中国并购年会在北京召开，年会主题：关注并购整合提升公司价值。全国政协副主席、全国工商联主席黄孟复到会演讲。马云、王建宙等嘉宾参加并领取"中国十大并购人物"奖项。

5 月 王巍会长、冯兵常务理事等受邀参加了在美国纽约、洛杉矶和奥兰多等地举办的美国并购论坛。王巍分别在耶鲁大学、全球发展论坛和美国企业成长协会（ACG）年会上发表关于中国并购市场的演讲，反响热烈，与美国企业成长协会建立了战略联盟关系。

8 月 3 日 由全联并购公会第二任轮值主席单位招商证券承办的"企业资产证券化发展论坛"在深圳召开。

8 月 25 日 由全联并购公会主办的"并购新法规研讨会"在北京召开，中国证监会有关领导高度评价全联并购公会理事对上市公司收购条例所提供的技术支持。

11 月 16 日 受日中经济协会邀请，全联并购公会组团参加了在日本大阪举行的 2006 年第三届日中经济研讨会。

12 月 6 日 全联并购公会应邀参加了经济合作与发展组织在巴黎举办的"国家经济安全与战略产业"讨论会。王巍会长、费国平常务理事、张晓森常务理事、张宏久理事为大会提供的文件得到与会代表高度评价，编入大会文件。

2007年

1 月 11 日 天津市人民政府、全国工商联和美国企业成长协会在天津签约，决定共同主办首届中国企业国际融资洽谈会（以下简称"融洽会"），天津市市长戴相龙，全国工商联党组书记、第一副主席胡德平，美国企业成长协会主席 Patrick Hurley 出席了签约仪式，全联并购公会担任"融洽会"协办单位，王巍会长担任"融洽会"秘书长。

3 月 7 日 全联并购公会通过全国工商联向"两会"提交"关于建立加入全球化的国家经济安全体系"的提案和"关于完善我国企业并购融资制度"的提案。

4月　全联并购公会常务理事会通过了《关于并购公会会长、副会长、轮值主席换届选举试行办法》的决议。全联并购公会引入民主选举机制，会长、副会长以及轮值主席实行竞选上岗，实现了从过去推荐制到竞选制的转变，进一步强化了全联并购公会的公司治理原则，得到全国政协副主席、全国工商联主席黄孟复等主要领导的高度评价。

4月　王巍、夏斌等相继参加"融洽会"在全球的系列路演，发表系列演讲，在推广"融洽会"的同时，大大提升了全联并购公会的形象和影响，获得全国工商联和天津市领导的好评。

5月　全联并购公会和全球并购研究中心共同举办了首届并购专项奖评选，共产生15个奖项。

5月25日　北京产权交易所总裁熊焰当选全联并购公会第三任轮值主席，北京产权交易所股权基金部总经理邱子凡任轮值秘书长。第三任轮值主席换届是通过公会内部推荐、竞选演讲和记名投票的方式举行的，有4人获得轮值主席推荐提名，内部反响热烈，也得到全国工商联领导的积极评价。

6月6日　第五届中国并购年会在天津召开，年会主题：全球与中国并购环境。第五届年会作为首届"融洽会"的重点活动内容于"融洽会"第一天举行。中央统战部原副部长，全国工商联党组书记、第一副主席胡德平，中国人民银行副行长吴晓灵，全国社保基金理事会副理事长高西庆，天津市副市长崔津渡等领导出席。年会上举行了轮值主席荣誉杯颁发仪式，还为首届并购专项奖获奖者举行了颁奖仪式。

6月　全联并购公会被评为2007年全国工商联优秀商会，马卫京被评为2007年全国工商联优秀秘书长。

7月20日　全联并购公会与轮值主席单位北京产权交易所联合举办了《物权法》学习座谈会。

8月7日　全联并购公会监事会正式成立，刘亭女士担任首任监事会主席。这是全联并购公会进一步强化公司化治理、规范运作的又一重大举措。

9月24日　全联并购公会中秋联谊暨成立三周年庆典在北京皇城艺

馆举行。社会各界人士及公会会员 200 余人齐聚一堂。

11 月 2 日 全联并购公会第二届会长、副会长竞选演讲在轮值主席单位北京产权交易所举行。此次会长、副会长换届选举按照"竞争上岗、公开、公平、公正"的原则，实行差额选举，并获得监事会的确认。最终，王巍当选第二届会长，葛明、宫少林、徐耀华、费国平当选副会长。公会聘请夏斌担任首席经济学家。新一届任期从 12 月 1 日开始。

11 月 19 日 刘亭、王巍分别当选全国工商联第十届执行委员会常委与执委。

12 月 7 日 由亚洲商学院创办、全联并购公会协办的《资本交易》杂志创刊。这是中国第一本专门面向基金与并购交易的高端行业杂志。

2008年

3 月 6 日 全联并购公会通过全国工商联向"两会"递交"关于建立健全小股东权益保障机制"的提案。

5 月 汶川地震后，全联并购公会会员单位积极参与抗震救灾，并向灾区捐助善款 45981196 元。

6 月 由全联并购公会组织发起的并购考察团赴英国进行商务考察。考察期间，分别参加了在伦敦召开的由公会协办的"博鳌亚洲论坛——国际资本峰会"及在利兹召开的"并购全球论坛"。王巍会长在两场论坛中作主题演讲。

6 月 10 日 由全联并购公会主办的并购高峰恳谈会在天津举办，主题为并购时代的中国产业战略。天津市副市长崔津渡等领导出席并演讲，1100人参加。此次恳谈会成为第二届"融洽会"的重要组成部分。

6 月 23 日 全联并购公会深圳办事处成立，李祥军担任主任。

6 月 27 日 由全联并购公会、中国人民银行上海总部、上海市人民政府金融服务办公室联合主办的第六届中国并购年会在上海召开。时值 2008年金融危机，年会主题为全球金融动荡中的产业整合机遇。陈元、苏宁、屠光绍、阎庆民等嘉宾出席年会并演讲。中金公司总裁朱云来当选并购公会第四任轮值主席，中金公司董事总经理李弘任轮值秘书长。

6月28日　应国家发改委邀请，王巍会长和田溯宁理事参加了国务院震后恢复调研与筹资工作组，赴汶川等震区现场工作10天。公会提出关心民营企业的恢复和利用市场力量救灾，利用民营企业力量参与重建等建议。

9月25日　轮值主席单位中金公司组织的并购公会四周年庆典活动在北京观复博物馆举行。

10月10日　深交所主办、全联并购公会深圳办事处协办的第二届上市公司并购重组与操作实务研讨会在深圳举办。深交所总经理助理刘慧清、全联并购公会副会长宫少林分别代表主协办单位在开班仪式上致辞。

12月　全国工商联授予全联并购公会等全国198家单位"抗震救灾先进集体"荣誉称号。

12月6~10日　由全联并购公会王巍会长、李弘轮值秘书长率领的并购公会考察团前往我国台湾考察，考察期间，举行了两岸金融产业合作与发展研讨会，与台湾海基会负责人座谈。

2009年

2月　在中国银监会出台《商业银行并购贷款风险管理指引》后，全联并购公会在第一时间委托费国平副会长编撰了《并购贷款图解2009》一书，并先后在上海、天津和北京举办了高端论坛——并购贷款与融资研讨会。上海市委常委、副市长屠光绍，天津市委常委、副市长崔津渡和北京市委常委、常务副市长吉林分别作了主题演讲。共计约800人参加了会议。中国银监会正式邀请王巍会长通过电视网络向全国银监会系统作主题报告。

2月10日　中国企业家论坛亚布力年会公布了全联并购公会和温州市信用担保行业协会联合署名的题为"鼓励民间正当金融行为，加快培育中小企业银行"的提案建议书。该提案在2009年"两会"上正式提交。同年

3月，全联并购公会又向"两会"提交了"关于支持国内企业加快实施跨国并购战略"的提案。

3月21日 由 OECD 和全联并购公会联合主办的《2008 中国投资政策评估报告——鼓励负责任的商业行为》发布会在京举办。会上，全联并购公会向 OECD 秘书长安吉尔·古里亚（Angel Gurria）当面递交了题为"呼吁全球企业抵制保护主义，实施负责任的全球商业行为"的公开信，此信由 OECD 广泛传递给各国商会组织和跨国公司，引发强烈关注。

4月 全联并购公会北京并购俱乐部、上海并购俱乐部成立。北京市委常委、常务副市长吉林，全国工商联副主席孙安民，上海市政协主席冯国勤与全联并购公会会长王巍分别在北京和上海为俱乐部揭牌。

6月10~12日 第三届"融洽会"在天津举办。作为"融洽会"的重要组成部分，全联并购公会主办并购高峰恳谈会，主题为中国杠杆收购的时代，天津市副市长崔津渡、全联并购公会会长王巍等领导出席并演讲。

6月23日 由全联并购公会、北京市金融工作局、北京市朝阳区人民政府联合主办的第七届中国并购年会在北京召开，年会主题：国际经济新秩序。孙安民、苏宁、吉林、金立群、朱云来等嘉宾出席并演讲。德勤中国首席执行官卢伯卿当选全联并购公会第五任轮值主席，德勤华永会计师事务所合伙人谢佳扬任轮值秘书长。

8月22日 由中国人民银行上海总部、上海市金融服务办公室和全联并购公会联合主办的中国本土产业整合研讨会在上海召开。中国人民银行副行长兼上海总部主任苏宁，上海市有关领导及相关企业负责人等 200 余人出席了会议。

9月29日 应并购顾问联盟（AM&AA）和经济合作与发展组织的邀请，由全联并购公会发起组织的"德法并购之旅"代表团前往德国和法国进行并购商务实地考察。王巍会长和葛明副会长组织代表团参加了第二届 AM&AA 国际大会，拜访了 OECD 总部并与 OECD 工商业咨询委员会（BIAC）进行座谈，同多个国家和地区的并购同行们开展了广泛的学习和交流。

10 月 28 日　全联并购公会五周年庆典在北京天安时间当代艺术中心举办。社会各界人士 150 余人齐聚一堂。黄孟复、金立群、魏迎宁、顾国新、郭庆平、瞿怀明、崔津渡等领导参加。

2010年

1 月 27 日　全联并购公会通过全国工商联向"两会"提交"用本土资金帮助本土企业，参与全球产业整合"的提案。

4 月　在全国工商联指导下，全联并购公会开始向民政部申请注册全国性社会团体法人。

5 月 11 日　王巍会长与澳大利亚全球基金会秘书长霍华德和菲利普先生进行会面，双方就推动中澳两国的并购与投资合作进行了讨论，并达成多项共识。当年 10 月，王巍会长到澳大利亚访问并拜会其前总理霍克。

5 月 20 日　全联并购公会和台湾并购与私募股权协会在轮值主席单位德勤举行座谈。

9 月 10 日　"融洽会"——金融服务交易会在沈阳举行。全联并购公会主办的"全球四大会计事务所东北亚金融发展恳谈会"受到广泛关注和高度评价。

9 月 27 日~10 月 2 日　由全联并购公会发起组织的"中国并购代表团——日本并购之旅"赴日本进行了并购商务实地考察，王巍会长担任团长。在日期间，全联并购公会主办了"亚洲创新论坛——日中并购论坛"，并与日本经济同友会、东京证券交易所、大和证券等机构进行了广泛的交流与沟通。

11 月 25 日　由全联并购公会、中国人民银行上海总部、上海市金融服务办公室联合主办的第八届中国并购年会在上海召开，年会主题：面向全球产业整合立足本土并购市场。胡德平、刘吉、黄孟复、苏宁、屠光绍等重要嘉宾出席年会并讲演。银河证券董事长陈有安当选并购公会第六任轮值主席，银河证券副总裁李梅任轮值秘书长。

11 月 25 日 由中日韩三国并购代表联合倡议并发起的"亚洲并购协会"举行了发起签约仪式并发表了联合宣言。日本原驻德国大使、日中世纪友好经济文化交流机构特别顾问高岛有终,韩国并购投资协会会长李昌宪与全联并购公会会长王巍共同签署了该协议。

2011年

3 月 全联并购公会通过全国工商联向"两会"提交"关于开拓金融行业蓝海业务,提升为中小企业服务能力"的提案。

5 月 3 日 全联并购公会第三届会长、副会长换届选举结果正式公布。王巍连任会长,费国平当选执行会长。公会聘请全国工商联联络部部长刘红路担任顾问。

9 月 27~28 日 全联并购公会与博鳌亚洲论坛共同主办的"2011 国际资本会议——中欧并购峰会"在北京和上海举办。

9 月 30 日 由全联并购公会上海并购俱乐部组织的首期并购精英社交活动成功举行。该活动是上海并购俱乐部定期为并购界人士组织的联谊活动之一。

11 月 15 日 全联并购公会与福布斯中文网联合主办的"2011 年系列圆桌论坛——海外上市退市与投资并购研讨会"在上海举行。此次会议的主题是:中国概念股如何整装再出发。会议期间还发布了由全联并购公会、福布斯中文网和国浩律师事务所共同编撰的《在美中概企业问题分析及退市转板策略报告》。

11 月 21~27 日 应博鳌亚洲论坛组委会的邀请,全联并购公会与相关单位共同组织金融业界专家、企业家、基金机构代表等组成"中国并购与基金代表团"出席了"第三届博鳌亚洲论坛国际资本会议"。会议期间,全联并购公会会长王巍正式发表了致各国商会组织和成员的关于"开拓民间合作,推动全球贸易与资本流动"的公开信。

2011年

2011 年　王巍会长参加上海金融业协会挂牌仪式，向上海市委书记韩正和副市长屠光绍汇报金融博物馆筹备工作，得到韩正高度认可，邀请在上海筹备并购博物馆。王巍会长和费国平执行会长多次与上海金融局和屠光绍副市长汇报，一起考察场地。

2012年

1 月　全联并购公会获得民政部《关于全联并购公会成立登记的批复》文件。

2 月　全联并购公会通过全国工商联向"两会"提交"关于改进并购监管、促进并购发展的建议"的提案。

5 月 4 日　中国证监会在北京举办了第四届并购重组委、第二届专家咨询委成立大会。全联并购公会副会长葛明、常务理事单位京都天华郑建彪、中咨律师事务所杨利、国浩律师事务所吕红兵、中联评估王子林等获聘担任第二届专家咨询委员会委员；全联并购公会监事索莉晖获聘担任第四届上市公司并购重组审核委员会委员。

5 月 10 日　全联并购公会完成了全部全国性社会团体法人申请工作，正式获得"社会团体法人登记证书"，成为全国工商联直属会员商会中第一批获准成立单位。2010 年 4 月，全联并购公会正式开始申请注册全国性社会团体法人，根据全国工商联和民政部的政策指导意见与统一安排，先后获得了中国人民银行、国家发改委和商务部三家作为全联并购公会行业主管部门的正式批复确认。

5 月 24 日　全联并购公会北京并购俱乐部主办的"并购精英沙龙"启动首期活动。

9 月 14 日　根据民政部和全国工商联对直属行业商会法人登记后换届

工作的整体部署与相关要求，全联并购公会在北京召开换届大会，全国工商联有关领导出席了此次会议。经投票选举，王巍正式当选全联并购公会第三届会长，葛明等 7 人当选副会长，宫少林当选监事长，宏易资本董事长王平当选第七任轮值主席，宏易资本合伙人曹嬿任轮值秘书长。

9 月 15 日 全联并购公会创立 10 年之际，与北京市朝阳区人民政府共同主办第九届中国并购年会，年会主题：并购十年。胡德平、刘明康、吴晓灵、崔津渡、衣锡群、阎庆民、徐林等嘉宾出席并演讲。年会期间，发布了本届年会的公开信，呼吁政府在政策制定、行业监管，以及行业协会平台构建等方面更加清晰、高效、透明和开放。在当晚的颁奖晚宴上，特别授予茅于轼先生和崔津渡先生"并购贡献奖"。作为并购公会十年献礼，《并购公会十年成长历史人物》油画与《并购公会十年》图书在年会期间分别进行了揭晓与发布。在竞拍环节，经过多轮角逐，全联并购公会副会长、北京产权交易所董事长熊焰购得《并购公会十年成长历史人物》油画的冠名权。

10 月 10 日 在美国纽约举行的第十四届美国并购年会上，全联并购公会王巍会长与来自俄罗斯、巴西和印度的三位嘉宾被授予"并购终身成就奖"并接受美国《华尔街日报》的采访。

11 月 15 日 全联并购公会国际并购委员会在北京举行揭牌仪式。王巍会长为国际并购委员会主任林怡仲先生颁牌。

2013年

3 月 全联并购公会通过全国工商联向"两会"提交"关于建立并购权益保护机制"的提案。

3 月 26 日 全联并购公会并购仲裁委员会成立仪式在北京举行。全国人大财经委员会副主任委员辜胜阻，全国工商联会员部部长王瑗应邀出席成立仪式。刘红路、葛明、潘跃新、宫少林等 10 人担任首批仲裁员。

5 月 23 日 王巍会长成功登顶珠穆朗玛峰，展示了随身携带的全联并购公会旗帜，公会旗帜飘扬在世界最高峰。

6月13日　来自韩国、中国、日本等亚洲国家的并购组织成员及企业界人士300余人在韩国首尔召开亚洲并购协会创立大会及首届亚洲并购博览会，王巍带领全联并购公会70余人专程赴韩国参加此次会议。

10月初　由全联并购公会编著的《中国并购行业行为准则》正式面世，此后连续3年更新再版。

10月29日　全联并购公会会长王巍拜访了中联办黄兰发副主任，并与中国银监会原主席刘明康拜访了汇丰控股亚太区副主席兼行政总裁王冬胜先生。

11月4日　首届中国并购基金年会在苏州举行，全联并购公会并购基金专业委员会正式成立，惠农资本管理合伙人、总裁尉立东担任主任。中央统战部原副部长，全国工商联原党组书记、第一副主席胡德平，全联并购公会会长王巍等共同为委员会揭牌。

11月25日　王巍会长与田源常务理事拜会中国工商银行姜建清董事长，祝贺中国工商银行获得2013年并购贡献奖。

11月28~29日　由全联并购公会主办的第十届中国并购年会在香港召开，这是中国并购年会首次在香港举办，年会主题：亚洲并购的力量。第十届年会由中国银监会原主席刘明康担任主席，全国工商联副主席林毅夫以及陈经纬、王冬胜和梁锦松等领导和嘉宾大力支持并参会演讲。年会上，全联并购公会发布了《并购公会香港宣言》《中国并购行业行为准则》。

2014年

3月　全联并购公会题为"破除仲裁垄断运作，提倡民间自律公议"的提案入选2014年"两会"全国工商联提案和大会书面发言。

4月11日　全联并购公会常务理事会暨交流活动在国际金融博物馆举办，全国工商联会员部部长王瑷、中国证监会上市公司监管部主任欧阳泽华出席并主讲。

7月9日　全联并购公会与韩国M&A并购交易所在韩国首尔签署《中韩并购业务框架协议书》，旨在作为平台推动会员参与。中方由王平主席代表，韩方由韩国 M&A 交易所李昌宪代表。

8月8日　并购交易师培训与认证中心首次工作会议在北京召开。

9月30日　经并购交易师考试及认证委员会评审，刘吉、朱云来、宫少林等111人被评定为首批并购交易师。

10月12~15日　全联并购公会国际合作委员会与意大利米兰 Mercanti Dorto e Associati 在米兰签署合作备忘录。王巍会长到会发言并见证了签字仪式，葛明常务副会长代表合作委员会签字，常务理事吕镇冰也见证了仪式。15日，王巍会长在米兰代表公会参加了首届中意经济论坛，并发表演讲。

11月　全联并购公会出版《2015产业整合的中国动力》（中文版、日文版），该书为全联并购公会推出的介绍我国产业整合、产业并购的力作，集合了权威部门研究人员、并购行业从业人员、细分行业专家、资深财经记者的力量，使读者对于中国产业整合及企业并购的前沿发展有深刻的理解及全新了解。

11月15日　由全联并购公会、北京市金融工作局联合主办的第十一届中国并购年会在北京召开，年会主题：开启并购产业的黄金年代。中央统战部原副部长，全国工商联原党组书记、第一副主席胡德平，中国投资公司总经理高西庆等400多位并购界人士和来自亚洲各国的50多位并购界人士出席了此次年会。尚融资本管理合伙人、总裁尉立东当选全联并购公会第八任轮值主席，尚融资本合伙人董贵昕任轮值秘书长。

年会上，中央统战部原副部长，全国工商联原党组书记、第一副主席胡德平，中国投资公司总经理高西庆和全联并购公会会长王巍为首批并购交易师代表颁发并购交易师证书。

11月15日　全联并购公会主导成立的亚洲并购协会，在北京举办第三届亚洲并购论坛，并于论坛上发布《北京并购宣言》。

2014年底　国家税务总局下发《股权转让所得个人所得税管理办法（试行）》，这是对中国并购行业有重大影响的文件，推动中国企业收购兼并的健康发展。为此，全联并购公会并购维权委员会与并购仲裁委员会共同起草了致国家税务总局的公开信，得到国家税务总局和全国工商联负责人的高度重视。

2015年

3月5日　全联并购公会王巍会长和葛明常务副会长回访国家税务总局所得税司司长刘丽坚，双方就推动规范并购税务政策制定与实施的合作等相关问题进行了探讨。

4月25日　由全联并购公会主办的中国并购市场与并购基金会议在国际金融博物馆成功举行。全联并购公会轮值主席、并购基金专业委员会主任尉立东介绍中国并购产业基金组建方案。全国工商联副秘书长、会员部部长王瑗出席会议并作总结致辞。

6月17日　由全联并购公会参与主办的浙江省资本市场发展暨推进上市公司并购重组大会在杭州召开。

7月16日　首期"并购交易师大讲堂"活动在国际金融博物馆成功举办，北京注册会计师协会、北京资产评估协会等十家机构被授予"并购交易师合作机构"称号。

8月12日　厦门市市长裴金佳在市行政中心会见全联并购公会会长王巍，双方就如何发挥厦门在两岸并购市场中的作用、建设"两岸并购交易中心"和"海峡金融博物馆"等话题展开交流。

8月31日　中国证监会、财政部、国资委、中国银监会四部委联合发布《关于鼓励上市公司兼并重组、现金分红及回购股份的通知》，全联并购公会第一时间发表响应书，积极响应相关改革措施，通过发挥专业化平台优势和行业自律，共同促进资本市场的稳定健康发展。

11月5日　由全联并购公会主办的第十二届中国并购年会在上海召开。年会主题：一带一路，全球并购。全国政协副主席、全国工商联主席王钦敏，全国政协常委、中国银监会原主席刘明康，上海市市长杨雄，上海市常务副市长屠光绍，天津市副市长阎庆民，中国保监会原副主席魏迎宁，上海市金融服务办公室主任郑杨，复星集团首席执行官梁信军等出席年会并发表主题演讲。在年会前一天召开的全联并购公会理事会上，尉立东当选执行会长。当天，并购博物馆正式在上海开幕。

11月5日 在第十二届中国并购年会开幕仪式上，亚洲并购协会举行会长交接仪式，全联并购公会会长王巍正式接任亚洲并购协会会长。

12月5日 在2015年中国城市基础设施投资发展年会上，全联并购公会执行会长尉立东与全联城市基础设施商会副会长祝献忠共同签署了《城市基础设施商会与并购公会战略合作协议》，双方正式结成战略合作关系。全国政协副主席、全国工商联主席王钦敏出席见证。

12月8日 由王巍会长率领的全联并购公会、亚洲并购协会代表团赴我国台湾进行为期3天的考察交流活动，在台期间，考察团拜访了海峡交流基金会等企业机构，受到了台湾经济研究院董事长江丙坤、海基会董事长林中森等经济界、金融界人士的高度重视和热烈欢迎，考察交流活动成果丰硕。

2016年

3月 全联并购公会通过全国工商联向"两会"提交"关于设立政府引导型海外并购基金，支持民营企业'走出去'"的提案，提案获得了国家发改委的重视并表示将对提案内容进行认真研讨。

4月 全联并购公会监事长宫少林与韩国并购投资协会会长李昌宪签署备忘录，双方并购交易师资格实现互认。

4月19日 由德国驻华使馆与全联并购公会联合主办的中德并购论坛暨工业4.0恳谈会在北京举行，德国驻华大使Michael Clauss先生、沈阳市市长潘利国、丝路基金董事长金琦女士以及百余位来自中德双方的企业代表参加了论坛。由中国保监会原主席魏迎宁、国家税务总局原副局长许善达、全联并购公会会长王巍担任总顾问，中国海外投资风险分析中心、全球并购研究中心编写的《"一带一路"国家风险报告》同时在论坛上发布。

8月17日 台湾并购与私募股权协会回访全联并购公会，在上海并购博物馆举行"大陆台湾并购恳谈会"，百余名业界人士齐聚博物馆讲演厅聆听两岸并购合作交流并参与讨论。

8月26日　由全联并购公会与并购博物馆共同举办的"并购钟"矗立暨鸣钟典礼在并购博物馆广场举行。复星集团、北控集团等企业为并购成功鸣钟。上海市金融办主任郑杨、上海市银监局局长廖岷、上海市普陀区委书记施小琳等出席活动，众多企业积极响应。

11月5日　由全联并购公会、金融博物馆联合主办的第十三届中国并购年会在苏州召开。年会主题：中国全球并购机遇。苏州市市长曲福田、中国投资公司总经理屠光绍、国家发改委发展规划司司长徐林、国家税务总局原副局长许善达、中国长城资产管理公司总裁张晓松等出席年会并发表演讲。

年会前，全联并购公会召开会员代表大会，选举新一届领导班子，尚融资本管理合伙人、总裁尉立东当选第四届会长，中国光大控股有限公司当选第九任轮值主席单位。全国工商联副主席杨启儒、全国工商联会员部副部长李树林莅临现场。

11月5日　第二届中国并购基金年会在基金博物馆举办，年会主题：并购基金与杠杆收购。苏州市委副书记、统战部部长朱民，苏州市委常委、副市长、园区工委书记王翔，中国证券投资基金业协会会长洪磊，中国保监会原副主席魏迎宁，中国证监会基金部副主任刘健钧，嘉实基金管理有限公司总裁赵学军等出席并发表演讲。

为贯彻党中央、国务院关于推进特色小镇、小城镇建设的精神，苏州工业园区管委会、全联并购公会、苏州基金博物馆三方共同签署协议，决定共同发起筹建并购基金小镇。11月5日晚，在苏州基金博物馆举行了并购基金小镇签约暨揭牌仪式，苏州市委书记周乃翔，苏州市委常委、副市长王翔，中国证券投资基金业协会会长洪磊，金融博物馆理事长王巍共同为并购基金小镇揭牌。

11月　由并购交易师培训与认证中心著的《并购交易师》（并购交易师教材）正式出版。

12月10日　由全联并购公会与沈阳市人民政府联合主办的首届东北并

购年会在产业金融博物馆召开，年会主题：产业整合，重振辉煌。辽宁省政协主席夏德仁，中国人民银行原副行长马德伦，中国保监会原副主席周延礼，沈阳市副市长赵忠滨，全联并购公会创始会长王巍、会长尉立东等领导出席会议。

12月 由全联并购公会编著的《中国并购行业行为准则》（2017年版）与《产业整合的中国动力》（2017年版）正式出版发行。

12月17日 由河南省政府金融办、河南省工信委、河南省工商联、郑州市人民政府与全联并购公会联合主办的首届中原并购大会在郑州召开。河南省委常委、常务副省长翁杰明，郑州市委副书记、市长程志明，中国人民银行原副行长苏宁，中国保监会原副主席周延礼，全联并购公会创始会长王巍、会长尉立东等领导出席会议。全联并购公会、郑州国控产业发展投资有限公司共同发起设立"中原海外并购基金"，并在大会上举行了签约仪式。

2017年

1月17日 全球区块链理事会（GBBC）在达沃斯正式成立，全联并购公会创始会长王巍、监事长葛明受邀出席。王巍因其首倡发起GBBC的杰出贡献而获得了主办方颁发的"全球区块链商业理事会开拓奖"。中央电视台报道了成立仪式。中国银监会原主席刘明康专门会见了中国达沃斯区块链代表团。

2月24日 中共全联并购公会党支部正式成立，董贵昕同志全票当选全联并购公会党支部书记。全国工商联机关党委副书记、机关纪委书记、人事部副部长李冰为中共全联并购公会党支部授牌。

3月14日 尉立东会长在台北拜会了财团法人海峡交流基金会董事长田弘茂博士。双方对两岸各自的产业特点和产业并购方向进行了沟通和交流，并一致希望未来在两岸并购领域加快开展广泛的业务合作，促进两岸经贸合作与发展。

3月26日 由全联并购公会与清华大学法学院联合主办的"先锋杯"

第七届亚太地区企业并购模拟竞赛在各方的积极参与和共同努力下，历时一个半月完美落幕，12 所高校 72 位并购精英学子参赛。竞赛秉承"培育并购人才"的理念，注重理论与实践相融合，鼓励精英学子跨专业跨领域学习，激发其学习热情和创新能力。

5 月 14~16 日　为增进两岸并购业者的交流与互动，应台湾有关方面邀请，亚洲并购协会会长王巍，全联并购公会会长尉立东、副会长程亮一行 7 人抵达台湾，并受到台湾工商企业联合会理事长许显荣、财团法人海峡交流基金会董事长田弘茂、台湾并购与私募股权协会创会理事长黄齐元等台湾经济界、金融界人士的热情接待。

8 月 10 日　全联并购公会与安永联合发布了《中国走出去》第六期报告《战略协同，包容共赢—中企海外业务管理洞察》。

8 月 11 日　由全联并购公会主办的第十四届中国并购年会在香港召开。年会主题：一带一路的并购。刘明康、卢文端、梁锦松、巴曙松等嘉宾出席年会并讲演。年会由中国银监会原主席刘明康担任主席。来自美国、韩国、日本、德国、意大利、柬埔寨的并购界同行参加了年会，参会总人数 500 余人，在线观看直播人数最高达 6.3 万人。年会上，香港中国并购公会举行成立仪式，建银国际董事长兼总裁胡章宏担任香港中国并购公会主席。亚洲并购协会发布支持"一带一路"宣言。中国银监会原主席刘明康、全联并购公会创始会长王巍为尉立东、葛明、梁锦松、孙月焕、谢佳扬等首批高级并购交易师代表颁发证书。

8 月 26 日　第二届东北并购年会在沈阳产业金融博物馆召开，年会主题：一带一路的东北机遇。中国人民银行原副行长苏宁，沈阳市市长姜有为，国家税务总局原副局长许善达，东软集团股份有限公司董事长刘积仁，全联并购公会创始会长王巍、会长尉立东等嘉宾出席会议。

8 月 30 日　亚洲并购协会会长王巍、全联并购公会会长尉立东、香港中国并购公会主席胡章宏一行拜会了香港证券交易所行政总裁李小加先生和首席中国经济学家巴曙松教授。李小加总裁积极评价亚洲并购协会提出的"将香港打造成为支持'一带一路'的全球并购港"的建议，并期待其同努力参与"一带一路"倡议。

8月31日 亚洲并购协会会长王巍和香港中国并购公会主席胡章宏一行拜会了香港贸易发展局主席罗康瑞先生。亚洲并购协会与香港贸易发展局签署了《关于在香港共同推动打造"一带一路"并购港战略合作协议》。

11月4日 第三届中国并购基金年会在苏州召开,年会主题:金融安全与并购基金。中国人民银行原副行长郭庆平,中国投资公司总经理屠光绍,中国证监会原副主席高西庆,江苏省政协副主席阎立,中国城市和小城镇改革发展中心主任徐林,中国证券投资基金业协会会长洪磊,全联并购公会创始会长王巍、会长尉立东等领导出席会议。参会人数500人。

11月 建银国际董事长兼总裁胡章宏正式当选全联并购公会第十任轮值主席,建银国际中国业务部董事总经理王建平任轮值秘书长。

11月5日 全联并购公会与吉安市人民政府在井冈山正式签订战略合作协议。双方将携手创建井冈山革命金融博物馆,合作打造红色金融老区并购与上市培育基地。

11月13~17日 亚洲并购协会会长王巍和全联并购公会会长尉立东率领中国并购代表团38人抵达纽约和华盛顿两地考察,与同行交流互动,为中国企业"走出去"创造环境和建立平台。13日,代表团参加由美国并购顾问协会举办的第16届美国并购峰会,王巍会长发表全球并购发展趋势的专题演讲,尉立东会长与美国并购顾问协会主席大卫·弗格森签署业务合作协议。根据协议,双方将在中美两国并购业界交流合作、行业准则、"一带一路"并购基金、并购交易师证书互认等领域展开合作。峰会当天晚上举行了第16届并购顾问年度奖颁奖盛典。现场颁发了超过70个奖项,中国并购代表团获得7个奖项。其中,全联并购公会获"2017全球并购成就奖",招商证券原董事长宫少林获"2017并购终身成就奖",并购博物馆获得创新奖。14日,亚洲并购协会秘书长中出了真与美国并购顾问协会主席大卫·弗格森签署协议。美国加入亚洲并购协会并建立美国分部。同时,全联并购公会副会长张士学与美国协会签署了全球并购交易师培训与认证合作协议。双方将共同成立全球并购交易师认证委员会,进行中美并购交易师认证，培养更多的并购人才。15 日，中国并购代表团一行参观了美国金融博物馆。16 日，代表团一行拜访美国国会参议员、参议院信息委员会主席 Richard Burr 以及国会众议员、中美经济委员会联合主席 Darin LaHood。当晚，美国中国并购公会在华盛顿正式成立。17 日，代表团参访美国国会大厦、全球区块链商业理事会和中国驻美国大使馆，并就中国企业进入美国市场进行并购等问题与大使馆经济参赞潘江等进行了深入交流。

12 月　全联并购公会会长尉立东同亚洲并购协会一起，率代表团赴中东地区进行考察交流活动。此次赴中东交流考察旨在推动共建"一带一路"生态体系的建设和推广，增进彼此合作，分享信息、资源和投资机会，共同发展。

12 月 26 日　全联并购公会创始会长、亚洲并购协会会长王巍，全联并购公会会长尉立东一行专程赴丝路基金有限责任公司拜访金琦董事长与部分业务主管，就全联并购公会与丝路基金的业务合作问题进行了深入交流。

2018年

1 月 5 日　全联并购公会创始会长、亚洲并购协会会长王巍，全联并购公会会长尉立东一行专程赴亚洲基础设施投资银行拜访金立群行长，就亚洲并购协会和全联并购公会与亚投行的合作问题进行了深入交流。

1 月 13 日　中央统战部副部长，全国工商联党组书记、常务副主席徐乐江，全国工商联党组副书记、副主席樊友山，全国工商联党组成员、副主席王永庆等一行在京调研全联并购公会，听取尉立东会长工作汇报并进行交流。

3 月　全联并购公会通过全国工商联向"两会"提交了"关于打造并购金融聚集区"的提案。

3 月 9 日　全联并购公会与香港大学联合主办第八届亚太地区企业并购模拟竞赛。亚太地区 16 所高校百余位并购精英学子参赛。全联并购公会会长尉立东、监事长葛明等出席。

4 月 11 至 14 日　全联并购公会创始会长王巍与美国中国并购公会会长王英等一行在华盛顿会见美国政要和商界人士，探讨如何进一步促进中美民间投资和商务发展。在美期间，中国驻美国大使馆参赞徐璐玲和汪勇在大使馆与王会长一行进行了会谈，表示支持全联并购公会推动民营企业进入美国市场，促进中美双方公平交易，支持在华盛顿举办高端中美并购论坛，协助并购公会到各州的商务考察，关注金融博物馆在美国启动的中美金融文化交流活动。

5 月 27 日　由全国工商联主办，全联并购公会、全国工商联人才交流服务中心承办的第二期德胜门大讲堂活动在京成功举办。活动以"金融安全与防范重大风险"为主题。中央统战部副部长，全国工商联党组书记、常务副主席徐乐江，全国工商联党组成员、专职副主席王永庆，全联并购公会创始会长王巍、会长尉立东等嘉宾出席会议。

6 月 19 日　全联并购公会与中国国际投资促进会在北京签署战略合作协议。

6 月 28 日　全联并购公会与全港各区工商联签署"粤港澳大湾区产业发展基金"合作框架协议。

7 月、10 月　全联并购公会与金融博物馆联合主办两期亚洲金融论坛，周小川、金立群、屠光绍、亨利·保尔森、尼尔·布什同场对话。

7 月 5 日下午　全国政协副主席、全国工商联主席高云龙一行调研全联并购公会，对公会的工作给予充分肯定。

7 月 10 日　全联并购公会与北京仲裁委员会/北京国际仲裁中心签署战略合作协议。双方将建立商事调解合作机制、商事仲裁合作机制，致力于共同对中国企业并购中产生的争议提供专业化的仲裁与调解服务。

8 月 14 日　全联并购公会创始会长王巍、会长尉立东、秘书长董贵昕和金融博物馆馆长渔童一行拜访光大集团。双方深入探讨了如何发挥各自优势，促进全国工商联、全联并购公会与光大集团的全面合作，通过共同组建民营企业发展支持基金的方式，共同搭建光大集团与中国民营企业合作发展的桥梁。

8 月 15 日 全联并购公会与香港独立非执行董事协会正式签署战略合作协议。

8 月 30 日 第三届东北并购年会在位于沈阳的产业金融博物馆召开。中央统战部副部长，全国工商联党组书记、常务副主席徐乐江，辽宁省政协主席夏德仁，沈阳市市长姜有为，全国工商联专职副主席黄荣，重庆市原市长黄奇帆，全联并购公会创始会长王巍、会长尉立东以及全国工商联各位常委等嘉宾出席会议。会上，全联并购公会与光大金控资产管理有限公司举行了战略合作签约仪式，由双方共同发起设立的"困境基金"——民营企业发展支持基金正式启动。

8 月 30 日 全联并购公会及全球并购研究中心发表《关于"国家税务总局对合伙制基金征税政策"的看法》，再次引起社会各界巨大反响。在国务院专门会议上，相关部委负责人直接向总理回应这一看法。国家税务相关部门两次到公会征求修改意见。

9 月 10 日 台湾并购与私募股权协会理事长卢明光、创会理事长黄齐元、副理事长黄显华等成员组成的参访团一行 17 人到访全联并购公会并举行座谈，创始会长王巍、会长尉立东接待来访。全联并购公会和台湾并购与私募股权协会正携手为促进两岸企业转型升级和商业经济发展而努力，并把推动海峡两岸并购发展作为共同的目标。

9 月 11 日 全国工商联党建"六强"考评督导组莅临全联并购公会党支部检查指导工作。督导组由中央纪委宣传部原常务副部长杨小平任组长，电科集团党组巡视工作办公室原副主任、党组巡视组原组长王建西和《中国工商》杂志社原社长、总编顾汉春任副组长。督导组对全联并购公会党支部以创新为引领的党建工作给予肯定。全联并购公会党支部也以"六强"考评督导组的检查指导为契机，扎实推进"六强"工作机制落实。

9 月 13 日 全国工商联宣传教育委员会在京成立。中国民间商会副会长、红豆集团有限公司董事局主席、全联并购公会常务理事周海江担任委员会主任。全联并购公会会长尉立东当选宣传教育委员会副主任兼教育培训工作组组长。

11 月　为更好落实国家对外开放战略，帮助国内投资者了解熟悉美国外国投资审查委员会（CFIUS）的责任、架构、审查范围、内容评估、个案处理原则、自由裁量权限、审查程序及工作机制，探索如何提高 CFIUS 审查通过率，为中国企业提高对美投资效率、降低成本提供建议；为政府部门制定对美投资政策提供资料参考，中国证券投资基金业协会委托全联并购公会、全球并购研究中心开展 CFIUS 审查案例研究。报告内容获得中国证券投资基金业协会和国务院相关部门肯定。

11 月 10 日　第四届中国并购基金年会在苏州召开，年会主题：并购基金的社会责任（ESG）。苏州工业园区党工委书记吴庆文，中国保监会原副主席魏迎宁，中国证券投资基金业协会会长洪磊，中国投资公司总经理屠光绍，中国证券市场设计研究中心（联办）总干事王波明，中美绿色基金董事长徐林，弘毅投资董事长赵令欢，全联并购公会创始会长王巍、会长尉立东等嘉宾出席。

11 月 22 日　全国工商联党组成员、副主席王永庆，全联并购公会创始会长王巍、会长尉立东一行拜访中国投资公司总经理屠光绍，三方将积极在筹备民企发展支持基金和产业重组并购基金、联合举办论坛、探索国际投资创新模式等方面开展合作。

11 月 28 日　全联并购公会与安永于联合发布《中国走出去》第八期报告《地缘局势风云变幻，中企如何审慎前行?》，为中国企业"走出去"、实施海外并购提供了有益的借鉴和指导。

12 月 9 日　由全联并购公会主办的第十五届中国并购年会在深圳召开，年会主题：新时代并购的力量。全国政协副主席、全国工商联主席高云龙莅临大会并发表主题讲话。招商银行副行长赵驹正式当选全联并购公会第十一任轮值主席，招商银行总行投资银行部总经理韩刚任轮值秘书长。亚太并购协会举行揭牌仪式。由全联并购公会与并购博物馆联合编撰的《百年中国并购史》一书正式发布。年会当晚，举行了全联并购公会成立 15 周年庆典。年会前一日，全联并购公会召开理事会通过有关事项。

12 月 8~9 日　为支持民营企业平稳发展，民营上市公司纾困培训班在深圳成功举办。全国工商联党组成员、副主席李兆前出席开班仪式并授课。

12月　为庆祝全联并购公会成立15周年，公会特别制作了《公会与我十五年》记录视频，视频特邀刘吉、王巍、尉立东、刘红路、葛明等10余位公会创立者、见证者、传承者进行了系列专访，共同回顾公会历史，展望并购未来。《并购公会十五年成长历史人物》（55人）油画在年会上发布。

2019年

1月21日　中共中央政治局常委、全国政协主席汪洋出席民营企业家迎春座谈会。全联并购公会会长尉立东应邀参会并汇报公会工作。

3月　全联并购公会通过全国工商联向"两会"提交了"关于建立完善民营企业信用修复机制"和"关于推动中小企业区块链信用模式"的提案。

3月27日　由北京大学国际法学院和全联并购公会联合主办的第九届亚太地区企业并购模拟竞赛落幕，来自16所高校的百余位学子在深圳展开并购竞赛。武汉大学等获得最佳并购方案奖，厦门大学获得最佳并购团队奖冠军。

4月　全联并购公会荣获"全国工商联直属商会2018年度优秀商会"。

4月22~26日　全国工商联党组副书记、副主席樊友山率全国工商联第二联系调研组赴甘肃酒泉、张掖、金昌、武威4个市及所属16个区县开展联系调研，全国工商联执委、全联并购公会会长尉立东陪同调研并参加宣讲。

5月9日　沈阳市委副书记、市长姜有为一行莅临全联并购公会调研。全联并购公会会长尉立东、公会顾问刘红路等热情接待。

6月22日　世界银行集团成员国际金融公司（IFC）企业金融服务全球主管Angelo Dell'Atti先生一行到访公会。创始会长王巍、会长尉立东、理事张宏久等热情接待。

7月2日　全国工商联党组副书记、副主席樊友山调研全联并购公会。全联并购公会会长尉立东、监事长葛明、党支部书记兼秘书长董贵昕、公会顾问王瑷等接待并汇报工作。

8月18日　在亚布力中国企业家论坛2019年夏季高峰会闭幕式上，全联并购公会创始会长、亚布力中国企业家论坛理事王巍出席并以"并购魅力与混改魄力"为题发表演讲，引发广泛关注。

8月31日　由全联并购公会、四川省地方金融监督管理局、成都市成华区人民政府主办，天府四川金融博物馆承办的首届天府四川并购年会成功举办。

9月1日　中原并购恳谈会"中原金融博物馆之夜"在河南郑州成功举办。此次活动以"企业经营诚信的市场化和法治化"为主题，由全联并购公会、河南省工商联、郑州市郑东新区金融服务局联合主办，中原金融博物馆承办。其间，全联并购公会发布了《中国并购交易市场化与法治化诚信宣言》（"中原宣言"）。

9月7日　由全联并购公会与中国国际投资促进会共同主办的"2019投洽会·金融服务业对外合作与发展论坛"在厦门举办。全联并购公会创始会长、金融博物馆理事长王巍和公会首席经济学家、国务院参事夏斌作为论坛主讲嘉宾发言，引发业界热烈反响。

11月2日　第五届中国并购基金年会在苏州召开，年会由中国基金博物馆主办，全联并购公会、苏州市金融发展研究会协办，苏州市人民政府、中国证券投资基金业协会、苏州工业园区管理委员会指导支持，主题为"科创大时代下的金融发展大趋势"。阎立、王翔、吴庆文、王飏、曹福龙、陈耀先、徐晓波、洪磊、孙杰、波涛、王巍、尉立东、阎焱、陈儒等领导参会。

12月8日　第十六届中国并购年会在北京举行，年会以"并购赋能提升国家核心竞争力"为主题，邱小平、黄奇帆、马秀红、王洪章、郭孟谦、王巍、尉立东、赵驹、李峰、张文中等领导莅临，参会总人数800余人。会上，全联并购公会信用管理、金融科技、金融文化、数字经济4家专业委员会成立；揭晓年度并购专项奖，共24家单位的33位个人摘得殊荣。

年会前召开了全联并购公会会员代表大会，大会选举了第五届全联并购公会领导班子成员，尉立东连任新一届公会会长，景柱当选新一届监事长，徐林、于明礼等20人当选副会长，中国工商银行当选第十二任轮值主席单位，丁杰、于群智等160人当选第五届理事会成员。

2020年

1月2日　全国工商联机关党委正式批准成立中共全联并购公会委员会，徐林担任中共全联并购公会委员会书记。

1月11日　中共全联并购公会委员会第一次全体会议在全国工商联机关召开。中央统战部副部长，全国工商联党组书记、常务副主席徐乐江会见全联并购公会党委书记徐林等公会党委领导和委员。

2月5日　全联并购公会调查全国982家企业受疫情影响情况，撰写发布调查报告在业界、学界、企业家和相关部委中引发强烈反响，成为相关部门引导企业复工复产科学决策的重要参考。

2月　为深入贯彻党中央、国务院及全国工商联决策部署，全联并购公会特别成立"抗击疫情工作领导小组"，统筹安排公会在抗击疫情期间的全面工作，并发布《致全体理事、会员的一封信》。26日，公会发布《关于积极应对新冠肺炎疫情影响，深化资本市场改革的若干建议》，组织公会领导、理事等50余位并购行业领军人物，为资本市场的深化改革和并购行业的稳健发展建言献策。

3月　全联并购公会通过全国工商联向"两会"提交了"关于建立完善民营企业信用修复机制"和"关于完善联合惩戒'黑名单'"的提案。

4月18日　由全国工商联主办，湖北省工商联、全联并购公会、金融博物馆、网易财经承办，武汉股权托管交易中心协办的德胜门大讲堂，以"资智援鄂　民企在行动"为主题，全联并购公会"'资智援鄂'专家服务团"正式成立。直播期间观看人数突破110万人。

7月 全联并购公会秘书处党支部被评为"全国工商联2016~2020年度先进基层党组织"。

9月8日 全国抗击新冠肺炎疫情表彰大会在北京举行,习近平总书记发表重要讲话。全联并购公会会长尉立东参加。抗击疫情期间,公会组织动员理事单位和会员企业捐款近7.64亿元,捐赠医疗等各类物资价值6381万余元。

9月9日 作为中国国际服务贸易交易会的重要成果和亮点环节,北京市地方金融监督管理局与全联并购公会战略合作协议签约仪式在国家会议中心举行。北京市地方金融监督管理局党组成员、副局长王颖与全联并购公会会长尉立东签署协议。北京市地方金融监管局党组书记、局长霍学文,以及全联并购公会创始会长王巍,顾问刘红路、葛明,常务副会长郑建彪,党委常务副书记李聚合,副会长崔利国,监事渔童等见证签约。

9月19日 德胜门大讲堂暨第十七届中国并购年会在全国工商联机关举行,年会以"并购纾困助力双循环"为主题,中央统战部副部长,全国工商联党组书记、常务副主席徐乐江和黄荣、刘明康、杨伟民、杨凯生、霍学文、王景武、王巍、郑杨、尉立东等领导齐聚年会,刘明康担任年会主席,当天全平台观看人次突破350万人。年会上,全联并购公会学术与培训、中小企业投融资、民企重整、并购调解、青年企业家5家专委会正式揭牌。

9月24日 按照全国工商联直属商会综合党委的批复,全联并购公会秘书处党支部召开换届选举会议,选举李聚合为新一届党支部书记,陈四红为副书记。公会党委书记徐林等参加会议,会长尉立东列席会议,全国工商联直属商会综合党委办公室赵云凤同志到会指导。

10月31日 第六届中国并购基金年会在苏州召开。年会以"双循环格局中的困境资产重组"为主题,由苏州基金博物馆主办,全联并购公会、苏州市金融发展研究会、苏州资产管理有限公司协办。王飏、吴琦、刘小玫、周志刚、陈春艳、曹福龙、屠光绍、杨凯生、朱小黄、孙晓霞、张晓松、陈建雄、阎焱、王洪章、赵学军、王巍、尉立东、李聚合等领导出席活动。超过 75 万人在线观看。

11 月 1 日　全联并购公会通过会长会与党委中心组学习会议相结合的方式，在线上平台组织会领导及党委委员集中学习党的十九届五中全会精神。会议由徐林书记主持，尉立东会长等公会领导、党委委员参加并发表学习体会。

11 月 24 日　全联并购公会顾问刘红路在南京向江苏省省长吴政隆汇报全联并购公会工作和江苏民营企业发展情况。

12 月 11 日　全联并购公会通过视频方式组织召开监事会会议，公会监事长景柱，监事徐模、渔童、谢佳扬、谢思敏参会，会长尉立东列席会议。

12 月 21 日　全国工商联十二届四次执委会议在广西召开，会议表扬了抗击新冠肺炎疫情先进民营企业，全联并购公会会长单位北京尚融资本管理有限公司、副会长单位国浩律师事务所等 12 家理事单位被评为全国抗击新冠肺炎疫情先进民营企业。尉立东会长受邀参会，并作为代表获颁"抗击新冠肺炎疫情先进民营企业"证章。

2021年

1 月 20 日　全联并购公会党委组织召开了民主生活会。会议由党委书记徐林主持，公会党委委员李聚合、景柱、郑建彪、董贵昕、姜山赫参加，会长尉立东、党办主任陈四红列席。全联直属商会综合党委办公室主任、并购公会党建指导员李秀华到会指导。

1 月　全联并购公会"创新金融服务模式助力鄂企复苏"荣获 2020 年度"创新中国"综合商会工作最佳案例。

1 月 22 日　中国光彩会第六次会员代表大会暨全国抗击新冠肺炎疫情民营经济先进个人表彰大会在京召开，中共中央政治局常委、全国政协主席汪洋会见全体与会代表。全联并购公会常务理事张文中、陈东升、余竹云荣获"全国抗击疫情民营经济先进个人"。

2 月　全联并购公会邀约部分会领导、常务理事发布《2021 年资本市场及并购行业展望》，对 2021 年资本市场与并购行业的趋势和变化、并购助力民营企业纾困等发表意见，代表公会为行业发声。

2 月 全国工商联表彰了 2020 年度信息工作成绩突出的单位和商会组织，全联并购公会获评"2020 年度全国工商联信息工作先进单位"。

3 月 全联并购公会通过全国工商联向"两会"提交了"关于在区域性股权市场登记结算机构与商事登记机构之间建立信息对接机制"的提案，并得到国家发改委肯定答复。

3 月 为深入贯彻落实党中央国务院关于减税降费重大决策部署、《民政部关于在行业协会商会领域组织开展"我为企业减负担"专项行动的通知》等要求，经全联并购公会理事会研究，审议通过《关于调整常务理事及理事单位 2021 年会费的通知》，决定调减新加入公会的常务理事和理事 2021 年入会费以及现有理事单位中的中小微企业 2021 年会费。

3 月 30 日 公会贯彻落实党中央决策部署，落实《关于铲除非法社会组织滋生土壤净化社会组织生态空间的通知》要求，发布《关于坚决抵制非法社会组织的倡议》，受到广泛关注。

3 月 30 日 全联并购公会党委组织召开党史学习教育动员大会，党委书记徐林，会长尉立东，党委常务副书记李聚合，党委委员姜山赫，全联机关党委办公室主任、党建指导员李秀华等参加会议。

4 月 全联并购公会创始会长、金融博物馆理事长王巍接受《财经》专访，访谈内容《中国资本市场三十年是一个再造市场的过程》引发热烈反响。

4 月 13 日 全联并购公会会长尉立东、副会长权忠光一行拜访中国资产评估协会，与中国资产评估协会会长耿虹，副会长、秘书长张更华举行座谈。

5 月 9 日 全国工商联办公厅党支部、全联并购公会秘书处党支部和兴山县古夫镇古洞村党支部联合举办"重温党史守初心 乡村振兴担使命"主题党日活动。

5 月 13 日 中共全联并购公会委员会与中共中能化创新投资集团有限

公司委员会共同举办金融服务实体经济"学党史·联学共建"活动。

6月11日　全联并购公会携手会长单位尚融资本在密云生态基地开展"双碳行动·绿色金融公益林"主题义务植树活动。

6月21日　全联并购公会党委以线上线下相结合的方式召开党史学习交流会。徐林书记、尉立东会长、李聚合常务副书记，党委委员郑建彪、姜山赫以及公会党员和入党积极分子参加。

6月24日　全国工商联会员部党支部与全联并购公会秘书处党支部、全联农业产业商会党支部联合开展"学思践悟百年路　砥砺奋进勇担当"党史学习论坛。全国工商联会员部部长、党支部书记张新武，会员部副部长刘建、张世芳，二级巡视员刘云莲，全联并购公会创始会长王巍、会长尉立东、党委常务副书记李聚合、监事渔童，全联农业产业商会秘书长郭树、党支部副书记王兰云参加活动。

6月30日　全联并购公会与北京投融资商会签署战略合作协议。全国工商联十二届执委、全联并购公会会长尉立东，北京市商会副会长、北京投融资商会执行会长苗谦，全联并购公会顾问刘红路、党委常务副书记李聚合等出席仪式。

7月1日　全联并购公会会长尉立东，副会长周海江、权忠光，党委委员姜山赫受邀参加庆祝中国共产党成立一百周年大会，现场聆听习近平总书记"七一"重要讲话。下午，全联并购公会党委组织召开党委扩大会议，学习习近平总书记"七一"重要讲话精神，并交流体会感悟。

7月　全联并购公会党委荣获中共中央统战部"先进基层党组织"称号以及全国工商联"商会党建工作示范单位"和"先进基层党组织"称号。

7月8日　全联并购公会积极参加"2021全国知名民企湖北行"活动，全联并购公会会长尉立东被聘为"湖北省人民政府优化营商环境特邀咨询顾问"，王忠林省长颁发聘书。

7月　全联并购公会获评"全国工商联直属商会2020年度优秀商会"，尉立东会长被评为"2020年度优秀会长"。

7月　河南省遭遇千年未遇特大暴雨，全联并购公会会长单位尚融资本紧急捐款 100 万元，秘书处员工捐款 5 万元，专款用于资助河南省家庭受灾严重而无力支付学杂费的学生。

7 月 30 日 全联并购公会、社会科学文献出版社共同发布了《中国并购报告（2021）》。这是中国并购报告首次以蓝皮书的形式发布。

8 月 20 日 山东省地方金融监管局与全联并购公会正式签署战略合作协议，山东省地方金融监管局党组书记、局长刘晓与全联并购公会会长尉立东作为代表签约。

9 月 11 日 广西壮族自治区地方金融监管局与全联并购公会签署战略合作协议，自治区地方金融监管局局长范世祥、全联并购公会会长尉立东作为代表签约。

10 月 30 日 第七届中国并购基金年会在苏州举办，年会以"聚焦长三角 聚焦大重组"为主题，由苏州基金博物馆主办，全联并购公会、苏州市金融发展研究会协办，苏州市人民政府、苏州工业园区管理委员会指导。林小明、刘小玫、黄奇帆、屠光绍、高西庆、徐林、朱民、曹福龙、万建华、蔡洪平、经雷、周宁、王巍、尉立东、李聚合等领导莅临，部分嘉宾致辞并演讲，高天红以视频方式致辞，200 余名金融行业人士、专家、学者齐聚一堂。

11 月 28 日 在北京市地方金融监管局和密云区人民政府的大力支持下，全联并购公会在北京密云樱桃自由生态园成功举办气候金融圆桌谈活动。

12 月 18 日 以"并购赋能聚焦民营经济高质量发展"为主题的第十八届中国并购年会在北京成功举行。年会由全国工商联指导、全联并购公会主办，全国工商联党组成员、秘书长赵德江和赵维久、王一鸣、贾康、王巍、蔡慧、王名、尉立东、徐林、景柱等领导以线上或线下方式出席，直播观看总人数突破 310 万人。年会之前，全联并购公会理事会顺利召开，此次理事会采取线上线下相结合的方式举行。

12 月 民政部发布《2020 年度全国性社会组织评估等级公告》，全联并购公会获评 3A 级全国性社会团体。

2022年

1月12日　山东省并购联合会成立大会在济南举行，山东省人大常委会副主任、省工商联主席王随莲出席并为山东省并购联合会揭牌，全联并购公会会长尉立东参会并致辞。山东省并购联合会加入公会团体会员。

1月27日　最高人民检察院党组书记、检察长张军主持召开座谈会，全联并购公会会长尉立东受邀参加，建议依法加大对民营企业保护力度。

1月　全联并购公会荣获"2016～2020年全国普法工作先进单位"称号。

3月　全联并购公会通过全国工商联向"两会"提交了"关于将《商会法》列入十四届全国人大常委会立法规划"和"关于对数字经济相关重大并购实施国家安全审查监管"的提案。

3月26日　全联并购公会联合会长单位尚融资本在北京密云樱桃自由有机生态园主办"第二届密云气候金融研讨会暨绿色金融公益林植树活动"。

4月15日　由澳门科技大学法学院和全联并购公会主办、台湾政治大学法学院协办的第十届亚太地区企业并购模拟竞赛圆满落幕，来自海峡两岸、港澳地区15所高校16支代表队的百余位学子参加。

5月　为适应发展需要，全联并购公会正式搬迁至北京市海淀区三里河路1号西苑饭店7号楼。

5月17日　全国政协在京召开"推动数字经济持续健康发展"专题协商会，中共中央政治局常委、全国政协主席汪洋，中共中央政治局委员、国务院副总理刘鹤出席并讲话。全联并购公会组织学习会议精神，会长尉立东，创始会长王巍，党委书记徐林，监事长景柱，顾问刘红路，副会长吕红兵、崔利国、权忠光、翟美卿，常务理事邓迪发表学习体会。

5月19日　受尉立东会长委托，全联并购公会创始会长王巍、顾问刘红路、常务理事王平、监事渔童等拜访北京微芯区块链与边缘计算研究院。

5月29日　由全国工商联经济部和全联并购公会共同主办、公会金融文化专委会承办的"数字经济与金融元宇宙"座谈会召开。公会会长尉立东主持，创始会长王巍发表"金融元宇宙（MetaFi）的应用与法治环境"主题演讲，常务理事王平，数字经济专委会主任、太一云董事长邓迪，常务理事王乾，中国出版集团中译出版社社长乔卫兵阐述观点，引发各界强烈关注。

6月 江苏省党代表会议选举产生出席党的二十大代表 71 名。其中，全联并购公会副会长周海江当选中国共产党第二十次全国代表大会代表。

6月22日 全联并购公会党委联合全国工商联办公厅党支部、全国工商联石材业商会党支部、公会会长单位尚融资本管理有限公司党支部，赴香山组织开展"走好第一方阵，我为二十大做贡献"主题党日活动。

7月2日 由并购博物馆主办、全联并购公会支持的 2021 年度中国十大并购评选结果正式揭幕。

7月20日 全联并购公会秘书处党支部获评全国工商联"四强"党支部。

7月21日 全联并购公会与北京市侨联举行座谈交流，北京市侨联党组书记严卫群，党组成员、副主席苏泳，全联并购公会会长尉立东、党委常务副书记李聚合等参加。

7月21日 全联并购公会会长尉立东等一行前往中国上市公司协会，与中国上市公司协会党委委员、副会长孙念瑞等领导深入交流。

7月24日 海南省地方金融监管局与全联并购公会签订战略合作协议，海南省地方金融监管局局长陈阳与全联并购公会会长尉立东作为代表签约。同日，全联并购公会与海口金控正式签署战略合作协议。海口金控副董事长、海口融资担保董事长许海果，海口金控总经理、海口金控资本总经理林琳，海口融资担保总经理、海口金控资本董事长李勃，全联并购公会会长尉立东、顾问刘红路、监事渔童、执行秘书长沈联合等参加仪式，许海果副董事长与尉立东会长代表双方签署协议。

7月24日 以"碳中和领域 SPAC 融资"为主题的内部恳谈会在京举办。恳谈会由中国能源研究会碳中和专委会联合全联并购公会主办，德勤中国资本市场服务部承办。中国能源研究会碳中和专委会主任、三峡科技有限责任公司董事长江冰，全联并购公会党委常务副书记李聚合，德勤中国华北区审计及鉴证主管合伙人、资本市场服务部华北区主管合伙人任绍文等出席。

8月7日　由全联并购公会、中国能源研究会碳中和专委会主办的碳中和金融产品创新研讨会在北京 CBD 举行。中国能源研究会理事长史玉波，全联并购公会会长、尚融资本创始及管理合伙人尉立东，中国能源研究会碳中和专委会主任、三峡科技董事长江冰，德勤中国全国审计及鉴证领导人利佩珍致辞。

8月26日　全联并购公会会长办公会以线下线上相结合方式在京召开。会长尉立东，常务副会长郑建彪，副会长程亮、孙杰、王乃祥、崔利国、权忠光、张小艾参会。创始会长王巍，顾问刘红路、王瑷、葛明，党委常务副书记李聚合，监事徐模、谢佳扬、渔童列席。

8月30日　受全联并购公会会长尉立东委托，公会顾问刘红路出席特立尼达和多巴哥独立 60 周年招待会，与特立尼达和多巴哥驻华大使刘娜、委内瑞拉驻华大使约夫雷达、巴拿马驻华参赞李可等亲切会见。

9月1日　全国工商联党建第三督导组组长王建设、副组长付丽梅、成员冯肇远莅临全联并购公会开展"为党的二十大召开营造良好氛围"党建督导工作。公会党委常务副书记李聚合、顾问刘红路、纪检委员姜山赫等参加并汇报工作。

9月5日　作为 2022 年中国国际服务贸易交易会的亮点板块，全联并购公会联合主办第二届碳中和国际法治论坛，与北京绿色交易所签署战略合作协议。

9月24日　全联并购公会会长尉立东、副会长王乃祥受邀参加在北京联合国大楼举办的"ESG 与碳中和投资"高端圆桌会议。

10月16日　全联并购公会党委和领导班子成员通过电视、网络、手机等方式收听收看党的二十大开幕式，发表学习党的二十大报告、领会党的二十大精神的感想。

10 月 24 日 临沧市人民政府与全联并购公会签署战略合作协议。临沧市委书记张之政、一级巡视员尚东红、常务副市长赵子杰，全联并购公会会长尉立东，副会长、信用管理专业委员会主任李聚合，执行秘书长沈联合等出席签约仪式。

10 月 25 日 全国工商联任命邵逸同志担任全联并购公会党委常务副书记，全联并购公会召开会议，对邵逸同志表示热烈欢迎。

10 月 29 日 全联并购公会党委、会长单位尚融资本党支部组织开展主题党课，全联并购公会党委书记、中美绿色基金董事长徐林讲授"踔厉奋发、勇毅前行，深刻领会党的二十大精神"主题党课。

11 月 1 日 全联并购公会党委书记、中美绿色基金董事长徐林和公会顾问刘红路应邀参加日本驻华大使馆举办的日中邦交正常化 50 周年纪念招待会。

11 月 2 日 中国上市公司协会党委书记、执行副会长柳磊一行莅临全联并购公会考察指导。公会创始会长王巍，会长尉立东，党委常务副书记邵逸，公会顾问刘红路，副会长、信用管理专委会主任李聚合，监事渔童等接待。

11 月 2 日 民营企业 ESG 发展与评价研究课题研讨会在全联并购公会召开，国务院参事、著名经济学家汤敏教授，银河证券前首席经济学家左小蕾教授莅临公会指导调研。公会创始会长王巍，会长尉立东，党委常务副书记邵逸，副会长、信用管理专委会主任李聚合，监事渔童等参会。

11 月 3 日 全联并购公会会长尉立东一行拜访中咨公司党委书记、董事长、总经理苟护生。

11 月 7 日 全联并购公会会长尉立东受邀出席第五届中国企业论坛市长会客厅活动。山东省委常委、济南市委书记刘强主持并讲话，国务院国资委党委委员、秘书长彭华岗致辞，济南市委副书记、市长于海田主旨发言，尉立东会长作主题发言。

11 月 8 日 全联并购公会创始会长王巍，公会党委书记、中美绿色基金董事长徐林等一行拜访中国证券投资基金业协会，与协会党委书记、会长何艳春，党委委员、副会长高天红进行了座谈交流。

11 月 9 日　由北京仲裁委员会/北京国际仲裁中心与中国银行业协会、中国保险行业协会、中国保险资产管理业协会、全联并购公会联合主办的中国金融争议解决及投资争议解决年度观察（2022）发布会举行，公会顾问、并购维权委员会主任刘红路受邀致辞。

11 月 12 日　以"红色基因　创新金融"为主题的第五届井冈山革命金融年会线上举办。年会由井冈山革命金融博物馆主办，全联并购公会金融文化专委会、数字经济专委会协办，中国建设银行原董事长、井冈山革命金融博物馆理事长王洪章，中国金融教育发展基金会秘书长李海辉，江西省吉安市委副书记、市长罗文江，吉安市人民政府原党组成员刘志坚，井冈山管理局局长、井冈山市市长廖东生，全联并购公会创始会长王巍等莅临线上年会。

11 月 26 日　由北京大成企业研究院主办，全联并购公会承办的"大成企业首脑沙龙（2022·线上线下）"成功举办。黄孟复、孙安民、张元龙、谢伯阳、欧阳晓明等领导出席。全联并购公会会长尉立东、副会长周海江发言，党委常务副书记邵逸、顾问刘红路线下参会。

12 月 12 日　全国工商联十三届执行委员会一次会议在京召开。全联并购公会监事长景柱当选中国民间商会副会长，会长尉立东当选全国工商联常委，常务会长张国祥、副会长肖凯旋当选全国工商联执委。

12 月 16 日　全联并购公会会长尉立东代表公会党委向全行业、全体理事会员发出"五个争做"的重要倡议——争做听党话跟党走的表率、争做创业创新的先锋、争做高质量发展的标兵、争做回报社会的典范、争做守法经营的楷模。

12 月 17 日　第十九届中国并购年会暨西部并购年会在线上圆满举办，年会以"数字经济与并购新机遇"为主题，杨伟民、高西庆、欧阳泽华、郭瑞明、柳磊、王巍、徐林等重磅嘉宾发声，在线观看人数近百万人。会上，全联并购公会气候投融资、创业投资、数字经济、专业拍卖服务 4 家专委会揭牌。

年会之前召开了全联并购公会会员大会暨理事会，选举尉立东、徐林、郑建彪、吕红兵、权忠光、翟美卿、张国祥 7 人为全联并购公会常务会长会领导班子成员，尉立东同志为会长。

12 月 17 日　全联并购公会与四川省地方金融监管局举行战略合作协议线上签约仪式。四川省地方金融监管局副局长傅瑜与全联并购公会会长尉立东作为双方代表签约。四川省政协副主席、四川省地方金融监管局局长欧阳泽华，全联并购公会党委书记、常务会长徐林，全联并购公会创始会长王巍等领导在线见证签约。

12 月 17 日　《中国并购报告（2022）》在京通过线上形式正式向业界发布，为并购行业高质量发展提供智力支撑。

12 月 15~16 日　中央经济工作会议在京举行，习近平总书记发表重要讲话。全联并购公会领导班子组织讨论，深入学习中央经济工作会议精神。

12 月 17 日　民建第十二届中央委员会第一次全体会议召开，全联并购公会常务会长、中企华公司董事长权忠光当选民建第十二届中央委员会委员、中央内部监督委员会委员。

12 月 31 日　第八届中国并购基金年会在线上举办，年会以"上市公司的并购竞争力"为主题，由苏州基金博物馆、全联并购公会共同主办。王忠民、吴庆文、高天红、孙念瑞、顾海东、李辉、Daivd Fergusson、尉立东、葛步明、林小明、周鸿祎等嘉宾齐聚一堂，年会在线观看人数达 200 万人。

12 月　全国工商联办公厅发布《关于认定 2021—2022 年度全国"四好"商会的通报》，全联并购公会荣获 2021~2022 年度全国"四好"商会。

2023年

1 月 5 日　全联并购公会秘书处党支部与尚融资本党支部采取线上线下相结合的方式，联合举办"学习贯彻党的二十大精神和全国工商联十三大内容"主题党日活动。全国工商联常委、公会会长、尚融资本创始及管理合伙人尉立东宣讲党的二十大报告，传达全国工商联十三大会议内容。

1月5日　由"中国民营经济50人谈"主办、北京企业国际化经营创新商会承办、全联并购公会协办的2023年研讨会在三里河壹号金融会客厅举行。中国经社理事会原副主席，全国政协原副秘书长、港澳台侨委员会原主任委员杨崇汇，全国工商联原副主席、全国政协参政议政人才库特聘专家庄聪生等领导参会并发言。

1月7日　"2022中国民营经济年会"在北京和滨州双会场同步举行。全国工商联党组成员、副主席汪鸿雁出席会议并讲话。汤亮、叶青、周海江、俞敏洪、尉立东、崔立新6位企业家发言。

1月13日　全国工商联党组成员、副主席汪鸿雁一行调研全联并购公会。全国工商联副秘书长、组织建设部部长郭孟谦，全国工商联机关党委办公室主任李秀华，全国工商联组织建设部商会处副处长程小东等陪同调研。全联并购公会会长尉立东，党委书记徐林，创始会长王巍，党委常务副书记、党支部书记邵逸，常务会长郑建彪，副会长李聚合、张小艾、渔童、陈晓婷、林波，党委委员、理事姜山赫等汇报工作。

1月　全联并购公会"夯实'信用民企'基石"荣获2022年度"创新中国"综合性商会工作最佳案例。

1月　全国工商联"2022年工商联系统优秀调研成果评选"结果公布，全联并购公会上报的《我国数据要素市场发展面临的主要障碍和对策》荣获调研报告类二等奖。

1月17日　政协第十三届全国委员会常务委员会第二十五次会议在京闭幕。会议表决通过政协第十四届全国委员会参加单位、委员名额和委员人选名单。全联并购公会常务会长、国浩律师事务所首席执行合伙人吕红兵（社会科学界），常务会长、中企华公司董事长权忠光（经济界），常务会长、香江集团总裁翟美卿（中华全国妇女联合会）当选第十四届全国政协委员。

2月15日　商务部投资促进事务局副局长李勇一行到访全联并购公会，公会会长尉立东，党委常务副书记、秘书处党支部书记邵逸，副会长李聚合等接待。

2月16日 全联并购公会秘书处党支部召开组织生活会并开展民主评议党员。会议由党支部书记邵逸主持，党员徐林、李聚合、陈四红、常芳参加，会长尉立东、顾问刘红路等列席。公会党建指导员、全国工商联机关党委办公室主任、组织处处长李秀华到会指导。

2月24日 第十四届全国人民代表大会代表名单公布。中国民间商会副会长、全联并购公会监事长、海马集团董事长景柱（海南省）当选第十四届全国人大代表。

3月 全联并购公会通过全国工商联向"两会"提交了"关于加快建设碳普惠市场交易机制 推动形成自发性碳市场交易"的提案。

3月6日 习近平总书记在民建工商联界联组会上发表重要讲话，广大民营经济人士和工商联商会系统干部学习贯彻总书记重要讲话精神，全联并购公会监事长景柱、会长尉立东、副会长周海江畅谈学习体会。

3月9日 丝元投资有限责任公司总裁、党委副书记杨小军一行到访全联并购公会，公会会长尉立东、副会长李聚合等亲切接待。

3月12日 全联并购公会深入学习贯彻"两会"精神暨五届一次常务会长会在北京三里河壹号金融会客厅成功召开。会议特别设置"代表委员话两会"环节，邀请景柱、吕红兵、权忠光、翟美卿等"两会"代表委员传达"两会"精神。

3月27日 全港各区工商联首席会长卢锦钦一行到访全联并购公会，尉立东会长和卢锦钦首席会长一同为全港各区工商联北京办公室揭牌。

3月28日 第三届儒商大会东营推介对接活动——"2023东营市投融资合作创新发展大会"在济南举行。大会由东营市人民政府、全联并购公会主办，东营市投资促进局、山东省并购联合会承办。谢经荣以视频方式致辞，彭森、程路、陈必昌、尉立东出席。

4月10日 中国科学院大学经济与管理学院"思危大讲堂"邀请全联并购公会创始会长、金融博物馆理事长王巍主讲"智能时代的金融创新"，讲座由经济与管理学院党委书记张玲玲教授主持，院长洪永淼教授致辞。

4月18日 在中国上市公司协会财务总监专业委员会换届大会暨第三

届第一次全体会议上，全联并购公会常务会长、致同会计师事务所（特殊普通合伙）管理合伙人郑建彪出任中国上市公司协会财务总监专业委员会副主任委员。

4月20日　全联并购公会召开党委扩大会，开展学习贯彻习近平新时代中国特色社会主义思想主题教育动员大会。受党委书记徐林委托，党委常务副书记邵逸主持会议，委员郑建彪、姜山赫参加会议，会长尉立东等列席。

4月22日　金产学研中医药创新发展论坛揭牌仪式暨专家座谈会在三里河壹号金融会客厅召开，活动由全联并购公会主办、全联并购公会创业投资专业委员会承办。

4月25日　全联并购公会组织理事参观在北京嘉德艺术中心举办的"畅神集"绘画作品展。原中国银监会主席、全国政协经济委员会原副主任刘明康，全联并购公会创始会长、金融博物馆理事长王巍，会长、尚融资本创始及管理合伙人尉立东，顾问刘红路等出席活动。公会副会长、金融博物馆馆长渔童，副会长、松禾资本高级顾问兼合伙人陈晓婷，副会长、北京亚信数据有限公司联合创始人/董事长沈丹婷，副会长、山东华信清算重组集团有限公司董事长提瑞婷及20余位公会理事和特邀嘉宾参加。

4月28日　全联并购公会领导一行与中国化学投资事业部总经理、国化投资控股董事长王利生座谈交流。

5月4日　全联并购公会会长尉立东、顾问刘红路在三里河壹号金融会客厅会见柬埔寨洪森首相卫队前副总司令兼情报装备部部长赵伟如将军。

5月4日　全联并购公会党委书记、常务会长徐林，公会副会长李聚合会见美国 RTW Investments 创始人、管理合伙人、首席投资官 Roderick Wong 博士一行。

5月11日　全联并购公会携手北京青年报社，由会长单位尚融资本、常务会长单位中企华资产评估、副会长单位亚信数据、常务理事单位安永华明会计师事务所组成招聘团，助力清华附中生涯体验日主题活动成功举办。

5月22日　共建"一带一路"倡议十周年西港特区成果展在全联并购

公会副会长单位红豆集团的西哈努克港经济特区正式开幕，柬埔寨首相洪森和中国驻柬埔寨大使王文天莅临现场，受全联并购公会会长尉立东委托，全联并购公会顾问刘红路、副会长汪政应邀参会。

5月　由全联并购公会创始会长、金融博物馆理事长王巍潜心撰写的新书《并购的江湖》出版发行，吴晓灵、高西庆、王石、刘二飞等联袂推荐。

6月3日　全联并购公会再次携手会长单位尚融资本，在尚融资本密云生态基地举行了第二届"双碳行动·绿色金融公益林"主题义务植树活动。

6月6日　"中草药及保健植物产业化的科技成果转化及投融资招商对接会"成功举办。

6月7日　北京银行与全联并购公会战略合作签约仪式在苏州举行。北京银行副行长、业务总监戴炜与全联并购公会常务会长郑建彪作为双方代表签约。北京银行党委书记、董事长霍学文，监事长曾颖，董事会秘书曹卓；全国工商联第十三届常委、全联并购公会会长尉立东，公会顾问、并购维权专委会主任刘红路，公会副会长汪政等见证签约。

6月9日　北京市委统战部副部长、市工商联党组书记赵玉金一行调研全联并购公会，全国工商联第十三届常委、公会会长尉立东，公会党委常务副书记、秘书处党支部书记邵逸等接待。

砥砺前行二十载，初心仍未改；逐梦奋进二十年，青春再出发。回顾历史，我们豪情满怀；面向未来，我们信心百倍。党的二十大擘画了新时代新征程的宏伟蓝图，为做好当前和今后一个时期的商会和金融服务工作指明了前进方向。迎接下一个二十年，全联并购公会将全面贯彻落实党的二十大精神，把公会发展融入国家发展大局，为商会改革注入新的实践内涵，努力把公会建设成为"影响广泛、特点鲜明、规范发展、凝心聚力、政府信任、会员满意"的中国特色一流商会组织，为激发民营经济活力、推动民营企业发展贡献更多并购力量。

Abstract

Blue Book of M&A: *Annual Report of M&A in China* (2023) is a think tank report published by China Mergers and Acquisitions Association, relying on a professional academic team and industry accumulation. This report summarizes the scale and overview of the domestic and overseas M&A market in 2022, reviews the relevant laws, regulations, and policy orientations related to M&A, elucidates the current status of M&A in ten key industries, and analyzes the development of M&A in listed companies, private enterprises, and M&A funds. It also conducts in-depth discussions on hot topics such as artificial intelligence, ESG, and metaverse, and provides a focused analysis of some influential M&A cases within the year. The report is divided into seven sections: General Report, Policy and Regulation, Industry Reports, Special Topics, Popular Issues, Case Studies, and Appendixes.

In 2022, due to the tightening monetary and fiscal policies of major central banks around the world, global capital liquidity has tightened. The uncertainty of economic recession and turbulent markets have led to a slowdown in M&A market. The number and scale of global investment and M&A activities have declined compared to 2021, with over 54000 global M&As and a total transaction amount of over 3.3 trillion US dollars. The general report analyzes the macroeconomic environment of the M&A market in 2022, focusing on the international M&A market. The number and volume of M&A transactions in the Americas, EMEA region, and Asia-Pacific region all declined compared to the previous year. However, industries such as technology, financial services, internet, and biopharmaceuticals remained active in M&A activities. In 2022, the overall transaction value of the M&A market in China was 2017.72 billion RMB, representing a 53.1% decrease compared to 2021. The total number of M&A

transactions was 10069, representing a 27.2% decrease compared to 2021. The distinctive feature of the Chinese M&A market in 2022 was that large enterprises were able to enhance their competitiveness through resource integration, better positioning themselves to cope with the global competitive landscape. The Chinese M&A market continues to thrive and shows promising prospects.

2022 was an extraordinary year in which the Chinese economy faced the triple pressures of shrinking demand, supply shocks, and weakening expectations. In this context, M&A became important means of integrating corporate assets and optimizing resource allocation. In terms of major asset restructuring among A-share listed companies, a total of 137 major asset restructuring plans were disclosed in 2022, including 80 audited restructuring plans and 57 non audited restructuring plans, involving a total transaction amount of 400.4 billion RMB. Three main characteristics can be observed: firstly, the focus of M&A targets returned to the essence of entities; secondly, valuation premiums returned to rational levels; and thirdly, the manufacturing industry dominated the M&A activities. From the perspective of private enterprises, 2022 witnessed the continuation of previous trends as well as the emergence of new characteristics in their M&A activities. Industrial mergers and acquisitions became a trend, though the number has decreased, the integration of upstream and downstream industries has become a choice for more private enterprises. National industrial policies played a guiding role in private enterprise M&A activities, and the recent popularity of green and carbon-related industries remained strong. The real estate sector also sought to gradually overcome its current challenges through M&A activities. Additionally, "Specialized, refined, unique and innovative", as an important starting point for strong chain complement, will inject new potential into the M&A market.

Looking at the different sections, the Policy and Regulation section primarily focuses on summarizing and interpreting the relevant laws, regulations, and normative documents that directly or indirectly affect M&A during the period of 2021–2022 in China. It presents the establishment, improvement, or changes in these rules and provides further analysis and interpretation of the new regulations, thereby offering guidance for practical M&A operations. In the Industry Report, research is conducted on the development background, current status, and trends of industries such as manufacturing and energy and mining industries. It also examines the scale and characteristics of M&A activities within these industries and provides a systematic and comprehensive presentation of the latest M&A trends in major domestic sectors. The section includes logical framework interpretations of key M&A cases. The Special Topics section focuses on the domestic M&A market and provides a systematic and summarized analysis of M&A activities in listed companies, private enterprises, and M&A funds. The Popular Issues section specifically addresses the current status of development and M&A trends in the field of artificial intelligence. It also analyzes the cross-border M&A status and trends under the new situation, M&A activities in industries under the ESG investment framework, and the new developments in M&A and restructuring in the metaverse domain. The Case Studies section focuses on in-depth analysis of some influential M&A cases that occurred within the current year. Examples include the acquisition of Tsinghua Unisplendour (Group) by Zhiguangxin Holdings and the acquisition of Fenghua Semiconductor Technology by Nationstar Optoelectronics. Finally, the report concludes by showcasing the glorious journey of the China Mergers and Acquisitions Association over the past 20 years.

Keywords: M&A Market; M&A of Industries; M&A Restructuring

Contents

I General Report

Abstract: At the beginning of 2022, Europe, the United States and other developed economies were constrained by the epidemic and the Russia-Ukraine conflict and other supply side constraints, which combined with the resonance of the huge amount of liquidity of funds released to cope with the impact of the epidemic, leading to high inflation, and then the major central banks started tightening monetary policies. Under the expectation of economic recession, the popularity of M&A activities tends to slow down, and the number and scale of global investment and M&A activities have decreased compared to 2021. The number of global M&As has exceeded 54000, with a total transaction amount of over 3. 3 trillion US dollars. This report first analyzes the macroeconomic environment of the M&A market in 2022, with major central banks led by the Federal Reserve and the European Central Bank initiating interest rate hikes. Global economy is expected to fall into recession, weakening market's willingness and ability to make mergers and acquisitions. Secondly, from the perspective of the international M&A market, the number and scale of M&A activities in the Americas, EMEA, and Asia Pacific regions have all decreased compared with the corresponding period last year, but M&A activities in industries such as technology, financial services, internet, and biopharmaceuticals are relatively active. Finally, we will focus on the Chinese M&A market, which is still in the transitional stage from rapid development to maturity. The activities of large enterprises to further improve their competitiveness through the integration of M&A market resources are in the ascendant. Industry, information technology, and financial industries are the main industries for mergers and acquisitions in China in 2022.

Keywords: M&A Environment; Global M&A; Industrials M&A; M&A in China

II Policies and Regulations Reports

B.2 Evaluation of Mergers and Acquisitions Laws and Regulations

Wan Yijiao, Zhang Songtao, Chen Junyun and Zhou Yuwen / 025

Abstract: This report mainly summarizes and interprets the relevant laws, regulations and regulatory documents drafted or promulgated by China's relevant legislation and administrative organs during the period of 2021−2022, which have a direct or indirect impact on mergers and acquisitions. In recent years, the domestic economic operation has been under pressure, the market activity of mergers and acquisitions has decreased, and under the influence of the epidemic, the frequency of the release of relevant policies and legal documents from 2021 to 2022 has slowed down. However, through the review of the legislation and law enforcement in that year, we can see that the relevant legislative, administrative and judicial authorities have drafted and promulgated a number of supporting provisions or normative documents in respect of the registration system reform of the new Securities Law, strict adherence to regulatory red lines, regulating commercial acts, and clarifying legal liabilities, further building a legal document system for mergers and acquisitions. This section presents the establishment, improvement or change of the above rules, and further analysis and interpretation of these new rules, so as to provide some guidance for the practice of mergers and acquisitions, so as to prevent and reduce relevant legal risks.

Keywords: Merger and Reorganization; Laws and Regulations; Ministerial Rules and Regulations; Normative Documents

III Industry Reports

B.3 Mergers and Acquisitions in Manufacturing Industry in 2022

Xuan Pengcheng / 061

Abstract: As an important part of the world economy, the manufacturing industry is a crucial pillar for countries to achieve industrialization and modernization. In this competitive market environment, mergers and acquisitions among manufacturing companies are becoming more and more common. With the continuous development of the market economy, mergers and acquisitions among manufacturing companies have been increasing. There are cases of mergers and acquisitions in several fields of manufacturing industry, such as automobile, machinery, electronics and other industries. The mergers and acquisitions among manufacturing enterprises have become one of the most important trends in the current development of manufacturing industry. Through mergers and acquisitions, enterprises can achieve the goals of scale expansion, technological innovation and international development, and improve their market competitiveness and core competitiveness. However, at the same time, mergers and acquisitions also need to pay attention to the risks and challenges, and promote the healthy competition and innovative development among enterprises. Therefore, companies need to consider various factors and adopt appropriate strategies and measures to ensure successful implementation of the mergers and acquisitions.

Keywords: PMI; Merger; Manufacturing Industry

B.4 Mergers and Acquisitions in Energy and Mining Industry in 2022

Hu Wei, Jiang Yihong and Gao Chen / 080

Abstract: In 2022, driven by economic recovery, the willingness of the traditional energy industry to acquire and merge has steadily increased compared to 2021. While the total transaction amount has decreased, the number of completed transactions has increased. In terms of scale, in 2022, there were 48 mergers and acquisitions in China's energy and mining industry, with a disclosed transaction amount of 51.929 billion yuan. Longyuan Power's share exchange to absorb and merge Pingzhuang Energy and acquire the equity of nine companies including Yunnan New Energy, ENN's acquisition of 90% equity of ENN Zhoushan in fixed increase, Dongfang Shenghong's subsidiary's acquisition of 13.2861% equity of Shenghong Refining Chemical, Guanghui Energy's acquisition of 4.3343% equity of New Energy, and Chuangli Group's acquisition of 36.04% equity of middling coal Technology are major mergers and acquisitions of energy and mining industry in 2022.

Keywords: Energy and Mining Industry; Mergers and Acquisitions; Equity Acquisition

B.5   Mergers and Acquisitions in Financial Industry in 2022

Zhang Zhilong / 090

Abstract: China's economic growth faces severe internal and external shocks in 2022. Though both investment and consumption are weakening, there is still strong resilience in export. Meanwhile, factors including the Russia-Ukraine conflict, the Federal Reserve's interest rate hike, and repeated outbreaks of COVID − 19 pandemic have caused significant fluctuations in the capital market. However, deepening reforms in the capital market continue to be pushed forward, especially the across-the-board registration-based IPO reform and the implementation of the private pension scheme, which bring positive effects on the development of the capital market. Since the prosperity of the financial industry is positively correlated with macroeconomic performance, the activity of industry mergers and acquisitions is also affected. In 2022, the number and transaction value of mergers and acquisitions in the financial industry decreased to some extent compared to 2021. From an industry perspective, the main targets of mergers and acquisitions are mainly distributed in the diversified financial industry, with a relatively large transaction amount in the securities industry, while the banking and insurance industries have relatively fewer merger and acquisition events. Among them, the two largest completed merger and acquisition events in the securities industry are East Money increasing capital for Eastmoney Securities, and TF Securities acquired by a state-owned enterprise in Hubei Province. Mergers and acquisitions in the banking and insurance industries are also accelerating, such as ZhongYuan Bank acquiring three banks within Henan Province, Bank of Nanjing increasing capital for BON BNPP Consumer Finance, and Zhonghan Life Insurance introducing strategic investors. We are able to observe changing trends of these industries from different types of cases.

Keywords: Securities Industry; Banking Industry; Insurance Industry; Capital Markets; Mergers and Acquisitions

B.6 Mergers and Acquisitions in Internet Information Technology in 2022

Jiang Hong, Sun Fangcheng / 105

Abstract: The number of M&A deals in the internet information technology sector showed an upward trend in the first four months of 2022, reaching its yearly peak in April. Then, the volume of transactions began to fall back sharply, showing an S-shaped mild fluctuation from May to December. The number of M&A deals in February was the lowest of that year. Despite the volume of transactions was influenced by the holiday and time span of February, the transaction performance of that month was still not as good as other ones based on the average daily deals. On the whole, M&A activities within the internet information technology industry over 2022 are characterized by relatively high transaction activity, software and services sub industry accounting for the largest proportion, small individual M&A transaction amount, and centering around M&A of intra-industry. However, compared to 2021, the M&A activities have decreased in terms of transaction volume and amount. Yunding Technology strategically acquiring a high-tech enterprise, Dongshan Precision laying out the new energy industry, and SINNET participating the asset restructuring of a listed company are the important M&A cases in the industry.

Keywords: Internet; Information Technology; M&A; Equity Investment

B . 7   Mergers & Acquisitions in Semiconductor Industry in 2022

Chen Chao / 121

Abstract: The global sales volume of the integrated circuit (IC) reached US $ 573. 50 billion in 2022, increasing by 3. 2% compared with US $ 555. 90 of 2021. The sales volume of the integrated circuit reached US $ 180. 30 billion in 2022, declining by 6. 3% from 2021 in Mainland China, but Mainland China is still the largest single IC market in the world. According to Wind Financial Database, there are 112 M&A deals related to the IC in 2022. Most of the 112 M&As are domestic takeovers with the exception of two takeover targets are listed in the Hong Kong Stock Exchange and only four takeovers are qualified as major asset restructuring deals. Moreover, there is only one cross-border takeover in semiconductor industry in 2022, which is the acquisition of 17. 20% ownership of an Israel's VisIC Technology by Jingfang Technology (Listed in the Shanghai Stock Exchange with the symbol 600305). This report concludes that 33. 63% of M&A transactions were related M&A transactions, of which 31. 58% involve a change of control, three transactions involving material asset restructuring fall under the scope of related party transactions. Among the rest 66. 37% were non-related ones. Usually, only one party involved in M&A in 2022 is a listed company. For the acquirers, there were 39 M&A transactions in which the buyer was a listed company (accounting for 34. 82%), while there were 24 publicly listed takeover targets. There were only two deals with publicly listed acquirers and targets. According to the distribution statistics of the listed securities market, 56. 41% of them are listed on the main board, 25. 64% are listed in the Science and technology

Innovation Board (STAR), and 12.82% are listed on the National Equities Exchange and Quotations (NEEQ). The top 6 provinces and regions with the most M&A transactions in the semiconductor industry in 2022 were Guangdong Province, Shanghai, Jiangsu Province, Zhejiang Province, Beijing and Anhui Province. According to the data of the enterprises in the semiconductor industry that first announced M&A events in 2022, the number of M&A events peaked in the first half of the year, with the largest number of M&A events taking place in March and April in particular. The acquirers' motivations of the semiconductor industry in 2022 are in following proper order: strategic alliance, horizontal merger, other merger objectives, asset restructuring, diversification and vertical merger.

Keywords: Semiconductor Industry; M&A; Industry Chain; Acquirers' Motivations

B.8 Mergers and Acquisitions in Culture, Sports and Entertainment Industry in 2022 *Hu Wei, Jiang Yihong and Gao Chen* / 135

Abstract: The cultural, sports, and entertainment industries are important components of the cultural market. The development of reform and opening up and market economy has provided new development space for the cultural and entertainment industry, leading to rapid development and increasing prosperity. With the support of various favorable policies in the country, the cultural industry has entered the main battlefield of economic construction. Enterprise restructuring, industrial funding support, the establishment of private capital, and the promotion of overseas markets have all driven the upgrading of China's cultural and entertainment industry. China's cultural, sports, and entertainment industries are a new cultural field that has rapidly emerged with the pace of reform and opening up, and flourished with the development of the market economy.

Keywords: Culture, Sports and Entertainment Industry; Merger; Cultural Market

B . 9　Mergers and Acquisitions in Construction Industry in 2022

Yao Yuanjia, *Shu Ning and Xin Yunzhe* / 146

Abstract: The construction industry has always been a pillar industry and plays an important role in supporting the stable development of the economy and society. First of all, this article reviews the development status of the construction industry in 2022, and analyzes the changes of the added value, total output value, and number of enterprises of the construction industry in recent years. Secondly, this paper summarizes the general situation of mergers and acquisitions in the construction industry in 2022. The number of mergers and acquisitions is 129 and the transaction volume of mergers and acquisitions is 60. 558 billion RMB. Finally, this article selects a typical M&A case, Yue Shuidian acquiring the 100% equity of Guangdong Construction Engineering Group Corporation, and interprets its process in detail.

Keywords: Construction Industry; New Infrastructure, New Urbanization Initatives and Major Projects; Green Development

B . 10　Analysis of M&A in Thermal and Gas Public Service

Industry in 2022　　*Hu Wei*, *Jiang Yihong and Gao Chen* / 156

Abstract: In 2022, the recovery trend of China public service industry is preferable. For the electric power industry, the electricity consumption of China increased by 3. 6% compared with the previous year, and the installed power-generation capacity grew by 7. 8% , which showed the clean & green & low-carbon transformation process of China power industry is accelerating in 2022. For the Gas-Supply industry, affected by the slowdown economic growth and high gas prices, the natural gas consumption of China showed a rare negative growth, which fell by 1. 7%. With the adjustment for energy consumption structure of residents in the process of China's urbanization and the increasingly stringent environmental protection supervision, the appeal for gas to replace coal applying for power supply and heating is rising. Natural gas consumption in China will still be in the growth stage in natural gas consumption in the future. For the Water-Supply industry, the development of China's water industry was relatively stable, the sewage treatment, pipeline network construction, water source management, and smart water management continuously be the focus of the industry. Traditional water companies are gradually upgrading from separate water supply, sewage treatment and water environment treatment to integrated water services. In 2022, the M&A event of Thermal and Gas public service industry mainly concentrated in the fields concluding traditional power generation, new energy power generation, gas, water, etc. , which showed various characteristics in each sub-sector.

Keywords: Thermal; Gas; Water-Supply Industry; Public Service; M&A

B . 11 Mergers and Acquisitions in Transportation and Warehousing Industry in 2022 *Hu Wei, Jiang Yihong and Gao Chen* / 165

Abstract: The report of the 20th National Congress of the Communist Party of China proposes to accelerate the green transformation of development modes and accelerate the adjustment and optimization of transportation structure. In 2022, the overall stable operation of the transportation economy, sustained high investment scale, rapid growth in freight volume and port cargo throughput, and continuous adjustment of the passenger transport structure. In 2022, China's logistics industry will continue to maintain a stable development momentum, becoming an important force to smooth the " aorta " and " microcirculation " of economic growth, and also an important driving force to promote domestic and international dual circulation. In 2022, there were a total of 140 M&A transactions in China's transportation and warehousing logistics industry, with a transaction amount of RMB 87. 733 billion, with an average transaction amount of RMB 627 million per transaction. M&A transactions were relatively active in the third and fourth quarters of 2022. The number of M&A transactions by private enterprises was 98, accounting for a high percentage. The number and value of mergers and acquisitions related to railway transportation, water transportation, and air transportation have all increased; There has been a decrease in road transportation mergers and acquisitions. The five major M&As in 2022 are: Shanghai Airport (600009. SH) acquires 100% equity of Hongqiao Company and other assets at a fixed increase, Sichuan Road and Bridge (600039. SH) acquires 95% equity of Communications Construction Group and other assets at a fixed increase, Ningbo Port (601018. SH) acquires equity of Jiagang Holdings and other assets, China Merchants Highway (001965. SZ) acquires 95% equity of Langfang Expressway, and China Merchants Energy Shipping (601872. SH) acquires 100% equity of Sinotrans.

Keywords: Transportation; Warehousing and Logistics Industry; Mergers; Equity Acquisition

B. 12   Mergers and Acquisitions in Accommodation and Catering Industry in 2022   *Hu Lijun* / 178

Abstract: In 2022, the performance of the accommodation industry continued to be sluggish, and catering enterprises continued to be under pressure. Supply chain prices rose, passenger traffic plummeted, and catering revenue generally decreased. In 2022, the added value of the accommodation and catering industry reached 1785. 5 billion yuan, a decrease of 2. 3% . Compared to 2021, the number of mergers and acquisitions in the accommodation and catering industry has significantly increased in 2022. A number of new hotel groups have achieved enterprise expansion through mergers and acquisitions, and the industry is developing towards a "stronger" situation. More catering enterprises are developing towards the supply chain through mergers and acquisitions, while meeting the needs of both the B-end and C-end markets of terminal sales channels. Catering supply chain enterprises are achieving strong alliances through mergers and acquisitions. In the face of the impact of the COVID-19, the domestic economic downturn and other multiple tests, the accommodation and catering industry took an active role, kept upright and innovated, and made high-quality transformation to branding, greening, digitalization, characteristics, and industrialization.

Keywords: New Style Tea Drinks; Digitization; Chain Trend; Accommodation and Catering

Ⅳ　Special Topic Reports

B.13　Retrospect of Mergers and Acquisitions of China Listed Companiesin 2022　　　　　　　　　　　*Wu Xiaqian* / 194

Abstract: This report reviews the overall situation of acquisitions and major asset restructuring of China listed companies in 2022. 137 major asset restructuring proposals were disclosed in 2022, with industry-based M&A becoming the main theme of the market. A total of 51 major asset restructuring reports of listed companies were reviewed in various sectors, which showed a slight rebound, but could not conceal the trend of year-on-year decrease. The number of listed companies which undergo change of control is 165 in 2022, with control transactions maintaining a high level, and gradually becoming an important form of M&A in the A-share capital market. Intra-industry alliances represented by A controlling A continued to increase, and the number of acquisitions by tender offer saw a slight rebound.

Keywords: Listed Companies; Acquisitions; Major Asset Restructurings; Controlling Rights

B.14　Mergers and Acquisitions of Private Companies in 2022

　　　　　　　　　　　　　　　　　　　Wang Dapeng / 205

Abstract: In 2022, private enterprises performed strongly as before. As a

448

barometer of the development of the private economy, mergers and acquisitions of private enterprises in 2022 showed new characteristics while continuing the past characteristics. With the reconstruction of the global supply chain system, industrial mergers and acquisitions have become a trend, although the number has declined, the merger and integration of the upstream and downstream of the industrial chain has become the choice of more private enterprises. The national industrial policy plays a weathervane role in the mergers and acquisitions of private enterprises, and the popularity of green dual carbon mergers and acquisitions has not decreased in recent years. Real estate, which has been redefined as a pillar industry, is also gradually emerging from the dilemma through mergers and acquisitions. Specialization, elaboration, particularity and innovation, as important starting points of strong chain complement, will inject new potential into the M&A market. As the end of the three-year action of state-owned enterprise reform in 2022, the mixed reform of state-owned enterprises and private enterprises has also ushered in a new boom. Although overseas mergers and acquisitions have encountered obvious challenges, private enterprises have supported the banner of Chinese capital overseas mergers and acquisitions.

Keywords: Industrial Mergers and Acquisitions; Mixed Reform Mergers and Acquisitions; Overseas Mergers and Acquisitions

B.15 Analysis on the Development of China's M&A Funds

Chen Baosheng / 213

Abstract: In recent years, the development of foreign M&A funds has been closely related to the M&A wave in American history. The scale of global M&A funds has increased significantly. However, both the investment and exit through foreign M&A funds have declined. China's M&A funds have experienced four stages: the entry of famous international M&A funds into China, the emergence of local M&A funds, the accelerated development of local M&A funds, and the emergence of various types of M&A funds. In 2022, the overall scale of private equity funds in

China continued to expand, the market was promising, and the administration and operation of management organizations became more standardized. With the increasingly frequent activities in China's M&A market, the sixth M&A wave has started. China's M&A funds will face both opportunities and challenges in the future. In general comparing the proportion of domestic M&A funds in private equity investment with that of western developed countries, domestic M&A funds are still in the initial stage of development and still have great growth potential.

Keywords: M&A Funds; Investment; Private Equity Investment

B . 16   Analysis of Mergers and Acquisitions in the New Energy
Industry   *Yu Tiecheng, Yang Qiming and Tian Xuewen* / 232

Abstract: In 2022, the mergers and acquisitions of new energy industry in China kept the characteristics of rapid growth. According to the analysis of subdivided fields, the development of new energy vehicles and the increase in penetration rate have driven the active trading of its core components, the power battery sector. With the focus of the industry and capital, The power battery industry will compete in multiple dimensions such as technology, production capacity, supply chain, and channels, and it will continue to develop rapidly. Due to the epidemic and geopolitical reasons in recent years, the wind power & photovoltaic industry has been hindered from going overseas, and it may need to face more complex and challenging international markets in the future. Energy storage industry is expected to achieve better development on the industrial and commercial side and the household storage side. Hydrogen energy has been widely used in the fields of industry, chemical industry and power grid due to the acceleration of the localization replacement process. Although a mature and complete industrial chain has not yet been formed, it is still expected to bring huge room for development in the future.

Keywords: New Energy; Battery; Photovoltaic; Energy Storage; Merger and Acquisition

V   Issue Reports

B . 17   Analysis of the Development Status and M&A Trends in
the Field of Artificial Intelligence

Wang Wenrui , Nie Mengyi / 256

Abstract: The advent of ChatGPT marks that the artificial intelligence industry has entered the "iPhone moment", and artificial intelligence technology has become a new driver of technological progress in our world. Global industry has rushed to layout AI development. From the perspective of investment, financing and mergers and acquisitions data, China's AI industry is still in a period of rapid development, investment and financing activities in China's AI market are active, the financing amount in 2021 reached about 413 billion yuan, affected by the economic environment The number and amount of equity investment in the domestic artificial intelligence industry declined in 2022, but investment activity rebounded in 2022 Q4th; the investors/mergers and acquisitions of the domestic artificial intelligence industry are mainly composed of professional investment institutions, Internet giants, artificial intelligence software/hardware giants, etc. , Alibaba, Tencent, Byte Dance and Millet and other big companies have been in place for a long time. These big factories will become the major acquirer in China market. From a global perspective, large companies such as Intel, Apple, Renesas, and IBM have strengthened their Competitiveness in the AI Field through mergers and acquisitions. The number of M&A events will rise as technology competition intensifies in the AI industry.

Keywords: AI; Investment and Financing; Mergers and Acquisitions

B.18 Development of M&A Industry under the Framework of

ESG Investment   *Li Zhengwei* / 271

Abstract: This report reviews and sorts out the development of ESG in 2022 and the M&A industry under the framework of ESG investment, and studies the development of M&A industry under the framework of ESG investment from multiple perspectives. Although the number of new PRI signatories in 2022 declined compared with the previous year, and ESG investment cooled to a certain extent globally, China continued to improve ESG-related policies in 2022, and the disclosure of ESG reports by listed companies increased. In 2022, China's M&A industry developed steadily, and the number and growth rate of M&A increased compared with the previous year. However, the ESG performance of listed companies involved in M&A showed a certain degree of decline on the whole. In different regions of China, the ESG performance of listed companies involved in M&A shows certain differentiation, showing a downward trend in eastern, central and western regions. In terms of enterprise scale, the M&A of Chinese listed companies is mainly concentrated in large and medium-sized enterprises, and the ESG performance of the enterprises participating in the M&A generally shows a trend of decreasing in turn for large, medium, small and micro enterprises. In M&A, the ESG performance of central state-owned enterprises was better than that of foreign enterprises, and then better than that of private enterprises. In 2022, the ESG performance of M&A buyers increased while that of M&A sellers decreased; in the past two years, the ESG performance of the buyer of listed companies was slightly better than that of the seller.

Keywords: ESG Investment; M&A and Restructuring; Green Investment

B . 19 Analysis on the Current Status and Trend of M&A in the

Field of Metaverse   *Qiu Hua*, *Li Jie* / 290

Abstract: In 2021, it was the first year of the metaverse. In 2022, due to factors such as the resurgence of COVID-19 in China, US interest rate hikes, and the Russia-Ukraine conflict, the global economy was sluggish and the number and amount of investment in the metaverse field showed a significant decline. However, major companies such as Meta, Microsoft, Tencent, Byte-Dance, etc. , still carried out multiple investment events in the metaverse field in 2022. Currently, the metaverse is still in its early stage of digital twinning, but it has opened up imagination for further development of the Internet. The two sub-fields of XR and digital humans in the metaverse land quickly, especially digital humans. Against the background of a significant decline in the investment amount and quantity in the metaverse field in 2022, digital humans still maintain positive growth. At the same time, the metaverse is rapidly integrating and promoting the upgrading of traditional industries, forming different industrial metaverses such as industrial metaverse, consumer metaverse, and cultural tourism metaverse, etc. In 2022, the central and local governments in China also introduced some relevant policies in the metaverse field. Definitely, the development of the metaverse also faces some problems, such as the recognition of virtual rights and interests, AI rights and interests, digital wealth, etc. in the metaverse field.

Keywords: Metaverse; Mergers and Acquisitions; Industrial Metaverse; Digital Twin

B . 20 Trends and Compliance Points of Cross-border M&A in

the New Situation   *Yao Yuexi* / 309

Abstract: With the alleviation of the global impact of COVID-19, global M&A transactions started to gradually recover in 2022. Although there have been some emerging industry trends in M&A, Chinese companies still experienced a significant decline in cross-border M&A deals. The reason for this is the "aftermath" of COVID−19, which has resulted in a relatively unstable global economy, making companies more cautious about making decisions of cross-border M&A transactions. Therefore, in the face of the new situation in the post COVID−19 era, Chinese companies should not only identify investment directions, but also establish a sound compliance management system and compliance culture in order to respond to stricter scrutiny and supervision in some countries (regions) when entering foreign markets, as well as avoiding the potential risks.

Keywords: Cross-border M&A; M&A Transactions; Compliance Management

B.21 Opportunity and Value Prospect of Mergers, Acquisitions and Restructuring in the Blockchain Industry

Deng Di, Fan Yipeng / 346

Abstract: With the rapid development of the digital economy and virtual reality technology, the Metaverse has become an important trend in the future of the digital economy. As an important architecture in this digital world, blockchain technology will play a crucial role in this field. This report elaborates on the relationship between Metaverse and blockchain technology, and explores and analyzes merger and acquisition opportunities and future trends in the blockchain industry, and gives corresponding case studies as examples. In short, through the merger and acquisition and restructuring of the blockchain and the Metaverse field, the entire industry will usher in greater opportunities and promote the development and innovation of the digital economy.

Keywords: Blockchain; Metaverse; Digital Economy; M&A and Restructuring

VI   Case Studies

Appendix CMAA's 20th Anniversary Memorabilia

（China Mergers & Acquisitions Association，CMAA）

/ 391

社会科学文献出版社

皮 书

智库成果出版与传播平台

❖ 皮书定义 ❖

皮书是对中国与世界发展状况和热点问题进行年度监测，以专业的角度、专家的视野和实证研究方法，针对某一领域或区域现状与发展态势展开分析和预测，具备前沿性、原创性、实证性、连续性、时效性等特点的公开出版物，由一系列权威研究报告组成。

❖ 皮书作者 ❖

皮书系列报告作者以国内外一流研究机构、知名高校等重点智库的研究人员为主，多为相关领域一流专家学者，他们的观点代表了当下学界对中国与世界的现实和未来最高水平的解读与分析。截至 2022 年底，皮书研创机构逾千家，报告作者累计超过 10 万人。

❖ 皮书荣誉 ❖

皮书作为中国社会科学院基础理论研究与应用对策研究融合发展的代表性成果，不仅是哲学社会科学工作者服务中国特色社会主义现代化建设的重要成果，更是助力中国特色新型智库建设、构建中国特色哲学社会科学"三大体系"的重要平台。皮书系列先后被列入"十二五""十三五""十四五"时期国家重点出版物出版专项规划项目；2013~2023 年，重点皮书列入中国社会科学院国家哲学社会科学创新工程项目。

皮书网

（网址：www.pishu.cn）

发布皮书研创资讯，传播皮书精彩内容
引领皮书出版潮流，打造皮书服务平台

栏目设置

◆ 关于皮书
何谓皮书、皮书分类、皮书大事记、
皮书荣誉、皮书出版第一人、皮书编辑部

◆ 最新资讯
通知公告、新闻动态、媒体聚焦、
网站专题、视频直播、下载专区

◆ 皮书研创
皮书规范、皮书选题、皮书出版、
皮书研究、研创团队

◆ 皮书评奖评价
指标体系、皮书评价、皮书评奖

◆ 皮书研究院理事会
理事会章程、理事单位、个人理事、高级
研究员、理事会秘书处、入会指南

所获荣誉

◆ 2008 年、2011 年、2014 年，皮书网均
在全国新闻出版业网站荣誉评选中获得
"最具商业价值网站"称号；
◆ 2012 年，获得"出版业网站百强"称号。

网库合一

2014 年，皮书网与皮书数据库端口合
一，实现资源共享，搭建智库成果融合创
新平台。

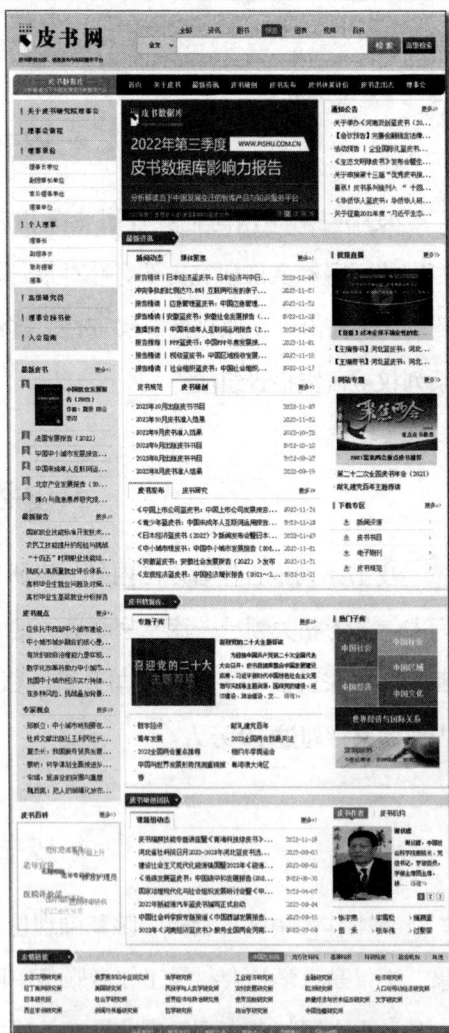

皮书网   "皮书说"   皮书微博
       微信公众号

权威报告·连续出版·独家资源

皮书数据库
ANNUAL REPORT(YEARBOOK)
DATABASE

分析解读当下中国发展变迁的高端智库平台

所获荣誉

- 2020年，入选全国新闻出版深度融合发展创新案例
- 2019年，入选国家新闻出版署数字出版精品遴选推荐计划
- 2016年，入选"十三五"国家重点电子出版物出版规划骨干工程
- 2013年，荣获"中国出版政府奖·网络出版物奖"提名奖
- 连续多年荣获中国数字出版博览会"数字出版·优秀品牌"奖

皮书数据库　　　"社科数托邦"
　　　　　　　　微信公众号

成为用户

　　登录网址www.pishu.com.cn访问皮书数据库网站或下载皮书数据库APP，通过手机号码验证或邮箱验证即可成为皮书数据库用户。

用户福利

- 已注册用户购书后可免费获赠100元皮书数据库充值卡。刮开充值卡涂层获取充值密码，登录并进入"会员中心"—"在线充值"—"充值卡充值"，充值成功即可购买和查看数据库内容。
- 用户福利最终解释权归社会科学文献出版社所有。

数据库服务热线：400-008-6695
数据库服务QQ：24/5522410
数据库服务邮箱：database@ssap.cn
图书销售热线：010-59367070/7028
图书服务QQ：1265056568
图书服务邮箱：duzhe@ssap.cn

社会科学文献出版社 皮书系列
SOCIAL SCIENCES ACADEMIC PRESS (CHINA)
卡号：868695476135
密码：

S 基本子库
SUB DATABASE

中国社会发展数据库（下设 12 个专题子库）

紧扣人口、政治、外交、法律、教育、医疗卫生、资源环境等 12 个社会发展领域的前沿和热点，全面整合专业著作、智库报告、学术资讯、调研数据等类型资源，帮助用户追踪中国社会发展动态、研究社会发展战略与政策、了解社会热点问题、分析社会发展趋势。

中国经济发展数据库（下设 12 专题子库）

内容涵盖宏观经济、产业经济、工业经济、农业经济、财政金融、房地产经济、城市经济、商业贸易等 12 个重点经济领域，为把握经济运行态势、洞察经济发展规律、研判经济发展趋势、进行经济调控决策提供参考和依据。

中国行业发展数据库（下设 17 个专题子库）

以中国国民经济行业分类为依据，覆盖金融业、旅游业、交通运输业、能源矿产业、制造业等 100 多个行业，跟踪分析国民经济相关行业市场运行状况和政策导向，汇集行业发展前沿资讯，为投资、从业及各种经济决策提供理论支撑和实践指导。

中国区域发展数据库（下设 4 个专题子库）

对中国特定区域内的经济、社会、文化等领域现状与发展情况进行深度分析和预测，涉及省级行政区、城市群、城市、农村等不同维度，研究层级至县及县以下行政区，为学者研究地方经济社会宏观态势、经验模式、发展案例提供支撑，为地方政府决策提供参考。

中国文化传媒数据库（下设 18 个专题子库）

内容覆盖文化产业、新闻传播、电影娱乐、文学艺术、群众文化、图书情报等 18 个重点研究领域，聚焦文化传媒领域发展前沿、热点话题、行业实践，服务用户的教学科研、文化投资、企业规划等需要。

世界经济与国际关系数据库（下设 6 个专题子库）

整合世界经济、国际政治、世界文化与科技、全球性问题、国际组织与国际法、区域研究 6 大领域研究成果，对世界经济形势、国际形势进行连续性深度分析，对年度热点问题进行专题解读，为研判全球发展趋势提供事实和数据支持。

法律声明

"皮书系列"（含蓝皮书、绿皮书、黄皮书）之品牌由社会科学文献出版社最早使用并持续至今，现已被中国图书行业所熟知。"皮书系列"的相关商标已在国家商标管理部门商标局注册，包括但不限于LOGO（ ▨ ）、皮书、Pishu、经济蓝皮书、社会蓝皮书等。"皮书系列"图书的注册商标专用权及封面设计、版式设计的著作权均为社会科学文献出版社所有。未经社会科学文献出版社书面授权许可，任何使用与"皮书系列"图书注册商标、封面设计、版式设计相同或者近似的文字、图形或其组合的行为均系侵权行为。

经作者授权，本书的专有出版权及信息网络传播权等为社会科学文献出版社享有。未经社会科学文献出版社书面授权许可，任何就本书内容的复制、发行或以数字形式进行网络传播的行为均系侵权行为。

社会科学文献出版社将通过法律途径追究上述侵权行为的法律责任，维护自身合法权益。

欢迎社会各界人士对侵犯社会科学文献出版社上述权利的侵权行为进行举报。电话：010-59367121，电子邮箱：fawubu@ssap.cn。

社会科学文献出版社